高等职业院校“十四五”规划教材

商务谈判与推销

杨雪青◎主　编

中国铁道出版社有限公司
CHINA RAILWAY PUBLISHING HOUSE CO., LTD.

内 容 简 介

本书系统阐述了商务谈判和推销活动的原理、策略、方法和技巧。全书按照任务驱动模式编写，共有11项任务，具体包括商务谈判认知、商务谈判准备阶段、商务谈判开局阶段策略、商务谈判磋商、成交及合同签订、商务谈判的语言艺术、商务谈判心理、商务谈判礼仪、推销概述、推销过程和推销管理。

本书内容丰富，体例新颖，通俗易懂，着力体现职业教育特色，突出知识的系统性和实用性，强调实践能力的培养。各项任务均设计安排了任务导入、核心技能与概念、课堂讨论、业务技能自测、案例分析和实训操作等内容，并在各项具体的任务中穿插案例、阅读与思考，为该课程的教学和自学提供方便。

本书适合作为高等职业院校市场营销专业、电子商务专业、国际贸易专业、房地产经营专业、连锁经营专业、国际商务专业、会展专业等商贸类相关专业教学使用，也可供企业在职人员培训或自学使用。

图书在版编目(CIP)数据

商务谈判与推销/杨雪青主编．—北京：中国铁道出版社有限公司，2021.8
高等职业院校“十四五”规划教材
ISBN 978-7-113-28201-1

Ⅰ.①商… Ⅱ.①杨… Ⅲ.①商务谈判-高等职业教育-教材 ②推销-高等职业教育-教材 Ⅳ.①F715.4②F713.3

中国版本图书馆CIP数据核字(2021)第151114号

书　　名：商务谈判与推销
作　　者：杨雪青

策　　划：潘星泉　　　　编辑部电话：(010)51873090
责任编辑：潘星泉　包　宁
封面设计：曾　程
责任校对：孙　玫
责任印制：樊启鹏

出版发行：中国铁道出版社有限公司(100054，北京市西城区右安门西街8号)
网　　址：http://www.tdpress.com/51eds/
印　　刷：三河市兴达印务有限公司
版　　次：2021年8月第1版　2021年8月第1次印刷
开　　本：787 mm×1 092 mm 1/16　印张：18.5　字数：460千
书　　号：ISBN 978-7-113-28201-1
定　　价：49.80元

前　言

商务谈判和推销是一门实践性很强的应用性边缘型学科。它的实践性体现在全部理论都来源于实践，又受实践的检验，而且还必须通过实践才能被学习者理解和掌握；它的应用性体现在学习者学习的根本在于直接指导自己的日常生活和交易；它的边缘型体现在它吸收了多门学科的理论和知识，如管理学、经济学、心理学、营销学、国际贸易，甚至哲学、文学、军事学、政治学、社会学的相关内容。特别是在市场经济日益发展、国际竞争日趋激烈的今天，作为商务活动的两大重要方面——谈判与推销，更显示其无可替代的社会地位和举足轻重的社会作用。

在谈判与推销的商务活动中，虽不见刀光血影，但却无时无刻不在斗智斗勇。谈判与推销人员只有深谙其中的奥秘，游刃有余于其中，才能于谈笑间攻占市场，开拓事业，最终在商场逐鹿中傲视群雄。

本书的编写紧跟时代的步伐和高职教育教学改革的新方向。在编写过程中特别加大案例部分，以期增强其实践性和应用性，更好地满足高等职业院校教学实践的需要，突显本课程的实践性和应用性。书中各章所附的习题、案例题等都体现了本章的知识重点及其对能力的要求。

本书由杨雪青任主编，刘名、鲍珊珊、黄丽、汪贞叶、吴木林任参编。各任务的编写工作安排是：任务1、任务2由刘名编写，任务3、任务8由鲍珊珊编写，任务4、任务7由黄丽编写，任务5由汪贞叶编写，任务6、任务11由吴木林编写，任务9、任务10由杨雪青编写。本书还参考了相关的商务谈判和推销的教材和研究成果，在此对相关作者一并致谢！

由于编者的水平有限，本书难免出现一些偏颇、遗漏与不足之处，敬请广大读者不吝指正。

编　者

2021年5月

目　录

任务1 商务谈判认知

任务导入

对从事经济管理类工作的人来说,谈判已经成为他们重要的工作内容之一。不具备较强的谈判能力已经不适合工作岗位的需要。特别是对从事销售、采购、并购工作的人员来说更是如此。

为了从总体上把握商务谈判的基本原理,提高谈判水平,首先请尝试完成本任务——商务谈判认知。为了方便读者掌握本任务的内容,我们又将本任务分为如下四个子任务:

子任务1:了解商务谈判的内涵、特点与类型;

子任务2:掌握商务谈判的基本要素;

子任务3:掌握商务谈判的原则;

子任务4:了解商务谈判的步骤和模式。

读者可以反复演练,有的放矢地依次完成各子任务,直至完成本任务,从而更好地完成对商务谈判的认知。

1.1 商务谈判的内涵、特点与类型

1.1.1 商务谈判的内涵

1. 谈判的内涵

谈判(negotiation),按我国《辞海》中的解释,“谈”是“讲论、彼此对话”之意;“判”意为“评断”。“谈”意味着过程,“判”则意味着结果,意即通过对话协商表明自己对某事物的立场、意愿,并努力去说服对方,实现自己的目标或寻求双方都能够接受的结果。谈判,实际上包含“谈”和“判”两个紧密联系的环节。“谈”即说话或讨论,是当事人明确阐述自己的意愿和所要追求的目标,充分发表关于各方应当承担和享有的责、权、利等看法;“判”即分辨和评定,是当事人各方努力寻求关于各项权利和义务的共同一致的意见,以期通过相应的协议正式予以确认。因此,“谈”是“判”的前提和基础,“判”是“谈”的结果和目的。

谈判的双方既是相互对立的关系,又是相互依存关系。谈判的本质是以平等协商的形式,互作让步,各取所需,达到利己的目的。“谈判是合作的利己主义”,美国学者杰勒德·尼尔伦伯格认为“谈判不是一场棋赛,不要求决出胜负,也不是一场战争,要将对方至于死地。相反,谈判是一项互惠的合作事业”。

杰勒德·尼尔伦伯格在《谈判的艺术》一书中指出:“谈判的定义最为简单,而涉及的范围最为广泛。每一项寻求满足的需要,至少都是诱发人们展开谈判过程的潜在因素。只要人们是为了改变相互关系而进行观点交换,只要人们是为了取得一致意见而磋商协议,他们就是在进行谈判。”可见,在这个定义下谈判的范围相当广泛。谈判有狭义和广义之分。狭义的谈判,指为解决较为重大的问题,在正式、专门场合下进行的会谈;而广义的谈判则包括各种形式的交涉、洽谈、协商等。

综上所述,给谈判下一个很确切的定义具有难度,但是,从许多谈判专家或学者的观点中可以明确谈判的内涵,即谈判是具有利害关系的各方为了满足各自的利益需要,就涉及的问题或事物进行磋商,并通过相互的协调与让步,努力达成一致协议的过程和行为。

例 1-1　　买　球　服

有一次,小张和同学一起为班级足球队买球服。他们知道每套球服费用大约 80 元左右,班费和个人各承担一半。小张和同学决定去某家普通店面购买。他们考察了两家店面后,对球服的质量、款式有了进一步了解。可是所有款式他们都不中意。他们来到第三家进行挑选。店老板热情地接待了他们。小张选中了一款某球队的队服,他和同学暗中商量,同学也表示赞同。小张心平气和地问老板:“这种多少钱,如果价格合适,我们需要十几套。”老板说:“80 元一套”。小张想,这一款非常中意,80 元也值,但老板报价时并不知道小张他们很想要。根据交易习惯,每件还可以降 10 元钱,但不会多。小张说:“老板,您要的价高了,我们是学生,没有多少钱。这样吧,我们也想要,60 元,我们买 15 套,以后我们有生意都介绍给您。不然,学校的队员也不会同意,我们可就走了。”老板不想失去生意,降了 10 元。小张又要求老板降价,老板却不再让步。老板说:“80 元已经是批发价,看你们是学生才 70 元卖给你们的。以前从没有过。”小张又要求老板免费印好球服号码,并要求老板以低价出售一双守门员手套,最终才答应购买。老板已消耗了很多时间,更不想失去生意,答应了小张的要求。最后双方成交。

2. 商务谈判的内涵

商务是指一切以利益为目的、以交换为手段、以货币为表现的个人或组织活动。

商务谈判(commercial negotiation)又称商业谈判,顾名思义,主要是指有关商业事务方面的谈判,即商业事务各方为了自身的经济利益,就交易活动的各种条件进行洽谈、磋商,以争取达成协议的行为和过程。商务谈判作为谈判的一种,也有广义和狭义之分。广义的商务谈判,是指一切与商品交换有关的谈判活动;狭义的商务谈判,是指人们为了实现有形商品的交易或买卖而相互协商的活动。在日常的商业经营活动过程中,人们遇到较多的还是有形商品交易或买卖的商务谈判,但是随着现代服务业的发展,无形产品(或服务)的谈判也日益成为当前商业谈判的重要内容。

对商务谈判的内涵可以理解为:商务谈判是以经济利益为目的,讲求经济效益,一般都是以价格问题作为谈判的核心;商务谈判是一个各方通过不断调整自身的需要和利益而相互接近,争取达成一致意见的过程;商务谈判必须审视双方的利益界限,任何一方无视他方的利益和要求,都可能导致谈判破裂。

例 1-2　　与经销商的谈判

小明毕业后进入一家汽车制造公司。上班第一天，他跟随营销经理考察市场，发现其他品牌汽车纷纷降价，本公司的经销商经不住市场压力，自行降价，结果导致同一级经销商价格不一，互相杀价，市场很混乱。小明帮助营销经理与经销商协商新的经销模式，要求同一级经销商只能独家经销某一款汽车。要卖其他款式汽车也可以，但只能做该地区该款汽车独家经销商的代理商，只拿佣金。这样就避免了互相杀价的局面。但是，由于经销商只能"经销"一款汽车，不少经销商利益少了，产生了不少怨言。某省一家大经销商仰仗多年强大的经销实力，联合其他一些经销商，与汽车制造公司谈判。这给小明和营销经理不小的压力。小明虽不善言辞、忠厚老实，但面对这种情况，他认为屈服会造成恶性循环，后果不堪设想，如果稍作让步经销商仍不同意，只有"杀鸡儆猴"。谈判中，双方互不相让，产生了僵局。小明和营销经理果断地把那家狂妄自大的大经销商踢出了局，镇住了其他经销商。最后，小明和营销经理的新模式奏效，短期内扭转了市场局面。出人意料的是，那家大经销商左顾右盼没有经销其他品牌汽车的机会，又向小明抛出了绣球。小明不计前嫌，与那家大经销商又进行了一次谈判。这一次，那家经销商更多地站在小明的角度考虑问题，不再一意孤行了。

为了更好地理解谈判的内涵，找到学好谈判的主要矛盾，有必要探讨两个问题：一是谈判的科学性和艺术性的问题；二是谈判的合作性和冲突性的问题。

3. 谈判的科学性和艺术性问题

谈判既是一门科学，又是一门艺术，是科学性和艺术性的有机整体。首先，谈判作为人们协调彼此之间的利益关系、满足各自的需求并达成一致意见的一种行为和过程，谈判人员必须以理性的思维对所涉及的问题进行系统的分析和研究，根据一定的规律、规则来制定方案和对策，这就充分地体现了谈判的科学性的一面；其次，谈判是人们的一种直接交流活动，谈判人员的素质、能力、经验、心理状态以及思维的运用，都会直接影响谈判的结果，具有难以预测性。同样的谈判内容、条件和环境，不同的人去谈判，其最终结果往往会不同。这就是谈判的艺术性的体现。

对于一个谈判者来讲，在谈判中既要讲究科学，又要讲究艺术。有学者指出，在涉及对谈判双方实力的认定、对谈判环境因素的分析、对谈判方案的制定以及对交易条件的确定等问题时，更多地体现出谈判科学性的一面，而在具体的谈判策略与战术的运用上，比较多地体现了谈判的艺术性的一面。"科学"告诉我们在谈判中如何做，而"艺术"则帮助我们把谈判做得更佳。有突出谈判能力的人才，不但对谈判规律有深刻的认知，而且具有高超的谈判艺术。他们的谈判能力都是在长期工作中历练出来的。这是一种实践过程，不能轻易模仿。仅从理论上学习，获得的只是浅显的谈判认知。要从历练中学习谈判，在长期实践工作中形成自己的深切感悟、鲜明的谈判风格、独特的艺术特色。《谈判的艺术》(美国谈判专家杰勒德·尼尔伦伯格著)一书，以"谈判的艺术"为标题，以谈判的艺术性为论点，是充分认识到谈判艺术性而作出的重要论断。可以说，通观《谈判的艺术》一书，字里行间，无不贯穿着"艺术"一词。这也是谈判具有永恒魅力的关键所在。谈判的科学性和艺术性，是我们学习谈判时需要常常思考的，也是学好谈判的突破口。

4. 谈判的合作性和冲突性问题

谈判具有“合作”与“冲突”的二重性，是“合作”与“冲突”的对立统一。谈判的合作性表现在通过谈判而达成的协议对双方都有利，各方利益的获得是互为前提的。而谈判的冲突性表现在，谈判各方希望自己在谈判中获得尽可能多的利益，为此要进行积极的讨价还价。为了很好地解决谈判中的这对矛盾。首先必须对此有深刻的认识，其次在制定谈判的战略方针、选择与运用谈判策略和战术时，就必须注意既要不损害双方的合作关系，又要尽可能谋取最大的利益，即在这二者之间找一个平衡点。

在实际谈判过程中，这个平衡点不是所有参与谈判的人员都能找到。我们常常看到有些谈判人员只注意谈判存在合作性的一面，而忽视谈判的冲突性，十分害怕与对方发生冲突。当谈判因存在冲突而陷入僵局时便茫然不知所措。为了避免冲突而对对方提出的意见和要求只是退让和承诺，不敢据理评价和反驳，不敢正当积极地争取自己的利益。如果遇到那些善于制造冲突、乐于通过挑战而取胜的强者谈判对手，则常常会吃亏受损。实际情况中，有不少人不自觉地以自我为中心，无视他人的合理诉求。遇到这样的对手，只重视合作性，而忽视存在合作中的冲突风险，会不会吃大亏呢?

与此相反，有的人只注意谈判中突性的一面，而忽视合作性的一面，视谈判为一场你死我活的战斗，只一味地进攻，甚至将对手逼出谈判场外，回过头来自己也是劳而无获。面对以自我为中心、无视他人的合理诉求另一方，我们一方面要与其保持距离，要小心谨慎，防止越陷越深；另一方面，我们自己要有双赢意识，只有尊重对方的核心利益才能得到对方的配合，蛋糕才能越做越大。

1.1.2 商务谈判的特点

1. 商务谈判以追求经济利益为出发点和归宿

商务谈判的基本目的就是要获得经济上的利益，在满足经济利益的前提下才涉及其他非经济利益。在商务谈判中，当事人的活动都是以追求和实现交易的经济利益为出发点和归宿的。谈判双方都是为经济利益而来，在谈判中本着获取“经济利益”这个出发点，并以获得实际“经济利益”来衡量谈判的结果。

但是，在追求经济利益的时候，要把握好“度”，“适度”是个重要原则。俗话说，“过犹不及”。谈判者要学会“适度”追求利益。“钱是赚不完的”，谈判者要学会“放弃”，因为谈判一方一点也不让步，另一方一般也不会一直让步的，如果双方都不让步，交易就不会实现。“同时追两只兔子，一只也追不到。”也就是说，谈判双方要“懂得舍，才能得”。

2. 商务谈判以价格为核心

商务谈判涉及的因素很多，谈判者的需求和利益往往表现在很多方面。虽然商务谈判所涉及的因素不只是价格，谈判者的需要或利益也不是唯一表现在价格上，但是几乎所有商务谈判都是以价格为核心，因为价格是最直接地体现谈判双方获得利益的价值性。换句话说，谈判各方在其他利益上的得与失、拥有的多与少，在多数情况下均能折算为一定的价格，通过价格的升降得到体现。在商务谈判中，了解价格是商务谈判的核心，但是也不能完全以价格来衡量所获得的利益。一方面，要以价格谈判为中心，坚持自己的利益；另一方面，又不要仅仅局限于价格，应该拓宽谈判的思路，从其他利益因素上争取利益。因为，有时在其他利益因素上要求对方让步，例如在商品的质量、数量、付款时间、付款方式、交易方式等方面，可能比从价格上争取对方让步更容易做到，并且容易隐藏谈判的真实意图。

3. 商务谈判以双方地位的平等性为前提

商务谈判活动不同于行政活动，商务谈判双方没有隶属关系，没有上下级关系，无论双方经济实力的强弱、谈判能力的高低，都是以谈判双方地位的平等性为前提的，因为商务谈判的当事双方就交易项目及交易条件都拥有同样的否决权。在商务谈判中，尊重对方的平等地位，也是强者有气度的表现。强者有义务根据对方的意愿和要求，相应地调整自己的需要，互相让步，最终达成一致；弱者更要有胆量争取说话的机会，据理力争，维护自己的整体利益。虽然商务谈判的结果可能是不平等的，但是谈判双方的地位是平等的，没有这种平等性的谈判是很难进行下去的。

4. 商务谈判以严密性和准确性为保障

商务谈判的结果是以双方协商一致的协议或合同来体现的。协议或合同中的条款实质上反映了各方的权利和义务，合同条款的严密性与准确性是保障谈判双方获得各种利益的重要前提。有些谈判者在商务谈判中很努力获得了较有利的结果，似乎已经获得了这场谈判的胜利，但是如果在拟定合同条款时，不注意合同条款的完整、严密、准确、合理、合法等，其结果很有可能掉入对方精心设计的陷阱，最后付出沉重代价。因此，在商务谈判中，不仅要注意谈判过程各个步骤的严密性和准确性，更要重视合同条款的准确和严密。

5. 商务谈判是双方运用经验、智慧、勇气、能力与技巧达成统一意见的过程

商务谈判各方所得利益的确定，取决于各自的谈判实力和谈判者的能力。谈判实力不仅包括经济实力，还包括时限、空间、信息、权限（谈判条件）等方面的因素。谈判中，谈判双方利用自己的谈判实力，逐步精确地切割利益。谈判者的技巧在其中起到了重要的作用。谈判者技巧的发挥靠的就是谈判人员的经验、智慧、勇气与能力。谈判者的经验是以往学习和实践的积累，帮助谈判者认清现状；智慧可以帮助谈判人员根据现状，调用经验，做出创造性的反应；勇气可以帮助谈判人员做出正确的决断；而能力可以帮助谈判人员处理好某个具体的问题。从这个意义上说，谈判人员要做到经验丰富、有勇有谋、能力强。既无谈判能力也无谈判实力，在谈判中获利是很难想象的。

需要指出的是，一方面，我们需要在商务谈判实践中积累经验；另一方面，需要有广阔的阅读。谈判就像人文社会科学中的一滴水，要想让这滴水不干涸，就要把它放入人文社会科学这个大海里。实际上，谈判一直融入在人文社会科学这个大海中。当我们找商务谈判案例时，我们往往找不到什么启发性强的材料。当我们阅读历史、社会、人物传记时，却给我们很多启发。

下面是一则很有趣的历史故事《毛遂自荐》，请讨论毛遂是怎样“找到工作”的？怎样帮助“老板”和“KA”（Key Account，大客户）“谈判”的？毛遂有哪些素质和能力？

例1-3　　毛遂自荐

秦之围邯郸，赵使平原君求救，合从于楚，约与食客门下有勇力文武备具者二十人偕。平原君曰：“使文能取胜，则善矣。文不能取胜，则歃血于华屋之下，必得定从而还。士不外索，取于食客门下足矣。”得十九人，余无可取者，无以满二十人。门下有毛遂者，前，自赞于平原君曰：“遂闻君将合从于楚，约与食客门下二十人偕，不外索。今少一人，原君即以遂备员而行矣。”平原君曰：“先生处胜之门下几年于此矣？”毛遂曰：“三年于此矣。”平原君曰：“夫贤士之处世也，譬若锥之处囊中,其末立见。今先生处胜之门下三年于此矣,左右未有所称诵,胜未有所闻,是先生无所有也。先生不能,先生留。"毛遂曰:"臣乃今日请处囊中耳。使遂蚤得处囊中,乃颖脱而出,非特其末见而已。"平原君竟与毛遂偕。十九人相与目笑之而未发也。

毛遂比至楚,与十九人论议,十九人皆服。平原君与楚合从,言其利害,日出而言之,日中不决。十九人谓毛遂曰:"先生上。"毛遂按剑历阶而上,谓平原君曰:"从之利害,两言而决耳。今日出而言从,日中不决,何也?"楚王谓平原君曰:"客何为者也?"平原君曰:"是胜之舍人也。"楚王叱曰:"胡不下!吾乃与尔君言,汝何为者也!"毛遂按剑而前曰:"王之所以叱遂者,以楚国之众也。今十步之内,王不得恃楚国之众也,王之命悬于遂手。吾君在前,叱者何也?且遂闻汤以七十里之地王天下,文王以百里之壤而臣诸侯,岂其士卒众多哉,诚能据其势而奋其威。今楚地方五千里,持戟百万,此霸王之资也。以楚之强,天下弗能当。白起,小竖子耳,率数万之众,兴师以与楚战,一战而举鄢郢,再战而烧夷陵,三战而辱王之先人。此百世之怨而赵之所羞,而王弗知恶焉。合从者为楚,非为赵也。吾君在前,叱者何也?"

楚王曰:"唯唯,诚若先生之言,谨奉社稷而以从。"毛遂曰:"从定乎?"楚王曰:"定矣。"毛遂谓楚王之左右曰:"取鸡狗马之血来。"毛遂奉铜盘而跪进之楚王曰:"王当歃血而定从,次者吾君,次者遂。"遂定从于殿上。毛遂左手持盘血而右手招十九人曰:"公相与歃此血于堂下。公等录录所谓因人成事者也。"

平原君已定从而归,归至于赵,曰:"胜不敢复相士。胜相士多者千人,寡者百数,自以为不失天下之士,今乃于毛先生而失之也。毛先生一至楚,而使赵重于九鼎大吕。毛先生以三寸之舌,强于百万之师。胜不敢复相士。"遂以为上客。(选自《史记·平原君虞卿列传》)

1.1.3 商务谈判的类型

通过对事物进行分类,可以帮助我们达到认识该事物的目的。认识谈判的不同类型,目的在于根据不同特征和要求更好地参与谈判和采取有效的谈判策略。换句话说,对谈判类型的正确把握,是谈判成功的起点。在市场经济时代,商务谈判是各种谈判活动中出现频率最高、发生范围最广的一种谈判形式。按照不同的分类标准,可以将商务谈判划分为不同的类型。

1. 按照商务谈判中所在的地区范围来划分

1)国内商务谈判

国内商务谈判是指两个或两个以上本国经济主体进行有关商业事务方面的谈判,所涉及的有形资产或无形资产不用从一国转移到另一国。国内商务谈判的双方当事人都是本国的法人,遵循国内的有关经济法规,谈判过程和行为比较简单,谈判双方也易于了解对方有关方面的情报,在经济利益上无根本的冲突,大多体现出相互合作和共同促进的精神。

2)国际商务谈判

国际商务谈判是指两个或两个以上属于不同国家的经济主体进行有关商业事务方面的谈判,所涉及的有形资产或无形资产需从一国转移到另一国。由于谈判双方属于不同国家的法人,谈判的过程比较复杂,谈判双方难以了解对方的有关情况,在谈判中容易发生冲突且不易妥协和做出让步,多数以自己一方的利益为重,还常常受到本国政府外交政策以及谈判者文化、风俗、习惯等方面的影响。

2. 按照商务谈判进行的地点来划分

1）主场谈判

主场谈判是指在己方所在地进行的商务谈判，包括在本国、本地、本城市或己方办公场所进行的谈判。由于是在己方所熟悉的工作生活环境，所以主场谈判可以随时检索各种资料并予以充分利用，从而在心理上形成一种安全感和优越感，对谈判主方有许多便利之处。

2）客场谈判

客场谈判是指在谈判对方所在地进行的商务谈判，可能是在外地、国外或对方企业办公场所。对于客方来说，客场谈判需要克服不少困难，需要注意以下几个方面的事项。一方面，要入境随俗，了解主方的习俗和各种禁忌。要了解各地不同的风情和习俗，如果是国际商务谈判，还要了解该国的国情，以免做出伤害对方感情的事情，而这些事情只要稍加注意就可以避免。另一方面，要尊重对方，给对方“留面子”。由于人们对客观事物的认识有一定的局限性，难免在谈判中带有个人偏见，这种偏见就有可能导致整个谈判的破裂，所以在谈判中应尊重对方，理解对方。

3）中立地点谈判

中立地点谈判是指既不在己方场所也不在对方场所进行的商务谈判，而是在中立地点进行谈判。当谈判双方都认识到谈判地点的重要性或因谈判双方冲突性大、政治关系比较微妙，在任何一方进行谈判都不适宜的情况下，一般会选择中立地点进行谈判。在中立地点进行谈判，由于不受干扰，又都比较注意各自的声望、礼节，减少了误会，谈判双方都能客观地处理各种复杂问题，可以加深了解，最后达成某种默契或协议。

3. 按照商务谈判的沟通方式来划分

1）口头谈判

口头谈判是指谈判双方面对面直接用口头语言或异地通过电话交谈来交流信息和磋商交易条件。口头谈判是谈判活动的主要方式，主要优点是：当面陈述和解释，直接又灵活，为谈判人员展示个人魅力提供了舞台；便于谈判人员在知识、能力、经验等方面相互补充、协同配合，提高整体谈判能力；反馈及时，利于针对性地调整谈判策略；能够利用感情因素促进谈判的成功等。口头谈判的缺陷主要表现在：易于受到对方的反击，从而动摇谈判人员的主观意志；利于对方察言观色，推测己方的谈判意图；在国际商务谈判中还会因为语言不通、文化背景不同，易引起误会，不利于谈判的顺利进行。

2）书面谈判

书面谈判是指谈判双方利用文字或图表等书面语言进行交流和协商。书面谈判一般有信函、电报、电传等具体方式，通常作为口头谈判的辅助方式。它的主要优点有：谈判双方有充足的时间考虑问题，利于审慎决策；由于谈判人员互不见面，可以不考虑谈判人员的身份，把主要精力集中在交易条件的洽谈上，避免偏离谈判主题，利于交易的达成；费用较低，利于提高谈判的经济效益。它的不足之处主要是对谈判双方的书面表达能力要求较高，若书面表达词不达意，容易造成双方理解的差异，引起争议和纠纷。

4. 按照商务谈判展开的方式来划分

1）横向谈判

横向谈判是指在确定谈判所涉及的主要问题后，开始逐个讨论预先确定的问题，当在某一问题出现矛盾和分歧时，就把这一问题放在后面，然后讨论其他问题，直到所有问题谈妥为止。以一宗国际商品买卖谈判为例，双方先确定洽谈的所有条款，如品质、价格、支付方式、运输、保险、索赔和不可抗力等，然后从品质开始逐一谈判，如果在某一项议题上有分歧或矛盾，就暂时把这项议题放下，继续商谈下一个议题，等后面所有议题都谈完再来接着谈，如此循环，直到所有议题达成一致协议。横向谈判的优点主要是：议程灵活，方法多样；多项议题同时讨论，有利于寻找变通的解决方法；有利于更好地发挥谈判人员的创造力、想象力；有利于更好地运用谈判策略和技巧。它的缺点主要是：加剧双方的讨价还价，容易促成谈判双方做对等让步；容易使谈判人员纠缠在枝节问题上，忽略了谈判的主要问题。

2）纵向谈判

纵向谈判是指确定谈判所涉及的主要问题后，逐个讨论每个问题和条款，讨论一个问题，解决一个问题，一直到谈判结束。在商务谈判的过程中，某个问题和条款没有谈妥，绝不谈下一个问题。纵向谈判的优点主要是：程序明确，把负责问题简单化；每次只谈一个问题，讨论详尽，解决彻底；避免多头牵制、议而不决的弊病。它的缺点主要是：议程过于死板；讨论问题时难以相互通融，当一个问题陷于僵局后，不利于其他问题的解决；不能充分发挥谈判人员的想象力、创造力，不能灵活、变通地处理谈判中的问题。

5. 按照商务谈判人员的规模来划分

1）一对一谈判

一对一谈判是指谈判双方各派出一名代表进行磋商的谈判。一对一谈判并不意味着谈判不重要，也不意味着谈判者不需要做出准备。事实上，一对一谈判往往是最困难的一种谈判，因为谈判者需要独当一面，得不到其他人的帮助，稍有不慎就有可能造成严重的损失。因此，一对一谈判一定要选择有主见、观察力、决断力和谈判能力强且善于单人洽谈的谈判人员来担任。

一对一谈判主要是适合长期合作项目的谈判、原有合同的续签。在谈判参与人员较多、规模较大的谈判中，磋商某些关键问题或微妙、敏感的问题时，也可以考虑进行一对一谈判。

2）集体谈判

集体谈判是一种比较常见的谈判形式，是指谈判双方各派出两人或两人以上的谈判代表进行磋商的谈判。这种谈判大多用于正式谈判，特别是重大的或内容较复杂的谈判。由于这类商务谈判影响较大，关系到企业的发展前景，有的甚至可能影响到地方乃至国家的经济发展，集体谈判人员的选配非常重要，各成员之间要分工协作，取长补短，各尽所能，发挥集体智慧，获得整体谈判优势。

6. 按照商务谈判的具体内容来划分

1）一般商品买卖谈判

一般商品买卖谈判是指买卖双方就商品本身的有关内容，如数量、质量、运输方式、交货时间、价格条件、支付方式以及交易过程中的权利、义务和责任等方面所进行的谈判。这类谈判在商务谈判中占有很大比重，是企业商务活动中较为重要的部分。市场上的商品种类较多，用途广泛，性能各异，因此每次谈判的内容在不同的情况下也各不相同。但是，不管什么样的商品买卖谈判，一般都包括一些最基本的条款，如价格、质量、数量、规格型号、付款条件、包装、运输方式、保险、交货日期等。

2)技术贸易谈判

技术贸易,是指技术拥有方把生产所需要的技术和有关权利通过贸易方式提供给技术需求方加以使用,它是把技术当作商品一样按商业交易的条件和方式进行有偿转让,是市场经济条件下技术转让的主要方式。

技术贸易谈判是指技术的转让方与技术的接受方就技术转让的有关方面进行的谈判,包括技术转让的形式、内容、使用范围、价格条件、支付方式以及转让中所承担的相关权利、转让和义务等问题。由于技术本身的特点,使得技术贸易谈判与一般商品买卖谈判有着较大的差别。

3)投资项目谈判

投资,是指把一定的资本投入或者运用于某一项目之中,以获取一定的利益。资本是一种特殊的资源,包括货币形态的、物质形态的、所有权形态的和智慧形态的等。

投资项目谈判是指谈判双方就双方共同参与或涉及双方关系的某项活动,对该投资活动所涉及的有关投资目的、投资方向、投资形式、投资内容与条件、投资项目的经营与管理,以及投资方在投资活动中的权利、义务、责任以及相互之间的关系所进行的谈判。随着市场经济条件下资本市场的不断开发,企业资产重组、兼并,产权交易日益活跃,此类商务谈判活动也日益增多,它的谈判难度和复杂程度也日益增加,它的地位也越来越重要。

4)服务协议谈判

服务协议谈判是指谈判双方针对一定时期内设备或设施例行维护以及维修服务所进行的谈判。这里的服务主要是指设备或设施的维护和维修服务,不是指提供一般的劳务服务。

维护服务和维修服务涉及的范围很广,不论是购买机器设备、一般商品,还是技术贸易都涉及服务问题,因此,服务协议的谈判显得十分重要。

5)劳务贸易谈判

劳务贸易谈判是指谈判双方就劳务合作相关事项进行的谈判,主要包括劳务提供的形式、内容、实践、价格计算方法以及劳务支付方式等有关买卖双方的权利、责任和义务关系等。由于劳务本身不是一种有形的商品,而是通过人的某种劳动来满足一定的需要,因此,劳务贸易谈判与一般商品买卖谈判有所不同,具有其特有的特点和形式。

特别指出的是,除了上述所列谈判类型外,还有租赁业务谈判、索赔谈判、外汇业务谈判等其他内容的谈判,在此不再一一阐述。

阅读与思考 1-1　　谈判的价值

日本某公司向中国某公司购买电石。这已是他们之间交易的第 5 个年头,去年谈价时,日方压了中方 30 美元/吨,今年又要压 20 美元/吨,即从 410 美元/吨压到 390 美元/吨。据日方讲,他已拿到多家报价,有 430 美元/吨的,有 370 美元/吨的,也有 390 美元/吨的。据中方了解,370 美元/吨是个体户报的价,430 美元/吨是生产能力较小的工厂供的货。供货厂的厂长与中方公司的代表共 4 人组成了谈判小组,由中方公司代表为主谈。会谈前,供货厂与中方公司代表达成了价格共同的意见,供货厂可以在 390 美元/吨成交,因为供货厂需要订单连续生产。公司代表讲,对外不能说,价格水平由公司代表掌握。公司代表又向其主管领导汇报,分析价格形势。主管领导认为价格不取最低,因为我们是大公司,讲质量,讲服务。谈判中可以灵活,但步子要小。若在400美元/吨以上拿下则可成交,拿不下时把价格定在405~410美元/吨,然后主管领导再出面谈,请供货厂配合。中方公司代表将此意见向供货厂厂长转达,并达成共识和供货厂厂长一起在谈判桌上争取该条件。中方公司代表为主谈。经过交锋,价格仅降了10美元/吨,在400美元/吨成交,比供货厂厂长的成交价高了10美元/吨。供货厂代表十分满意,日方也满意。

阅读与思考1-2　　无　题

某天,一位老艺术家在偏僻乡村的集市上意外发现一把名贵的17世纪的意大利小提琴。地摊卖主索价10元,老艺术家爽快地答应了。卖主却心里嘀咕:"卖了几年也没人要的旧琴,他眼睛都不眨就买了……"于是试着将价格提高一倍,老艺术家也答应了。不想由此却引起了一连串的提价,一直升到在当时当地算得上天文数字的200元……过了几天,老艺术家凑足了钱去拿琴。几天功夫,小提琴便被漆得白白的挂在墙上,因为摊主怎么也想不出这"破玩意"怎么那么值钱,便不惜工本给漆了一遍,算是再添上附加值吧——可是这样一来,小提琴却一文不值了。老艺术家没有与摊主讨论价格问题,因而引起了摊主的怀疑,产生了心理上的不信任。

人的需要是多重的,人的需要是谈判产生的前提,人们希望通过谈判来满足的需要也可能是多方面的。这个例子说明,谈判者常常要换个角度站在对方的立场上思考问题。

每日一练　与同学交流彼此对商务谈判的理解。

完成子任务1.1后,进行自我测试:你是否已经理解谈判和商务谈判的内涵,了解商务谈判的特点和类型?

1.2　商务谈判的基本要素

谈判要素是指谈判的构成因素和内部结构,主要包括:谈判主体、谈判客体、谈判行为和谈判背景条件。

1. 谈判主体

谈判主体由关系主体和行为主体构成。关系主体是有权参加谈判并承担谈判后果的自然人、社会组织及其他能够在谈判或履约中享有权利、承担义务的各种实体。行为主体是实际参加谈判的人。关系主体和行为主体有时是分离的,有时合而为一。如中国某进出口公司和美国某公司谈判一笔进出口贸易业务,谈判关系主体是两个公司,而行为主体则是两个公司派出的谈判小组。在这种分离的情况下,行为主体要正确反应关系主体的意志。

对谈判主体有关规定的研究和认识是很有必要的。因为谈判主体是谈判的前提,在谈判中,要注意避免因谈判的关系主体和行为主体不合格而使谈判失败,造成损失。如果谈判的关系主体不合格,便无法承担谈判的后果;如果未经授权或超越代理权等的谈判,则为行为主体不合格,谈判的关系主体也不承担谈判的后果。

在现实谈判中，由于忽视了事先考虑己方或对方的主体资格，而使谈判归于无效，并遭受经济损失的事例常有发生。特别要注意对对方的主体资格进行审查。不能仅凭对方的一面之词，要审查对方的各种证件，并进行实地考察。在商务谈判中的各种材料主要有自然人身份方面证件、法人资格方面的证件和经营资格方面的证件、代理权方面的证件，技术设备项目进行谈判中涉及履约能力方面的各种设备、设施、技术等证明。如果对方的证件有可疑之处、言辞狡猾狡辩，就不能与之合作。有的还可以委托有关中介组织，如咨询机构进行了解考察。

2. 谈判客体

谈判客体是指谈判的议题和标的。谈判议题是指在谈判中双方所要协商解决的问题。议题有属于资金方面的，如价格和付款方式等；有属于技术合作方面的，主要是技术标准方面的问题；有属于商品方面的，如商品的品质、数量、储存、装运、保险和检验等。总之，涉及交易双方利益的一切问题，都可以成为谈判的议题。标的是承载物质利益的载体，可以是有形物，也可以是劳务或者是知识产权。在一定的社会环境中，谈判的事项受到诸如法律、政策、道德等内容的制约。因此，谈判内容是否符合有关规定，是决定谈判成功的关键。

在商务谈判中，搁置不谈的议题，不明确的标的，在合同履行阶段会造成双方的争执，在谈判最后阶段，一定要解决搁置的问题。

3. 谈判行为

谈判行为是谈判行为主体围绕谈判事项进行的信息交流和观点的磋商，其内容包括谈判各方的信息交流、评判谈判胜负的标准、谈判策略、方式、方法和技巧等。谈判主体是"谁来谈"，谈判客体是"谈什么"，那么谈判行为是"怎么谈"。

4. 谈判背景条件

谈判是在一定的法律制度和特定的社会背景下进行的，这些背景条件将直接或间接影响谈判活动。谈判背景是指谈判所处的客观环境条件，不仅包括政治、法律、经济、文化、传统习惯、意识形态、宗教信仰，还包括人文、地理气候、人际关系等方面的内容。一般情况下，谈判背景主要包括环境背景、组织背景和人员背景三个方面。

在环境背景方面，一般主要考虑政治背景、经济背景、文化背景以及地理自然等客观环境因素。在组织背景方面，一般包括组织的历史发展、行为理念、规模实力、经营管理、财务状况、市场地位、谈判目标、主要利益、谈判时限等。组织背景直接影响谈判议题的确立，也影响着谈判策略的选择和谈判的结果。在人员背景方面，包括谈判当事人的职级地位、教育程度、个人阅历、工作作风、行为追求、心理素质、谈判风格、人际关系等。由于谈判是在谈判当事人的参与下进行的，人员背景将直接影响着谈判的策略运用和谈判的进程。

每日一练 **自己试着与同学一起交流，分析商务谈判的基本要素。**

子任务小结

完成子任务 1.2 后进行自我测试：你是否已经掌握商务谈判的基本要素？

1.3 商务谈判的原则

商务谈判原则是商务谈判过程中谈判双方必须遵循的指导思想和基本准则,是商务谈判人员的行为规范。有代表性的原则是“原则型谈判法”所指出的四个原则:把人与问题分开、集中于利益而非立场、构思对彼此有利的方案、坚持客观标准。

1.3.1 把人与问题分开的原则

把人与问题分开,是谈判者把对人的态度和对问题的态度分开。商务谈判所涉及的是有关双方利益的事物,如货物的价格等,不是双方谈判者之间的个人矛盾,谈判者只不过是企业的代表、事物的载体,真正的矛盾是条件上的矛盾,而不是谈判者之间感情、主观看法的矛盾。所以,在对事的态度上,谈判者要争取有利的条件,当然要强硬,当仁不让,据理力争;而对人的态度上,则应是友好的、温和的、关系融洽的。

在商务谈判中,当双方互不了解,出现争执,以及因人论事,想解决问题是极其困难的。这是因为参加谈判的是有血有肉、有感情、有自我价值观的人。人与人之间可以经由信任、了解、尊敬和友谊建立起良好的关系,从而使谈判变得顺利、有效。相反,发怒、沮丧、仇视和抵抗心理,会将个人的人生观和现实问题合在一起,导致加深误解,强化成见,使谈判艰难、无效。因此,将谈判的个人因素与谈判所涉及的目标分离开,是商务谈判成功的重要方法。

把人与问题分开,并不意味着可以完全不考虑人的因素。处理人的问题,应该注意以下三点:

(1)每一方都应设身处地去理解对方观点的动因,并尽量弄清这种动因的感情成分。人们对事物的观点或看法,都有其特定的背景和动因。站在对方的立场上看待对方的观点,就不难发现他的观点背后,包含了多少理性的思考和感情成分。如果离开了对人性问题的深刻理解和把握,那么处理人的问题的努力也就失去了基本的依托。

(2)谈判者应明确那些在谈判中掺杂的感情问题并设法进行疏通。谈判的本质是人际关系,谈判双方的情绪、情感参与其中,并随着谈判的进展发生变化。谈判人员不能无视对方的情感、情绪,要积极、直率地讨论对方易动感情的问题,而对过激的情绪不做出直接的反应,都有助于防止谈判陷入毫无成效的相互指责。

(3)谈判双方必须有清晰的沟通。双方都应该以积极的姿态来对待对方,主动地听取和注意对方的言谈,互相沟通对问题的看法,寻找彼此的共同点。而不是指责对方的缺点。双方都应在适度的范围内进行信息的沟通,以使双方能明确地认识到彼此追求的利益所在。沟通的目的不是为了让人倾听你的讲话,而是讲清双方的利益所在。

信任可以换取信任,信任关系可以帮助谈判顺利进行。同时,信任是人的问题,与事无关。无原则的信任,也可能是轻信,会造成谈判失败。总之,把人与问题分开,就意味着谈判双方肩并肩地处理问题。这对于消除感情因素可能引发的不利影响有着非常重要的实践意义。

1.3.2 集中于利益而非立场的原则

在谈判中,立场是谈判者追求利益的态度和要求,有什么态度,有什么要求,就有什么立场。态度强硬,不轻易改变要求谓之立场坚定,如果双方立场都非常强硬,互不让步,谈判就不可能进行下去。利益通常是内隐的,在谈判中要通过双方的言谈举止显现出来,在某个条件上的言谈举止,显现出来的态度和要求就是立场。立场与利益是密切相关的。一般情况下,在对方可接受范围内立场坚定的一方,所获得的利益也就越多。

条条大路通罗马。要获得所要追求的利益,并不一定只有一条路走。追求某一利益的意愿,可以通过不同的立场来实现。薄利多销和厚利少销都可能达到卖方追求最大销售收入的目标。如果卖方关注的是追求最大的销售收入,而不是在价格或销量上死不让步,那么就容易适应不同买方的不同要求。如果买方特别在乎价格,卖方可以以增加销量来要求买方。总之,集中于利益而非立场,就是允许适当的灵活性,条件是谈判人员定的,在一定范围内是可以变化的,双方调整自己的条件,可以使双方都获得自己真正需要的利益。

做到集中于利益而非立场,应注意以下几点:

(1)要显得重视对方的利益,并作为解决问题的一部分。

(2)磋商时想让对方考虑我方的利益,就应先提出理由,后提出建议。

(3)应用长远观点看问题。

(4)磋商时推出多种具体而灵活的方案。

(5)对利益采取硬的态度,对立场采取软的态度。

补充一点,价值型谈判也有这个特点。价值型谈判,把谈判者双方都看作问题的解决者,既不把对方当朋友,也不当作敌人,而是就事论事,就问题解决问题,双方都有责任和义务妥善解决问题。这就把主要精力集中到了谈判的实质问题上来了。

1.3.3 构思对彼此有利的方案的原则

一般来说,谈判中,我方总是站在自己的立场上考虑条件,很少从对方的角度考虑对方的需求,也感觉对方所提条件太苛刻,根本不合我方的要求。实际上,只从已方立场考虑问题不能友好高效地使谈判成功。在谈判时,从对方的角度看问题,或许就“柳暗花明又一村”了。也许对方的要求我方根本就不清楚,没有我方想的那样糟。双方走到一起,还是有很多互补之处。如果买方想要的是低价,卖方想要的是销售量,那么买方可以多买一些,以获得低价。因此,谈判中要了解双方的需求,提出对双方都有利的方案。

1.3.4 坚持客观标准的原则

强硬或让步不是毫无依据的,在谈判中,解决问题靠的不是一方的压迫和另一方不断地退让,而是坚持客观标准。客观标准是独立于双方之外,为双方都接受的观点和准则。通过客观标准的讨论而不是固执地坚持自己的立场,就可以避免一方向另一方屈服的问题,使双方都服从于公正的解决办法。

可供双方用来作为协议基础的客观标准是多种多样的。可以是市场价格、专业标准、道德准则、行业标准等。选择的客观标准都应该是独立于双方的意志力之外的,并且为双方所接受。如果双方认为每个问题都需要双方努力去寻求客观标准,每一方就应在对待最能反应客观性标准的问题上理智从事。如果要修改某些标准,必须在提出了更好的建议后才可考虑。

谈判时依据某一客观标准应注意以下问题:

(1)确定客观标准。双方所寻求的客观标准应是独立于各方主观意志之外的,而且应合法、合情、合理,并且切合实际,为双方所接受。

(2)坚持原则,不屈服于压力。谈判中的压力有许多表现形式:贿赂、威胁、求助于信任或拒绝让步,对此,应坚持原则,让对方说明理由,并提出己方所能适用的客观标准。

阅读与思考 1-3　　诚　信

（一）

进行谈判,诚实、守信至关重要,这也是参加商务谈判的一项重要原则。所谓诚信,就是诚实、守信。诚实,就是说真话,不欺骗,对待对方诚心诚意。俗话说,“诚招天下客,笑迎四海宾”。诚,可以留住顾客。有的生意人,靠忽悠顾客,以谎圆谎,只能做“一锤子买卖”,生意怎能长久。现代商人绝不是这样的人。守信,就是言必行,行必果,以守信取信于人。言而无信,朝告夕改,势必失信于人。失信于人,下一次合作就难了。在商务谈判中,要诚心实意,坦率守信。

诚实,并不是不保守商业秘密,也不是把自己的底线告诉对方,只是不欺诈。守信,并不是自己说过的话都要履行不误,而是通过一诺千金取信于人,有时候有过的承诺,通过适当的处理可以反悔,讲明道理,对方也会理解,可以减少自己的损失。这就要求谈判人员不轻易许诺。诚信的价值,不在商海中的人是体会不到的。

（二）

我国经济学家茅于轼对市场经济条件下的道德问题颇有研究,其研究在《商人光荣》(《道德 经济 制度》62 页,河南人民出版社,2002 年)一文中指出:

“对从事商业的绝大多数人来说,经商的目的就是赚钱,一般不会想到社会的发展、人民的福利。因此他们在正常的商业交换中往往夹杂着欺诈,尤其是在一个社会开始从自然经济向商品经济过渡的阶段,假冒商标、以次充好、缺斤短两、欺骗毁约的事情会大量出现。当社会上流行欺诈行为时,信誉成了稀缺的东西。根据经济学的观点,越是稀缺的东西越值钱,所以讲究信誉的商号此时反而能赚更多的钱。因为消费者害怕上当受骗,宁可价钱高一点,也要找信用可靠的商号打交道,长此以往,商业的信誉就能逐渐代替欺骗行为。当今讲究商业信誉的资本主义社会,当初也有过一段浑水摸鱼赚钱的历史,而今讲信誉是普遍现象,欺诈反倒成了个别现象。”

阅读与思考 1-4　　尼尔伦伯格的十大谈判原则

1. 不参加不必要的谈判

谈判人员要尽量使自己保持不需要和别人谈判的地位,如果不经过谈判就能够达到自己所需要的目标,须向对方提出本方的条件。谈判者最好不要表现出太高兴的样子,也不需要露出很乐意接受这项交易的表情。否则,可能会引起对方的反感。在与对方交谈时,让对方以为自己是胜利者,此时你才能获得真正有利的地位。

2. 谈判前进行周全的准备

谈判者在开始谈判之前,必须对谈判对手、谈判资料、谈判环境进行周全的准备,以便谈判中做到“先发制人”。事实上,大多数交易是在最初的 15 分钟内做出决定的,在最初短短的时间里,整个谈判过程已决定。

3. 操纵全局，不轻易让步

在商务谈判中，尽量不要向对方让步，尤其是在谈判的重点问题上，更不能轻易退让。要努力说服对手贯彻自己的主张，这样才能在谈判中占据较为有利的位置。当然，必要时也可以稍微作出一些让步。为了获得谈判上的成功，谈判者必须注意：人们在拼命追求某种东西时，会从中获得很大的满足。因此，要尽量给予对方这种满足感。

4. 强化个人支配能力

谈判者在谈判前，先要比较一下自己和对方的谈判能力，以便确定自己是否需要强化个人的支配能力。如果发现对方的谈判能力比自己强，谈判者要运用一些方法加强个人的支配能力。

5. 让对方展开竞争

在谈判中，当谈判者想要威胁对方时，必须掌握好时机。而让对方展开竞争，尤其是让对方感觉到还有更具实力的竞争对手存在时，本方比较容易成功。在谈判过程中，谈判者要努力保持镇定，遇事不要慌张。

6. 巧妙运用弹性谈判策略

在谈判中谈判者要巧妙运用弹性策略。当你渴望得到"20"就向对方要求"25"；当你想给予对方"10"，就不妨先给对方"7"。如果给对手过多的选择权，表现出这种交易可以进行，或者表现出你很乐意与对手交易的态度时，对手就会得寸进尺，逼你让步。所以，巧妙运用弹性策略，给予对方的条件只要比他自己所期待的稍微好一点就够了。

7. 表现诚实法

谈判者在谈判中保持诚实是相当重要的，因为谈判者说出的话将成为今后对方所信赖的依据。如果双方之间有公开的约定，就必须遵守承诺。因此，谈判者在谈判中所要做的第一件事是获得对方的好感，彼此之间产生相互尊重、互相依赖的关系。只有这样，谈判时所交换的意见才能明确地使对方了解、接纳。

8. 掌握倾听的艺术

一般而言，经常提出质疑的人，是掌握倾听艺术的人，也是能够支派双方关系的人。一位成功的谈判者应具备五个条件：第一，能够把握时机，适时提出自己的方案；第二，能够坦诚表示自己的立场，同时自己的立场足以引起对手的关心；第三，进行必要的问话时，能够细心倾听对方的回答；第四，能够正确判断对方的立场以及力量的界限；第五，在谈判中迎合对方的口味，尽量把对方的抵抗降到最低限度。

9. 不断地关心对方的需要

在谈判过程中，谈判者应该先提出较高的要求，然后慢慢降低。如果对方提出要求，要尽可能找出恰当理由加以拒绝。值得注意的是，你所期待的价格与对方期待的价格差距越大，就越需要向对方传递信息，使彼此的期望值能逐渐缩小差距，然后获得完美的结果。

10. 让对方对你持有较高的期望

在谈判时，谈判者要给对方确定一个最高目标作为自己的期待，同时，在谈判中不要轻易降低自己的目标，当谈判目标确定后，要运用一定的传送信息技巧将这一目标告诉对方，让对方了解你的期待。只有让对方对你保持较高的期望，谈判者才有可能获得更大的利益。

每日一练 自己试着与同学一起交流,讨论商务谈判的基本原则。

完成子任务 1.3 后进行自我测试:你是否已经掌握商务谈判的四个代表性原则?

1.4 商务谈判的步骤和模式

对大量谈判案例进行研究后发现,谈判的阶段性特征比较明显,一次比较正规的谈判,是可以明显地分成几个不同阶段的,而且有学者还总结出了所谓"成功的谈判模式"。

1.4.1 商务谈判的步骤

商务谈判过程一般可以分为准备阶段、开局阶段、磋商阶段、成交阶段。

1. 准备阶段

准备阶段是商务谈判的第一步。在这一阶段中,谈判各方尚未进行正式的接触,各自在为将来的谈判做一些准备工作,以求在谈判中做到有备无患。一般来讲,谈判的准备工作做得越充分,谈判的效果就会越好。同时,在商务谈判的准备阶段,谈判的各方就谈判的时间、地点等问题要进行简单磋商,从而为下一步正式接触打好基础。

2. 开局阶段

开局阶段是谈判双方正式接触,就谈判的非实质性内容进行交谈的过程。在谈判开局阶段中,谈判各方依照既定的谈判计划,逐步向谈判对方展示己方的要求、意图及其他一些信息,并根据谈判对方传递的信息预测对方的实力、特点,为下一步讨价还价做好准备。在开局阶段,谈判各方刚刚开始接触,彼此对对方的实力、特点还不太了解,所以传达信息和收集信息是这一阶段的主要行为。在这一阶段,谈判各方还不会对交易的一些实质性的、具体的问题进行接触。谈判各方就谈判的目的、谈判议程进行磋商、确定。

3. 磋商阶段

磋商阶段是继谈判开局之后进入的讨价还价阶段。由于在准备阶段和开局阶段,谈判双方都对谈判对手有了一定程度的了解,所以在这一阶段,谈判各方可以根据自己所获信息来与谈判对手就交易的各项交易条件进行磋商。磋商过程是谈判各方不断冲突与较量的过程。在这一过程中,谈判各方经过讨价、还价、妥协、让步,试图向达成一致意见的方向过渡。所以,磋商阶段对谈判技巧有很高的要求。磋商阶段是对各种谈判信息的一个充分展示与运用的过程。

4. 成交阶段

在经过讨价还价阶段的较量之后,谈判的利益分歧越来越小,谈判各方就交易项目的各项条款逐渐形成一致意见,谈判过程将进入成交阶段。成交,即一项交易谈判的结束。在这个阶段,谈判各方当事人经过磋商谈判的内容及结果,要以一定的法律形式确认并固定下来,为将来各方在交易过程中合理处理相互关系提供可靠的依据。因此,谈判各方要在这一阶段签订合同。该合同具有一定的法律效力,对谈判各方在今后的交易合作中的行为有一定的约束力。签订合同是谈判过程全部结束的标志，同时，它也预示着交易合作过程的开始。

以上是完整的商务谈判过程的4个阶段。在现实的商务谈判中，由于环境条件、利益关系以及其他一些因素的作用与影响，谈判各方有可能不会就交易的各项条件形成较为一致的意见。在这种情况下，交易过程只会是三个阶段，谈判在讨价还价阶段就结束了，即谈判暂时终结或以谈判破裂告终，谈判各方没有就交易项目形成合作意向。

1.4.2　商务谈判的模式

中西方学者通过大量理论和实践的研究，找到了一条商务谈判中能够顺利到达成功彼岸的道路，即商务谈判的成功模式——PRAM谈判模式，主要由四部分组成。

1. 制订洽谈计划(Plan)，解决"怎么谈"的问题

制订洽谈计划是"成功模式"的第一步。在制订洽谈计划时，首先要做到知己知彼，即先要弄清本方在该次谈判中的目标是什么，然后要通过各种渠道设法搞清对手的谈判目标是什么。明确了双方的谈判目标之后，要进一步仔细分析双方的目标构成，通过对比分析双方利益一致的地方和可能产生分歧的地方，以便在正式谈判时采取不同的对策。通常，在正式谈判开始时，首先应把双方的一致之处提出来，并请双方核实确认。这样做的好处是，能够提高和保持双方对谈判的兴趣，也能增强双方积极投入谈判的信心，为谈判的成功打下良好的基础。对于双方利益不一致的地方，则要在制定谈判计划阶段加以周密思考，想好一切对策，并在谈判过程中通过双方的交锋，充分发挥各自的创造力和想象力，谋求使双方都能满意的方案，实现谈判双方的目标。

2. 建立洽谈关系(Relation)，解决"如何高效、友好地谈"的问题

建立洽谈关系，以信任为基础，使谈判在友好的气氛中顺利、高效地进行。在正式洽谈之前，就要与对手建立良好的关系。这种关系不是指比较浅显的表层关系，而是一种有意识形成的、能够使双方洽谈者在洽谈过程中都能感到顺畅、融洽、自然、舒展的关系。这种关系是使洽谈顺利进行的保障。

通常情况下，人们都愿意与自己比较了解、信任的人做生意，而不愿意同自己一无所知、更谈不上信任的人达成协议。如果我们同一个从未见过或听过的人打交道，那么我们就会十分谨慎，层层设防，在谈判中肯定会小心从事，不轻易许诺。因此，当双方都已相互了解，并且建立了一定程度的信任关系，那么就会减少双方之间的戒备心理，从而使谈判的难度大为降低，而成功的可能性就大大提高。可以肯定地说，洽谈双方的相互信任关系是洽谈成功的基础，为此，我们必须相信对方会相信自己，并表现出诚意。

例1-4　**关心对方的利益**

美国钢铁大王戴尔·卡耐基曾经参加过这样一个谈判。有一段时间，他每个季度都有10天租用纽约一家饭店的舞厅举办系列讲座。后来在某个季度开始时，他突然接到这家饭店的一封要求提高租金的信，对方将租金提高了一倍。当时举办系列讲座的票已经印好了，并且都已经发出去了。卡耐基当然不愿意支付提高的那部分租金。几天后，他去见饭店经理。他说："收到你的通知，我有些震惊。但是，我一点也不埋怨你们。如果我处在你们的地位，可能也会写一封类似的通知。作为一个饭店经理，你的责任是尽可能多地为饭店谋取利益。如果不这样，你就可能被解雇。如果你提高租金，那么让我们拿一张纸写下将给你带来的好处和坏处。"接着，他在纸中间画了一条线,左边写“利”,右边写“弊”,在“利”的一边写下了“舞厅,供租用”,然后说:“如果舞厅空置,那么可以出租供舞会或会议使用,这是非常有利的,因为这些活动给你带来的利润远比办系列讲座的收入多。如果我在一个季度中连续20个晚上占用你的舞厅,这意味着你失去一些非常有利可图的生意。

“现在让我们考虑‘弊’。首先,你并不能从我这里获得更多的收入,只会获得的更少,实际上你是在取消这笔收入,因为我付不起你要求的价,所以我只能被迫改在其他地方办讲座。”

“其次,这个讲座吸引了很多有知识、有文化的人来你的饭店。这对你来说是一次很好的宣传机会,是不是?实际上,你花了5 000美元在报上登个广告也吸引不了比听我讲座更多的人来这个饭店。这对于饭店来说是很有价值的。”

卡耐基把两项“弊”写了下来,交给经理说:“我希望你能仔细考虑一下,权衡一下利弊,然后告诉我你的决定。”第二天,卡耐基收到一封信,通知他租金只提高了0.5倍,而不是一倍。

卡耐基一句也没提自己的要求和利益,而始终在谈对方的利益以及怎样做才对对方更有利,但却成功地达到了自己的目的。关心对方的利益,站在对方的角度设身处地地为对方着想,指出他的利益所在,对方会欣然与你合作。成功的、合作的谈判的关键在于找出什么是对方的真正需要。当你谋求你的利益时,也给对方指出一条路,使其获得所谋求的利益。

3. 达成洽谈协议(Agreement),解决“目标和结果如何”的问题

围绕谈判主题,达成洽谈协议,实现双赢的结果。这一步,首先应该核实对方的谈判目标;其次,对彼此意见一致的问题加以确认,而对彼此不一致的问题则要通过双方充分磋商,互相交流,寻求一个有利于双方利益需求的满足,并且双方都能够接受的方案来解决问题。

4. 履行洽谈协议和维持良好关系(Maintenance),解决“谈判后续双方关系去向”的问题

达成协议并不是业务洽谈的最终目标,商务谈判的最终目标应该是:达成协议后,协议的内容得以圆满地贯彻执行。在商务洽谈中,最容易犯的错误就是:一旦达成了令自己满意的协议就会松了一口气,认为谈判已经圆满结束了。但对方有时不会像你想象的那样,毫不犹豫地履行他的义务和责任。俗话说“夜长梦多”,事情总是千变万化,从协议签订到实施这段时间里,不知又会有什么因素影响双方对协议的履行。

经验告诉我们,与同我们谈判的签约方保持联系,并对其履约行为给予良好的反应,是最能鼓舞其干劲的。因此,在对方努力信守协议时,给予及时的肯定、赞扬和感谢,其信守协议的精神就会保持下去。同时,也要向对方汇报自己的履约实情,向对方证实我方的诚实守信,从而加速双方履约进程。情感反应方式很多,比如亲自拜访问候并表示感谢,也可以通过现代通信工具表示的谢意,书信的方式也是很好的选择。总之,运用情感交流促使协议兑现,是成功模式所提倡的方法,也是十分奏效的。

保持良好的关系也是谈判结束后的一个重要工作。在实际业务交往过程中,特别是亲身参与谈判的人员,都有一个切身体验,那就是:与某业务往来对手之间的关系,如果不积极、有意识地加以维持的话,就会逐渐淡化,慢慢地双方就会疏远,有时甚至由于某种外因还会导致关系的恶化。而一旦疏远了或者恶化了,再想重新恢复到原来的水平,则需要花费很多的精力和时间,甚至比对一个新对手建立关系还要复杂。因此,为了以后的业务发展,对那些已经通过自己努力,并在本次谈判中建立起良好关系的业务伙伴,应想方设法与他们保持友好关系,以免事后再花费精力和时间去重新建立。其实,维持与对方的关系也很简单,主要是保持与对方的接触和联系,特别应注意个人之间的接触,因为不管什么样的经济实体,它都是由人来构成的,没有人也就谈不上其他的了。另外,还可以在对方某些有重要纪念意义的日子发去贺电或信函,以表示自己的问候,这就很自然地维持了双方的关系。

实施"成功模式",要树立双赢的谈判意识,重视人际关系,要有战略眼光,谈问题要避虚就实等。由于谈判要素和背景各不相同,每次谈判都不重复,所以应在谈判中灵活运用上述"成功模式"。

同时,正如春秋时军事家孙武所说"人皆知我所以胜之形,而莫知吾所以制胜之形,故其战胜不复,而应形于无穷",意即:人们知道我指挥作战的方式、方法,而没有人知道我是怎样根据敌情变化灵活运用这些方式、方法的。每次战胜敌人时敌情不同,部署军队的具体操作随之不同,战争态势是不会重复的。

阅读与思考1-5　　商务谈判学科和商务谈判课程简介

科举制度以前,人才的选拔并不通过笔试,主要是由他人推荐与自身的表现相结合。自身的表现基本上是回答面试官提出的问题,谈论时事,沟通思想,说服面试官,有时面试官就是君王。春秋战国时期,甚至出现了专业的谈判人员,称为"说客"。这些"说客"是各诸侯国的外交人员,他们的故事流传至今,其中最有名的就是苏秦、张仪和屈原了。他们最大的能力就是凭借"三寸不烂之舌"击退"百万强师",谈判能力非凡,可以说是专业的谈判人员。《论语》《孟子》《战国策》《左传》《史记》《三国志》等古籍中保存了丰富而生动的实例,说明了古代人虽无谈判一词,但确实重视谈话能力、应变能力、说服能力、获取利益的能力。可惜在这方面没有形成科学的体系。自古以来,在大量文献中都有与谈判有关的研究,如对人们日常交流中的语言技巧的研究,对跨文化交流技巧的研究,对外交、军事关系的研究等。

将谈判作为一门学科来加以系统地研究是20世纪中期以后的事。曾任美国谈判学会会长的美国著名律师杰勒德·尼尔伦伯格在其《谈判的艺术》一书的再版导言中宣称:"当《谈判的艺术》一书于1968年初版之时,它开拓了一门新的学科……它已被视为一个包罗万象的体系,可以用来解决有关人类存在的一些最为棘手的问题——人际关系、企业间的关系和政府关系。"确实,自20世纪60年代以来,越来越多的学者将他们的研究视角转向谈判及有关的问题。其中,罗杰·费希尔所领导的哈佛谈判研究项目享有很高的声誉。除杰勒德·尼尔伦伯格和罗杰·费希尔,主要谈判研究专家还有卡洛斯、比尔·斯科特和马什等。他们的理论成果影响广泛。

20世纪80年代中期以后,以大量的谈判研究成果为基础,顺应人才培养的需要,谈判课程进入越来越多的美国大学课堂。对谈判基本原理的理解和对某些基本技巧的学习运用已成为许多专业,尤其是商科学生的必修课程。

在我国,随着经济体制改革和对外开放的不断深入,生活中各个层面和方面的谈判实践大量增加,对谈判理论和实践技巧的需求也十分迫切。在过去若干年内学者的一些零星研究及20世纪80年代起对西方若干谈判研究成果引进、介绍的基础上,谈判研究引起了越来越多学者的兴趣。从90年代起,谈判课程逐步进入了我国一些高等学校的课堂。

谈判作为一门学科的历史十分短,虽然发展十分迅速,但仍然是一门年轻的学科。初学商务谈判,有必要对它的学科特点有所了解。前言中已论述过,在此不再赘述。

每日一练 自己试着分析一个商务谈判案例,讨论商务谈判的步骤和模式。

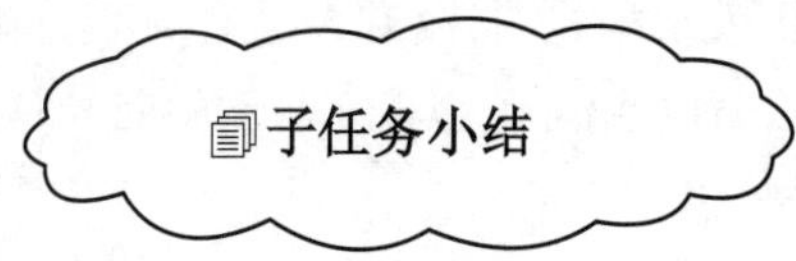

完成子任务 1.4 后进行自我测试:你是否已经掌握商务谈判的步骤和“成功模式”?

小 结

本任务就是让读者理解谈判和商务谈判的内涵,了解商务谈判的特点、类型;掌握商务谈判的基本要素和原则,并能够运用这些原则;掌握商务谈判的步骤和“成功模式”。

本任务围绕商务谈判的基本认知设计了各环节的基本内容,并插入了一些谈判案例,对相关知识以阅读与思考的形式来加深理解。每一任务都是以子任务小结结束,希望读者在完成子任务之后,能够及时进行自我的过程性评价。

本任务能力目标:完成本任务后,读者应该能够掌握商务谈判的基本要素和原则;掌握商务谈判的步骤和“成功模式”。

完成本任务,将对商务谈判有一个明确的认知和理解,为学习后续的商务谈判理论知识和进行谈判实践提供理念的支撑。

核心技能与概念

谈判　商务谈判　谈判主体　谈判客体　谈判行为　谈判背景　把人与问题分开　集中利益而非立场　构思对彼此有利的方案　客观标准　谈判步骤　成功模式

课堂讨论

1. 一个温柔的谈判者,能够用温柔处理矛盾吗?

提示:女强人是温柔的吗?如果温柔能解决矛盾,那么女强人都会选择温柔才对,为何选择强硬?

2. 你熟悉哪个谈判专家?你知道哪些他们的谈判事件?

提示:如为加入 WTO 组织进行多次国际谈判的中国代表团首席谈判专家龙永图。

3. 为什么要学习商务谈判?

业务技能自测

一、单项选择题

1. 你认为谈判是为了(　　)。

A. 达成公平、对等的交易

B. 让对方接受自己的观点

C. 与对方联合做出决定,尽可能照顾双方利益

D. 达成妥协

2. 商务谈判追求的主要目的是(　　)。

A. 让对方接受自己的观点　　B. 让对方接受自己的行为

C. 互惠的经济利益　　D. 平等的谈判结果

二、多项选择题

1. 原则型谈判法所指出的原则是(　　)。

A. 把人与问题分开　　B. 集中于利益而非立场

C. 构思对彼此有利的方案　　D. 坚持客观标准

2. 谈判过程可以分为(　　)。

A. 准备阶段　　B. 开局阶段　　C. 磋商阶段　　D. 成交阶段

3. 谈判“成功模式”的步骤是(　　)。

A. 制订洽谈计划　　B. 建立洽谈关系

C. 达成洽谈协议　　D. 履行洽谈协议和维持良好关系

三、简答题

1. 简述谈判和商务谈判的内涵。

2. 商务谈判的特点和类型有哪些?

3. 商务谈判的原则有哪些? 如何使用这些原则?

4. 构成商务谈判的基本要素有哪些?

5. 简述商务谈判的步骤。

6. 商务谈判“成功模式”的内容是什么?

案例分析

案例 1:原则无价——东京审判法官排座次

1945 年 8 月 15 日,日本法西斯战败投降,中国法官有了首次参与军事法庭审判侵略者的机会。在盟军总部主持下,由 11 国代表组成的远东国际军事法庭在日本东京成立,日本战犯最终被押上了“东京审判”被告席。1946 年 4 月,11 国法官齐集东京,正式开庭审判的日子就要到了。但是,各位法官在法庭上的座位将按什么样的顺序来排列? 中国法官梅汝璈对助手说:“任何国际场合,争座次在所难免,这并非个人名利,而是关系国家、民族地位和荣誉的大事,故应有的位置必须当仁不让,力争得到。”

远东国际军事法庭宪章没有明文规定法官席位的次序,但法官座位的排列次序却极其敏感。卫勒庭长提议法官席次应该按照联合国安全理事会惯例来安排,即以美、英、苏、中、法为序。但是,有的法官当即指出,按照联合国宪章,安全理事会的 5 个常任理事国是以中、法、苏、英、美(按照国名字母先后)为序的。这样一来,中国和法国法官将坐卫勃的两旁,而卫勃所倚重的英国和美国法官便不能居于中央席次。于是卫勃庭长又提议:我们不是联合国的组织,不必按五强居中的

惯例来安排,可以适用按国名字母先后为序的办法。但是,这样事情就更乱了,因为居中央的将是中、加两国的法官,而他所希望接近的英、美法官反而离他更远了。大家争来争去,莫衷一是。

微笑倾听良久的梅汝璈终于开口:“个人的座次,我本人并不介意,只因与各位同仁一样,是代表了各自的国家来的,所以我还须请示本国政府。”这一军“将”得厉害。因预定的开庭日期将至,法官们如果都要请示国内而后定,必拖延时日。卫勃认定不能开这危险“先例”,忙说:“为确保准时开庭,座次问题必须尽快排定,希望梅先生从大局出发。”

梅汝璈有意以调侃的口吻缓和一下空气:“如果庭长和大家不赞成这个办法,那我们就以体重为标准吧,各自过磅,看看各人的体重是多少,重者在前,轻者居后。这样,我们便可以有一个最公平、最客观的标准。”

话音刚落,法官们哄堂大笑。卫勃庭长对梅汝璈笑道:“梅先生真会讲话,是法官,更是个幽默大师。你的办法很好,但是它只适用于拳击比赛。我们是国际法庭而不是拳击比赛场。”

梅汝璈收敛笑容道:“同意庭长的意见,但中国代表应排在第二位。众所周知,中国受日本侵略最深,抗日时间最长,付出牺牲最大,审判的又是日本战犯。因此,中国理应排在第二。再者,没有日本的无条件投降,便没有今日的审判。故我提议,各位都不用争了,法官的坐次,按受降国签字的顺序排列,实属顺理成章。”他接着报了各签字国的顺序:美国、中国、英国、苏联、澳大利亚……

俗话说“弱国无外交”,因此对于梅汝璈的提议,几个西方国家代表心里根本不愿接受。直到5月2日,即正式开庭的前一天,卫勃的真实意图才暴露出来。下午4时,法官们都按要求做好了准备,在法官休息室集合。这时,卫勃突然宣布:法官座席的次序是美、英、中、苏、法、加、荷、新、印、菲,这是经过盟军最高统帅同意了的安排。按照这个安排,庭长右边是美、中法官,左边将是英、苏法官。很明显,英美居中,排挤中国,同时以压制加拿大作为陪衬(按照受降签字次序加拿大应排在法国之前)。大家不禁愕然。中国法官梅汝璈和加拿大法官麦克杜哥最为愤慨。梅汝璈当即指出:“这个安排是荒谬的,我绝不接受这种于法无据、于理不合的安排!”他愤然脱下象征着权力的黑色丝质法袍,欲退出预演,以示抗议。

开庭预演仪式推迟了约半个小时,审判大厅里的人们等得有点不耐烦了。此时此刻,没有人能承担得起推迟明天正式开庭的严重后果,因为这个日期已经向全世界宣布了。

曾经由于苏联法官的姗姗来迟,法庭等了很长时间才正常运转,而且总部和庭长一再宣称“非候全体法官到齐不拟开庭”。现在虽然苏联法官到了,但如果中国法官拒绝出席,那么按期开庭仍将成为不可能的事情。如果真的发生了不能按期开庭的情况,那必定会引来日本乃至全世界的惊疑和非难,这个责任无论是庭长还是最高统帅都不愿意承担,也承担不了。基于有这样的把握,梅汝璈认为现在是向庭长摊牌的最好时机,因此,他的态度就更加强硬了。

那是令人窒息的10分钟。当卫勃第三次来到中国法官办公室的时候,他盯着梅汝璈一字一句地说:“同意你的意见,预演就按受降签字国次序进行。今晚我把情况报告最高统帅,看他是否同意。”说完便悻悻而去。梅汝璈于是又脱去大衣,换上法袍,走出自己的办公室。他一回到法官们中间,预演仪式立即开始。这时已经是下午5时了。

第二天上午9时30分,卫勃庭长在开庭前几分钟来到会议室,对等待在那里的10名法官宣布:“最高统帅已经同意,我们今后的行列和坐席顺序就按照预演时的顺序。在参与审判工作的11国法官中,只有1人比42岁的中国法官年轻。司法界一贯比较注重年资和外表,梅汝璈因此而留起了上唇胡须,并因此被各国记者称作“小胡子法官”。通过座次争议这件事,大家对梅汝璈另眼相待。

问题：

1. 东京审判前中国法官梅汝璈为什么要争座次？梅汝璈是怎么做到的？

2. 课后观看《东京审判》电影，加深直观认识。

案例2：艰难谈判

2006年6月，空客项目决定落户天津之际，正是中国大飞机项目论证处于争执不下的关键阶段。

当时业内人士普遍认为空客项目负有为中国大飞机项目积累制造经验的责任，但从一开始，空客项目就被明确：与中国大飞机项目没有关系。

2006年4月，天津市主要领导拜会了中航一集团、二集团领导层，希望取得中国航空业的支持。两家航空集团随后从下属的哈飞、南昌洪都航空、西飞、上飞、沈飞、成飞抽调相关人员组成专家组，为天津空客项目服务。6月初，专家们集中到天津，开始与空客谈判。

谈判开始后，中欧双方围绕着设备采购、空客外派人员的数量等问题争论激烈。谈判的主动权一直掌握在空客手中。

中国航空业能否从设备采购过程中获益，是双方争论的第一个焦点。

在整个空客项目投资中，设备投资数额巨大，仅港口到厂房之间运输飞机的设备，投资总额就达8 200万欧元，而总装厂房内的设备投资高达2.04亿欧元，这还不包括发动机安装和测试试飞的设备。业内测算，天津项目的设备投资将超过30亿元。

一位专家介绍，在中方与空客此前的会谈纪要中，明确写道：双方一致同意，能够在中国进行国产化的安装设备，都应该在中国国内制造。

2006年7月，中方项目组去德国汉堡的空客总装线进行实地考察，发现80%的设备都可以实现国产化。一个月后，中方项目组表示希望在中国国内采购部分设备，同时请空客提供有关资料。但空客方面不肯提供任何资料。

在中方的强烈要求下，2006年9月底，空客委托两家供应商组成项目控制小组，考察了西飞、哈飞、成飞、上飞、沈飞、洪都航空等6家中国飞机制造厂。此后，这个小组就杳无音信，中国供应商生产安装设备的事情也就无疾而终。另一位参与谈判的中方专家表示，空客与中方谈判的指导思想就是尽量由空客在欧洲的供应商提供各种设备。

2007年5月15日，空客中国公司总裁博龙对国内媒体表示，在中国组装的A320系列飞机中，“中国制造”的零部件比例大概在15%～20%。

双方激烈争论的另一个焦点是空客方面派到中国的工作人员的数量，因为外方人员工资需要合资公司支付，这直接关系到空客项目的收益。而空客认为外方技术工人太少难以保证总装质量。

据参与双方人力资源谈判的天津保税区劳动人事局局长刘长江透露，空客一开始要求派到中国的员工数量是200人（合资公司的全部员工预计规模不到1 000人），而1980年中国与波音合资的麦道90项目的美方员工还不足20人。

为了说服空客，中方在先后五轮招聘中，让空客充分了解中国工人的素质，最终空客同意将外派人数降低。即便如此，2007年4月20日，记者在天津港保税区航空产业支持中心采访时，该中心正在按100多人的规模，为外方员工的到来做准备。

2007年5月15日，空客A320天津总装线项目协调人戴丹利表示：“空客在开始阶段会派出

150 多名专家的团队来保证初期的顺利生产。之后，这些专家会回到欧洲。当生产达到稳定的时候，90% 将是中国的雇员。”

谈判中，空客之所以始终占据主动，得益于他们对中方经济情报的及时获取，每次开谈之前，空客方面就已经得知中方的意图和计划。一位专家告诉记者，有一次，空客的谈判代表甚至直截了当地对中方说：“我们谈判就是一步不让，你们这个合同都得签。你们高层领导比我们急。”也因此，在早期的谈判中，空客只是让中方尽可能承担一切费用，但对于外方在合资公司中以设备还是技术出资，或者是以现金出资，一直不予明确。

让空客有机可乘的，还有中方的组织工作。空客方面由空客德国公司牵头，联合空客的供应商组成人员固定的项目工作组。而中方则缺乏专门的机构和人员。

一位参与谈判的专家回忆起反映双方组织工作水平的一个细节：中方项目组与空客方面谈判时，每个人都用各自单位印制的名片，而空客则为所有参与项目谈判的人员，统一印制了有空客标识的项目组专用名片。

中方对谈判的组织也相对被动：因为中方项目组主要领导不是业内专家（由天津港保税区管委会的领导兼任），每次谈判中方都缺乏详细的谈判计划——专家们被临时招来，谈判后也不总结谈判中的问题和下次谈判的重点，又立即返回原单位。

问题：结合案例谈谈谈判的组织管理。

案例 3：谈判是一个互动过程

南美某公司（卖方）欲向中国某公司（买方）推销智利松木原木。在中国某城市的谈判中，买方向卖方详细询问了智利松木原木的规格、直径、疤节以及虫害等情况，卖方一一作了解答。双方就港口装运、码头吃水情况等进行了反复讨论。结合上述因素，双方就原木的价格进行了谈判。

由于买方不了解（没有使用经验）智利松木，对价格心里没底，因而提出的要求趋于保守。卖方则认为条件过于苛刻，一再说其原木质量很好，码头现代化，两万吨的船停靠不成问题。但买方仍不松口，坚持要卖方将价格放到市场同类松木价格之下，而且要保证码头装车，否则还要承担延误造成的滞期费。

卖方咬牙同意考虑买方意见，但比市价低多少仍是问题。是 5%、10%，还是更多？双方争论得十分激烈。这时，卖方提出：“别争了，不妨先定个原则，细节问题待贵方赴南美考察智利松木和相关码头后再定。看贵方是否有时间？”卖方的建议正合其意，买方就答应了这个安排。可考察组的人数、时间、费用又引起了争论，这些问题与合同价相关联。卖方又提出，买方可以去 3 人，时间为一个星期，往返机票由买方承担，在考察现场的交通、食宿费用由卖方承担。这个条件让买方迅速定下了日程。于是谈判的僵局化解了，双方拟定了谈判备忘录。买方人员到了南美之后，经过参观考察，增加了对原木的认识。卖方尽了地主之谊，接待热情周到，让买方很满意。最终双方在现场敲定了价格条件，签了合同。

问题：根据所学知识，谈谈本案说明了什么问题。

案例 4：一场关于经济赔偿的谈判

1985 年 9 月，中日双方在北京举行了一次关于经济赔偿的谈判。事情的原因是我国国家经济委员会从日本三菱公司进口的 5 800 辆三菱汽车质量不合格。由于这场谈判涉及的不是三万五万的小数目，而是几亿、几十亿巨额损失。因而谈判双方都派出了精明强干的代表。

首先谈判的是汽车质量问题。日本谈判代表深知理亏在自己，因而想大事化小，小事化了，以

“有的”“偶有”等语句避重就轻。我方谈判代表以详尽的检验数据和专家鉴定予以辩驳。在事实和科学面前，日方代表不得不同意给我方汽车加工费 7.76 亿日元。接着，谈判间接经济损失赔偿问题。这笔涉及数目最大，分歧也最大。日方代表在谈这项损失费时，也貌似事实地逐条报出，每报完一条，总要间断地停一下，环视一下我方代表的反应，仿佛给每笔金额数目都要圈上不留余地的句号。最后提出最多支付 30 亿日元。

我方代表一方面针对日方的每一笔报价揭穿其所做手脚和“大约”“预计“等含混不清的字眼；另一方面，对每一笔赔偿额的来源，有根有据，提出赔偿间接经济损失费为 70 亿日元。日方代表听到这个数字后，惊讶得说不出话来，反应了半天才连连说：“差额太大！”并苦苦哀求着说：“贵国提出的索赔额过高，若不压减，我们会被解雇的。我们是有妻儿老小的，我们吃人家的饭，也有难言之隐呀……”

我方代表义正辞严，并提出“贵公司生产如此低劣的产品，给我国造成多大的经济损失！”考虑到对方受雇于人家，也借机给他们一个台阶，安慰道：“我们不愿为难诸位代表，如果你们做不了主，请贵方决策人员与我方谈判。”

由于双方分歧太大，又各不相让。双方都沉默不语，谈判陷入了僵局。

这样一来对双方都不利。我方代表首先打破僵局：“中日贸易不是一天两天的事，以后的日子还很长。我们相信贵公司绝不愿意失去中国这个最大的贸易伙伴和广阔的汽车市场，我们也不希望失去你们这样的朋友。由于贵方有诚意维护自己的信誉，彼此均可以作出适当的让步。”

我方代表的话起了作用，日方代表有所松动，“我公司愿付 40 亿日元，这是最高的数目了。”

“我们希望贵公司最低支付 60 亿日元。”我方代表不想作出太大的让步。

谈判又出现了新的转机。经过反复磋商，日方最终以赔偿我方 50 亿日元并承担另外几项责任而告结束。

问题：试分析我方谈判成功的原因。

实训操作

解决一个现实问题

[实训目标] 通过模拟谈判，加深对本任务内容的理解，练习和掌握商务谈判原则。

[实训组织] 学生每人找一个现实问题，请学生现场模拟解决。问题必须是现在正在发生的，如班级奖学金评比或综合测评中出现的一些小矛盾、“企业顶岗实训”的组织中出现的一些小问题等。一人扮演辅导员、班干部或督导员，对另外的同学做工作。

[实训提示] 教师提出活动前准备及注意事项，同时做好现场指导。

[实训成果] 各组现场演示，最后教师点评。

任务 2 商务谈判准备阶段

任务导入

商务谈判信息是指与商务谈判活动有密切联系的信息,是一种特殊的人工信息。在商务谈判中,谈判者对各种谈判信息的拥有量,特别是谈判者对信息的收集、分析和利用的能力,对整个谈判活动有很大的影响。在谈判信息方面,占据优势的一方往往能够把握谈判的主动权。

为了更好地把握这些基本理论,为完成今后谈判任务打下坚实基础,首先请尝试完成本任务:商务谈判准备阶段。

为了方便读者掌握商务谈判准备阶段的有关概念和更好地做好商务谈判的准备,我们又将本任务分为如下四个子任务:

子任务 1:商务谈判的信息准备;

子任务 2:商务谈判的人员准备;

子任务 3:商务谈判方案的制订;

子任务 4:商务谈判前的模拟演习。

读者可反复演练,有的放矢地依次完成各子任务,直至完成本任务,从而更好地完成商务谈判活动的准备工作。

2.1 商务谈判的信息准备

2.1.1 商务谈判信息的作用

不同的谈判信息对于谈判活动的影响是极其复杂的。有的信息直接决定谈判的成败,而有的信息只是间接地起作用。谈判信息在商务谈判中的作用主要表现在以下几个方面。

1. 商务谈判信息有助于制定谈判战略

谈判战略是为了实现预期目标而事先制定的一套纲领性的总体设想。谈判战略正确与否,在很大程度上决定着谈判的得失成败。一个好的谈判战略应是预期目标正确可行,适应性强,灵敏度高。这就必须有大量可靠的谈判信息作为依据。否则,谈判就成了无源之水、无本之木。“知己知彼,百战不殆”,在商务谈判中,谁能拥有谈判信息上的优势,掌握对方的真正需要和对方谈判的利益界限,谁就有可能制定出正确的谈判策略,从而掌握谈判的主动权。

2. 商务谈判信息有助于加强谈判双方相互沟通

在商务谈判活动中，尽管谈判的内容和方式各不相同，但有一点是相同的，即都是一个相互沟通和磋商的过程。沟通就是通过交流有关谈判信息以确立双方共同的经济利益和相互关系。没有谈判信息作为沟通中介，谈判就无法排除许多不确定的因素，就无法进一步磋商，也就无法调整和平衡双方的利益。因此，掌握一定的谈判信息，就能够从扑朔迷离的信息中，发现机会与风险，捕捉达成协议的共同点，使谈判活动从无序到有序，消除不利于双方的因素，促使双方达成协议。

3. 商务谈判信息有助于控制谈判过程

要对谈判过程做到有效控制，必须先掌握"谈判的最终结果是什么"这一谈判信息，依据谈判战略和谈判目标的要求，确定谈判的正确策略。为了使谈判过程始终指向谈判目标，使谈判能够正常进行，必须有谈判信息作为保证，否则，对任何谈判过程都无法有效地加以控制和协调。

例 2-1　　巧用谈判信息取胜

几年前，日本某株式会社生产的农业加工机械正是中国机床工厂急需的关键性设备。为了进口这些设备，中国某进出口公司的代表与日本方面在上海进行了一场艰苦的谈判。

按照惯例，由日本方面先报价，他们狮子大开口，开价 1 000 万美元。中方谈判代表事先作了精心的准备，充分掌握了与谈判标的有关的种种情报，知道日方的报价大大超出了该项产品的实际价格，便拒绝说，根据我们对同类产品的了解，贵公司的报价只能是一种参考，很难作为谈判的基础。

日方代表没有料到中方会马上判断出价格过高，有点措手不及，便答非所问地介绍其产品的性能与质量。可是，对方哪里知道，中方对这类产品的价格、成本、质量、性能以及在国际市场上的销售行情早已了如指掌。中方代表故意用提问法巧妙地拒绝道："不知贵国生产此类产品的公司一共有几家，贵公司的产品价格高于贵国某某牌、某某牌的依据是什么？"

中方代表的提问使日方代表非常吃惊，日方不便回答也无法回答。日方主谈人借故离开了谈判桌，他的助手也装着低头找什么材料不说话。过了一会儿，日方谈笑着打圆场，作了一番解释，宣称已经与总经理重新作了成本核算，同意削减 100 万美元。

中方主谈人根据掌握的交易信息，并且以对方不经请示就可以决定降价 10% 的让步信息作为还价的依据，提出了 750 万美元的还价。但马上遭到日本方面的拒绝，谈判陷入了僵局。

为了打开谈判的局面，说服日本方面接受中方的要求，中方代表郑重地指出："这次引进，我们从几个国家的十几个公司中选了贵公司，这已经说明了我们的诚意。"接着，中方代表以掌握的详细情报为依据，开始摆事实讲道理："你们说价格太低，其实不然。此价虽然比贵公司销往澳大利亚的价格稍低了点，但由于这次运费很低，所以，贵方总的利润并没有减少。"

中方代表侃侃而谈，而日方在中方掌握的准确信息面前哑口无言。为了促使日方代表下决心，中方代表拿出了杀手锏——采取了制造竞争的方法："更为重要的是某某国、某某国出售同类产品的几家公司还正等待我方的邀请，迫切希望同我方签订销售协议。"说完，中方主谈人随手将其他外商的电传递给了日方代表。

在中方代表的强大攻势面前，日方代表不得不败下阵来，他们被中方所掌握的详细情报和坦诚的态度所折服，感到中方的还价有理有据，无可挑剔，只好握手成交。

例 2-2　　信息的主动权

有一家大公司要在某地建立一支分支机构,找到当地某电力公司,要求以低价优惠供应电力,但对方自恃是当地唯一电力公司,态度很强硬,谈判陷入僵局。这家大公司的主谈私下了解到电力公司对这次谈判很重视,一旦双方签订了合同,便会使这家电力公司起死回生,逃脱破产的厄运。这说明这次谈判的成败对电力公司来说关系重大。这家大公司主谈充分利用了这一信息,在谈判桌上表现出决不让步的姿态,声称:"既然贵方无意与我方达成一致,我看这次谈判是没多大希望了。与其花那么多的钱,不如自己建个电厂划算。过后,我会把这个想法报告给董事会的。"说完,便离席不谈了。电力公司谈判人员叫苦不迭,立即改变了态度,主动表示愿意给予优惠价格,从而使主动权掌握在这家大公司手中。

2.1.2　商务谈判信息的收集

1. 信息收集的原则

在当今信息社会,信息数量巨大,品种繁多,而且来源广、更新快,企业如何从这些纷繁复杂的信息中寻找到满足商务谈判活动所需的信息是做好谈判准备工作的一个重要环节。因此,企业及时、真实地获得谈判所需的信息是非常重要的。可以遵循以下收集信息的原则:

1)时效性原则

信息与一般物质不同,具有一定的时效性,容易过时。现实中客观事物是不断发展的,每次变化都会产生新的信息,原来的某些信息,其价值、效用的大小要受到时间的制约。因此,信息只有被迅速、及时地收集起来,并传递给需要者,才能有效地发挥作用。

2)准确性原则

准确性是收集信息的一个最基本的要求,"差之毫厘,谬以千里",所以,只有真实、准确的市场信息,才是可靠、有效的市场信息,坚持准确性原则意味着在收集信息时,不能凭主观臆断,并且在信息收集的过程中,就应对获取的数据、资料尽可能地及时进行鉴别、分析,力求把误差降到最低限度。

3)目的性原则

收集信息是为解决谈判桌上的某种问题服务的,而与该类问题相关的信息分布于各种信息源中。如果没有一定的目的性,便会无的放矢,淹没在"信息的海洋"中,而且收集信息是有一定时间限制的,不可能做到面面俱到。因此,在收集信息时,必须确定一定的收集目标和范围,有针对性地进行收集,切忌"眉毛胡子一把抓"。

4)系统性原则

系统性原则要求全面地、连续地进行市场信息收集工作。首先,收集的信息越全面,越有利于形成对问题的完整认识与把握。因此,在收集信息时,要对现实的和潜在的信息来源进行全方位地扫描、甄别。其次,收集市场信息不是一时一事的工作,而是一个连续不断的过程。因此,就要求有坚持不懈的精神,注意积累,随时随地进行收集,只有这样,才能获取完整、系统的信息。

5)经济性原则

收集信息是要耗费一定的人力、物力和财力的,因此,在收集信息时要讲求投入产出比,即应在保证收集工作质量的前提下，力求以尽可能低的耗费取得尽可能多的产出，也就是收集到足以能满足需要的信息。

6）现场性原则

真正有价值的信息源，往往在交换或消费现场。因此，企业尽可能地在交换或消费现场建立情报网络，进行信息的收集、处理和传递。

2. 信息收集的内容

谈判信息收集的主要内容包括市场信息、谈判对手的信息、科技信息、有关政策法规的信息等。

（1）市场信息的收集主要包括：市场分布信息、市场需求信息、产品销售信息和产品竞争信息。

（2）谈判对手的信息收集主要包括：合作意愿、供需能力、付款方式和付款条件、对方信誉、谈判目标、谈判对手个人信息。

（3）科技信息的收集主要包括：要全面收集该产品与其他产品在性能、质量、标准、规格等方面的优缺点，以及该产品的生命周期、竞争能力等方面的资料；收集同类产品在专利转让或应用方面的资料；收集该产品生产单位的技术力量和工人素质及其设备状态等方面的资料；收集该产品的配套设备和零部件的生产与供给状况以及售后服务方面的资料；收集该产品主要数据或指标及其各种鉴定方面和鉴定机构，同时也要详尽地收集该产品技术开发前景和开发费用方面的资料；尽可能多地收集对该产品的品质或性能进行鉴定等方面的资料。

（4）有关政策法规的信息收集。任何国家的经济活动，都离不开政府的调节控制。政府的各项方针、政策为经济发展指明了方向，从而保证经济活动顺利进行。当然，企业的各种经济活动也是在这些方针政策的指导下进行的。这就要求谈判人员必须了解政府的有关方针、政策，以及与此相适应的各种措施、规定，以保证交易的内容、方式符合政府的有关规定，保证合同、协议的有效性和合法性。

2.1.3　商务谈判信息的处理

对收集来的信息资料进行分析整理，其主要目的，一是为了鉴别资料的真实性与可靠性，二是结合谈判项目的具体内容，分析各种因素与谈判项目的关系，并根据它们对谈判的重要性和影响程度进行排队。通过分析，制定出具体的谈判方案与对策。

1. 信息资料的整理

由于受到各种条件的限制，收集来的资料往往是分散的、片面的，甚至是虚假的，故需要对其进行评价、筛选，这就是资料整理。资料的整理一般分为 4 个阶段。

1）资料的评价

对资料的评价是资料整理的第一步。实践证明，收集起来的各种资料，其重要程度各不相同，有些可以马上使用，有的到后来才能派上用场，而有些资料可能自始至终都用不上。如果把收集来的资料不加区别地积存起来，资料的使用将会变得十分麻烦。因此，必须首先对收集到的资料进行评价，没有用的应毫不犹豫地加以舍弃。对认为有用的、需要保存的资料，也要根据其重要程度，将其分为三等，即可立即利用的资料、将来肯定可以利用的资料和将来有可能派上用场的资料。只有如此，才能为资料的筛选打好基础。

2)资料的筛选

资料的筛选大体上有以下几种方法：

(1)查重法。这是筛选信息资料最简便的方法,目的是剔除重复资料,选出有用的信息资料。

(2)时序法。即对按时间顺序排列的信息资料逐一分析,在同一时期内,较新的保留,较旧的舍弃,使信息资料在时效上更有价值。

(3)类比法。将信息资料按市场营销业务或按空间、地区、产品层次、分类对比等,接近实质的保留,否则舍弃。

(4)评估法。这种方法需要信息资料收集人员具有比较扎实的市场学专业知识,对自己所熟悉的业务范围,仅凭市场信息资料的目录就可以决定取舍。

3)资料的分类

在资料整理阶段,对筛选后的资料分类,是最耗费时间的一项工作,也是极为重要的环节。可以说,不做好分类,就不可能充分利用资料。分类的方法大致有两种：

(1)项目分类法。这种分类法既可以和工作相联系,按不同的使用目的来分类,如可以将资料分为商务开发资料、销售计划资料、市场预测资料、价格资料等,或按“商务谈判中的必备资料”分为市场信息资料、技术信息资料、金融信息资料、交易对象的情况资料、有关政策法令等;也可以根据资料的内容,按不同性质来分,如可以根据产业不同或经营项目不同进行分类。

(2)从大到小分类法。即从设定大的分类项目开始,大项目数最好不要超过10项,因为分得太细,容易出现重复。

4)资料的保存

把分好类的资料妥善地保存起来,要做到即使是经常使用的资料也不要随便搁放。要适当分类,把相应的资料放到专门的资料架或卡片箱中,以便随时查找该类资料或存放同类资料。

2. 信息资料的传递

为了获得有利的谈判地位,谈判人员必须十分注意信息的传递方式,恰当地选择传递的时机,把握好传递场合。通过谈判信息的传递,实现信息交流和沟通,保持谈判人员与己方的有效联系,最大限度地实现己方的谈判目标。

1)完善信息资料传递的网络

企业是经济活动的细胞,它的商务信息交流活动是广泛的,从范围、对象上看,主要分为企业内部和企业外部信息交流。为了保证有效地传递和运用商务信息,企业必须建立信息传递网络。

2)选择信息资料传递的方式

传递谈判信息的方式,是保证谈判信息实现预期效果的必要手段。各种不同性质的谈判信息,要有与之相适应的传递交流方式,才能使谈判信息传递畅通无阻,成为谈判者在谈判中讨价还价的筹码。也就是说,谈判信息传递方式的选择不是任意的,它要受到相关因素的制约。因此,传递方式的选择既要考虑谈判的目的,同时又要随时注意自身条件、环境的影响和对方的变化情况。

3)选择信息资料传递的时机与场合

谈判信息的传递时机是指谈判者在充分考虑到各方的相互关系、谈判的环境条件、谈判信息的传递方式的情况下,确定并把握能积极调动各相关因素的谈判信息传递的最佳时间。谈判信息传递时机的把握是否恰当,在很大程度上影响着传递效果。

谈判信息的传递场合,主要是指谈判信息进行传递的现场。选择恰当的场合传递谈判信息有利于增强传递效果,避免不利因素的影响。因此,谈判者在选择谈判信息传递时应考虑以下问题:①是自己亲自出面还是请第三方代为传递信息;②是私下传递信息还是选择公开场合传递信息。

阅读与思考 2-1　　巧妙的准备

日本商界曾在一次谈判的准备工作中有出色的表现。一位美国商界代表被公司派往东京进行一次为期不长的谈判,这个期限自然是保密的。当他走下飞机时,已有两位日本代表在等候他了,并帮助他顺利通过了海关,引导他坐入一辆豪华舒适的轿车。在车上日本代表一再表示,谈判期间将会对客人的生活尽力照顾,紧接着问道:"你回去的时间确定了吗?是否已订好了回程的机票?我们可以先将汽车准备好送你到机场。"美商代表感动之下毫不犹豫地从口袋里拿出回程机票交给他们,好让对方安排车子。但他没有想到,因为这一举动,日本人轻而易举地获悉了他来日本只限两个星期的底线,并开始筹划如何利用这一最后期限。下榻之后,日本人并没有立即开始谈判,而是花了一个多星期的时间陪他参观,以便了解日本的礼仪及文化,游览名胜古迹,甚至还安排了一次英文讲授的课程来说明日本人的信仰,每天晚上还安排四个小时的日本传统宴会。

美商代表几次问起谈判开始的时间,日本人总是答道:"噢,还早嘛,有的是时间!"谈判终于在第 12 天开始,但日本人提出当日会议必须提早结束,说是为了让客人能去打高尔夫球。第 13 天,又说会议必须提早结束,以便参加为他举办的欢送宴会。第 14 天上午开始谈到重点。正当谈判进行到关键时刻,送他去机场的汽车已经到了。日本人建议在车内继续交涉。美商代表没有时间再继续与对方周旋了,但又不愿空手而回,就在汽车到达机场之前答应了对方的条件,签订了协议。

每日一练　**自己试着和同学一起交流,总结商务谈判信息的作用。**

完成子任务 2.1 后进行自我测试:你是否已掌握商务谈判信息的收集原则和主要内容,以及商务谈判信息的处理?

2.2　商务谈判的人员准备

商务谈判往往不是一个人所能完成的,而是一种有组织的经济活动。为了使商务谈判能够顺利进行,需要有一定的组织形式作保证,并做好商务谈判班子的构成和商务谈判人员的管理等方面的工作。

2.2.1　商务谈判人员的个体素质

谈判是一种对思维要求较高的活动,是谈判人员知识、智慧、勇气、耐力等的测验,是谈判人员间才能的较量。谈判人员的素质不仅指谈判人员的文化、技术水平和业务能力,也包括谈判人员对国际、国内市场信息、有关商品知识、价格情况、法律知识、各国、各民族的风土人情、风俗习惯等知识的掌握情况，还指谈判人员的道德情操、气质和性格特征。尽管素质包括的范围较广，但总的来讲，商务谈判人员的个体素质主要是指商务谈判人员对与谈判有关的主、客观情况的了解程度和解决谈判中遇到问题的能力。

商务谈判人员的个体素质主要包括以下几个方面。

1. 思想品质

1）维护和争取己方利益

商务谈判是谈判各方为维护和争取己方利益而进行的一种竞争，谈判者就是各自利益的代表者、维护者和争取者。作为谈判人员，必须自觉维护和争取己方利益，决不能收受贿赂、中饱私囊，或被美色所惑，里通外方；必须严守己方秘密，决不能掉以轻心，毫无防范；必须认真做好授权以内的事情，并对授权以外的事情及时请示，以免造成决策失误。

2）遵守谈判职业准则

谈判职业准则可以概括为三个字："礼、诚、信。""礼"，即礼貌待人，处理友善；"诚"，即光明正大，诚心谈判；"信"，是指谈判者言而有信。

3）求胜的决心、毅力和耐力

谈判如同作战，一旦接受了谈判任务，谈判者就要按己方既定的原则与目标，以求胜的决心、毅力和耐力去和对手周旋，来努力实现己方的目标。

2. 知识结构

商务谈判人员必须具备丰富的知识及合理的知识结构。如果把这种丰富的知识结构从横的方面（如某种商品在国内外的生产状况和市场供求状况、价格水平及其变化趋势的信息、相关的法律和法规、风土人情、风俗习惯及谈判风格）和纵的方面（如熟悉有关商品的性能、特点和用途，了解某种（些）产品的生产潜力以及市场营销的发展空间等）来表示的话，商务谈判人员不仅要有广博的知识面，而且要有较深的专业学问。我们可以形象地把二者比为"T"型知识结构。一个不具备"T"型知识结构的谈判人员，往往会在谈判过程中出现某种盲目性，难以应付复杂的谈判局面。

3. 谈判能力

1）交际能力

交际能力是谈判人员应该具备的最起码的条件。一个优秀的谈判人员应当熟悉交际的一般礼仪，熟练掌握交际语言，学会运用各种交际方式，善于在交际中发现有用的信息，在交际中树立美好的形象。

2）表达能力

表达能力在这里主要是指语言表达能力和文字表达能力。谈判贵在"谈"，口才的好坏是决定谈判结果优劣的最重要因素之一。谈判的结果要以文字的形式表达成协议、合同，因此，文字的功底也很重要。

3）判断能力

"谈判"，既要"谈"，又要"判"，其中"判"就是判断。在谈判过程中，由于谈判对方往往做出种种假象，掩盖自己的真实意图，谈判者必须迅速根据所掌握的信息对对手的言谈举止加以分析综合，做出合理的判断。而判断的正确与否常常影响到谈判的成败。

例 2-3　　谈判能力的重要性

我国某丝绸进口公司与日本丝绸商人谈判。休息时,日商凑到中方陪谈人身边递烟搭讪,问道:“今年名贵丝绸比去年好吧?”这位中方陪谈人顺口应了声:“不错。”日商紧问一句:“如果我买两个货柜应该不成问题吧?”陪谈人仍大大咧咧地答道:“没问题。”一支香烟没吸完,日商在中方不知不觉中摸到了商情,笑嘻嘻地走了。谈判时日方主动向中方代表递出了 1 个名贵丝绸的货柜稳盘,价格比原来方案高 3% 。中方代表没想到这是个圈套,反而认为日商要抢买,先出高价挤垮其他竞争者,以达到垄断货源的目的,于是满口答应。正当中方为卖得的好价钱而沾沾自喜时,其他日本客户向中方公司反映,有人按低于中国公司的价格在日本市场上抛售中国名贵丝绸。一调查,原来那个日商有意递出价高 3% 的稳盘,意在稳住中方,让中方给他“打伞乘凉”。因为日方给的价高,其他买方就不敢问津。这时,在中国名贵丝绸高牌价下面,日商在国内迅速按原价甩出了大量存货,以微小的代价换来“时间差”,先于中方售出了名贵丝绸。而中国公司由于报价高而失去了市场。因此,在谈判场地内外,谈判人员都要保持高度的警惕性,要善于察言观色,全盘考虑,从各个方面预测谈判可能产生的各种结果,并做好应对准备,做到有备无患,以防万一。

商务谈判对谈判人才的个体素质要求较高,或者说很高。不少人抱着试试看的学习态度,或者学习效率不高,或者学习不积极、不刻苦,都是无缘从事商务谈判工作的。在实际工作中,谈判人才是在长期工作中历练自己,并经过组织长期考察、给予机会、经过挑选培育出来的。作为初学商务谈判的学生,必须端正学习态度,珍惜学习机会,刻苦训练,才有可能成为一个优秀的商务谈判人员。总之,我们必须承认这一点,商务谈判是一种知识型工作,是需要长期坚持学习才能胜任的一种工作。也可以这样说,只要端正学习态度,刻苦努力,方法得当,就能够养成商务谈判所需的各种素质和能力。

2.2.2　商务谈判班子的构成

实践证明,要使谈判取得成功,就要组建一支优秀的谈判队伍,即需要建立一个人员齐备、彼此协调、适应各种谈判的团队。所以,谈判班子应该是一个组织,是一个群体结构,而不是个人。

1. 商务谈判班子的构成原则

1)少而精原则

商务谈判班子的构成要符合少而精原则,主要是指在商务谈判的实践中,谈判班子少而精容易发挥每个成员的最大潜能,集中内部意见,随机应变对外形成一致的攻势。一般而言,中小规模的谈判班子有 3 ~4 人即可。此处称商务谈判小组为商务谈判班子,突出了商务谈判任务的重要程度和谈判人员选择的严格程度。应该说,组成商务谈判班子的成员责任重大,是一个企业的杰出代表。他们应具有广泛的群众基础、得到广大干部员工的认可。直率地说,商务谈判人员是公司的精英。

2)层次分明原则

由于大型的商务谈判往往涉及许多专业知识,所以仅靠一两个人是难以胜任的。因此,在选择谈判人员时,既要有掌握全面情况的企业经营者,还要选拔一些具有各种专业知识的人员。在层次分明的条件下，分工一定要明确。只有这样，才能构成一个强有力的谈判班子。

3）谈判人员应具有法人资格

根据有关法律的精神，谈判者中应有法人或法人代表。尽管如此，作为法人或法人代表，也只能行使其权限范围内的权力；如有越权行为，应由本人负完全责任。

2. 商务谈判班子的层次构成

谈判班子的层次构成，主要指谈判人员中不同专业、不同知识层次人员的比例构成。任何一个群体，要想有效发挥群体功能，其层次构成必须合理。

第一个层次是谈判小组的领导人。小组领导人必须由有谈判经验的人担任，全权代表企业的根本利益，负责谈判班子的组成，协调班子成员之间的关系，制订谈判计划，调动班子成员的积极性，总管谈判并对有关重要问题进行决策，就有关重要问题与对手磋商，代表组织与对方签约，做好谈判的汇报工作。

第二个层次是懂行的专家或专业人员。实际上，一个谈判班子基本上都是由专业人员构成的。一般而言，小组领导人本身就是一个专业人员，而其他工作人员也应当熟悉有关生产经营等方面的专门业务知识。

第三个层次是必需的工作人员。在重要的商务活动中，往往需要专业记录人员。同时在国际商务谈判中还需要配好翻译。翻译不仅要有较高的中外文水平，还要熟悉谈判业务及常用业务术语，以防出现差错。由于在一场谈判中，谈判者往往不可能记住所有内容和细节，谈判者如果兼做记录，就难免分散注意力，影响本职工作的发挥。专业记录人员应具有熟练的文字记录能力，熟悉相关的专业知识，反应机敏，能够准确、完整、及时地记录谈判内容。

以上三个层次的人员如果各有所长，各司其职，在谈判中互相配合，彼此协作，就构成了一个理想的谈判群体。

2.2.3 商务谈判人员的管理

对商务谈判人员的管理，主要包括人事管理和组织管理。人事管理的主要环节是选拔谈判人员；培训谈判人员；如何调动谈判人员的积极性。组织管理的主要内容包括健全谈判班子，调整好领导与谈判人员的关系以及谈判人员之间的关系，从而协调工作。

1. 人事管理

1）谈判人员的挑选

商务谈判胜负的决定性因素在于商务谈判人员的素质。因此，选拔优秀的谈判人员是进行商务谈判的重要环节。结合我国的具体情况，商务谈判人员的标准大致可分为以下几方面：政治素质、专业知识、个人性格、主观能动性和年龄。

2）谈判人员的培训

谈判人员应具有较高的素质，素质并不完全是先天造成的，多半还需后天培养。

（1）社会的培养。社会的培养主要是基本素质的培养，包括基础文化知识、经济理论知识、谈判理论的教育，还有比较重要的如人际交往能力、决断能力、毅力、健康心态的培养等内容。社会培养营造的环境很宽广，它给谈判人员奠定一个最基本的素质。社会培养的目标也是不确定的，培养目标不太精确，严格地说，它只是提供了一个谈判人才的“毛坯”。

（2）企业的培养。企业对谈判人员的培养是有意识的、有系统的培养，一般包括4个阶段，即打好基础、亲身示范，先交小担，再加重担。着重帮助他们处理好两个转折：谈判受挫时，防其气馁并善于引导；谈判成功时，防其骄横并严格要求。

(3)自我培养。社会与企业只是为谈判人员创造了成长的外部条件，要想真正发挥作用还得依靠谈判人员的内因，即自我培养。

作为谈判人员，首要的便是应有所追求，以谈判事业为毕生追求的目标。同时，也要执著地为国家、民族、企业的利益而谈判，坚持不懈地提高自己的谈判能力和自身素质，只有这样才能具有强大的思想动力。

要达到谈判人员应当具备的善辩能力、业务能力、组织能力、交际能力等，主要可通过下述4种科学方法进行自我培训：

首先，博览。广泛涉猎有关谈判的书籍，如技术、商业、金融、保险、运输、法律、逻辑，乃至政治军事、文化领域及外文知识。

其次，勤思。要想在有限的时间将有限的知识真正运用于谈判实践，就必须有一个自我消化的过程。

再次，实践。“纸上得来终觉浅，绝知此事要躬行。”书上的知识要通过实践才能成为谈判的真本领，实践也需要理论的指导，不能仅凭主观盲目去实践。

最后，总结。谈判中要学习的东西很多。要从实践中获得更大收获，就必须学会总结。

3)调动谈判人员的积极性

谈判需要付出巨大的劳动，谈判成果又与企业单位的经济利益有直接联系。因此，对谈判人员应给予适当奖励，以充分发挥他们的聪明才智，在谈判工作中创造优异成绩。

对谈判人员的奖励可分为物质奖励和精神奖励两类。物质奖励的满足程度是根据谈判人员自己定出的标准来衡量的。这个标准受到他本人心中社会平均标准的影响，同时，也受到周围相关人员所受奖赏多少的影响；精神奖励则来源于谈判本身。对谈判人员的精神奖励可以采取下面多种措施：

(1)委以重任，把困难的谈判任务交给他们，使谈判人员因某种信任感而得到满足。

(2)对谈判人员的工作成绩予以充分肯定，使他们得到一种事业上的满足。

(3)在适当条件下举办一些培训班，让谈判人员发挥特长，培养人才，使个人的才能有用武之地，使事业上的抱负能够实现。这也是人的较高层次的需要。

(4)给谈判人员以较大的自主权，有权处理谈判过程中出现的新问题。

(5)给谈判人员与其他同行交流的时间和机会，以探讨总结取得成功的经验和失败的教训，等等。

2. 组织管理

1)健全谈判班子

健全谈判班子指挑选各类专业人员，配备好主谈人，并给予足够的授权。

2)调整好领导干部与谈判人员的关系

领导干部与谈判人员之间的关系最重要的是明确各自的职责范围，各自权力的划分，建立共同的奋斗目标。在实际谈判中，单位领导更多的是在必要与充分的授权下，给谈判人员以高度的支持、理解、谅解和协调。

3)调整好谈判人员之间的关系

调整好谈判人员之间的关系主要是指谈判人员之间应强调相互有默契、信任、尊重,达到有效合作的目的,以保持工作效率。其措施有以下几种:

(1)明确共同的责任和职权。

(2)明确谈判人员的分工。

(3)整个谈判小组共同制定谈判方案,集思广益。

(4)明确相互的利益。

(5)共同检查谈判进展状况和相互支持工作。

(6)谈判小组的负责人要尊重小组成员的意见,发扬民主作风,以身作则,廉洁奉公,处处关心同志,使小组成为一个团结、友爱、共同奋斗的集体。

阅读与思考2-2　　合格的谈判组长

中国某公司与伊朗某公司谈判出口陶瓷品的合同。中方谈判小组给伊方代表提供了报价,伊方表示还需要研究,双方约定第二天早上8:30到某饭店咖啡厅继续谈判。第二天早上8:20,中方谈判小组到达伊方指定的饭店,但等到9:00仍未见伊方代表出现。这时中方谈判小组中有人建议离开,也有人开始抱怨。但组长认为既然来了,就应该等下去。一直等到9:30,伊方代表才出现,一见中方人员就握手致敬,但未说一句道歉的话。

双方在咖啡厅谈了一个钟头,还是没有结果,伊方要求中方降价。中方组长告诉对方:"按照约定时间我们8:20到达此地,已经等了一个小时,桌上的咖啡杯可以作证,这说明我们与贵公司合作的诚意,但价格上是没有太多余地了。"对方笑了笑说:"我昨天睡得太晚了,对于贵公司提供的谈判条件仍觉得难以接受。"于是中方建议认真考虑后再谈。伊方代表沉思了一下,提出下午2:30到他家继续谈。

下午2:30中方谈判小组准时到达伊方代表家,并带了几件高档丝绸衣料作为礼物,双方在客厅坐下后,伊方代表招来他的妻子与客人见面。中方组长让翻译表示问候,并送上事先准备好的礼品,他的妻子非常高兴地接受了。

中方人员借此气氛将新的价格条件告诉他。伊方代表高兴地说:"贵方这么快就拿出了新方案。"于是,他也顺口讲出了自己的条件。中方一听该条件虽与自己的新方案仍有距离,但已进入成交范围。于是中方组长自然地说:"贵方也很讲信用,研究了新方案,但看来双方还有差距。我有个建议,既然来了您家,我们也不好意思只要您让步,我们双方各让一步如何?"伊方看了看中方组长说:"可以考虑。但除价格外的其他条件呢?"中方组长回答道:"我们可以先理清其他条件然后再谈价格。"于是双方敲定了合同的产品规格、交货期限等条款。伊方说:"好吧,我们折中让步吧,将刚才贵方提供的价格与我提供的价格进行折中成交。"中方说:"贵方的折中办法是个很好的建议,不过该条件对我方来说还是高了点,我建议将我方刚才提供的价格与贵方同意折中后的价格再进行折中,并以此价成交。"伊方大笑:"贵方真能讨价还价,看在贵方上午等我一个小时的诚意上,我接受!"

每日一练　**自己试着总结商务谈判人员应具备的个体素质。**

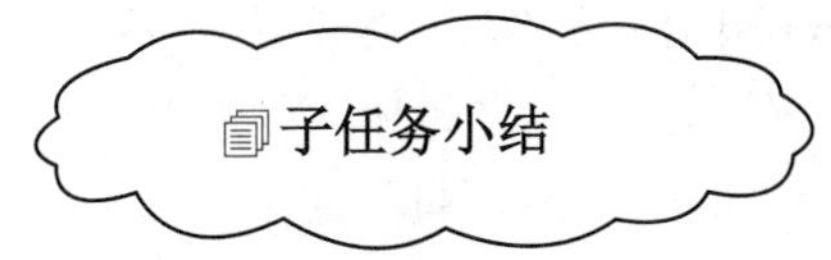

完成子任务2.2后进行自我测试：你是否明白商务谈判班子构成的原则和层次，以及如何做好商务谈判人员的管理？

2.3　商务谈判方案的制订

谈判方案是指在谈判开始以前对谈判目标、谈判议程、谈判策略等具体内容和步骤预先所作的安排，是谈判者行动的指针和方向。有了谈判方案，就会使参加谈判的人员做到心中有数，明确努力方向，打有准备之仗。谈判方案应对各个阶段的谈判人员、议程和进度做出较周密的设想，对谈判工作进行有效的组织和控制，使其既有方向，又能灵活地左右错综复杂的谈判局势，使谈判沿着预定的方向前进。因此，谈判方案在整个谈判过程中起着非常重要的作用。

2.3.1　制订谈判方案的基本要求

从形式上看，谈判方案应该是书面的，文字可长可短，可以是长达几十页的正式文件，也可以是短至一页纸的备忘录。但一般来说，一个成功的谈判方案应该注意以下三方面的基本要求。

1. 谈判方案要简明扼要

简明扼要就是要尽量使谈判人员能容易地记住其主要内容与基本原则，在谈判中能随时根据方案要求与对方周旋。谈判的方案越是简单明了，谈判人员照此执行的可能性就越大。

2. 谈判方案要具体

方案的简明扼要不是目的，它还要与谈判的具体内容相结合，以谈判的具体内容为基础，如果没有具体内容，就很难对它进一步概括，简明扼要地予以表达。谈判方案的内容虽有具体要求，但不等于把有关谈判的细节都包括在内。如果事无巨细、样样俱全，执行起来必然十分困难。

3. 谈判方案要灵活

由于谈判过程千变万化，方案只是谈判前某一方的主观设想或各方简单磋商的产物，不可能把影响谈判过程的各种随机因素都估计在内。所以，谈判方案还必须具有灵活性，要考虑到一些意外事件的影响，使谈判人员在谈判过程中根据具体情况灵活运用。

2.3.2　谈判方案的主要内容

1. 谈判主题的确定

谈判主题，就是参加谈判的目的，对谈判的期望值和期望水平。不同内容和类型的谈判，有不同的主题。但在实践中，一次谈判一般只为一个主题服务，因此，在制订谈判方案时，也多以此主题为中心。

2. 谈判目标的确定

在谈判的主题确定后，接下来的工作就是这一主题的具体化，即制定出具体的谈判目标。所谓谈判目标，就是谈判主题的具体化，它可分为三个层次：

(1)最低目标。它是谈判必须实现的目标,是谈判的最低要求。若不实现,宁愿谈判破裂也没有讨价还价、妥协让步的可能。

(2)可以接受的目标。它是指在谈判中可努力争取或做出让步的范围。如果说第一层次的目标可以用一个点来表示的话,第二层次的目标是一个区间范围。这个层次的目标是要争取实现的。

(3)最高目标,又称期望目标。它是本方在谈判中所要追求的最高目标,也往往是对方所能忍受的最高程度,它也是一个临界点。如果超过这个目标,往往要冒谈判破裂的危险。

因此,谈判人员应充分发挥个人才智,在最低目标和最高目标之间争取尽可能多的利益。假设在公司的某次谈判中以出售价格为谈判目标,则以上三个目标可这样表述:①最高目标是每台售价 1 400 元;②最低目标是每台售价 800 元;③可以接受的价格为 800 ~ 1 400 元。

3. 谈判议题的确定

确定谈判议题的第一步是把与本谈判有关的所有问题罗列出来,尽可能不遗漏。第二步是根据对本方利益是否有利的标准,将所列出的问题进行分类。第三步是尽可能将对本方有利和对本方危害不大的问题列入谈判的议题,而将对本方不利或危害大的问题排除在谈判的议题之外。

4. 谈判时间的安排

时间的安排原则是:将对己方有利、己方想要得到而对方又有可能做出让步的议题排在前面讨论,而将对己方不利,或己方要己方做出让步的议题放在后面讨论。对前面一种议题安排尽可能多的时间,而对后一种议题则给予较少的时间。这样做实际上是以对方的让步作为谈判继续和己方让步的前提与条件。对方作了让步,己方可以让步,也可以不让步。总之,一开始就使对方的较弱之处暴露出来,处于受攻击的地位,而己方的薄弱之处则深藏不露。

5. 谈判地点的选择

谈判地点的选择对商务谈判战术的运用起着很大的作用。一般而言,谈判者往往根据自己在谈判中的实力与所处的形势而选择是采用主场谈判、客场谈判,还是采用中立地谈判。

6. 谈判的交易条件

在商务谈判中,不可避免地要进行讨价还价,谈判中的妥协让步也是理所当然的,然而绝对不是无限度的。这个限度就是谈判双方的最低目标。如果谈判的效果低于这个限度,谈判双方宁可中止谈判也不会达成交易。

例 2-4　关于引进 ×××公司矿用汽车的谈判方案

一、五年前我公司曾经经手×××公司的矿用汽车,经试用性能良好,为适应我矿山技术改造的需要,打算通过谈判再次引进×××公司矿用汽车及有关部件的生产技术。×××公司代表于 4 月 3 日应邀来京洽谈。

二、具体内容

1. 谈判主题

以适当价格谈成 29 台矿用汽车及有关部件生产的技术引进。

2. 目标设定

(1)技术要求

①矿用汽车车架运行 15 000 h 不准开裂。

②在气温为 40 ℃条件下,矿用汽车发动机停止运转 8 h 以上在接入 220 V 的电源后,发动机能在 30 min 内启动。

③矿用汽车的出动率在 85% 以上。

(2)试用期考核指标

①一台矿用汽车试用 10 个月(包括一个严寒的冬天)。

②出动率达 85% 以上。

③车辆运行 375 h,行程 3 125 m。

④车辆运行达 312 500 m^2。

(3)技术转让内容和技术转让深度

①利用购 29 台车为筹码,×××公司免偿(不作价)转让车架、厢斗、举升缸、转向缸、总装调试等技术。

②技术文件包括:图纸、工艺卡片、技术标准、零件目录手册、专用工具、专用工装、维修手册等。

(4)价格

①××年购买×××公司矿用汽车,每台 FOB 单价为 23 万美元;5 年后的今天如果仍能以每台 23 万美元成交,那么定为价格下限。

②5 年时间按国际市场价格浮动 10% 计算,今年成交的可能性价格为 25 万美元,此价格为上限。

小组成员在心理上做好充分准备,争取价格下限成交,不急于求成;与此同时,在非常困难的情况下,也要坚持不能超过上限达成协议。

3. 谈判程序

第一阶段:就车架、厢斗、举升缸、总装调试等技术附件展开洽谈。

第二阶段:商定合同条文。

第三阶段:价格洽谈。

4. 日程安排(进度)

4 月 5 日上午 9:00—12:00　　下午 3:00—6:00　　为第一阶段

4 月 6 日上午 9:00—12:00　　为第二阶段

4 月 6 日晚 7:00—9:00　　为第三阶段

5. 谈判地点

第一、二阶段的谈判安排在公司十三楼洽谈室。第三阶段的谈判安排在××饭店二楼咖啡厅。

6. 谈判小组分工

主谈:张××为我谈判小组总代表,为主谈判。

副主谈:李××为主谈判提供建议,或见机而谈。

翻译:叶××随时为主谈、副主谈担任翻译,还要留心对方的反应情况。

成员 A:负责谈判记录的技术方面的条款。

成员 B:负责分析动向、意图,负责财务及法律方面的条款。

矿用汽车引进小组

××年4月1日

阅读与思考 2-3　　谈判方案

甲　　方:芜湖××科技有限公司(主方)　　乙　　方:安徽华为××有限责任公司(客方)

总 经 理:×××(组长)　　总 经 理:×××(组长)

销售总监:×××　　财务总监:×××

财务经理:×××　　市场总监:×××

公关部经理:×××　　技术总监:×××

谈判时间:××××年×月×日

谈判地点:芜湖国际会议中心×号会议室

一、谈判双方公司背景

1. 甲方公司分析(略)。

2. 乙方公司分析(略)。

二、谈判的主题及内容

1. 经销华为手机、华为平板两种数码电子产品,不同型号的价格、数量,主要是价格的折扣情况。

2. 货物的结算时间及方式。

3. 定金的支付,违约的赔偿问题。

4. 促销措施及奖励。

三、谈判目标

(1)以对我公司(主方)最有利的条件代理经销华为手机、华为平板两类电子产品:价格合理,所经销的华为手机、华为平板两类电子产品型号符合消费者使用需求。

(2)奖励办法及促销活动方案:

A. 华为手机月销售量达 200 ~ 300 台的,超出部分每台返 3% 的现金。达 300 ~ 350 台的,超出部分每台返 5% 的现金。月销售量超过 400 台的,超出部分每台返 8% 的现金。

B. 华为平板月销售量达 150 ~ 250 台的,超出部分每台返 5% 的现金,月销售量达 250 以上的,超出部分每台返 8% 的现金。

C. 月销售量持续三个月达 200 台以上的,除被评为魅力族 4S 形象店之一,还将受到本公司的额外奖励:现金 5 000 元。

(3)厂家支持:

A. 旺季:1 ~ 3 月,7 ~ 9 月,9 折优惠,送耳机(充电套装 + 精美水杯 + 时尚 T 恤)

B. 国庆,元旦、春节 88 折,送耳机 + 充电套装/(精美水杯 + 时尚 T 恤)

C. 淡季:送充电套装 + 精美水杯 + 时尚 T 恤

D. 各种型号的华为手机和华为平板送原装耳机及线控

四、谈判形式分析

(一)我方优势分析

1. 全国 75 家有名代理经销商排名第 37 名,××××年度安徽信誉联保金牌单位前 10 名,安徽守合同重信用企业,信誉好,实力强,公司产品对消费者具有很大吸引力,消费者需求市场大。

2. 作为代理经销商,自由选择权大。我公司作为多家数码电子产品的代理经销商,代理经销谁的产品,选择权在我们手中。

(二)我方劣势分析

我方作为数码电子产品代理经销商,在安徽市场中,有多家实力雄厚的公司与我公司进行竞争,比较有名的就有安徽×××科技有限公司、合肥××科技有限公司等。

(三)我方人员分析

×××:洞察力强,看问题比较冷静,擅长沟通谈判艺术,了解本次谈判的主要对手和关键人物。

×××:注重细节,性格开朗,我公司的核心人物之一,具备较强的销售经验。

×××:办事认真负责,有较强的逻辑分析能力,具备较高的财务管理素质。

×××:心思细腻,熟悉国内外相关法律程序,有利于双方合同的规范签署。

(四)客方优势分析

1. 安徽华为××有限公司(客方),是一家以研发和生产高品质的智能手机和平板的高新企业,是目前国内屈指可数的有自主研发能力的智能手机和平板企业之一。经过高速发展,其高科技通信技术正在为越来越多的消费者了解、接受、认可和喜爱,产品已远销日本、瑞典等国家。

2. 华为平板电脑 MatePad Pro 启用了新的系列线,面向中高端用户,定位从娱乐转向跨形态融合,主打生产力功能。能实现和手机一碰传输,平板电脑可以成为手机的超大扩展屏幕,为用户带来极致体验。华为的前沿技术在全球范围内都可谓顶尖。

3. 公司拥有强大的研发队伍及先进的技术设备,以高起点的技术及产品定位、准确的市场定位、强劲的创新力,持续保持着高速的成长与发展态势。

(五)客方劣势分析

1. 国内外智能手机、平板电脑品牌竞争激烈。苹果、OPPO、小米、三星等知名品牌都在与之竞争。我国人口众多,最终消费者和潜在消费者具有强大的吸引力,国内外知名品牌纷纷依托自己产品的优势抢占中国市场,有望在中国市场占有自己的一席之位。

2. 作为国内知名企业,产品的售后服务体系与其他国外知名企业差距大,有待加强,产品维修一般都要到特许或指定维修点。

(六)客方人员分析

×××:统筹全局能力强,思维严密,亲和力强,头脑灵活,是一位合格的将才。

×××:熟悉手机、平板行业,市场经验丰富,看问题善于抓住本质。

×××:性格友好,在气氛紧张的时候缓解紧张局面,遇事冷静。

×××:办事果断干练,言辞犀利,雷厉风行,典型的女强人风格,遇事不冷静。

五、相关产品的资料收集

1. ××有限公司介绍(略)。

2. ××科技有限公司介绍(略)。

3. 上述公司相关产品介绍(略)。

4. 对方公司产品介绍(略)。

六、谈判的方法及策略

(一)谈判方法

把横向谈判和原则型谈判相结合。在谈判过程中,在确定谈判所涉及的主要问题后,把拟谈判的议题全部横向展开,多项议题同时讨论。在立场上可以软硬兼施。

(二)谈判策略

1. 突出优势。对对方立场、观点都有初步的认知后,再将自己在此次谈判事项中所占有的优、劣势及对方的优、劣势进行严密周详的列举,尤其要将己方优势,不管大小,应全盘列出,以作为谈判人员的谈判筹码。而己方劣势,当然也要注意,以免仓促迎敌,被对方攻得体无完肤。

2. 模拟演习。就是将各种可能发生的状况,预先模拟,以免实际遭遇时人慌马乱,难以主控战局。在了解优、劣势后,就要假想各种可能发生的状况,预作策划行动方案。小至谈判座位的摆放都要详加模拟。

3. 底线界清。通常,谈判时,双方都带攻击性,磨刀霍霍,跃跃欲试。双方只想到可以"获得多少",却常常忽略要"付出多少",忽略了谈判过程中己方要让步多少方可皆大欢喜。所以,在谈判前,务必要把己方的底线界清:可让什么?要让多少?如何让?何时让?为何要让?先行厘清,心中有数。否则,若对方咄咄逼人,己方束手无策任由对方宰割,那就失去了谈判的本意。

4. 了解对手。孙子兵法的"知己知彼,百战不殆"众所皆知。谈判前,了解对方的可能策略及谈判对手的个性特质,对谈判的圆满完成将有莫大助益。如果谈判对手喜欢打球,不妨在会谈前寒暄,着意提及,将对方的戒备敌意先行缓和,若有时间,更可邀约一起运动,以培养友好的谈判气氛。须知在这时,球场就是另一张谈判桌,有助谈判达成。

5. 随机应变。战场状况瞬息万变,谈判桌上需随机应变。虽说诸葛亮神机妙算,但人算不如天算,总有考虑欠周、失算之处。谈判时,出现对手突有神来一笔,超出己方假设的状况,己方人员一定要会随机应变,见招拆招。实在无法招架,手忙脚乱时,先施缓兵之计,再图谋对策,以免当机立"断"——断了自己的后路。

6. 埋下契机。双方若不能达成相当程度的圆满结果,谈判面临破裂之际,也无须逞一时口舌之快,伤了双方和气。双方若是撕破脸,以后要达成再谈判的机会,虽非不可能,但也要颇费周章,好事多磨了。买卖不成仁义在,双方好聚好散,好为下回谈判圆满埋下契机。

七、谈判的风险及效果预测

(一)谈判风险

1. 对方可能会在谈判中凭其优势地位不肯在价格上让步,我方必须发挥自身优势和经销商的身份迫使其做出让步。

2. 谈判中对手可能会对我方采取各种手段和策略,让我方陷入困境,对此我方必须保持头脑清醒,发挥好耐心的优势,冷静而灵活地调整谈判策略。

(二)谈判效果预测

双方以合理的条件取得谈判的成功,实现双赢,双方能够友好地结束谈判,获得成功,实现长期友好合作。

八、谈判预算费用

A. 车费:200 元　　B. 住宿费:1 000 元　　C. 饮食费:1 000 元

D. 电话费:200 元　　E. 旅游礼品费用:1 000 元

合计:3 400 元

九、谈判议程:

(1)双方进场。

(2)介绍本次会议安排及与会人员。

(3)正式进入谈判。

A:介绍本次谈判的商品型号、数量等情况。

B:递交并讨论代理销售协议。

C:协商一致货物的结算时间及方式。

D:协商一致定金的支付、违约的赔偿办法及法律责任。

(4)达成协议。

(5)签订协议。

(6)预付定金。

(7)握手祝贺谈判成功,拍照留念。

(8)设宴招待,谈判圆满完成。

每日一练　自己试着拟定一个商务谈判方案。

完成子任务 2.3 后进行自我测试:你是否已明白制订商务谈判方案的基本要求和掌握谈判方案的主要内容?

2.4　商务谈判前的模拟演练

模拟谈判是在谈判正式开始前提出各种设想和臆测,进行谈判的想象练习和实际演习。人的深层心理或神经系统,根本无法区分实际行动所获得的经验和想象中获得的经验有何差异,只要正确地进行思想练习和实际演习,就能获得功效,提高谈判能力。

2.4.1　模拟谈判的必要性

模拟谈判的必要性体现在以下两个方面:

(1)模拟谈判能使谈判者获得实际经验,提高谈判能力。正如舞蹈演员演出前在脑海里练习舞步,教师在上课前温习课程内容,模拟谈判对谈判者的经验和能力的获得能起到重要的积极作用。据心理学原理,正确的想象练习不仅能提高"彩排"者的能力,有时甚至比实际行动更有效。

(2)模拟谈判可以随时修正谈判中的错误,能使整个模拟谈判过程顺利进行,从而使谈判者获得较完善的经验。而现实的谈判则只能在结束后总结经验,修正错误。

例 2-5　　关于产品供货合同条款和索赔的模拟谈判

谈判甲方:A 工厂(卖方)　　谈判乙方:B 工厂(买方)

A 工厂和 B 工厂是两个长期合作伙伴,A 是 B 的模具供应商,其模具供给量占 B 工厂模具的 80%。但是,A 工厂的模具最近一直存在质量问题,给 B 工厂造成了额外损失。当初两厂签订的协议中规定:A 提供的模具合格率达到 95% 以上便可。但是这是一条有歧义的条款,既可以理解为每套模具各个零件的合格率达到 95% 以上,也可以理解为所有模具的总体合格率达到 95% 以上。

前一种理解比较有利于 A 工厂,后一种理解比较有利于 B 工厂。而实际上正是由于 A 生产的所有模具中的那不合格的 5% 造成了 B 工厂巨大的损失。B 知道自己一下子不可能完全抛开这个供应商,A 当然也不想失去 B 这个大客户。B 提出,先前由于 A 的次品导致的损失必须由 A 承担。而 A 坚持认为 B 的质检部门在接受 A 工厂的模具时就应该看清楚,如果是次品可以退货,而不是等到模具进了工厂投入使用以后才发现有问题,因而他们拒绝承担 B 工厂损失。由于双方交涉多次都没有达成协议,最后导致双方的高层领导都开始过问此事。B 采购部和 A 销售部的经理迫于压力约定本周末碰面,准备通过谈判对此事做一个了断,而且双方谈判代表都非常清楚,如果这次谈不成,回去肯定会受到领导斥责。

本次的谈判目标主要有两个:确定对 95% 以上合格率这一条款的理解;商议 A 工厂赔偿 B 工厂损失的事宜。

2.4.2　模拟谈判的步骤

模拟谈判训练主要有以下 4 个步骤:

1. 拟定假设

进行正确的想象练习,首先要拟定正确的假设或臆测。拟定假设是根据某些既定的事实或常识将某些事物承认(即臆测)为事实。例如,根据有钱总可以买到东西的常识,可以假设去商店买东西,只要有钱,对方就总会卖。

根据假设的内容,可以把假设划分为三类:一是对外界客观存在的事物的假设;二是对对方的假设;三是对己方的假设。

1)对外界客观存在的事物的假设

在商务谈判过程中,要通过对外界客观存在的事物,包括环境、时间和空间的假设进一步摸清事实,知己知彼,找出相应的对策。比如,在一次贸易洽谈中,对方如果带着许多材料进入谈判场所,我们需要对此进行准确判断,对方的材料与今天的谈判是否有直接关系,我们在谈判中如何对此摸底。同时我们要假设,对方如果通过调查已摸清了我方的底细,我们应如何应对?对方如果没有摸清我方的底细,仅是虚张声势,进行恫吓,我们又如何应对?

2)对对方的准确假设

对对方的准确假设往往能使我方在谈判中占据主动地位,它常常是商务谈判的制胜法宝。对方在谈判中愿意冒险的程度,以及对商品价格、运输方式、商品质量等方面的要求,都需要我们根据事实加以假设。

3)对己方的假设

它包括谈判者对自身心理素质、谈判能力的自测与自我评估,以及对己方经济实力、谈判实力、谈判策略、谈判准备等方面的评价。

假设毕竟是假设,不能把假设等同于事实,要对假设产生的意外结果有充分的心理准备。对于假设的事物要小心求证,不要轻易以假设为根据而采取武断的做法,否则会给自己带来重大损失。例如,当我们假设只要出钱就可以买到东西时,如果对方无货或者对方展示的是样品,或者对方产品质量、规格不对路,那么以上假设就不正确。因此,拟定假设的关键在于提高假设的精确度,使之准确地接近事实。

提高假设的精确度,要以事实为基准拟定假设。所依据的事实越多,假设的精确度就越高。

2. 过程想象

进行正确的想象练习,还要在拟定假设基础上想象整个谈判过程。有效的想象练习不只是想象事情的结果,而且要想象事物的全过程,想象自己可能做出的一切行动。否则,想象练习是不完全的。

谈判前的想象练习应该按照谈判顺序想象下去,演习自己和对方面对面谈判的一切情形,包括谈判时的现场气氛、对方的面部表情、谈判中可能涉及的问题、对方会提出的各种反对意见、己方的各种答复,以及各种谈判方案的选择、各种谈判技巧运用和想象谈判中涉及的各种要素。

3. 团队模拟

进行正确的想象练习,不仅是个人的苦思冥想,而且是整个谈判队伍的团队模拟。团队模拟可采用“沙龙”式或戏剧式两种形式。

“沙龙”式模拟是把谈判者聚集在一起,充分讨论,自由发表意见,共同想象谈判全过程。这种模拟的优点是利用人们的竞争心理,使谈判者充分发表意见,互相启发,共同提高谈判水平。这样,谈判者有了展示才能的机会,人人会开动脑筋,积极进行创造性思维,在团队思考的强制性刺激下,往往能够产生高水平的策略、方法及谈判技巧。

戏剧式模拟和想象谈判不同。想象谈判主要是谈判者个人或团队的思维活动,而戏剧式模拟谈判是真实地进行谈判演出,每个谈判者都要在模拟谈判中扮演特定的角色。随着剧情的发展,谈判全过程会被谈判者一一演绎。通过不同的假设,安排各种谈判场面,可以增强每个谈判者的实际谈判经验,使每个谈判者找到自己在谈判中的最佳位置;为己方提供了剖析自我、端正谈判动机、改进思考问题方法的良好机会,使谈判的准备更充分、更准确。

4. 完善方案

模拟谈判完成之后,必须进行评估与校正,对已定计划与方案做出评估与校正,从而达到完善方案的目的。

完善方案的程序为对照、检查、评估、校正。对照,即以模拟谈判与既定计划相互参照,根据模拟谈判中发现与提示的问题,找出既定计划的漏洞与缺陷。模拟谈判记录完整与否是对照质量高低的前提。检查,即寻求导致谈判计划出现漏洞或缺陷的原因,并注意其为何种性质(主要的还是次要的、原生的还是次生的等)的原因所致。评估,即对既定计划的漏洞与缺陷的性质做出判断,首先分析造成漏洞和缺陷的原因是否容易克服,抑或根本不能克服。以此为基础,对谈判总体方案及其修订程度做出判断:既定方案总体上可行与否?有无必要进行大的调整甚至重新设计?一般而言,方案如果没有根本性缺陷是无须做出根本性调整或重新设计的。校正,即采取有针对性的措施,对谈判计划做出相应的调整、补充与修订,从而使方案更加科学、完善。

阅读与思考 2-4　　“谈判高手”决赛案例——铝厂合资谈判

A 方:C 集团、P 厂代表　　　　B 方:R 公司代表

公司背景:P 厂位于秦皇岛市,成立于 1985 年 3 月,由 C 集团、香港 X 公司、河北省行业主管部门、秦皇岛市 L 公司、冶金部 H 公司等五家共同投资组建。P 厂由两期已竣工的工程组成:一期生产建筑铝型材和工业铝型材,年生产能力 1.6 万吨;二期生产铝板、带、箔。其生产线是 20 世纪 80 年代从英国 D 公司引进的,在中国处于最高水平。板、带年生产能力为 5 万余吨,铝箔年生产能力为 4.2 万吨。P 厂也是中国铝加工行业的重点企业之一。

虽然 P 厂是合资企业,但香港 X 公司不在铝加工的专业圈子中,没有带来先进的技术和管理经验,因此,P 厂偌大的厂房和一揽子现代化设备发挥不出应有的效益,产能上不去,产品质量差,不能满足国内高端市场的需求,更难以向海外市场进军,连年处于亏损的困境。1993 年 7 月 30 日,刚刚在美国纽约参加完 C 集团发债签字仪式的 C 集团董事长,应 R 公司的邀请,访问了该公司总部所在地,并与该公司总裁 R 先生讨论了 P 厂的合资事宜。

R 公司成立于 1928 年,是世界第三大铝业公司,具有先进的铝深加工技术和经营管理经验,实力雄厚,其工厂遍布 20 个国家,铝箔生产能力占美国市场的 60%,在美国 500 家大工业公司中名列第 96 位。由于铝制品在美国和欧洲市场上已经饱和,该公司欲实现向亚洲的战略转移。在 C 集团董事长来美前,该公司曾派技术人员赴 P 厂进行过技术考察,对 P 厂的装备和规模赞叹不已。R 公司看好 P 厂,看好中国的市场,看好 C 集团的实力,认定 C 集团是它开拓中国和东南亚市场的最佳伙伴。

虽然从表面上看来,P 厂连年亏损,手里没有像样的筹码,只有现成的机器和厂房及廉价的技术专家和工人。但是,自 1992 年以来,中国的经济搭上高速发展的快车,国内铝制品的市场需求迅速扩大,西方跨国公司蜂拥来华投资办厂。好几家世界级的铝业公司都向 C 集团表达过与 P 厂合作的愿望。看来,巨大的中国市场是可借用的“大势”,是一张可打出的王牌。R 公司进入 P 厂,就是进入中国,它必须支付两笔费用:在 P 厂的参股费和进入中国市场的入门费,而且同时,经过 14 年发展的 C 集团,已是享誉国内外的大公司。与 C 集团合作,R 公司会得到难以量化的价值,有助于其在中国的发展。再看 P 厂,现有的机器厂房和技术队伍,对 R 公司及其他铝业公司很具吸引力。所以,双方合作前景看好。

进入方式:当时 P 厂的境外股东是香港 X 公司,一种进入方式是 R 公司与 X 公司在境外作股权交易;另一种就是 P 厂增资扩股。两种方式各有利弊。境外转股,不涉及国有资产的评估问题,省去了国内繁杂的审批程序,可加快合资谈判进程。但是,作为股权的交换物,R 公司支付一部分现金,另外,将自己的一份旧设备和技术折价充当获得股权的价款。这些技术和设备香港 X 公司拿来无用,还得转让给 P 厂,而 P 厂缺乏自有外汇去购买。如果借款,P 厂更是债台高筑,企业的股本没有增加,反而增加了债务,这对 P 厂无疑是雪上加霜。如采用增资扩股方式,不可避免地要向国内诸多部门报批,确实要花费不少时间,但是,通过发挥 C 集团的综合优势,可以缩短报批过程。例如,有关的法律文件报批,在文本谈判时就邀请主管部门的官员作为顾问参加,审批会水到渠成。增资扩股,不仅不会改变 P 厂的债务总量,反而会增加它的资本存量。这样 P 厂就可实现外资、技术和管理的“三引进”。

资产评估:P 厂提出若美方作为购买股权而提供的旧设备和转让技术的技术规格如果不达标,美方应承担经济责任。美方提出 P 厂的资产评估必须公允。P 厂账面上的总资产为 1.65 亿美元,负债 9 600 万美元,现有净资产为 6 900 万美元。

R 公司的出资额 = R 公司所占的股权 ×(P 厂现有资产评估值 + R 公司出资额)

债务安排:P 厂总量为 9 600 万美元的债务将陆续到期,其中 C 集团给 P 厂的人民币贷款利率高达 13.86%,美元贷款利率为 7%,美方一进入 P 厂就将面临还贷压力,所以美方希望对 P 厂的长期贷款进行债务重组。

从会计角度而言,债务重组主要包括以下 5 种方式:①以低于债务账面价值的现金清偿债务;②以非现金资产清偿债务;③将债务转为股本;④修改债务条件,如减少债务本金、减少债务利息;⑤混合式重组。针对 P 厂的情况,可行的方法只有修改债务条件:本金不减,而减少债务利息。这是 C 集团为了 P 厂的未来必须做出的让步,利息减多少? 将由双方讨论决定。

尽职调查:根据国际融资惯例,无论是通过合资参股或收购兼并进入企业,作为外来投资者,这是必做的功课。尽职调查的主要内容是财务和法律。法律方面问题交给 R 公司处理,他要就其公司参股 P 厂做出法律方面的评价,通常,后来者谁都不愿意卷入原企业遗留的法律纠纷,陷入看不见的法律黑洞。

排他权:排他权是法律术语。商人总是重利的,他要用有限的资源换取最大的收益。当然,这是一厢情愿,与他合作的公司一方出于自身利益的考虑,则要对其加以限制。在商人眼中,法律没有明文禁止的都可以做,都是可以谈判的。因此,排他权是举办中外合资企业的谈判中双方不可回避的重要问题。美方当然是希望与 C 集团合作的同时也与其他公司合作,但 C 集团出于自身的利益考虑会不会同意呢? 谈判桌上将见分晓。

每日一练　**自己试着和同学一起交流,总结模拟谈判的步骤。**

完成子任务 2.4 后进行自我测试:你是否明白模拟谈判的必要性和掌握了模拟谈判的步骤?

小　　结

本任务就是让读者了解商务谈判信息的作用,掌握商务谈判信息的收集和处理;了解商务谈判人员应具备的素质及谈判班子的构成,掌握商务谈判人员的管理;了解谈判方案制订的基本要求,掌握商务谈判方案的主要内容;了解模拟谈判的必要性,掌握模拟谈判的步骤。商务谈判准备阶段是顺利实现商务谈判活动必不可少的基础环节。

本任务围绕做好商务谈判准备工作设计了各环节的基本知识,插入了一些典型的案例,并对相关知识以阅读与思考的形式呈现。每一任务都是以子任务小结结束,希望读者在完成子任务之后,能够及时进行自我的过程性评价。

本任务能力目标:完成本任务后,读者应该能够掌握商务谈判信息的收集和处理,掌握商务谈判人员的管理,熟悉商务谈判方案的主要内容,进行谈判模拟,并能结合实际为商务谈判顺利进行做好充分准备。

完成本任务将为顺利实现商务谈判活动打下坚实的基础,迈上成功谈判的第一步。

核心技能与概念

商务谈判准备　信息收集　谈判人员素质　谈判班子　谈判方案　模拟谈判

课堂讨论

1. 为什么要进行商务谈判准备?
2. 你认为在商务谈判准备的过程中应准备哪些重要事项?
3. 你认为如何才能做好商务谈判人员的管理?
4. 你认为一个良好的谈判方案应具备什么样的条件?

业务技能自测

一、多项选择题

1. 商务谈判信息的作用主要有(　　)。

A. 有助于制定谈判战略　B. 有助于加强谈判双方相互沟通

C. 有助于控制谈判过程　D. 有助于做好谈判人员的管理

2. 商务谈判信息收集的原则有(　　)。

A. 时效性　B. 准确性　C. 系统性　D. 经济性

E. 目的性

3. 谈判信息资料的整理一般分为评价、(　　)等四个阶段。

A. 筛选　B. 分类　C. 总结　D. 保存

4. 商务谈判人员的个体素质主要包括(　　)等几个方面。

A. 思想品质　B. 知识结构　C. 谈判能力　D. 自我表现能力

5. 商务谈判班子的构成原则是(　　)。

A. 少而精　B. 层次分明　C. 结构清楚　D. 法人资格

6. 商务谈判方案的主要内容包括(　　)和谈判的交易条件等几个方面。

A. 谈判主题　B. 谈判目标　C. 谈判议题　D. 谈判时间

E. 谈判地点

二、简答题

1. 简述商务谈判信息收集的主要内容。
2. 谈判人员应从哪些方面来培养自己的谈判能力?

3. 调整好谈判人员之间的关系有哪些具体的措施?

4. 一个成功的谈判方案应具备什么样的基本要求?

5. 简述模拟谈判的步骤。

案例分析

案例 1:谈判班子的构成

某家电商场与某摄像机生产厂就追加购买摄像机的数量问题进行谈判。此前双方曾经进行过关于销售摄像机的谈判。由于该摄像机厂生产的摄像机性能优良,使用寿命长,很受客户青睐,家电商场最初购进的 50 台摄像机在一个月的时间即销售一空。于是,家电商场准备再次购进 300 台,但希望价格能和前一批一样。摄像机厂获得家电商场的销售情况后,决定抬高摄像机的价格。就这样,针对价格问题双方进行了一次谈判。家电商场派出了以销售经理为负责人的 5 人代表团,而摄像机厂却只有一人赴会。表面上看这是一场众寡悬殊的谈判,但其实胜算的比例摄像机厂要大于商场。商场急于要货,因为摄像机销售得快,利润也高,如果耽搁时间过长将导致一笔不小的损失。厂家当然是把摄像机居为奇货,尽管只有一人在场,但却成竹在胸,最终家电商场经过艰苦的谈判,只得适当地提高价格,才达成了追加进货的协议。

根据所学的知识,分析应如何安排家电商场 5 位代表的谈判任务以取得满意的结果。

案例 2:谈判安排

日本的钢铁和煤炭资源短缺,澳大利亚则盛产煤、铁。日本渴望得到澳大利亚的煤、铁,而澳大利亚不愁找不到买主。按理说,日方的谈判地位低于澳方,澳方在谈判桌上占主动权。日方把澳方的谈判人员请到日本去谈判,澳方谈判人员到日本后比较谨慎,讲究礼仪,不愿过分侵犯东道主的权益,因而在谈判桌上双方的地位发生了显著的变化。澳大利亚人习惯于富裕的生活,又恋家,所以谈判桌上表现出急躁情绪,而日方却不慌不忙,结果日方仅仅花费了少量的招待费作鱼饵,就钓到了“大鱼”,在谈判桌上取得了大量原本难以获得的利益。

根据案例,分析日方为什么能在谈判中获得大量原本难以获得的利益。

案例 3:谈判模拟

谈判背景:美国专业电视设备及技术服务公司向中国石家庄某电视机生产厂商出售了一条彩色电视机玻壳生产线,但是因各方面原因,生产设备的调试结果一直不很理想。一晃时间到了圣诞节,美方的专家都要回国过节,中方生产线不得不停顿下来,因此给中方造成一定损失。三周后,当美方公司技术专家再到中国时,却发现中方私自调试机器。虽在一定程度上解决了美方先前某些比较棘手的问题,但是对某些机器的调试影响了生产线的整体性,美方需花费较大的精力才能对生产线做继续维护。

以此为基础,美方将与中方进行谈判,主要谈判目的有两个:①尽可能小地承担中方调试后机器出现的风险;②尽量达成长期合作意向,以进一步扩大公司在中国的影响力,拓展业务。

根据所学的知识分析,美方应如何进行谈判以实现其目的。

实训操作

商务谈判的团队模拟练习

[**实训目标**] 通过模拟谈判,加深对本任务内容的理解,提高对商务谈判的认识。

[**实训组织**] 学生每6~8人分为一组进行戏剧式模拟,各组自由选择谈判主题,注意谈判班子的构成。

[**实训提示**] 教师提出活动前准备及注意事项,同时做好课外指导。

[**实训成果**] 各组现场表演,其他小组无记名评分,最后教师点评。

任务3 商务谈判开局阶段策略

任务导入

根据商务谈判实践我们总结出,商务谈判具有明显的阶段性特征。对商务谈判的全过程进行分阶段剖析,对我们有针对性地掌握商务谈判所需要的各项素质和能力具有积极意义。策略是谈判战略的具体执行中重要的使用工具。对商务谈判策略的熟悉和运用是商务谈判人员商务谈判能力的重要体现。因此,掌握商务谈判各阶段可以采用的策略,是商务谈判学习的重要任务。本书任务3~任务5即从商务谈判过程的各阶段展开,集中讨论商务谈判各阶段的策略。希望各位读者根据实际情况灵活理解和掌握。

经过准备阶段,我方应该已经明确了谈判对象,组织好了谈判小组,收集了一些相关信息和情报,做好了谈判计划等。接下来我方要与对方见面并展开谈判。双方刚见面时就是商务谈判开局阶段。这个阶段中谈判双方怎么见面?见面后说什么?怎么说?怎样才能为双方创造一个我方想要的谈判氛围,为谈判进展奠定方向?这些都是我们要思考和掌握的。因为开局的时间很短,接下来就是报价。报价怎么报?还价怎么还?也是我们要思考和掌握的。为了方便课程组织,我们将见面后到报价、还价这个时间段统一起来称为"广义的开局阶段"。这个阶段的一些教学要求就是商务谈判开局阶段策略。本任务可分为如下三个子任务:

子任务1:掌握商务谈判策略;

子任务2:掌握商务谈判开局策略;

子任务3:掌握商务谈判报价策略。

读者可以反复演练,有的放矢地依次完成各子任务,直至完成本任务,从而更好地完成商务谈判开局阶段的策略。

3.1 商务谈判策略

商务谈判的过程复杂多变,为了取得令人满意的效果,保证实现利益目标,谈判人员必须在谈判中适时而灵活地采取不同的谈判策略。商务谈判策略对谈判成败有直接影响,关系到双方当事人的利益和企业的经济效益,恰当地运用谈判策略是商务谈判成功的重要前提。

3.1.1 商务谈判策略的定义

商务谈判策略是谈判者在商务谈判过程中,为了达到某个预定的阶段性目标,人为采取的一些行动或方法。多数商务谈判策略都是事前决策的结果，是科学制定策略本身指导思想的反应，也是谈判实践的经验概括。它规定谈判者在一种能预见和可能发生的情况下应该做什么，不能做什么。例如，商务谈判人员可能故意暂时放弃某些局部的利益，以服从整体利益和总体目标的需要。

谈判中所采取的许多策略，都要经历酝酿和运筹的过程。有的是谈判准备期就在方案中明确了的，有的则随谈判开展在谈判人员脑中灵机一动迸发出来的。

例 3-1　　交　锋

2005 年 3 月，安徽芜湖市塑料编织袋厂厂长获悉日本某株式会社准备向我国出售先进的塑料编织袋生产线，立即出马与日商谈判。谈判桌上，日方代表开始开价 240 万美元，我方厂长立即答复："据我们掌握的情报，贵国某株式会社所提供产品与你们完全一样，开价只是贵方一半，我建议你们重新报价。"一夜之间，日本人列出详细价目清单，第二天报出总价 180 万美元。随后在持续 9 天的谈判中，日方在 130 万美元价格上再不妥协。我方厂长有意同另一家西方公司做了洽谈联系，日方得悉，总价立即降至 120 万美元。我方厂长仍不签字，日方大为震怒，我方厂长拍案而起："先生，你们的价格，你们的态度都是我们不能接受的！"说罢把提包甩在桌上，里面那些西方某公司设备的照片散了满地。日方代表大吃一惊，忙要求说："先生，我的权限到此为止，请允许我再同厂方联系请示后再商量。"第二天，日方宣布降价为 110 万美元。我方厂长在拍板成交的同时，提出安装所需费用一概由日方承担，又迫使日方让步。

在谈判中，使用策略缓和气氛、增进了解，可以起到四两拨千斤的效果。例如，当谈判人员比较累、比较烦躁时，采取场外娱乐活动等环境改变策略来增进了解、冷静头脑。当谈判出现偏离主题的时候，会借用适当话题转换回到正题，避免问题偏离主要方向，避免少走弯路。因此，商务谈判人员应像习武之人积累招数一样，平时应多积累一些谈判策略，在众多的谈判策略中选用适合的策略来实现己方的目标。

3.1.2 谈判策略的意义

1. 谈判策略是在谈判中扬长避短和争取主动的有力手段

商务谈判的双方都渴望通过谈判实现自己的既定目标，这就需要认真分析和研究谈判双方各自所具有的优势和弱点，即对比双方的谈判"筹码"。在掌握双方的基本情况之后，若要最大限度地发挥自身优势，争取最佳结果，就要机动灵活地运用谈判策略。例如，工业品的制造商在与买方的谈判中，既要考虑买方的情况，又要关注买卖双方竞争对手的情况。要善于利用矛盾，寻找对自己最有利的谈判条件。若不讲究谈判策略，就很难达到这一目的。

2. 谈判策略是企业维护自身利益的有效工具

谈判双方关系的特征是，虽非敌对，但也存在着明显的利害冲突。因此，双方都面临如何维护自身利益的问题，恰当地运用谈判策略则能够解决这一问题。在商务谈判中，如果不讲究策略或运用策略不当，就可能轻易暴露己方意图，以致无法实现预定的谈判目标，高水平的谈判者应该能够按照实际情况的需要灵活运用各种谈判策略，达到保护自身利益、实现既定目标的目的。

3. 灵活运用谈判策略有利于谈判者通过谈判过程的各个阶段

有的谈判过程包括准备、始谈、摸底、僵持、让步和促成等 6 个阶段。谈判过程的复杂性决定

谈判者在任何一个阶段对问题处理不当,都会导致谈判的破裂和失败,尤其是始谈阶段更为重要,其理由如下:

(1)在始谈阶段,双方所持的态度直接影响以后谈判中的行为,从谈判开始双方便相互信任是谈判成功的基础。

(2)在始谈阶段,双方所采用的谈判模式为以后谈判确定了框架,具有定调的作用。

(3)在始谈阶段,双方信心最强,都怀有使谈判成功的愿望,都处于精力和注意力的最佳状态。

谈判者要想营造一个良好的开端,使谈判能顺利发展,达到预期的谈判目标,就必须重视和讲究谈判的策略和技巧。只有这样,才能克服谈判中出现的问题和困难,将谈判逐步推向成功。

4. 合理运用谈判策略有助于促使谈判对手尽早达成协议

谈判的当事双方既有利害冲突的一面,又有渴望达成协议的一面。因此,在谈判中合理运用谈判策略,及时让对方明白谈判的成败取决于双方的行为和共同的努力,就能使双方求同存异,在坚持各自基本目标的前提下互谅互让,互利双赢,达成协议。

3.1.3　谈判策略制定的原则

商务谈判内容的广泛性和环境的复杂性决定了谈判策略的多样性,在具体谈判过程中如何选择和采用不同的谈判策略,就要依靠正确的指导思想,即制定和选择谈判策略的原则。作为一个高明的谈判人员,首先应该具有战略思想和整体观念,能够从企业发展的长远利益出发思考问题。在商务谈判中,既重视眼前的利益又注重长久的利益,做到立足当前,着眼未来。商务谈判者在选择谈判策略过程中一般要遵循以下 4 个原则。

1. 客观标准原则

运用谈判策略的目的是使双方都感到自己有所收获,并愿意达成协议,而不是将对手置于死地。这就要求谈判者坚持客观标准,并在参照以往谈判惯例的基础上做出决策。客观标准应具有以下几个特征。

(1)公平性。即给双方以平等的机会,就像两个人分东西,一方提出分配方案,而由另一方先行挑选。

(2)注重情理。谈判双方往往都认为自己的标准是客观的、公平的,而认为对方的标准不正确,这就要求谈判者从理性的角度出发,注意倾听对方的理由,并从中吸取合理的部分。

(3)排除主观意志的干扰。主观意志,是指在不改变自身立场或观点的条件下,要求对方改变立场或观点,这种做法必然导致双方竭力维护各自的立场,甚至将谈判引向破裂,在这种情况下,即使达成协议,也要花费大量的时间和精力,恶化双方之间的人际关系,影响双方的长期合作和伙伴关系。

(4)顶住压力。有时谈判对手采取各种手段来压对方,如拒绝让步,就进行威胁或贿赂等,对此,谈判的另一方要以理相劝,服从于理而不屈从于压力。

2. 共同利益原则

制定策略的目的是使谈判者能从谈判中获得利益,即满足需求和欲望,而不是去维护谈判者的某些立场。一般地讲,谈判者坚持某一立场旨在实现预期利益。例如,图书馆中有两位读者,一位要将窗户打开以便呼吸新鲜空气,另一位则不同意打开窗户,因其感冒初愈害怕受风着凉。聪明的图书管理员则通过打开一侧阅览室的窗户解决这一争吵。他侧重于调解双方的利益,使一方能够呼吸到新鲜空气，而另一方又不会因风吹受凉而再次感冒。如果他仅就双方开或关窗户的立场进行协调，计较窗户开的幅度，就很难解决这一矛盾。注重共同利益，要求谈判者首先要弄清楚对方的利益所在。但是，利益往往是隐藏在立场后面的深层次的东西，这就要求谈判者要透过现象看本质。一般地讲，谈判者可以从以下几个角度研究对手的利益。

(1)设身处地地站在对方立场上探求构成对方立场的理由，即了解对方的需求和欲望。

(2)研究对方利益的多重性，如在卖方与中间商的谈判中，卖方的利益就包含争取最佳价格、维护销售渠道的畅通、获得中间商提供的各种服务等。

(3)要注意谈判对方的其他利益，物质利益是谈判双方关注的焦点，但不是双方关注的全部内容，其他方面，如对尊严、安全感、自主、平等的渴望都是谈判双方的基本要求，忽视这些要求常常使谈判以失败而告终。

例 3-2　戴维营协议

西奈半岛由于其特殊的地理位置，自 1967 年以来一直被以色列占据着。1978 年，埃以双方坐下来谈判缔结和约，他们立场是完全不能共存的，双方都想试图通过谈判控制西奈半岛，这种立场上的争执使谈判陷入了僵局。然而，在对双方的利益进行全面的认识和评价之后，埃以双方都意识到，在围绕西奈半岛的争端中，埃及更关心的是领土的主权，而以色列更关心军事安全。于是，埃及总统萨达特和以色列总理贝京在戴维营达成协议：以色列将西奈半岛主权还给埃及，而作为交换，以色列在西奈半岛建立非军事区。

3. 人事分开原则

人事分开原则，是指将谈判本身的问题与谈判者之间的人际关系区别对待和分别处理，即用不同的策略处理两类不同性质的问题。但是，要做到这一点是很不容易的，因为谈判双方的代表是由人组成的，他们对事物往往有着不同的感觉和看法，他们的文化背景和价值观也不尽相同。人的因素对谈判的影响具有两面性：一方面，在谈判顺利的情况下，双方通过接触能够建立起一种相互理解、尊重、信任和支持的工作关系，从而为以后的谈判奠定一个良好的基础，形成良性循环；另一方面，谈判的挫折又会导致感情上的不愉快、沮丧、发怒或产生对立和敌意。随着误解和偏见的加深，原本可以达成的协议也会以失败告终。

谈判者在处理谈判本身问题与谈判双方人际关系时，可以坚持以下的做法：

(1)不宜在谈判中做出以让步来换取双方关系的改善，因为这会弱化己方的谈判地位，使对方认为己方软弱可欺。

(2)不就观点和立场进行争论，以避免将谈判内容与双方关系相混淆，造成一种难分难解的混乱局面。

(3)努力改善双方的人际关系，及时解决和处理人员之间存在的矛盾。如果双方在感觉的认识上存在偏差，就要了解和研究对方的想法及其产生的原因，并找出纠正偏差的方法。在对方情绪过于激动时，要善于控制谈判的气氛，让对方有机会发泄不满和怨气，获得心理上的平衡，尽早恢复理智。另外，要创造条件，寻找更多的机会与对方交换意见，进行双向沟通。

(4)努力在谈判正式开始之前，先与对方建立起一种相互信任的工作关系，以缓和双方在谈判中的对立状态。

4. 战略一致原则

经营战略是引导企业实现战略目标的指导思想，而企业的商务谈判活动则是为实现企业经营战略目标服务的，这就要求谈判的战略和策略要与企业整体战略目标保持一致。因此，在制定谈判策略过程中要注意以下几点。

(1)要树立全局观念。这就要求在分析和解决各个方面、各个环节上存在的问题时，要考虑到企业整体利益的要求。

(2)要建立以市场为中心的观念。这就要求认真分析企业的外部环境，特别是竞争对手的优势和劣势，做到知己知彼，为制定正确的谈判策略奠定基础。

(3)要树立经济效益观念。企业的生存和发展要求谈判人员应以企业长期效益最大化为谈判的最终目的。

(4)要树立竞争观念。竞争是市场经济的主要特征之一，企业间在产品、价格、技术、人才、分销、促销、成本、效率、管理等方面进行着日趋激烈的竞争，而商务谈判则是企业间竞争的一种集中反映，是企业间综合实力的对抗与较量。

3.1.4　制定商务谈判策略的步骤

制定商务谈判策略的步骤是指制定商务谈判策略所应遵循的逻辑顺序，其主要步骤包括以下几个方面。

1. 了解影响谈判的因素

策略制定的前提是对影响谈判的各因素的了解和掌控。影响谈判的各因素包括谈判的背景、谈判中的问题、双方的分歧、态度、趋势、事件或情况等，这些因素共同构成一套谈判组合。首先，谈判人员将这个“组合”分解成不同的部分，并找出每部分的意义。然后，谈判人员进行重新安排，观察分析之后，找出最有利于自己的组合方式。

2. 寻找关键问题

在对相关现象进行科学分析和判断之后，要求对问题特别是关键问题做出明确的陈述与界定，弄清楚问题的性质，以及该问题对整个谈判的成功会造成什么障碍等。

3. 确定具体目标

根据现象分析，找出关键问题，找出谈判进展中应该调整的事先已确定的目标，视当时的环境变化，调整和修订原来的目标，或者对各种可能的目标进行分析，确定一个新目标。谈判目标的确定关系到整个谈判策略的制定以及将来整个谈判的方向、价值和行动，这个过程实际上是一个根据自身条件和商务谈判环境的要求寻找各种可能目标并进行动态分析判断的过程。

4. 形成假设性方法

根据谈判中不同问题的不同特点，逐步形成解决问题的途径和具体方法，这需要谈判人员对不同的问题进行深刻分析，突破常规限制，尽力探索出既能满足自己期望的目标又能解决问题的方法来。

5. 深度分析假设方法

在提出了假设性的解决方法后，对少数比较可行的策略进行深入分析。依据“有效”“可行”的要求，对这些方法进行分析、比较，权衡利弊，并从中选择若干个比较满意的方法与途径。这要求谈判人员在决策理论的指导下，运用一系列定性与定量的分析方法，对假设方法进行深度分析，分析的标准是“有效”和“可行”。所谓有效，是指方法的针对性强，既能切实解决问题，又能实现利益目标的要求；所谓可行，是指方法本身简便易行，而且要在谈判对方认可、接受的范围之内。

6. 形成具体的谈判策略

在进行深度分析得出结果的基础上，对拟定的谈判策略进行评价，得出最终结论。同时，还需要考虑提出假设性谈判策略的方式、方法，根据谈判的进展情况，特别是已准确把握了对方的企图以后，就要考虑在什么时候提出己方的策略，并考虑以什么方式提出。

7. 拟定行动计划草案

有了具体的谈判策略，紧接着便是要考虑谈判策略的实施。要从一般到具体提出每位谈判人员必须做到的事项，把它们在时间、空间上安排好，并进行反馈控制和追踪决策。

以上只是从商务谈判的一般情况来说明如何制定谈判策略。具体实施的过程中，上述步骤并非机械地排列，各步骤间也不是截然分开的，它们仅仅是制定谈判策略时所应遵循的逻辑思维。

阅读与思考 3-1　　策略的适应性

我国是个“策略大国”，“策略”与“计谋”“智谋”“谋略”“战术”等有诸多相通之处，其实它们都是一些手段、方式、方法。《孙子兵法》《三十六计》可算是两本“智谋大全”，《战国策》中也集中记录了一些智谋故事。其他经典著作如《论语》《老子》从更高的层次阐述了一些策略。通过阅读这些书籍确实可以增加谈判人员的“智慧”。但我国的这些书籍也有一些不适合现代社会的结构和内容。比如《三十六计》试图从整体上把握谋略，但是计与计之间没有严格的界定，甚至有重复雷同之处，如“声东击西”和“暗渡陈仓”，“借刀杀人”和“借尸还魂”，“打草惊蛇”和“指桑骂槐”，所以其内在逻辑性不强，未能形成严密的体系。一些内容也极端诡谲，在强调人人平等、诚信、合作的今天，这些思想明显已经不适应现代社会。所以我们学习策略的时候，一定要努力把握策略的一般规律，运用某些策略的时候，一定要考察是不是适合当下的环境。

每日一练　**到图书馆借阅一些谈判书籍，收集并熟悉一些谈判策略，抄录在此。**

掌握商务谈判各阶段可以采用的策略，是商务谈判学习的重要任务。学习子任务 3.1 后要基本了解策略的内涵、策略的地位和作用，策略的原则，制定策略的步骤。

3.2 商务谈判开局策略

3.2.1 商务谈判开局气氛

开局阶段是在完成了准备工作之后，双方刚刚见面，握手寒暄并开场陈述的很短的时间。开局阶段的目标主要是对谈判程序和相关问题达成共识；双方人员相互交流，创造友好合作的谈判气氛；分别表明己方的意愿和交易条件，摸清对方的情况和态度，为实质性磋商阶段打下基础。为了达到上述目标，开局阶段应做到简要说明此行的人员情况、目标、计划、进度等，建立适当的谈判气氛、开场陈述和报价。

1. 商务谈判气氛的含义

商务谈判气氛是指商务谈判人员之间的态度，以及由它引起的商务谈判人员心理、情绪和感觉上的反应。商务谈判气氛在商务谈判人员刚一碰面时就开始形成，随着双方接触的深入，尤其是谈判进入到利益纷争阶段后，双方的态度会发生修正或改变，谈判的气氛也会随之发生变化，商务谈判者需要随时关注商务谈判气氛的变化。商务谈判气氛是由参与商务谈判的所有谈判者的情绪、态度和行为共同塑造的，任何谈判个体的情绪、态度和行为都可能影响甚至改变谈判气氛。反之，商务谈判气氛也会影响到商务谈判者的情绪、态度和行为，从而对谈判产生不同的影响。因此，营造一种有利于已方的谈判气氛，从而控制谈判进程以及谈判对手，就成了谈判者需要认真研究的重要课题。

2. 商务谈判气氛的类型

一般来说，每一次商务谈判都有独特的谈判气氛，这可为所有谈判人员清醒地意识到。商务谈判气氛大体有以下几种类型：

1）冷淡、对立、紧张的谈判气氛

在冷淡、对立、紧张的谈判气氛下，谈判双方见面不关心、不热情；目光不相遇；相见不抬头；相近不握手，以言语等方面企图压倒对方；交谈时语气带双关，甚至带讥讽口吻等。带有明显的戒备、不信任的心理状态，双方处于对立情绪之中，整个开局呈剑拔弩张的局面。这种谈判气氛给整个开局蒙上了一层阴影。这一类型谈判气氛通常是在法院调解、双方利益对立的情况下发生。

2）松弛、缓慢、旷日持久的谈判气氛

商务谈判中不乏持续性、分阶段性的洽谈。在松弛、缓慢、旷日持久的谈判气氛下，双方人员已感厌倦，谈判人员进入谈判会场姗姗来迟、衣冠不整、精神不振。相见时握手例行公事、不紧不松；面部表情麻木、眼视他方；或入座时左顾右盼，显出一种可谈可不谈的无所谓的态度。对双方谈判的目标不表示信心，对对方的谈话不认真倾听，甚至以轻视的口吻发问，双方谈判不断转换话题，处于一种打持久战的气氛之中。

3）热烈、积极、友好的谈判气氛

在热烈、积极、友好的谈判气氛下，谈判双方态度诚恳、真挚，彼此关注对方需要；见面时话题活跃，口气轻松，情感愉快，有幽默感。双方显得精力充沛，兴致勃勃；谈判人员服装整洁，举止大方，目光和善。见面互相让座，欣然落座，互相问候。双方为谈判的成功充满热情，充满信心，把谈判成功看成友谊的象征。这样一种谈判气氛无疑对开局即谈判的开展起一种积极促进作用。

4）平静、严肃、严谨的谈判气氛

出现这一类型的谈判气氛，通常谈判双方已不是谈判生手，也不是初次见面，而是处于一定的形势和受到一定条件的制约。因此谈判双方见面时并不热情，握手一触即弃，入座并不相让，喝茶并不互请。讲话时语言主动，句子简练，音质清晰，语速适中。双方目光对视，面带微笑只一闪而过。双方平静如水而不声张。进入谈判场所速度适中。处于一种相互提防、似有成见的气氛之中。

不同的谈判气氛,对于商务谈判是有影响的。首先,它可影响商务谈判的发展方向。一种谈判气氛可以在不知不觉中把商务谈判朝着某种方向推进。如热烈、积极、合作的谈判气氛,会把商务谈判朝达成一致的协议方向推动;而冷淡、对立、紧张的谈判气氛,则会把商务谈判推向更为严峻的境地,甚至导致谈判失败。其次,它会影响谈判人员心理、情绪和感觉,从而引起相应的反应。如不加以调整和改变,就会强化这种气氛,影响商务谈判的成败。

3.2.2 建立良好的开局气氛

开局阶段虽短,但它营造的气氛,则涉及随后各个阶段的谈判行为,关系着整个谈判的进展和成效。

例 3-3　　国内工厂的"拍案而起"

国内一家工厂与一位外商洽谈购买原料之事,外商利用这家工厂必须用其原料的优势,在谈判中非常傲慢,以居高临下之势百般刁难。在这种情况下,如果这家工厂的谈判代表仍然以谦虚、谨慎的姿态,只能助长对方的嚣张气焰。鉴于此,该厂的代表一反常态,先是退避三舍,然后拍案而起,指责对方道:"你们如果没有诚意就可以走了。我们的库存还够维持一个时期的正常生产,而现在我们已经做好了转产并不再与你们有来往的准备了。先生们,请吧!"这种极其强硬的表达方式,一时间弄得对方手足无措。由于利益所在,对方窘态消失之后,终于坐下来与这家工厂开始了真诚的谈判。

例 3-4　　利用沉默而取胜的一次谈判

日本一家公司需要采购一批先进的生产设备,派出了技术力量很强的谈判小组与美国一家公司进行谈判。美方公司的代表开局时就控制住了气氛,一副志在必得的架势,依靠他们的产品优势,对先进的设备、合理的价格、周到的售后服务大谈特谈。这时,日方公司的代表却显得十分低调,只是默默地将对方所谈的每一个问题都做了详细的记录。而当美方公司代表结束讲话,询问日方公司代表是否有疑问时,日方公司代表却摆出一脸茫然的样子,表示没有听懂。在美方公司代表又反复讲述了几遍之后,他们的气势终于被消耗殆尽了,谈判的气氛也渐渐的低沉下来。日方公司代表看到时机已经成熟,便开始针对对方产品和服务的弱势提出一连串的问题,问题直至要害,让美方公司代表措手不及。最终,美方公司代表阵脚大乱,日方公司以美方公司能够承受的最低价格签订了采购协议。日方公司代表采用了沉默的方式来避开美方公司代表开局时的强势,在谈判过程中逐渐控制了气氛,取得了理想的谈判效果。

一般来讲,谈判开局要建立诚挚、合作、认真、轻松、融洽、和谐、友好的谈判气氛。

形成这样良好的谈判气氛,应注意从以下几个方面入手。

1. 把握气氛形成的关键时机

当双方还未就座之前,是洽谈进行开场白的最好时机。因为,站着更易改变同对方接触及交谈的角度,或近或远,视需要而定。另外,如果洽谈气氛在人们站着时已经建立起来,那么,由站立转为坐下,则表示下面将从一般性交谈转入正式的业务洽谈,从而提醒双方应当把精力投入到正式工作中去。之后,有一个"入题"阶段,也值得利用。由于洽谈即将进行,双方难免都会感到有点紧张,因而,需要一段沉默的时间,以调整与对方的关系。这段时间要持续多久呢?一般情况下应占整个洽谈时间的5%。也就是说,如果洽谈准备进行两个小时,沉思时间为5~6分钟;如果洽谈准备持续几天,最好在谈判前的某个晚上,双方人员一起吃顿饭或正式接触一下。

2. 运用中性话题,加强沟通

开局初期常被称为"破冰"期。素不相识的人走到一起,极容易出现停顿和冷场,谈判一开始就进入正题,更容易增加"冰层"的厚度。因此,在谈判开始前,谈判人员不要单刀直入,或者提出棘手敏感的问题,而应运用可以引起双方感情共鸣、交流的轻松话题开启谈判之门。在谈判进入正式话题之前该谈些什么问题呢?一般来说,选择中性话题最为合适,这些话题轻松而具有非业务性,容易引起双方共鸣,有利于创造和谐气氛。中性话题的内容通常有以下几种:第一,各自的旅途经历,如游览活动、旅游胜地及著名人士等;第二,文体新闻,如电影、球赛等;第三,私人问候,如骑马、钓鱼等业余爱好;第四,对于彼此有过交往的老客户,可以叙谈双方以往的合作经历和取得的成功;第五,气候、季节等。

例 3-5　　某次谈判的开始

A:"你们昨天来到这里。是否习惯?晚上睡得还可以吗?"

B:"谢谢!还可以。"

A:"今天早晨你们听新闻没有?据说石油输出国组织要压缩生产,看样子汽油又要涨价!"

B:"我们还没有听说,有没有今天的报纸?"

A:"有,我这里就有一张。看,就在这里。"

B:"嗯,真有这样的消息,那我们就开始谈判吧。"

3. 利用友善的形象、动作来创造友好的谈判气氛

形象,包括一个人的姿态、表情、仪表、目光和服饰等。形象可以反应一个人是信心十足还是扭扭捏捏;是谦和友好还是剑拔弩张;是精力充沛还是疲惫不堪;是以诚相待还是满腹狐疑。谈判者的姿态、目光、服饰仪表等,不同的行为方式,对谈判气氛有十分明显的影响。好的谈判者都非常注意在谈判的初始阶段通过恰当的方式显示自己的实力,取得对方的信任,让其放心地与你一起谋求合作。

一个谈判者需要对方信任的方面很多。比如:你需要使对手相信你是满足他需要的最佳人选,你就应该在介绍自己情况的时候表现出坦率、真诚和满足他需要的实力;你要使对手相信你是兼顾双方利益、真诚谋求合作的人,你就应该体现出你的友好与公正;你要使对手相信你有足够的权限,你就应该让他知道你的资历、地位;你要使对手不担心你的信用,你就应该通过一些具体的行动和事例真实、生动地表现出来;你要使对手不小看你,你就要表现出你的才智、技巧。

4. 以谦和、坦诚来奠定谈判气氛的基础

热爱谦和是人类的共性。谦和往往比精明逞强更能获得人们的帮助和信赖。谦和不是谈判各方地位的反映,而是谈判力量的表现。坦诚可以使谈判各方相互信任,创造感情上的相互接近。尽管谈判会出现争论,使用某种策略、技巧,但谦和与坦诚应是不变的信条,应当成为谈判主旋律。

只有这样，才能真正使整个谈判始终保持和谐的气氛。

5. 合理安排谈判相关事宜

谈判时间和谈判前活动的合理安排、谈判室的布置等要注意体现尊重对方，表现我方的礼貌等。作为客方，要"客随主便"，尊重对方。

谈判中座位安排是有学问的。例如，面谈的主动一方像考官一样，背对窗户与阳光，坐在一把大椅子上，面前摆着一张大写字台；而被动的一方则在远离那张大写字台的一张小椅子上。这种座位安排显然使被动的一方处于不利的地位。阳光直射他的眼睛，使他感到很不自在；大写字台不仅给被动的一方造成了心理压力，而且它是双方处境不同的标志；椅子的大小差异则强调了主动一方的权力。这种安排方式说明主动者一方丝毫不懂得交流的技巧，从而一开始就使一方处于不快的状态当中。最好的办法是撤掉写字台这个障碍物，使被动的一方避开刺眼的阳光；把被动者的位置安排在主动者的一侧，以增加亲近感。

有的人为了消除桌子所显示的"权力"，干脆搬掉所有如桌子一类的东西；有的谈判者把放文件或杯子的桌子摆在双方的身后或旁边。然而，较为保守的人对这种位置安排不以为然，他们认为面前没有桌子或类似的东西就有一种失落感。为了不使他们感到困窘，可以在前面摆上桌子，两人时应尽量避免面对面地坐着。安排面谈不仅要摆放好桌椅，而且要适时适量地提供一些茶点、冷饮等。另外，要尽量避免电话或来访者的干扰。

3.2.3 影响商务谈判开局气氛选择的因素

不同的商务谈判，会有不同的开局气氛。谈判开局气氛的选择要受到谈判双方之间的关系、实力对比等一系列因素的制约和影响。选择谈判开局气氛，必须全面考虑以下因素，并且在实施时还要依据谈判经验对其进行调整。

1. 谈判双方之间的关系

谈判双方之间的关系，可以概括为以下 4 种情况：

(1) 双方在过去有过业务往来，且关系很好。那么这种友好的关系应作为双方谈判的基础，在这种情况下，开局阶段的气氛应是热烈、真诚、友好和轻松愉快的。开局时，己方谈判人员在语言上应是热情洋溢的；在交谈内容上可以畅谈双方过去的友好合作关系，亦可适当地称赞对方企业的进步与发展；态度上应该比较自由、放松、亲切。

(2) 双方有过业务往来，但关系一般。那么开局的目标是要争取创造一个比较友好、和谐的气氛。但此时己方的谈判人员在语言的热情程度上要有所控制；在内容上，可以简单聊一聊双方过去的业务往来及人员交往，亦可说一说双方谈判人员在日常生活中的兴趣和爱好；在态度上，应随和自然。

(3) 双方过去有过一定的业务往来，但己方对对方的印象不好。那么开局阶段谈判气氛应是严肃、凝重的。己方谈判人员在开局时，在语言上注意礼貌的同时，应该比较严谨甚至可以带一点严肃；在交谈内容上可以就过去双方的关系表示不满和遗憾，以及希望通过磋商来改变这种状况；在态度上应该充满正气，与对方保持一定距离。

(4) 双方是第一次的交往。应力争创造一个真诚、友好的气氛，以淡化和消除双方的陌生感，以及由此带来的戒备心理，为后面的实质性谈判奠定良好的基础。为此，己方谈判人员在语言上，应该表现得礼貌友好，但又不失身份；在交谈内容上多以比较轻松的中性话题为主；在态度上应是不卑不亢,沉稳又不失热情,自信但不傲气。

2. 谈判双方的实力对比

就谈判双方的实力而言,主要有以下3种情况:

(1)双方谈判实力相当。为了防止一开始就强化对手的戒备心理和激起对方的对立情绪,以致影响实质性谈判,在开局阶段,双方要力求创造一个友好、轻松、和谐的气氛。己方谈判人员在语言和姿态上要做到轻松而不失严谨,礼貌而不失自信,热情而不失沉稳。

(2)己方谈判实力明显强于对方。为了使对方能够清醒地意识到这一点,并且在谈判中不抱过高的期望值,同时,又不至于将对方吓跑,在开局阶段,己方在语言和姿态上,既要表现得礼貌友好,又要充分显示出己方的自信和气势。

(3)己方谈判实力弱于对方。为了不使对方在气势上占上风,从而影响后面的实质性谈判,开局阶段,在语言和姿态上,己方一方面要表示出友好、积极合作,另一方面也要充满自信,举止沉稳,谈吐大方,使对方不至于轻视己方。

3.2.4 确定谈判议程

谈判议程是指对谈判事项的程序性安排,即对此次谈判何时开始、何时结束、谈判议题、先谈什么或后谈什么的一个双方预先约定,又称谈判的日程。谈判议程实际上决定了谈判的进程、发展方向,是控制谈判、左右局势的重要手段。谈判议程确定后,什么时间谈什么,先谈什么,后谈什么就很明确了,可以使谈判富有效率,避免冗长或急促,避免无谓的口舌。在外交、军事谈判中,谈判议程起着极其重要的作用,任何一个谈判者都不会忽视谈判议程的确定。但在商务谈判中,谈判者往往把谈判的着力点放在了商品和价格上,忽略了开局阶段谈判议程的确定。其实商务谈判与外交、军事谈判并无太大的差异,事先确定一个好的谈判议程,对于促进谈判的顺利进行、降低谈判成本、谋取谈判利益都是有益的。

拟定谈判议程要本着对双方有利的原则,努力做到友好协商、统筹兼顾、通盘考虑。议程要清楚地表达讨论内容,要给需要讨论的问题排优先级。谈判议程的内容因不同的谈判可能有所区别,但典型的谈判议程应包括谈判的时间、场地、主题、日程、食宿、交通、游览、休息、馈赠等事项的安排。

3.2.5 商务谈判开局策略

谈判开局策略是谈判者谋求谈判开局有利形势和实现对谈判开局的控制而采取的行动方式或手段。营造适当的谈判气氛实质上就是为实施谈判开局策略打下基础。商务谈判开局策略一般包括以下几个方面。

1. 协商式开局策略

协商式开局策略是指以协商、肯定的语言进行陈述,使对方对己方产生好感,创造双方对谈判的理解充满"一致性"的感觉,从而使谈判双方在友好、愉快的气氛中展开谈判工作。协商式开局策略比较适用于谈判双方实力比较接近,双方过去没有商务往来的经历,第一次接触,都希望有一个好的开端的情况。要多用外交礼节性语言、中性话题,使双方在平等、合作的气氛中开局。比如,谈判一方以协商的口吻来征求谈判对手的意见,然后对对方意见表示赞同或认可,双方达成共识。要表示充分尊重对方意见的态度,语言要友好礼貌,但又不刻意奉承对方。姿态上应该是不卑不亢,沉稳中不失热情,自信但不自傲,把握住适当的分寸,顺利打开局面。

例 3-6　　朝美历史性握手

朝鲜国务委员会委员长金正恩与美国总统特朗普于 2018 年 6 月 12 日在新加坡圣淘沙岛上的嘉佩乐酒店举行会晤，这是在任的朝美领导人数十年来首次会晤。在外廊正中的两国国旗前，身着深色西装、系红色领带的特朗普先伸出右手，一身人民装的金正恩随即伸手，两人握手长达 12 秒。这是朝美两国在任领导人历史上的首次握手。在首次握手时，特朗普并没有像其以往会见其他外国领导人那样用力握手，而是比较舒缓地握住金正恩的手，随后，又轻轻拍了拍金正恩的肩膀；金正恩见到特朗普后则直接用英语表示，“见到你很高兴，总统先生”。（Nice to meet you. Mr. president.）

2. 坦诚式开局策略

坦诚式开局策略是指以开诚布公的方式向谈判对手陈述自己的观点或意愿，尽快打开谈判局面。坦诚式开局策略比较适合双方过去有过商务往来，而且关系很好，互相了解较深，将这种友好关系作为谈判的基础。在陈述中可以真诚、热情地畅谈双方过去的友好合作关系，适当地称赞对方在商务往来中的良好信誉。由于双方关系比较密切，可以省去一些礼节性的外交辞令，坦率地陈述己方的观点以及对对方的期望，使对方产生信任感。坦诚式开局策略有时也可用于实力不如对方的谈判者。本方实力弱于对方，这是双方都了解的事实，因此没有必要掩盖。坦率地表明己方存在的弱点，使对方理智地考虑谈判目标。这种坦诚也表达出实力较弱一方不惧怕对手的压力，充满自信和实事求是的精神，这比“打肿脸充胖子”大唱高调掩饰自己的弱点要好得多。

例 3-7　　肺腑之言

北京某区一位党委书记在同外商谈判时，发现对方对自己的身份持有强烈的戒备心理，这种状态妨碍了谈判的进行。于是，这位党委书记当机立断，站起来对对方说道：“我是党委书记，但也懂经济、搞经济，并且拥有决策权，我们摊子小，并且实力不大，但人实在，愿意真诚与贵方合作，咱们谈得成也好，谈不成也好，至少你这个外来的‘洋’先生可以交一个我这样的‘土’朋友。”寥寥几句肺腑之言，打消了对方的疑惑，使谈判顺利地向纵深发展。

3. 慎重式开局策略

慎重式开局策略是指以严谨、凝重的语言进行陈述，表达出对谈判的高度重视和鲜明的态度，目的在于使对方放弃某些不适当的意图，以达到把握谈判的目的。慎重式开局策略适用于谈判双方过去有过商务往来，但对方曾有过不太令人满意的表现，己方要通过严谨、慎重的态度，引起对方对某些问题的重视。例如，可以对过去双方业务关系中对方的不妥之处表示遗憾，并希望通过本次合作能够改变这种状况。可以用一些礼貌性的提问来考察对方的态度、想法，不急于拉近关系，注意与对方保持一定的距离。这种策略也适用于己方对谈判对手的某些情况存在疑问，需要经过简短的接触摸底。当然慎重并不等于没有谈判诚意，也不等于冷漠和猜疑，这种策略正是为了寻求更有效的谈判成果而使用的。

例 3-8　　小厂谈判占主动

江西工艺雕刻厂经过努力从一家濒临倒闭的小厂,发展成为产值200多万元的专业雕刻厂,产品也打入日本市场,并被誉为“天下第一雕刻”。

有一年,日本三家株式会社的老板同一天接踵而至来厂定货。其中一家资本雄厚的大商社,要求原价包销全厂的佛坛产品。面对此种好事,厂家想,三家原来都经销韩国产品的商社,为什么争先恐后、不约而同到厂来定货呢?于是仔细查阅了日本市场的相关资料,发现本厂木质上乘、技艺高超是吸引他们定货的主要原因。该厂决定采用“待价而沽”“欲擒故纵”的谈判策略。先不理大商社,积极抓住两家小商社求货心切的心理,把佛坛的梁、榴、柱,分别与其他厂家的同类产品比较后,把产品当金条一样论价格、论成色,把产品价格谈到理想的价位后先与小商社拍板成交,使大商社有失落货源的危机感。

面对此种情况,大商社不但更急于定货,而且还想垄断货源。最终大商社订了大批货,定货量超过厂现有生产能力的好几倍。

4. 进攻式开局策略

进攻式开局策略是指通过语言或行为来表达己方强硬的姿态,从而获得谈判对手必要的尊重,并借以制造心理优势,使谈判顺利进行下去。这种进攻式开局策略只有在特殊情况下使用:例如发现谈判对手居高临下,以某种气势压人,有某种不尊重己方的倾向,如果任其发展下去,对己方是不利的,因此要变被动为主动,不能被对方气势压倒。采取以攻为守的策略,捍卫己方的尊严和正当权益,使双方站在平等的地位上进行谈判。进攻式策略要运用得好,必须注意有理、有利、有节,不能使谈判一开始就陷入僵局。要切中问题要害,对事不对人,既表现出己方的自尊、自信和认真的态度,又不能过于咄咄逼人,使谈判气氛过于紧张,一旦问题表达清楚,对方也有所改观,就应及时调节一下气氛,使双方重新建立起一种友好、轻松的谈判气氛。

例 3-9　　丰田进入美国

日本丰田汽车公司在美国刚刚“登陆”时,急需找一家美国代理商来为其销售产品,尽快打开美国市场。

当日本汽车公司准备与美国代理公司谈判时,丰田公司的谈判代表因路上塞车迟到了。美国代理公司的谈判代表抓住这件事紧紧不放,想要以此为手段获取更多的优惠条件。丰田公司的代表发现被对手逼得无路可退,就站起来说:“十分抱歉耽误了你的时间,但是这绝非我们的本意,由于我们对美国的交通状况了解不足,导致了今天这个不愉快的结果,我希望我们不要再为这个问题再耽误宝贵的时间了,如果你们因为这件事而怀疑我们与你方合作的诚意,那么我们现在只好结束这次谈判,我相信按我们现在提供的优惠的代理条件,在美国肯定能找到合作伙伴。”

丰田公司代表的一席话说得美国代理商哑口无言,美国代理商也不想失去这次赚钱的机会,只是想利用此事占有谈判主动权,于是双方的谈判顺利进行了下去。

3.2.6 开场陈述

开场陈述,是指在开局阶段,双方分别阐明各自的观点、立场及建议。开场陈述的任务是将本次谈判议题的主要内容有原则地、简明扼要地提出来,并在此基础上,就一些分歧发表建设性意见。

1. 陈述的内容

开场陈述的内容主要包括洽谈双方在开局阶段理应表明的观点和立场。洽谈双方都必须陈述自己的观点,让对方充分认识己方的意图,并听取对方的陈述,弄清对方的意图。因此,谈判人员所采用的陈述应该是横向铺开,而不是深谈某一个问题。开场陈述的内容一般包括:

(1)己方的立场,包括己方希望通过谈判取得的利益,尤其是至关重要的利益;己方如何为双方共同利益做出贡献;今后双方合作中可能出现的成效或障碍。

(2)己方对问题的理解,即己方认为当次会谈应涉及的主要问题,以及对这些问题的看法、建议或想法。

(3)对对方建议的反应,如果对方先陈述或者对方对己方的陈述提出了某些建议,那么己方就必须对其陈述或建议做出相应的反应。

2. 陈述的方式

陈述的方式,即如何表达。它应该能够加强已经建立起来的开局气氛。谈判人员可以充分利用陈述的内容、语气、声调等方式营造适当的开局气氛,并建立良好的人际关系。陈述的要求是让对方明白己方的意图,而不是迫使对方接受。

3. 提出倡议

谈判双方在分别陈述后,需要把双方引向寻求共同利益上,这种就是倡议。谈判双方在提出倡议时应直截了当,并具有一定现实性和可行性。这样,一方可以从另一方的倡议中得到启发,促进双方合作,使成交前景渐趋明朗。

阅读与思考 3-2　　该说就说

巴西一家公司到美国去采购成套设备。巴西谈判小组成员因为上街购物耽误了时间。当他们到达谈判地点时,比预定时间晚了45分钟。美方代表对此极为不满,花了很长时间来指责巴西代表不遵守时间,没有信用,如果老这样下去的话,以后很多工作很难合作,浪费时间就是浪费资源、浪费金钱。对此巴西代表感到理亏,只好不停地向美方代表道歉。谈判开始以后,美方代表似乎还对巴西代表来迟一事耿耿于怀,一时间弄得巴西代表手足无措,说话处处被动。无心与美方代表讨价还价,对美方提出的许多要求也没有静下心来认真考虑,匆匆忙忙就签订了合同。等到合同签订以后,巴西代表平静下来,头脑不再发热时才发现自己吃了大亏,上了美方的当,但已经晚了。

阅读与思考 3-3　　开场白

A公司是一家实力雄厚的房地产开发公司,在投资的过程中相中了B公司所拥有的一块极具升值潜力的地皮。而B公司正想通过出卖这块地皮获得资金。于是双方就土地转让问题展开谈判。

A公司代表:“我公司的情况你们可能也有所了解,我公司是××公司、××公司合资创办的,经济实力雄厚,近年来在房地产开发领域业绩显著。在你们市去年开发的××花园收益很不错,听说你们的周总也是我们的买主啊。你们市的几家公司正在谋求与我们合作,想把他们手里的地皮转让给我们,但我们没有轻易表态。你们这块地皮对我们很有吸引力。前几天,我们公司的业务人员对该地区的住户进行了广泛调查,基本上没什么大的问题。时间就是金钱啊。我们希望以最快的速度就这个问题达成协议。不知你们的想法如何?”

B公司的代表:“很高兴能与你们公司有合作的机会。我们之间以前虽没打过交道,但对你们的情况还是有所了解的。我们遍布全国的办事处也有多家住的是你们建的房子,这可能也是一种缘分吧。我们确实有出卖这块地皮的意愿,但我们并不急于出手,因为除了你们公司外,还有兴华、兴运等一些公司也对这块地皮表示出了浓厚的兴趣,正在积极地与我们接洽。当然了,如果你们的条件比较合理,我们还是愿意优先和你们合作的。我们可以帮助你们简化有关手续,使你们的工程能早日开工。”

阅读与思考3-4　　领袖气质

实践证明,谈判者的行为举止,都将影响对谈判的看法。谈判大师告诉我们,在谈判过程中,要学会展示自己独特的气质。谈判者常听人这么说:“他做起事来和说话一样,都十分自信。”“我想她一定是对的。虽然难以形容,但是只要一站到她身旁,便让人有那种感觉。”这意味着什么呢?就是一个人的独特风貌和气质。不错,有一种人他们根本无须言语,只要静静地坐在那儿或站在那儿,便能给人一种特殊的感觉以及深刻的印象。已故的美国参谋总长,担任过国务卿与国防部长的马歇尔将军,正是一个具有独特领袖气质的人。据说,只要马歇尔将军一出场,就必将成为在场人士的焦点。每一个人都能感受到他那无形的威严,而被深深地震慑住。他那股低沉、稳定而精神十足的语调,在谈判中更能表现出其天生的特质。除了马歇尔,拿破仑也具有这种领袖气质。拿破仑一走进房间,所有的人立即屏气凝神,不敢作声,并自心中涌出一股难以言喻的敬畏之情。非凡的领袖气质与外貌的漂亮与否是毫不相干的。拿破仑身高不到160厘米,粗短矮壮;“印度圣雄”甘地瘦弱憔悴,其貌不扬;爱娃·罗斯福(32届美国总统罗斯福夫人)年轻时经常抱怨自己长得不够漂亮,个性又太保守内向,但是,她终于克服了这些先天的障碍,而成为一位魅力十足的女性。

气质是个人一切内在的集中外在表现。不要抱怨自己长得怎么样。除了修饰外表,更应该努力改变自己的内心世界。即将参加工作的当代大学生,朝气蓬勃、青春飞扬、胸怀广阔,怎样提高自己的领袖气质呢?笔者认为,领袖气质的形成要经过“量变”的积累阶段,才能到“质变”的升华阶段。“临渊羡鱼,不如退而结网。”“好学深思,循序渐进。”从身边小事做起,虚心好学,一点点地改变,一点点地取得成就感才是务实的做法。好高骛远、眼高手低,想一口吃个胖子,这样不切实际的做法岂不自欺欺人?

以笔者的经验,在谈判等工作中,领袖气质影响对方对你的看法,谈判人员要有意识地锻炼自己的领袖气质。大部分企业招聘员工时特别看重毕业生的气质。“性格决定命运,气度影响格局。”商战中的王者必然是具有领袖气质的人。“物竞天择,适者生存。”是被浪沙淘尽还是笑看风云?就看你的选择了。

每日一练 **明天有即将参加高考的高中生来你所在的学校参观考察，请准备一个开场白和一些互动性话题。最后谈谈对本节内容的看法。**

开局阶段应做到简要说明此行的人员情况、目标、计划、进度等，建立适当的谈判气氛、开场陈述和报价。

3.3 商务谈判报价策略

报价是商务谈判的一个重要阶段，交易条件的确立是以报价为前提的。报价不仅表明了谈判者对有关交易条件的具体要求，集中反映着谈判者的需要与利益，而且通过报价，谈判者可以进一步地分析、把握彼此的意愿和目标，以便有效地引导谈判行为。这里所谓的报价不仅是指在价格方面的要求，而且包括价格在内的整个交易条件。在报价阶段，谈判者的根本任务是正确表明己方的立场。

3.3.1 报价的原则

1. 报价的首要原则

对于卖方来说，开盘价必须是“最高”价；与此相反，对于买方来说，开盘价必须是“最低”价，这是报价的首要原则。

首先，开盘价为我方要价定了一个最高限度。如果我方是卖方，开盘价为我方订出了一个最高价，最终双方的成交价格肯定低于此开盘价；如果我方是买方，开盘价为我方订出了一个最低价，最终双方的成交价格肯定高于此开盘价。

其次，开盘价会影响对方对我方提供商品或劳务的印象和评价。从人们的观念上来看，“一分价钱一分货”是大多数人信奉的观点。开价高，人们就会认为商品质量好，服务水平高；开价低，人们就会认为商品质量一般(或有瑕疵、样式过时等)，服务水平低。

再次，开盘价高，可以为以后磋商留下充分的回旋余地，使本方在谈判中更富有弹性，以便于掌握成交时机。

最后，开盘价对最终成交价具有实质性影响。开盘价高，最终成交价的水平就较高；相反，开盘价低，最终成交价的水平就较低。

2. 开盘价必须合情合理

报价要高，喊价要狠，但这并不意味着可以漫天要价；相反，报价应该控制在合理的界限内。如果本方报价过高，对方必然会认为你缺乏谈判的诚意，可能立即中止谈判；也可能针锋相对地提出一个令你根本无法认可的报价水平；或者对你报价中不合理的成分提出质疑，迫使你不得不很快做出让步。这种情况下，即使你已将交易条件降至比较合理的水平，但这一合理的条件在对方看来仍然可能是极不合理的。

因此，本方提出的开盘价，既应服从于本方寻求最高利益的需要，又要兼顾对方能够接受的可能性。一个普遍认可的做法是：只要能够找到足够的理由证明你方报价的合理性，报出的价格就应尽量提高。

3. 报价应坚定、明确、完整

谈判者首先必须对自己报价的合理性抱有充分的自信,然后才可希望得到对方的认可。在提出本方的报价时,应坚决而果断,在言谈举止上表现出任何的犹豫和迟疑,都有可能引起对方的怀疑,并相应增强对方进攻的信心。不轻易给对方讨价还价的机会,同时,在价格苛刻的情况下,也要让对方感觉到你的条件是可以商量的。报价还应该非常明确、清楚,报价时所运用的概念的内涵、外延要准确无误,言辞应恰如其分,不能含混模糊,以免对方产生误解。为确保报价的明确、清楚,可以预先准备好印刷成文的报价单。如果是口头报价,也可适当地辅助以书面手段,帮助对方正确理解己方的报价内容。

4. 不对报价做主动的解释、说明

谈判人员对己方的报价一般不应附带任何解释或说明。有时候,过多的说明或辩解容易使对方从中发现己方的破绽和弱点,让对方找到新的进攻点和突破口。在对方要求我方对报价作解释时,我方可予以言简意赅的解释,即"不问不答,有问必答,答其所问,简短明确"。既满足对方的信息需要,充分表明我方的态度和诚意,又使对方无法从价格中发现破绽。

3.3.2　常见的两种报价方式

报价方式,就是指报价的方法及其形式,包括交易条件的构成、提出条件的程序及核心内容的处理等。简单地说,报价方式解决的就是如何报价的问题。

如果双方的关系良好,又有过长时间的合作关系,报价就不宜过高,如果对方处于冲突程度极高的场合,那么,报价不高就不足以维护本方的合理利益。如果本方有多个竞争对手,那就必须把报价压低到至少能受到邀请参与谈判的程度。谈判中,一般有两种典型的报价方式可供借鉴。

(1)高价报价方式。这种方式的一般做法是,卖方首先提出留有较大余地的价格,然后根据谈判双方的实力对比和该项交易的外部竞争状况,通过给于各种优惠,如数量折扣、价格折扣、佣金和支付条件方面的优惠(延长支付期限、提供优惠信贷等),逐步接近买方的条件,建立起共同的立场,最终达到成交的目标。这种方式与前面提到的有关报价原则是一致的,只要能稳住买方,使之就各项条件与卖方进行磋商,最后的结果往往对卖方是比较有利的。

高价报价方式普遍为西欧国家厂商所采用,因此又称西欧式报价。

(2)低价报价方式。又称日本式报价,这种方式一般把最低价格列于价格表中,唤起买方的兴趣。而这种低价一般以对卖方最有利的结算条件为前提,并且与此低价格对应的各项交易条件实际上又很难全部满足买方的需求。只要买方提出改变有关的交易条件,卖方就可以随之相应提高价格。因此,买卖双方对最终成交的价格,往往高于卖方最初的要价。

在面临严峻的外部竞争时,日本式报价是一种比较有效的报价方式。首先,它可以排除竞争对手的威胁,从而使己方与买方的谈判能够现实地发生。其次,其他卖主退出竞争之后,买方原有的优势地位就不复存在,他将不能以竞争作为向卖方施加压力的筹码。这样,双方谁都不占优势,买方就可以根据买方在有关条件下所提出的要求,逐步地提高他的要价。

一般而言,日本式报价有利于竞争,西欧式报价则比较符合人们的心理。

3.3.3　报价的策略

1. 报价时机策略

价格谈判中,报价时机也是一个策略性很强的问题。有时,卖方的报价比较合理,但并没有使

买方产生交易欲望,原因往往是此时买方正在关注商品的使用价值。所以,价格谈判中,应当首先让对方充分了解商品的使用价值和为对方带来的实际利益,待对方对此发生兴趣后再来谈价格问题。经验表明,提出报价的最佳时机,一般是对方询问价格时,因为这说明对方已对商品产生了交易欲望,此时报价往往水到渠成。

有时,在谈判开始的时候对方就询问价格,这时最好的策略应当是听而不闻。因为此时对方对商品或项目尚缺乏真正的兴趣,过早报价会徒增谈判的阻力。应当首先谈该商品或项目能为交易者带来的好处和利益,待对方的交易欲望已被调动起来再报价。当然,对方坚持即时报价,也不能故意拖延,否则,就会使对方感到不被尊重甚至反感,此时应善于采取建设性的态度,把价格同对方可获得的好处和利益联系起来。

例 3-10　爱迪生歪打正着

美国著名发明家爱迪生在某公司当电气技师时,他的一项发明获得了专利。公司经理向他表示愿意购买这项专利权,并问他要多少钱。当时,爱迪生想:只要能卖到 5 000 美元就很不错了,但他没有说出来,只是督促经理说:"您一定知道我的这项发明专利权对公司的价值了,所以,价钱还是请您自己说一说吧!"经理报价道:"40 万美元,怎么样?"还能怎么样呢?谈判当然是没费周折就顺利结束了。爱迪生因此而获得了意想不到的巨款,为日后的发明创造提供了资金。

1)先报价的利与弊

先报价的有利之处在于:一方面,先报价对谈判的影响较大,它实际上等于为谈判划定了一个框架和基准线,最终协议将在这个范围内达成。比如,卖方报价某种计算机每台 FOB 1 000 美元,那么经过双方磋商之后,最终成交价格一定不会超过 1 000 美元这个界线的。另一方面,先报价如果出乎对方的预料和设想,往往会打乱对方的原有部署,甚至动摇对方原来的期望值,使其失去信心。比如,卖方首先报价某货物 FOB 1 000 美元一吨,而买方心里却只能承受 400 美元一吨,这与卖方报价相差甚远,即使经过进一步磋商也很难达成协议,因此,只好改变原来部署,要么提价,要么告吹。总之,先报价在整个谈判中都会持续地起作用,因此,先报价比后报价的影响要大得多。

先报价的弊端在于:一方面,对方听了我方的报价后,可以对他们原有的想法进行最后的调整。由于我方先报价,对方对我方的交易条件的起点有所了解,他们就可以修改原先准备的报价,获得本来得不到的好处。正如上边所举例子,卖方报价每台计算机 F0B 1 000 美元,而买方原来准备的报价可能为 1 100 美元一台。这种情况下,很显然,在卖方报价以后,买方马上就会修改其原来准备的报价条件,于是其报价肯定会低于 1 000 美元。那么对于买方来讲,后报价至少可以使他获得 100 美元的好处。另一方面,先报价后,对方还会试图在磋商过程中迫使我方按照他们的思路谈下去。其最常用的做法是:采取一切手段,集中力量攻击我方的报价,逼迫我方一步一步地降价,而并不透露他们究竟肯出多高的报价。

2)何时先报价利大于弊

一般来讲,我们要通过分析双方谈判力的对比情况来决定何时先报价。

如果己方的谈判力强于对方,或者与对方相比,在谈判中处于相对有利的地位,那么己方先报价就是有利的。尤其是当对方对交易的行情不太熟悉的情况下，先报价的利益更大。因为这样可为谈判先划定一个基准线，同时，由于本方了解行情，还会适当掌握成交的条件，对己方无疑是利大于弊。

如果通过调查研究，估计双方的谈判力相当，谈判过程中一定会竞争得十分激烈，那么，同样应该先报价，以便争取更大的影响。

如果己方谈判力明显弱于对方，特别是缺乏谈判经验的情况下，应该让对方先报价，因为这样做可以通过对方的报价来观察对方，同时也可以扩大自己的思路和视野，然后再确定应对己方的报价作哪些相应的调整。

以上仅就一般情况而言，何时先报价利大于弊。有些国际及国内业务的谈判，谁先报价几乎已有惯例可以遵循。比如货物买卖业务的谈判，多半是由卖方首先报价，然后买方还价，经过几轮磋商后再告成交。相反，由买方先出价的情况几乎不存在。

2. 报价表达策略

报价无论采取口头还是书面方式，表达都必须十分肯定、干脆，似乎不能再做任何变动和没有任何可以商量的余地。而"大概""大约""估计"一类含糊其辞的语言在报价时使用都是不适宜的，因为这会使对方感到报价不实。另外，如果买方以第三方的出价低为由胁迫时，你应明确告诉他："一分价钱，一分货"，并对第三方的低价毫不介意。只有在对方表现出真实的交易意图，为表明至诚相待，才可在价格上开始让步。

3. 报价差别策略

同一商品，因客户性质、购买数量、需求急缓、交易时间、交货地点、支付方式等方面的不同，会形成不同的购销价格。这种价格差别，体现了商品交易中的市场需求导向，在报价策略中应重视运用。例如，对老客户或大批量需求的客户，为巩固良好的客户关系或建立起稳定的交易联系，可适当实行价格折扣；对新客户，有时为开拓新市场，亦可给予适当让价；对某些需求弹性较小的商品，可适当实行高价策略；对方"等米下锅"，价格则不宜下降；旺季较淡季，价格自然较高；交货地点远程较近程或区位优越者，应有适当加价；支付方式，一次付款较分期付款或延期付款，价格须给予优惠，等等。

4. 报价对比策略

价格谈判中，使用报价对比策略，往往可以增强报价的可信度和说服力，一般有很好的效果。报价对比可以从多方面进行。例如，将本企业商品的价格与另一可比商品的价格进行对比，以突出相同使用价值的不同价格；将本企业商品及其附加各种利益后的价格与可比商品不附加各种利益的价格进行对比，以突出不同使用价值的不同价格；将本企业商品的价格与竞争者同一商品的价格进行对比，以突出相同商品的不同价格等。

5. 报价分割策略

这种报价策略，主要是为了迎合买方的求廉心理，将商品的计量单位细分化，然后按照最小的计量单位报价。采用这种报价策略，能使买方对商品价格产生心理上的便宜感，容易为买方所接受。价格分割包括两种形式：

1)用较小的单位报价

黄金用克来说明其价值,若黄金用斤来表示的话,就会显得产品比较贵。用小单位报价比大单位报价会使人产生便宜的感觉,更容易使人接受。例如:银耳每公斤160元报成每两8元;大米每吨5 000元报成每斤2.5元。巴黎地铁公司的广告是:"每天只需付30法郎,就有200万旅客能看到你的广告。"

2)用较小单位商品的价格进行比较

用小商品的价格去类比大商品会给人以亲近感,拉近与消费者之间的距离。例如:"使用这种电冰箱平均每天0.5元电费,0.5元只够吃一根最便宜的冰棍。""一袋去污粉能把1 600个碟子洗得干干净净。""×××牌电热水器,洗一次澡,不到1元。"

3.3.4 还价

还价是指谈判一方根据对方的报价和自己的谈判目标,主动或应对方要求提出自己的价格条件。还价通常是由买方在一次或多次讨价后应卖方的要求而做出的。

1. 还价的原则

在商务谈判中,要进行有效的还价就必须遵循一定的原则。

(1)在还价之前必须充分了解对方报价的全部内容,准确了解对方提出条件的真实意图。要做到这一点,还价之前设法摸清对方报价中的条件哪些是关键的、主要的,哪些是附加的、次要的,哪些是虚设的或诱惑性的,甚至有的条件的提出,仅仅是交换性的筹码。只有把这一切搞清楚,才能提出科学的报价。

(2)为了摸清对方报价的真实意图,可以逐项核对对方报价中所提的各项交易条件:探询其报价依据或弹性幅度,注意倾听对方的解释和说明。但勿加评论,更不可主观地猜度对方的动机和意图,以免给对方反击提供机会。还价应掌握在双方谈判的协议区内,即谈判双方互为临界点和争取点之间的范围,超过此界线,谈判难以获得成功。

(3)如果对方的报价超出谈判协议区的范围,与己方提出还价条件相差甚大时。不必草率地提出自己的还价,而应先拒绝对方的还价。必要时可以中断谈判,给对方一个出价,让对方在重新谈判时另行报价。

2. 还价方式

还价的方式,从性质上分为两类:一类是按比价还;另一类是按分析的成本价还,两种还价方式的选取决定于手中掌握的比价材料,如果比价材料丰富且准确,选择"按比价还价",对买方来讲较简便,对卖方来讲容易接受,反之,则用"分析的成本价还价"。如果比价材料准确,但不优惠,而卖方坚持比价,买方从总的价格水平出发,视卖方具体情况而定。这两种性质的还价具体分为:

(1)逐项还价。即对主要设备逐台还价;对每个项目,如对技术指导费、培训费、工程设计费、资料费等,均可分项还价。

(2)分组还价。根据价格分析时划出价格差距的档次分别还价。如对贵得多的,还价时就要压得多,以区别对待,实事求是。

(3)总体还价。这是把成交货物或设备的价格集中起来,仅还一个总价。

例 3-11　　鼎丰公司的失误

鼎丰公司欲以 20 万美元购买一部机器设备，当时有 A、B、C、D 四家公司前来洽谈，其中 A 公司提出以 16 万美元价格出售产品，而其他公司提出的报价均高于 16 万美元，鼎丰公司急于购买机器设备，遂自动放弃了与 B、C、D 三家公司的接触与联系，等到谈判的时候，鼎丰公司发现虽然 A 公司 16 万美元的价格很低，但其他方面（如货款支付期限、支付方式，是否包含运费和保险等）A 公司的条件苛刻，然而此时已不可能重选供应商。鼎丰公司只好与 A 公司谈判。最后以 22 万美元的价格成交。

3. 还价策略

1）投石问路策略

要想在谈判中掌握主动权，就要尽可能地了解对方的情况，尽可能地了解和掌握当我方采取某一步骤时，对方的反应、意图或打算。投石问路就是了解对方情况的一种战略战术。运用此策略的一方主要是在价格条款中试探对方的虚实。例如，一方想要试探对方在价格上有无回旋的余地，就可提议："如果我方增加购买数量，你们可否考虑优惠一些？"或者再具体一些："购买数量为 1 000 时，单价是 10 元；如果购买数量为 2 000、5 000 或 10 000，单价又是多少呢？"这样，买方就可以根据卖主的开价，进行选择比较，讨价还价。有的时候，买方的投石问路反倒为卖方创造了极好的机会，针对买方想要知道更多资料信息的心理，卖方可以提出许多建议，促使双方达成更好的交易。

2）抬价压价策略

这种策略技巧是商务谈判中应用最为普遍、效果最为显著的方法。常见的作法是：谈判中没有一方开价另一方就马上同意，双方拍板成交的；都要经过多次的抬价、压价才互相妥协，确定一个一致的价格标准。所以，谈判高手也是抬价压价的高手。

由于谈判时抬价一方不清楚对方要求多少，在什么情况下妥协，所以这一策略运用的关键就是抬到多高才是对方能够接受的。一般来讲，抬价是建立在科学的计算和精确的观察、判断、分析基础上的；当然，忍耐力、经验、能力和信心也是十分重要的。事实证明，抬高价往往会有令人意想不到的收获。许多人常常在双方已商定好的价格基础上，又反悔变卦，抬高价格，而且往往能如愿以偿。

在讨价还价中，双方都不能确定对方能走多远，能得到什么。因此，时间越久，局势就会越有利于有信心、有耐力的一方。

3）目标分解策略

讨价还价是最为复杂的谈判战术之一。是否善于讨价还价。反映了一个谈判者的综合能力与素质。我们不要把讨价还价局限在要求对方降价或我方降价的问题上。例如，一些技术交易项目或大型谈判项目涉及许多方面，技术构成也比较复杂，包括专利权、专有技术、人员培训、技术资料、图纸交换等方面。因此，在对方报价时，价格水分较大。如果我们笼统地要求对方在价格上作机械性的让步，既盲目，效果也不理想。比较好的做法是，把对方报价的目标分解，从中寻找出哪些技术是我们需要的，价格应是多少，哪些是我们不需要的，哪一部分价格水分较大，这样，讨价还价就有利得多。

运用这一策略的另一种方式，就是将目标分解后，进行对比分析，非常有说服力。例如，一家药品公司向兽医们出售一种昂贵的兽药，价格比竞争产品贵很多，所以，销售人员在向兽医们推销时，重点强调每头牛只需花3美分，这样价格就微不足道了；但如果他们介绍每一包要花30美元，显然就是一笔大款项了。

4）价格诱惑策略

价格在谈判中十分重要。这是因为，许多谈判就是价格谈判。即使不是价格谈判，双方也要商定价格条款。价格最直接地反映了谈判者双方各自的切身利益。自然，围绕价格的战术策略，常常具有冒险性和诱惑性。

价格诱惑，就是卖方利用买方担心市场价格上涨的心理，诱使对方迅速签订购买协议的策略。例如，在购买设备谈判中，卖方提出年底之前，价格随市场行情大约上涨5%。如果对方打算购买这批设备，在年底前签协议，就可以以目前的价格享受优惠，合同执行可按年底算。如果此时市场价格确实浮动较大，那么这一建议就很有吸引力。买方就有可能乘价格未变之机，匆忙与对方签约。这种作法看起来似乎是照顾了买方的利益，实际上并非如此，买方甚至会因此吃大亏。其原因主要有以下三点：第一，在上述情况下，买方在签署合同时，往往没有对包括价格在内的各项合同条款从头到尾地进行仔细认真的谈判，实际上只是在卖方事先准备好的标准式样合同上签字，很少能做大的修改、补充。这样，买方应争取的各项优惠条件和让步，就很难写入这种改动余地很小的合同中；第二，由于合同订得仓促，很多重要问题都被忽视，卖方也常常会由于事先已"照顾了买方的利益"而在谈判中坚持立场，寸利不让，买方也会为了达成协议，过于迁就对方；第三，谈判人员签订这种价格保值合同时，为抓住时机，常常顾不上请示其上级或公司董事会的同意而"果断"拍板，由于合同的实际执行要等到很久以后，因此，它所包括的一切潜在问题不会立即暴露出来，但一旦出现，其后果已无法挽回了。

由此可见，价格诱惑的实质，就是利用买方担心市场价格上涨的心理，把谈判对手的注意力吸引到价格问题上来，使其忽略对其他重要合同条款的讨价还价，进而在这些方面争得让步与优惠。对于买方来讲，尽管避免了可能由涨价带来的损失，但可能会在其他方面付出更多资金，牺牲了更重要的实际利益。因此，买方一定要慎重对待价格诱惑，必须坚持做到：首先，计划和具体步骤一经研究确定，就要不动摇地去执行，排除外界的各种干扰，所有列出的谈判要点，都要与对方认真磋商，决不随意迁就；其次，买方要根据实际需要确定订货单，不要被卖方在价格上的诱惑所迷惑，买下一些并不需要的辅助产品和配件，切忌在时间上受对方期限的约束而匆忙做出决定；再次，买方要反复协商，推敲各种项目合同条款，充分考虑各种利弊关系，签订合同之前，还要再一次确认，为确保决策正确，请示上级、召集谈判小组会议都是十分必要的。

例3-12　　巧妙的"不知道"

美国一位著名谈判专家有一次替他邻居与保险公司交涉赔偿事宜。谈判是在专家的客厅里进行的，理赔员先发表了意见："先生，我知道你是交涉专家，一向都是针对巨额款项谈判，恐怕我无法承受你的要价，我们公司若是只出100元的赔偿金，你觉得如何？"

专家表情严肃地沉默着。根据以往经验，不论对方提出的条件如何，都应表示出不满意，因为当对方提出第一个条件后，总是暗示着可以提出第二个，甚至第三个。

理赔员果然沉不住气了："抱歉，请勿介意我刚才的提议，我再加一点，200元如何？"

"加一点，抱歉，无法接受。"

理赔员继续说："好吧，那么300元如何？"

专家等了一会儿道："300？嗯……我不知道。"

理赔员显得有点惊慌，他说："好吧，400元。"

"400？嗯……我不知道。"

"就赔500元吧！"

"500？嗯……我不知道。"

"这样吧，600元。"

专家无疑又用了"嗯……我不知道"，最后这件理赔案终于在950元的条件下达成协议，而邻居原本只希望要300元！

这位专家事后认为，"嗯……我不知道"这样的回答真是效力无穷。

问题：为什么会出现谈判专家意想不到的结果？

阅读与思考3-5　　"呆若木鸡"的故事

纪省子为周宣王驯养斗鸡。过了十天，周宣王问："鸡驯好了吗？"纪回答说："不行，正虚浮骄矜，自恃意气哩。"十天后周宣王又问，回答说："不行，还是听见响声就叫，看见影子就跳。"十天后周宣王又问，回答说："还是那么顾看迅疾，意气强盛。"又过了十天周宣王问，回答说："差不多了。别的鸡即使打鸣，它已不会有什么变化，看上去像木鸡一样，它的德行真可说是完备了，别的鸡没有敢于应战的，掉头就逃跑了。"

解析：在谈判中也可以使用出其不意和适当沉默。军事家孙武在《孙子兵法》中说："凡战者，以正合，以奇胜。"斗鸡的勇猛是正常的，像木头鸡就奇怪了，使对手猜疑了，胆怯了。在谈判中，争论不休是正常的，而沉默就不正常了，对手受到的压力不是小了，而是大了。

每日一练　**搜集一些报价单。**

学完子任务3.3后应掌握报价的原则、策略和还价策略。

小　结

掌握商务谈判各阶段可以采用的策略是商务谈判学习的重要任务。学习本任务后要基本了解策略的内涵、策略地位和作用，以及策略制定的原则。

在开局阶段你应做到简要说明此行的人员情况、目标、计划、进度等，建立适当的谈判气氛，做好开场陈述，确定好谈判议程。

在报价阶段你应掌握报价的原则、策略,以及还价策略。

核心技能与概念

中性话题　谈判议程　开场陈述　报价　讨价　还价　西欧式报价　日本式报价

课堂讨论

1. 一天,你突然接到某学院的电话,从声音和口气可以听出来,对方是有采购授权的。你与对方从未见过面,对方也从未用过你公司的产品。他在电话里告诉你,他们学院为了迎接高校的评估工作,计划筹建校园网。他询问你公司是否可以在两个月内交付一套该类设备。他对设备标准和一些交易条件似乎了如指掌。他解释说,他的时间比较紧。手头也有一些其他公司采购该设备,但是要求你公司的报价在118万元以下。你建议会一会面,对方说“太忙”,只有接受它的报价后,才会安排会面。

面对这种情况,你将怎么办?

2. 现在是下午3:00。你刚刚赴了一个约会。但在你回办公室的路上,你临时决定去拜访一下一家大公司。令你吃惊的是,该公司的计划部主管正好走过来,声称他急需你公司的产品。然而,不巧的是,他马上就要在下午乘飞机出差,需要你马上报一个最好的价格,然后就打算签一个金额很大的合同。

你会怎么做? 说明原因。

3. 策略是什么? 策略和战略、原则是什么关系?

业务技能自测

一、单项选择题

1. 你打算买下一家要价192 000镑的企业。还价时,你认为开价(　　)为宜。

   A. 190 000镑　　B. 192 000镑　　C. 182 000镑　　D. 194 000镑

2. 你是一位传真机销售代理人,应邀去当地一收容所商谈购机问题。收容所工作人员表示想买一台目录价为2 200镑的机器,只是市议会拨给的购机款规定,最高不得超过1 755镑。你是:(　　)。

   A. 不无遗憾地婉言拒绝

   B. 同意,运用自己的“相机处理”权,使买卖成交

   C. 建议对方改买价格比较便宜的型号

   D. 给市议会打电话

3. 一家大化工公司的采购员看了你供应萘酚的开价之后说:“竞争激烈得很呀,你最好把要价降低一点。”你是:(　　)。

   A. 为了取得订单,答应压价　　B. 问他还价多少

   C. 让他与别人做生意去　　D. 问对方,你的开价比别人的高多少

4. 一家沙特阿拉伯的公司找上门来,请你为其管理一项公共工程,要求签订合同。请问你是:(　　)。

A. 认为奇货可居不妨要个“高价”

B. 从本身能有利可图出发考虑费率

C. 宁可等着瞧瞧,看该提多少才能为对方所接受

D. 认为这是一个打进中东市场的良好机会,从而轻易按原有费率与之签约

5. 你公司办事处的租赁合同已经到期,准备续租,估计房主会要求将租金提高 20% 。那么你将:(　　)。

A. 主动提出“合情合理”的建议,提高租金 10%

B. 要求对方降低租金

C. 请求公断仲裁

D. 罗列房屋的种种需要修补和改善之处

6. 有人要求你就供应家庭厨房设备提出报价。你是:(　　)。

A. 对每一单项都明细报价　　B. 对每一单项只粗略报价

C. 只报总价,不列分项明细价　　D. 既报总价,又列分项明细价

7. 你有一辆老旧但还能用的拖车,由于与新买的小车不配套而打算出售,并在当地小报上登了广告。你认为拖车状况良好,要是遇到识货的能值 500 镑。你在广告上将如何标价?(　　)

A. 510 镑　　B. 525 镑

C. 500 镑,后附 ONO(也可略减之意)字样　　D. 只字不提价钱

E. 请对方出价

8. 某天,一家连锁店的采购员和你谈判,能碰上你让他十分高兴,因为他的供应商由于工人罢工而无法供货,想求你帮忙解决这个燃眉之急,并希望能马上提供 50 000 打“可乐”饮料。此时你是:(　　)。

A. 对他笑笑,回答:“可以”

B. 告知可以,但须另加 5% 的紧急供货费用

C. 向他笑笑,但对他说,时间太紧恐怕难以办到

D. 告诉他,他真是“运气好极了”,不但能马上满足需要,还可享受这个月刚开始实行的大宗交易折扣优惠

9. 若对方对本次交易的行情不了解,则我方可选择(　　)。

A. 暂缓报价　　B. 先报价　　C. 难以确定　　D. 无所谓顺序

二、简答题

1. 什么是策略?
2. 如何建立良好的开局气氛?
3. 如何报价?
4. 怎样还价?
5. 如何确定谈判议程?

案例分析

案例1:如何获得订单

美国著名的柯达公司创始人乔治·伊斯曼,成为美国巨富之后,不忘社会公益事业,捐赠巨款在罗彻斯特建造一座音乐堂、一座纪念馆和一座戏院。为承接这批建筑物内的坐椅,许多制造商展开了激烈的竞争。

但是,找伊斯曼谈生意的商人无不乘兴而来,败兴而归,毫无所获。

正是在这样的情况下,美国优美座位公司的经理亚当森,前来会见伊斯曼,希望能够得到这笔价值9万美元的生意。

伊斯曼的秘书在引见亚当森前,就对亚当森说:"我知道您急于得到订单,但我现在可以告诉您,如果您占用了伊斯曼先生5分钟以上的时间,您就完了。他是一个很严厉的大忙人,所以您进去以后要快快地讲。"

亚当森微笑着点头称是。

亚当森被引进伊斯曼的办公室后,看见伊斯曼正在埋头于桌上的一堆文件,于是静静地站在那里仔细地打量起这间办公室来。

过了一会儿,伊斯曼抬起头来,发现亚当森,便问:"先生有何见教?"

秘书对亚当森作了简单的介绍后,便退了出去。这时,亚当森没有谈生意,而是说:"伊斯曼先生,在我们等您的时候,我仔细地观察了您的这间办公室。我本人长期从事室内的木工装修,但从来没有见过装修得如此精致的办公室。"

伊斯曼回答说:"哎呀!您提醒了我差不多忘记了的事情。这间办公室是我自己亲自设计的,当初刚建好的时候,我喜欢极了。但是后来太忙了,一连几个星期都没有机会仔细欣赏一下这个房间。"

亚当森走到墙边,用手在木板上一擦,说:"我想这是英国橡木,是不是?意大利橡木的质地不是这样的。"

"是的。"伊斯曼高兴地站起来回答说,"那是从英国进口的橡木,是我的一位专门研究室内细木的朋友专程去英国为我订的货。"

伊斯曼心情极好,便带着亚当森仔细地参观起办公室来。

他把办公室内所有的装饰一件件向亚当森作介绍,从木质谈到比例,又从比例谈到颜色,从手工艺谈到价格,然后又详细介绍了他设计的经过。

此时,亚当森微笑着聆听,饶有兴味。

亚当森看到伊斯曼谈兴正浓,便好奇地询问起他的经历。伊斯曼便向他讲述了自己苦难的青少年时代的生活,母子俩如何在贫困中挣扎的情景,自己发明柯达相机的经历,以及自己打算为社会所做的巨额的捐赠。

亚当森由衷地赞扬他的美德。

本来秘书警告过亚当森,会谈不要超过5分钟。结果,亚当森和伊斯曼谈了一个小时,又一个小时,一直谈到中午。

最后,伊斯曼对亚当森说:"上次我在日本买了几把椅子,放在我家的走廊里,由于日晒,都脱了漆。昨天我上街买了油漆,打算由我自己把他们重新油好。您有兴趣看看我的油漆表演吗?好了,到我家里和我一起吃午饭,再看看我的手艺。"

午饭以后,伊斯曼便动手把椅子一一漆好,并感到自豪。

直到临别的时候,两人都未谈及生意。

最后,亚当森不但得到了大批的订单,而且和伊斯曼结下了终生的友谊。

问题:本案例说明了什么?

案例 2:新任区域经理的"削藩"奇谋

市场不景气,对总代理"削藩"已势属必然,但政府官员出身的总代理林老板不好说话,脾气又大,如何才能让其乖乖地交出市场操控权呢?重庆市燃具市场容量大,千喜公司频频调整却不见起色,总经理助理洪飞临危受命接管重庆市场。

洪飞知道,这个烫手的山芋不是那么好吃的。

新官上任,市场上先走一走

飞抵重庆,顾不得喝总代理林老板的接风酒,洪飞便马不停蹄地将整个重庆市场走了个遍。主要问题便显现出来了。代理商能力弱是当务之急。那么要不要拿掉林老板呢?虽然新的代理商能找到,但此时对渠道动大手术,无疑会引起大震荡,元气大伤。

因此洪飞决定实行"分而治之"策略:将重庆外围区县市场从林老板手里剥离出来,另行寻找合适代理商(在考察重庆外围市场时,已有两家代理商表达接手意向),并在前期由分公司运作市场。

"削藩"触动总代理利益,肯定会有抵触,如果总代理捣蛋,区域销售工作就更难开展了。如何让林老板乖乖地交出重庆外围市场的代理权呢?洪飞颇伤脑筋。

调查:知根知底

万事谋定而后动,贸然行动只会打草惊蛇,洪飞利用工作交接之机,悄悄完成了以下调查:林老板——林忠,男,38 岁,拥有宇宙电器公司,近 10 年行业经验,千喜公司老经销商,能力一般,没有长远理念。曾是当地政府一部门核心领导,性格耿直,面子观念强,很难听从别人建议,沟通难,合作态度不好。还全面掌握了林老板的其他信息。

打开僵局

终于和林老板面对面坐在了一起,林老板似乎知道些什么,黑脸绷得紧紧的,阴沉得吓人。

"林总与我们公司的合作,已经九年了吧?我在总部可就听说林老板的威名了,说您做事特别有魄力,有一次区域差几十万回款,都是您给垫的款呀!够意思!"洪飞试图打破空气中剑拔弩张的气氛。(紧张的气氛往往会使谈判双方神经紧张,一旦意见不合,会在情绪上强烈反弹,容易导致谈判破裂。投对方之所好,比如恰到好处地称赞其颇为自得的事迹,可起到缓和作用。)

林老板扯着脸皮笑了一下,鼻子里冒着冷气:"洪经理也不简单嘛,来了重庆连我林某人的酒也不肯赏脸喝一杯就下市场了。也不先和我打个招呼,也好安排人接待一下嘛!这些天日夜奔波,洪经理辛苦了吧?"(林老板话里带刺,态度极不友好,表明他对洪飞调查二级区域市场一事非常敏感。)

"林总言重了。我不过是对重庆的现状比较着急,做事认真一点,希望可以早日扭转被动局面嘛。相信林老板也不会希望总部派来一个只会吃喝玩乐的家伙,对吧?"洪飞装作听不懂林老板言外之意,不轻不重地反将一军。

“这个嘛，自然是这样的了，洪经理能力越强，对我们的生意当然越是有利。不知道洪经理看了市场有什么想法呢？是不是像传言的那样，要拿掉我？”林老板有些不自然，不由得欠了欠身。（被洪飞反刺了一下，林老板明显坐不住了，从其迫不及待问的问题来看，他心里是舍不得合作破裂的。）

“撤掉你？谁说的这话？”虽然是洪飞事前故意露的口风，此刻他却装作很惊讶：“虽然最近林总与我们合作得不是特别愉快，但原因是多方面的，我怎么可能不分青红皂白就撤掉你的总代理资格呢？”（散布流言，虽然不大地道，但往往很管用。）

“原来没有这回事儿啊！”林老板脸上放松了一些，“我也觉得不可能，我和千喜公司都合作了9年多了啊，功劳说大不大，可也说小不小了。洪经理，你说说你想怎么干吧？”

提出方案

林老板抱怨了公司。

“听林总一说，我都觉得千喜公司一无是处了。但是，林总你可是千喜公司的老经销了，要是做千喜一点好处没有，你还能亏着本做9年？”洪飞顺着对方的话反击一下。

“而且，林总，据我了解，华帝、美的他们和我们政策都是差不多的，只不过他们在重庆已经有一定规模了，因此总部给予的资源多一点。而且，人家总代理自己也投了非常多的费用进行促销、推广等，比如华帝的总代刘伟。”

“你想一想，只有量上去了，总部的支持力度才会更大，营销费用才会更多，这是每个企业的通策。千喜这么大的品牌，你在重庆还没有做到刘伟的十分之一，你觉得总部可能给你大的支持吗？”洪飞最后又重重地强调了一下。（火候已到的时候要会示强，此时借用第三方力量可以有效地打击对方，并迅速打开缺口。）

林老板尴尬地笑了笑，“当然我们自身也需要做出一些改进的，但这个过程需要你们的支持与合作啊！”

“林总，你与千喜公司合作了这么多年，政策可能你比我还要清楚，有些事情不是你我能改变的。所以也不要抱怨，想办法先把市场做起来，有了销量什么政策都好说。重庆市场潜力大，千喜品牌并不弱于对手，我们不说超过他们，两年内做到他们一半的销量总是可能的吧！关键就看我们有没有去做，怎么去做！”（抓住对方的要害，以自己的逻辑影响对手思维，同时语言上要善于利用激将等多种方法。）

“这么说来，洪经理是胸有成竹了？我也想看看你这新官上任的头把火怎么烧的。”

“林总，从重庆的现状看，办法有两个：一是市场交给我们来操作，宇宙公司所有人员除仓管与会计外，其他人我有人事任免权。我保证每月给你投资额3个点的利润。林总不是说做千喜品牌做一天亏一天吗？我就要证明做千喜品牌是不会亏的。如果公司不同意这种做法，风险我来担。”

“二是对重庆市场‘分而治之’。外围区县市场由其他有条件的经销商来代理，以后林总你就全力提高主城区卖场的销量。”（洪飞利用“预制选择条件”给林老板设置了一个“非此即彼”选择机关，一般在此种情况下，谈判对手往往会选择相对有利的方案。）

急转直下

“看样子是我错了！我还以为洪经理是真心真意来帮我林某人呢。你这不是明摆着削我的‘藩’，夺我的权，要架空我吗？要我选的话，我两样都不选！”林老板怒气勃发，说话一点也不客气，典型的重庆人炮仗脾气。（事起突然，洪飞也想不到林老板说翻脸就翻脸，中间居然没有一点过渡！此时如果找不到有效的办法，谈判会陷入僵局甚至不欢而散，那么以后的工作可就难做了。）

“林总，你平静一下，不要认为我是来与你为难的。你细细考虑过没有：一、现在整个重庆销售额才区区千万元，无论你和我怎样争取，都不可能在总部获得更多的政策支持；二、随着卖场扩张，你的资金能支撑得了吗？要是资金链一断，问题可就大了；三、现在外围市场你根本无暇顾及，市场全是在自然流通，很多二级都不愿和你合作，云阳张总、开县刘总、酉阳王总冒着处罚风险到湖南去拿货，为什么？四、今年公司对重庆战略调整，销售任务比去年翻了一番。你想一想，这么大的压力，不找别人分担一下，你能吃得下吗？能赚得到钱吗？这不是面子问题，也不是意气之争那么简单，洪某人句句真诚，林总你一定要好好掂量一下啊。”

洪飞语气诚恳，双眼注视着林老板。只见林老板脸上阴晴变幻不定，洪飞不由得心里直打鼓：如果林老板官老爷脾气发作，要拼个鱼死网破，那可如何是好？

沉默，令人难堪的沉默，一分钟，两分钟，凝固的空气几乎让洪飞失去了继续等待下去的信心。

柳暗花明

“我承认你说的有一定道理。”林老板终于说话了，“但是我为千喜公司打拼了这么多年，总代理说撤就撤，别人会怎么看啊？这件事我还是觉得你做的不地道！还有，虽然任务增加了，但我觉得只要力度够、操作好，我也可以完成！”

洪飞差点笑出声来，原来沉默了半天还是为了面子问题。可以满足一下他的虚荣心，但却不能拿公司的市场来开玩笑。

“林总，其实千喜公司还要感谢你呢，当初要不是你升任总代理，善于动用公共关系，咱卖场也不会有今天良好的增长势头。”洪飞顿了一顿，“但是，我们都知道，林总你的优势就是在主城区卖场，重庆周边区县情况你都不熟悉，劳心劳力还没利润，何苦呢？你要不信，我给你分析一下。”

林老板被他的分析击中了要害，听得非常认真。洪飞顿了一下，喝了点水，继续侃侃而谈。

“如果你放弃外围区县，表面上看损失了 28 万元利润，但你节省了 15 万元左右的人员工资，而且减少了外围的物流配送，办公费用也可以减少一些。这样算来，其实并没有亏多少。重要的是，你放弃了外围市场，任务降低了，反过来你全力做卖场，销量肯定会上升。而且大卖场肯定是我们公司重点扶持的渠道，只要完成了任务，核销费用、促销等政策肯定会向你倾斜。哪个方案更划算，林总你仔细想想吧！”（再花哨的语言技巧也比不上翔实可靠的数据分析。在谈判过程中，令对方心服口服的数据分析无疑是最强大的谈判武器。）

经过几个小时的较量，洪飞终于成功说服林老板放弃对重庆外围区县市场的操控权，最重要的是让林老板反生感激之情，为以后的市场合作打下了良好的基础。

（本书编者改编自致信网，作者：洪仕斌）

实训操作

一次主题讲话

［实训目标］好口才是谈判的前提。对国内谈判来说，好口才很大程度上意味着较高的谈判能力。主题讲话可以锻炼学生的口头表达能力，以此从侧面锻炼学生的开局能力。

[实训组织] 选取主题要符合学生的实际。如说句心里话、我的室友等。可用 2 课时的时间。教师主持,及时点评。学生事前重视,认真准备,魔鬼训练,这样才能表现好,同学和老师的赞誉才多,自信心和能力才会大幅度提高。

[实训提示] 真实的谈判场景比较难以模拟,讲话比较简单,具有可操作性。

[实训成果] 整体上对学生实训前后的口头表达能力进行观察比较、总结。

任务 4 商务谈判磋商

任务导入

在开局后、成交前,双方的任务是讨价还价,有一个妥协让步、你进我退以及僵持的过程,把这一阶段称为"磋商阶段"。在这一阶段,谈判双方交锋最激烈、谈判实力展示最集中、谈判走向瞬息万变。磋商阶段决定着谈判的成功与否,因而是整个谈判过程的核心,是最重要的环节。

好了,为了更好地掌握磋商阶段的基本技能,为完成今后谈判任务打下坚实基础,请尝试完成以下四个子任务:

子任务 1:让步;

子任务 2:迫使对方让步;

子任务 3:防止对方进攻;

子任务 4:僵局的应对和利用。

读者可以反复演练,有的放矢地依次完成各子任务,直至完成本任务,从而为谈判实践夯实基础。

4.1 让　　步

深谙谈判真谛的人都懂得,在任何一场谈判中,谈判双方都是需要作出让步的。没有让步就没有谈判的成功。从某种意义上来说,让步是谈判双方为达成协议而必须承担的义务。

4.1.1 让步的内容

在详细地分析了整个谈判形势之后,首先要确定哪些条件(或条款)是必须要坚持的,哪些条件(或条款)是可以适当让步的。对于必须要坚持的条件(或条款)是不能让步的,对于可以适当让步的条件(或条款)在让步时应该做好以下的事项。

第一,应先考虑两个主要因素:一是权衡因对方要求而做出的让步所付出的代价与不做让步所受的影响之间的利害关系与后果;二是考虑对方为获得己方这项让步的重视程度以及对方对获得这项让步的成功的估计。

第二,列出让步磋商清单。首先要列出我们务必要取得的项目清单,以及为了达到此目的的对策和措施;其次列出我们可以让步的项目清单,并尽可能正确地预测和计划让步的程度。

第三,要借助温和、礼貌、谦虚的言词去制造良好的洽谈气氛。须知人们在满意时,往往乐意付出高价。

第四,在让步磋商时,尽量让对方先表达意向,并给予足够的时间让其表明所有的要求,然后给其最圆满的解释,即使是相同的理由,也不妨多说一次。

若上述做法还是不能收到预期效果,则可考虑通过让步,并制定出一个新的双方都同意的磋商方案,开始实际磋商,逐渐使双方的意见取得一致,促成交易。

4.1.2 让步的原则

让步必须要遵循一定的原则,谈判过程中的让步原则是:

(1)不要做轻易的让步。

(2)不要做单方面的让步。

(3)每一次让步要使对方感到你很为难。

(4)必须让对方懂得,我方每次做出的都是重大的让步。

(5)尽可能采用互惠互利式的交叉让步。

(6)要价应高一些。

(7)以适当的速度向着预定的成交点推进。

"适当的速度"是指让步不要一下子让得太多、太快。但是也必须是足够的,使人能看到最终成交的前景和希望。

4.1.3 让步的方式

美国著名的谈判大师卡洛斯曾以卖方的让步为例,归纳出 8 种让步的方式。如下表所示,假设卖主拟让步 60 美元,其实现的方式有以下 8 种,见表 4–1。

表 4-1 让步的方式

让步方式	第一阶段	第二阶段	第三阶段	第四阶段
第一种	0	0	0	60
第二种	15	15	15	15
第三种	8	13	17	22
第四种	22	17	13	8
第五种	26	20	12	2
第六种	49	10	0	1
第七种	50	10	–1	1
第八种	60	0	0	0

(1)坚定的让步方式。这是一种在让步的最后阶段让出全部可让利益的方式。其特点是卖主开始时寸步不让,态度强硬,让买方感觉己方一直没有妥协的希望,如果买主软弱,缺乏毅力和耐心,就有可能被征服;如果买主坚持不懈,就能迫使卖主做最后的让步。坚定的让步方式在运用时,买卖双方都要冒着形成僵局的危险和可能。

(2)均衡的让步方式。这是一种等额地让出可让利益的让步方式。其特点是态度谨慎,让步平稳,步步为营,可削弱卖主的议价能力。但是这种方式的谈判效率较低,一些贪得无厌地买主会期待进一步的让步。

(3)递增式的让步方式。这是一种由低逐步拔高的让步方式。其特点是卖主让步灵活,富有变化,能够给买主传递可以合作、有利可图的信息,有利于促成谈判的成功,保住己方较大的利益。但是这种方式容易将买主的胃口吊起,对卖主极为不利,往往会给卖主造成较大的损失。

(4)递减式的让步方式。这种方式是建立在互惠互利谈判基础上的由高到低的让步方式。其特点是合作为先,竞争为辅,诚中见虚,柔中有刚。卖主一开始就做出较大的让步,体现了卖主的诚意,同时由于防卫森严,显示了卖主越来越坚定的立场,有利于保护卖主的底线。但这种方式一开始容易给买主造成软弱可欺的印象,增强对方攻击的信心。

(5)有限的让步方式。这是一种让步幅度以等差速度递减的让步方式。其特点是自然、坦率,符合讨价还价的一般规律。由于卖主让步幅度先大后小,在让步中暗示买方底线的位置,有利于促成和局,并能避免产生让步的失误。

(6)快速让步方式。这种让步方式是卖主一开始就大幅度让步,以表示自己的诚意,接着拒绝让步,让买主感觉到让步已经到位,最后再做出零头让步,给买主一种优惠的感觉。这种让步方式的谈判成功率较高,但是由于卖主一开始表现比较软弱,如果遇到贪婪的买主,会刺激买主变本加厉,得寸进尺,甚至会导致僵局。

(7)开始快速让步后反弹方式。这种让步方式是由第六种让步方式演变而来的。开始两步卖主让出全部可让的利益,第三阶段设一个加价因素使价格反弹,表现出卖主坚定的立场,暗示前两阶段让步已过分,第四阶段为表诚意,去掉第三阶段的加价,使买主感到优惠。这种方式技巧较高,风险较大,运用不当易陷入僵局。

(8)一次性让步方式。这种让步方式是一开始卖主就亮出底牌,让出全部可让的利益,以达到以诚制胜的目的。其特点是卖主态度坦诚,一步让利,对买主有强大的诱惑力,容易促成和局,提高谈判的效率。但由于这种让步操之过急,卖主可能失去本来能够力争到的利益,一次性大步让利容易引起买主的贪欲,从而进一步讨价还价,如果遭到卖主拒绝,僵局就难以避免了。

以上 8 种让步方式分别适用于不同的谈判场合、不同的谈判对手和不同的谈判策略。在商务谈判的实际工作中,第四种和第五种让步方式运用较多,因为这两种让步方式适合人们的一般心理,易被接受。第六、第七种让步方式技巧较高、风险较大,有利于促成交易,但运用不当易造成僵局。第二、第八种方式在实际中应用较少,第一种基本上不用。

阅读与思考 4-1　　步步为营的策略

谈判中讨价还价时,买方让步的形式多种多样。如:先快后慢,先慢后快,先多后少,先少后多等。

我们认为,买方最理想的让步形式是:先慢慢地开始,在长时间内很缓慢地让步,即步步为营,稳扎稳打。在讨价还价中,步步为营,稳扎稳打,意味着积极防守,不轻易让步,只有在无力抵抗、迫不得已的情况下,才做较大的让步。

买方让价时坚持步步为营,稳扎稳打这一原则,一方面会使卖方觉得买方的给价是有根据的,有标准的,而不是随意乱定的;另一方面,还会使对方觉得买方的给价离其底牌价不远了,让价的余地不是很大;同时,还会觉得,买方不是一位软弱可欺的对手,而是一位态度强硬、有强烈竞争意识的对手。

这些,都会在一定程度上降低卖方的目标,削弱卖方讨价还价的意志和信心,适当降低成交价格,使买方在讨价还价中处于有利的地位。

相反,如果买方每次让价的幅度过大,卖方就会觉得,买方的给价是随意的,或者觉得买方的让价余地很大,买方的竞争意识不强,讨价还价欠缺方法,等等。

这样,就会引起卖方极大的兴趣,增强卖方讨价还价的信心,他就会千方百计地将商品成交价格抬高到买方能接受的最大限度。

总之,在做出让步时,一方面要经过缜密考虑,步子要稳妥;另一方面,让步又必须恰到好处,使对方确实尝到甜头。

那么,如何在讨价还价中采取步步为营的策略呢?

谈判双方在一套设备的交易中,因价格问题发生了尖锐对抗。买方对这套设备的报价是10万元,而卖方的要价是20万元。在第一轮报价后,双方按照常规都预计最后的成交范围大概在14万元左右。同时他们也都估计到,要实现这个目标非经过长时间的讨价还价不可。

接下来,还价的节奏与幅度应如何掌握呢?

可选以下几种方式进行。

第一种方式:买方由于急于得到这套设备,便直截了当地向对方表示,根据现在的实际情况,看来14万元比较合适。买方从10万元一下就让步到14万元,步子太快了。

第二种方式:买方向对方表示,愿意由原来的10万元,增加到10.5万元。这样的让步又显得太慢了,对方会认为买方缺乏诚意,同他们开玩笑。

合适的让步方式是步步为营。

第一轮,买方报价:10万元。

第二轮,买方报价:11.4万元。

第三轮,买方报价:12.7万元。

第四轮,买方报价:13.5万元。

与此相应,卖方的报价为:

第一轮,卖方报价:20万元。

第二轮,卖方报价:17.5万元。

第三轮,卖方报价:16万元。

第四轮;卖方报价:14.7万元。

这样,经过双方的讨价还价,到最后结束时,可能以14万元左右的价格成交。

让步的具体形式是很多的,步步为营,稳扎稳打仅是被实践证明比较稳妥、容易成功的一种形式。但是,必须指出的是,切忌一成不变地固守一种模式,因为谈判情况是千变万化的。

每日一练 自己试着总结学习让步的步骤和策略。

让步阶段是整个谈判进程中的关键阶段,谈判就是妥协的艺术。学习子任务4.1后应掌握让步的原则,熟悉常见的让步方式。

4.2　迫使对方让步

商务谈判过程中，一方面己方可以主动寻求让步，实现谈判目标。同时也可以采取各种措施迫使对方让步，实现自身利益最大，谈判实践中，经常运用到如下策略。

1. 软硬兼施策略

软硬兼施策略又称红白脸策略，就是在谈判人员的角色搭配及手段的运用上软硬相间，刚柔并济。在某一方的谈判班子中，有的人扮演“强硬者”，坚持本方的原则和条件，向对方进行胁迫；其他人则以“调和者”的面孔出现，向对方表示友好或者予以抚慰。这种做法的效果就是，当“强硬者”寻找借口离开谈判现场之后，对方变得更愿意向扮演“调和者”的人提供更多的材料。从某种意义上讲，这实际上是一种变相的“对比”效应。通常，这种策略在对付那些初涉谈判场合的对手时作用较大，而那些谈判老手对此则是应付自如的。

例 4-1　“红白脸”战术

有一回，传奇人物——亿万富翁休斯想购买大批飞机。他计划购买 34 架，而其中的 11 架更是非到手不可。起先，休斯亲自出马与飞机制造厂商洽谈，但却怎么谈都谈不拢，最后搞得这位大富翁勃然大怒，拂袖而去。不过，休斯仍旧不死心，便找了一位代理人，帮他出面继续谈判。休斯告诉代理人，只要能买到他最中意的那 11 架，他便满意了。而谈判的结果，这位代理人居然把 34 架飞机全部买到手。休斯十分佩服代理人的本事，便问他是怎么做到的。代理人回答：“很简单，每次谈判一陷入僵局，我便问他们——你们到底是希望和我谈呢？还是希望再请休斯本人出面来谈？经我这么一问，对方只好乖乖地说——算了算了，一切就照你的意思办吧！”要使用“白脸”和“红脸”的战术，就需要有两名谈判者，两名谈判者不可以一同出席第一回合的谈判。两人一块儿出席的话，若是其中一人留给对方不良印象的话，必然会影响其对另一人的观感，这对第二回合的谈判来说，是十分不利的。

2. 制造竞争策略

当谈判一方存在竞争对手时，另一方完全可以选择其他合作伙伴而放弃与他的谈判，那么，他的谈判实力就大大减弱。在商务谈判中，“脚踩两只船”，有意识地制造和保持对方的竞争局面，在筹划某项谈判时，可以同时邀请几方，分别与之进行洽谈，并在谈判过程中适当透露一些有关竞争对手的情况。在与其中一方最终形成协议之前，不要过早地结束与另外几方的谈判，以使对方始终处于相互竞争的环境中。有的时候，对方实际不存在竞争对手，但谈判者仍可巧妙地制造假象来迷惑对方，以此向对方施压。

例 4-2　制造竞争局面

美国有一位谈判专家，想在家中建个游泳池。谈判专家对游泳池的造价和建筑材料、质量方面是个外行。于是谈判专家先在报纸上登了要造游泳池的广告，结果有 3 位承包商来投标，并递交了投标书，里面有各项工程的费用及总费用。谈判专家仔细看了他们的投标书，发现他们所提供的水温设备、过滤网、抽水设备、设计和付款条件都不一样,总费用也有差距。于是谈判专家就约这3位承包商来他家里谈判。第一位约在9:00,第二位约在9:15,第三位则约在9:30。第二天,3位承包商如约而来,他们都没有得到主人的马上接见,只得坐在客厅里彼此交谈着等候。

10点钟的时候,主人出来请第一个承包商A先生进到书房去商谈。A先生一进门就说他的游泳池一向是造得最好的,好游泳池的设计标准和建造要求他都符合,顺便还告诉主人,B先生经常使用陈旧的过滤网,而C先生曾经丢下许多未完成的工程,并且他正处在破产的边缘。接着,谈判专家同B先生谈话,从他那里了解到其他人提供的水管都是塑料管,他提供的才是真正的铜管。而C先生则告诉谈判专家,其他人所使用的过滤网都是品质低劣的,并且往往不能彻底做完,拿到钱之后就不管了,而他则是绝对保证质量。

谈判专家通过静静地倾听和旁敲侧击的提问,基本上弄清了游泳池的建筑要求及3位承包商的基本情况,结果发现C先生的价格最低,而B先生的设计和建筑质量最好。最后他选中了B先生来建造游泳池,而只给C先生提供的价格。经过一番讨价还价,终于达成一致。

3. 虚张声势策略

在有些谈判中,双方在一开始都会提出一些并不期望能实现的过高要求,随着时间的推移,双方再通过让步逐步修正这些要求,最后在两个极端之间的某一点上达成协议。谈判者可能会将大量的条件放进议事日程中,其中大部分是虚张声势,或者是想在让步时给对方造成一种错觉,似乎他们已经做出了巨大牺牲,但实际上只不过舍弃了一些微不足道的东西。平时,生意中,本来满意了,但仍然装作不满意,不情愿成交,等待或要求对方再让步,这种现象也是虚张声势式的演戏。谈判者要学会演戏。

4. 各个击破策略

如果对方的谈判班子由几个成员构成,成员之间必然会存在理解力、意见及经验等方面的差异,这些差异可能开始表现得并不明显,然而只要存在极小的差异,就可能会被扩大。利用对谈判人员之间不一致的方面来分化对手,重点突破,这就是所谓的各个击破。其具体做法是,把对方班子中持有利于本方意见的人员作为重点,以各种方式给于鼓励和支持,与之结成一种暂时的无形同盟,反之则采取比较强硬的态度。如果与你谈判的是由己方组成的联盟,你的对策就是使联盟的成员相信。你与他们单个之间的共同利益要高于联盟成员之间的利益。

5. 吹毛求疵策略

吹毛求疵策略又称先苦后甜策略。它是一种先用苛刻的虚假条件使对方产生疑虑、压抑、无望等心态,以大幅度降低对手的期望,然后在实际谈判中逐步给于优惠和让步。由于双方的心理得到了满足,便会做出相应的让步。该策略由于用“苦”降低了期望,用“甜”满足了对方的心理需要,因而很容易实现谈判的目标,使对方满意地签订合同。

例 4-3　　精准求“疵”

中国松上公司与外商洽谈购买一批钢管。在这之前中方已向对方购买过这种商品，中方希望能扩大进口，并降低商品价格。但中方知道，在国际市场行情还没有发生变化的条件下，要对方降价很困难。于是在谈判开始之初，中方就拿对方上次 200 t 货物延期交货的事大做文章。中方说：“由于贵方上次没有及时交货，使我方错过了好几次销售良机，失去了好几个大客户，从而导致我方损失惨重。”接着，中方向对方列举了一些事实和有关数据。对方听后表示非常抱歉，并对延期交货做了解释。于是中方提出希望这次能减价 10% 来弥补己方上次的损失。在对方答应后，中方进一步提出定购 500 t 的要求。

在该谈判中，为了促使对方让步，中方代表使用了吹毛求疵的方法。首先选准了“疵”，即对方的延期交货，接着在该问题上大肆渲染，使对方感觉理亏，从而不得不做出大的让步。

6. 积少成多策略

积少成多策略又称挤牙膏策略，也可以称为蚕食策略，就是一点一点地迫使对方妥协，使谈判朝有利于己方的方向发展。其基本做法是不向对方提过分的条件，而是分多次，从不同的侧面向对方提出一些似乎微不足道的要求。随着时间的推移，对方可能会做出一系列小小的让步，到最后发现，实际上他已经做出了极大的让步。运用这种策略，有时会使对方在不知不觉中放弃了自己大量的利益。对方的不知不觉，也反映了让对方一点点地让，对方的压力小，这些让步容易做出来。反之，则相反。所以这种方式实际上反对谈判中急于求成的思想。

例 4-4　　不容小觑的累计利益

韩国 A 公司出国订购商品，他们找到该国最大的厂商 B 公司询价。B 公司开价每台 350 美元，这一报价基本接近 A 公司所掌握的国际市场价格。A 公司提出再优惠一点，对方同意 345 美元，但说这已是最低价了。A 公司还价 340 美元，经过一段时间的磋商，对方同意了。随后，A 公司又表示，希望增加数量再进一步降价。又经过一番的协商，对方同意了 A 公司的要求。在原来 1 000 台增加到 1 500 台的基础上，以 338 美元的价格成交。在谈判中 A 公司发现，对方倾向于用日元交易。于是，A 公司表示最好用美元成交，如果用日元成交，只能按当时汇率以 335 美元的价格折算成日元，因为当时美元有下跌趋势。对方对此表示理解和同意。接着 A 公司又提出希望能把原来的 CIF 条款改为 FOB，即由 A 公司负责租船订舱和办理投保业务，运费另算。对此，对方没有表示异议。最后 A 公司表示要见票后 120 天付款的远期信用证付款。对方开始不同意，在 A 公司谈了一系列困难后，对方同意以见票后 60 天付款的远期信用证付款。成交后，A 公司核算下来实际进口价格不到 330 美元。

7. 最后通牒策略

最后通牒策略是一方向另一方亮出最后的条件，迫使对方让步。在谈判双方的目标差距很大而又相持不下的时候，谈判一方向另一方发出最后通牒，告诉对方“这是我们最后的出价”，或者向对方声明“谈判即将破裂”，对方欲挽救谈判，会同意让步。

运用最后通牒，要在下列情况下进行：己方处于强有力的地位，对方只有我方这个交易对象；

试用其他方式均无效；对方所持立场是己方最低要求或不能达到最低要求；我方的建议和交易条件在对方的接受范围之内。

例 4-5　　谨慎采用最后期限策略

意大利与中国某公司谈判出售某项技术，由于谈判已进行了一周，但仍进展不快，于是意方代表罗尼先生在前一天做了一次发问后告诉中方代表李先生："我还有两天时间可谈判，希望中方配合在次日拿出新的方案来。"次日上午中方李先生在分析的基础上拿出了一套方案，比中方原来要求意方降价 40% 降低 5% 即要求意方降价 35% 。意方罗尼先生讲："李先生，我已降了两次价，计 15%，还要再降 5%，实在困难！"双方相互评论，解释一阵后，建议休会下午 2:00 再谈。

下午复会后，意方先要中方报新的条件，李先生将其定价的基础和理由向意方做了解释并再次要求意方考虑其要求。罗尼先生又讲了一遍其努力，讲中方要求太高。谈判到 4:00 时，罗尼先生说："我为表示诚意向中方拿出最后的价格，请中方考虑，最迟明天 12:00 以前告诉我是否接受。若不接受我就乘下午 2:30 的飞机回国。"说着把机票从包里抽出在李先生面前显了一下。中方把意方的条件理清后，(意方再降 5%)表示仍有困难，但可以研究。谈判即结束。

中方研究意方价格后认为还差 5%，但能不能再压价呢？明天怎么答？李先生一方面与领导汇报，与助手、项目单位商量对策，一方面派人调查明天下午 2:30 的航班是否有。调查结果该日下午 2:30 没有去欧洲的飞机，李先生认为意方的最后还价、机票是演戏，判定意方可能还有条件。于是在次日 10 点给意方去了电话，表示："意方的努力，中方很赞赏，但双方距离仍存在，需要双方进一步努力。作为响应，中方可以在意方改善的基础上，再降 5%，即从 30%，降到 25% 。"意方听到中方有改进的意见后，没有走。只是认为中方要求仍太高。

此外，迫使对方让步，可以调动影响谈判成败的三个关键要素：信息、时间和权力。这三个因素在谈判中始终存在，我方要想办法具备这三个方面的优势。如信息比较充足，对方碰到懂行的人，自然不敢乱要价；也可以合理安排让步的时机，不是用让步的绝对值促使对方让步，而是用本次让步的时机；可以利用自己的合法权力和表现出专业等迫使对方让步。

阅读与思考 4-2　　谈判力——如何让对方让步

任何商务谈判，如果没有双方的让步、谅解和妥协，要想达成协议或共识，那是不可能的。怎样才能迫使对方作出最大限度的让步呢？

首先是要在谈判中辅以自傲之情，也就是让自己的语言流泻出一定的豪气和胆气，借以攻破对方的心理底线，迫使其作出最大限度的让步。

喜欢听"好话"也是人性的一个普遍的弱点。谈判中欲迫使对方让步，便可利用说"好听话"这样的手段，先让对手陶醉，解除其思想上的戒备，然后再伺机给予反击，以求得对方的最大让步。

一个谈判者，往往从一己的利益出发，只知道漫天要价，而不注意对方的心理活动和态度。作为谈判的另一方，则可以借对方想一口吃个大胖子之机，以强硬的、不容争辩的口气，一针见血地指明对方的要价对他们自身利益的危害，及其利害关系，同时展示自己的诚意，以达到促使对手让步的目的。

此外,还可以告以利害,步步紧逼。在洞悉对方底细或者弱点之后,另一种谈判技巧是,首先稳住自己的阵脚,继而晓以后果、告以利害的方式,步步紧逼地逼迫对方节节退却和让步。当然,此时的语言运用不妨灵活一些,要做到柔中有刚,收放自如。

每日一练　练习说服技巧。

精明的谈判者往往善于运用各种技巧迫使对方做出让步,学习子任务4.2后要求熟悉和运用迫使对方让步的常用策略。

4.3　防止对方进攻

在商务谈判中,任何一方都有可能受到对方的供给,承受直接或间接的压力而做出让步。因此,谈判者应该在对手的进攻面前,善于运用各种有效策略来维护自己的利益。

4.3.1　利用限制性因素阻止进攻的策略

如前所述,商务谈判中让步是必需的,没有适当的让步,谈判就无法进行下去。但事实上,如果谈判的任何一方都一味地让步,这既不现实,也是有害于己方利益的。因此,必须掌握一些能够阻止对方进攻的常规策略。

限制性因素是人们用以阻止对方进攻的上策,可以说是坚固的盾牌。常用的限制性因素主要有权力限制、资料限制、财政限制以及政策限制,也有其他一些限制性因素。

1. 权力限制策略

这是以我方谈判人员的权力有限为由,阻止对方进攻的一种策略。一般来说,参加商务谈判的所有人员,其所拥有的权力都是有限的。谈判者拥有的权力支配着他的行为,权力的大小决定着谈判者的决策范围和限度。在权力有限的情况下,任何试图超出这一范围和限度去谋求更多利益的努力,都将是徒劳的。如果谈判对手采用此技巧来阻止我方进攻时,我们应细致地分析,做到心中有数。因为事实的确如此,谈判对手到底真正拥有多大的权力,只有他自己最清楚。

在我方以权力为借口阻止对方进攻时,对方往往十分烦恼,这时他会有三种选择:一是根据我方权限来考虑停止进攻,接受交易;二是既然我方不能满足他的要求,那就去找权力更大的上司;三是由于我方权力小,只好终止谈判而使交易结束。因此,这种利用权力限制因素来阻止对方进攻的技巧也不能频繁使用,用多了对方会怀疑我们的诚意,甚至会置之不理,因此,必须掌握时机,恰当运用。

2. 资料限制策略

在商务谈判过程中,当对方要求我们就某一个问题进行进一步解释,或要求我方让步时可以采用资料限制策略——可以用抱歉的口气告诉对方:实在对不起,有关这个问题方面的详细资料我方手头暂时没有(或者说没有备齐;或者说这属于本公司商业机密,不便透露),因此,暂时无法做出答复。当对方听了这番话之后,即可暂时将问题放下,这就很简单地阻止了对方咄咄逼人的攻势,因此就化解了对方的进攻。同样,利用资料限制因素来阻止对方进攻的策略也不能经常使用,经验表明,使用的频率与效率是成反比的。因为经常使用会使对方怀疑我们无诚心谈判,或者会请我们将资料备齐后再来商谈,这样我方会陷入被动局面。

3. 财政限制策略

这是利用本方在财政方面所受的限制,向对方施加影响,达到防止其进攻目的的一种策略。比如买方可能会说“我们很喜欢你们的产品,也很感谢你们提供的合作,遗憾的是,公司预算只有这么多。”卖方则可能表示“我们成本就这么多,因此价格不能再低了。”

向对方说明你的困难甚至面临的窘境,往往能取得比较好的效果。在许多情况下,人们对弱者抱有怜悯与同情之心,并乐于提供帮助。当对方确信你目前的财政情况,他可能会放弃进一步发动攻势的方法。

4. 政策限制策略

这是本方以企业在政策方面的有关规定作为无法退让的理由,阻止对方进攻的一种策略。可以说“我们公司没有这方面的政策。”“我们暂时没有这方面的计划”等。有限的政策,也可以直接转化为阻止对方进攻。

5. 其他方面的限制因素

除了以上各方面的限制因素外,谈判人员还可以运用自然环境、人力资源、生产技术要求、时间等因素作为阻止对方进攻的工具,在运用得当的时候,也同样会取得良好效果。

4.3.2 以攻对攻阻止进攻的策略

谈判实践告诉我们,只靠防守是不能有效地阻止对方进攻的,因此,有时还需要以进攻来对付对方的进攻,从而达到阻止对方进攻的目的。

运用以攻对攻的策略来阻止对方进攻的基本做法是:当对方就某一问题逼我方让步时,我们可以将这个问题与其他问题联系在一起加以考虑,在其他问题上要求对方做出让步,从而达到以攻对攻的目的。例如,在货物买卖谈判中,如果对方要求我们卖方将价格再一次降低,这时我们可以要求对方增加订货数量,或延长交货期限,或改变支付方式,等等。这样一来,其结果是双方都做出了让步,我方利益也不受损害;二是双方都不做出让步,从而避免了让步。在谈判实践中运用此策略,效果往往比较好。

4.3.3 其他阻止对方进攻的策略

1. 先例控制策略

引用先例策略,与以前学过的坚持客观标准几乎同一个意思。就是拿已有的先例来阻止对方进攻。谈判一方常常引用对其有利的先例来约束另一方,迫使其作出不利的让步。

谈判中先例的引用一般采用两种形式。一是引用以前与同一个谈判对手谈判时的例子。比如:“以前我们与你谈的都是三年租借协定,为什么现在要提5年呢?”二是引用与他人谈判的例子。比如“既然本行业的其他厂商都决定增加20%,你提出的10%太低了。”先例控制策略可以为我们节省大量的时间和精力,缩短决策过程。

当对方使用这种策略时,你应该向他说明,他所引用的先例是一种与目前的谈判无关的模式,也就是说,这个先例已经落伍了。

2. 疲劳战术

在商务谈判中，有时会遇到一种锋芒毕露、咄咄逼人的谈判对手。他们以各种方式表现其居高临下、先声夺人的挑战姿态。对于这类谈判者，疲劳战术是十分有效的策略。这种战术的目的在于通过许多回合的拉锯战，使这类谈判者疲劳生厌，以此逐渐磨去锐气；同时也扭转了己方在谈判中的不利地位，等到对手筋疲力尽、头昏脑胀之时，己方即可反守为攻，促使对方接受己方的条件。如果你确信对手比你还要急于达成协议，那么运用疲劳战术会很奏效。采用这种战术，要求己方事先有足够的思想准备，并确定每一回合的战略战术，以求更有效地击败对方的进攻，争取更大的进步。

3. 恻隐术

这种策略利用谈判对手的恻隐之心，装出一副可怜巴巴的样子，说可怜话，所以日常口语中又称“装可怜相”。典型的话术是：“这样决定下来，我回去无法交差。”

阅读与思考 4-3　　日本人与美国人谈判风格的比较

日本

“企业文化”又称“经营文化”。日本的企业文化源于日本的传统文化，后者是前者生长的土壤，前者受后者的影响极深。日本的传统社会及其文化有几个显著的特点：农耕社会；儒教文化；集团主义；单一民族；注重人际关系及情义；敬人及爱人的友善心理，等等。

谈判风格：

(1) 日本人喜欢“投石问路”。在正式会谈之前，他们常举行一些带有社交性质的聚会，以试探对方的意图、个性和可靠程度。这种“醉翁之意不在酒”的聚会，既是一种礼貌，也是一种策略。

(2)“拖延战术”是日本商人惯用的“伎俩”。日本人经常导演的局面是减少成交或不成交，往往拖延谈判结束前才敲定。为此，他们往往千方百计地探听对方的行期和日程安排。

(3) 日本式的“巨大牺牲”是虚假的。他们会将自己不断变换的新的立场称作“气量极大”的“最大限度”的让步。

(4)“以少胜多”，是日本人一种谈判习惯，日本人都希望在谈判中自己一方的人数超过对方。

(5) 日本人不喜欢硬性、快速的“推销式”的谈判，他们讨厌进攻性的滔滔不绝的讲话。

(6) 正如办事“一丝不苟”的日本作风一样，虽然日本人在表面上显得含含糊糊，模棱两可，但实际上他们在谈判中非常细致，他们不仅会对各种情况进行详细调查了解，在会谈中对具体的问题作反复权衡，即使在达成协议之后，他们也会索取大量情况介绍、研究调查报告、图表等。

美国

美国十分重视企业文化的构建，将企业文化作为一种新的管理理论和方法，是美国传统管理理论和方法的继续和发展。它既有鲜明的民族性，也体现出强烈的时代精神。

(1) 重视自我价值的实现。

(2) 提倡竞争和献身，美国企业十分重视为职工提供公平竞争环境和竞争规则，充分调动其积极性，发挥他们的才能。

(3)奖励创新,美国许多企业都用不断创新来保持自己的优势。目前国际上先进的美国IT公司都秉承了这一传统,使美国的经济一直处于国际前沿。

(4)利益共享,美国许多企业实行股份制。通过职工持股,使其除工资收入外还能分到红利。此外还增加了职工参与经营管理的权利,提高了他们的身分、地位和安全感。

谈判风格:

(1)自信心强,自我感觉良好。美国人的自信表现在他们坚持公平合理的原则上。他们认为两方进行交易,双方都要有利可图。对本国产品的品质优越、技术先进性毫不掩饰地称赞。他们喜欢批评别人,指责别人。当谈判不能按照他们的意愿进展时,他们常常直率地批评或抱怨。

(2)讲究实际,注重利益。美国人做交易,往往以获取经济利益为最终目标。美国人更多考虑的是做生意所能带来的实际利益,而不是生意人之间的私人交情。美国人注重实际利益,还表现在他们一旦签订了合同,非常重视合同的法律性,合同履约率较高。也十分注重违约条款的洽商与执行。

(3)热情坦率,性格外向。谈判中,他们精力充沛,感情洋溢,不论在陈述己方观点,还是表明对对方的立场态度上,都比较直接坦率。

(4)重合同,法律观念强。他们认为商业合同就是商业合同,朋友归朋友,两者之间不能混淆起来。私交再好,甚至是父子关系,在经济利益上也是绝对分明的。

(5)注重时间效率。美国商人重视时间,还表现在做事要一切井然有序,有一定的计划性。

各国的文化差异,造就了各国的企业文化和谈判特点,在每次谈判前要先了解各国的文化背景,如果说,日本的谈判风格是"暗"的,那么,美国的谈判风格就是"明"的。面对各国谈判人员,要小心谨慎面对。

每日一练 **试着找一些典型例句加以练习。如"我们没有那么多预算。""明天中午12点我们就走了,请您在12点之前答复我们。""除此之外,还有其他原因吗?"**

在对方的进攻面前,谈判者应善于运用各种有关策略构筑起有效的防线。学习子任务4.3后应掌握防止对方进攻的策略。

4.4 僵局的应对和利用

谈判僵局是指在商务谈判过程中由于双方在某些问题上分歧过大而又互不妥协,致使谈判呈现出难以继续进行下去的僵持局面。在商务谈判的进程中,任何主题都有可能形成分歧和对立,出现的异议和争论都可能发展为僵局。僵局主要集中在谈判的磋商阶段。如果僵局处理不当,就会导致谈判破裂,前功尽弃。因此,为了促使谈判顺利进行下去,谈判人员应善于分析谈判僵局产生的原因以避免僵局的出现,利用谈判僵局来促使对方接受自己的条件,打破谈判僵局以取得有利的结果。

4.4.1　谈判僵局的成因

形成谈判僵局的成因一般有 6 种。

1. 立场争执

在商务谈判中,由于谈判各方所代表的利益主体不同,对某些问题的看法和主张往往容易产生分歧,如果争执不下,互不妥协,就必然陷入僵局。实践证明,当谈判双方纠缠于立场性的争执,而撇开双方各自潜在利益,就不可能达成协议,并且容易损害双方的感情,致使谈判的一方或双方丧失信心与兴趣,导致谈判破裂。立场性的争执是谈判者最容易犯的错误,由此造成的僵局也是最常见的一种。

例 4-6　相反的主张

2006 年元宵节刚过,代表中国钢厂的宝钢谈判人员马上就迎来了与世界三大矿业巨头的第三轮正式谈判。节前两轮预备性质的谈判和一轮非正式交流,传出了“谈判只能慢慢来”的消息。到了节后,谈判一下子进入了关键阶段。同时,“僵持”这个主调却依然不变。

据各方汇总的情况显示,截止当前,钢铁业和矿业对 2006 年度全球铁矿石市场走势的判断“方向相反”。矿业坚持涨价,而钢铁业坚持矿价必须下降。

针对近期市场上传出“中国钢厂可能接受不超过 10% 的铁矿石涨价”的传闻,熟悉谈判情况的人士认为这种可能性不大。目前日本新日铁、中国宝钢和欧洲阿塞洛的态度前所未有的坚决和一致,坚持认为铁矿石必须降价。

目前关键的障碍是市场判断和市场视角上的分歧,只有克服了这个基本分歧,寻找到双方共赢的结合点,才能顺利进入报价阶段。

2. 利益分歧

在商务谈判中,谈判各方都从各自的角度出发,尽力维护自己的利益,如果双方对各自所期望的收益存在很大差距且难以弥合时,即使双方都表现出十分友好、坦诚与积极的态度,僵局也是不可避免。这种僵局是实质性僵局,出现的原因就是谈判双方在利益分割上的分歧,互不相让,不能形成共识所致。

3. 沟通障碍

商务谈判是通过信息沟通进行的,如果谈判双方出现沟通的障碍,就容易产生误会而出现争执,并因此导致谈判陷入僵局。沟通障碍是指谈判双方在交流彼此情况、观点,洽谈合作意向、交易条件等的信息沟通过程中由于主观与客观的原因所造成的理解障碍。沟通障碍主要表现为:双方文化背景差异所造成的沟通障碍;由于职业习惯或专业知识限制等所造成的一方不能理解另一方的沟通障碍;由于受心理因素影响一方不愿意接受另一方意见的沟通障碍,等等,这些都可能使谈判陷入僵局。

例 4-7　　沟通中的文化差异

某跨国公司总裁访问一家中国著名的制造企业,商讨合作发展事宜。中方总经理很自豪地向客人介绍说:"我公司是中国二级企业……"此时,翻译人员在翻译这句话时很自然地用"Second—class Enterprise"来表述。不料,该跨国公司总裁闻此,原本很高的兴致突然冷淡下来,敷衍了几句立即起身告辞。在归途中,他抱怨道:"我怎么能同一个中国的二流企业合作?"。在我国,企业档案工作目标管理考评分为"省(部)级"、"国家二级"、"国家一级"三个等级。"省(部)级"是国家对企业档案工作的基本要求。"国家一级"为最高等级。可见,一个小小的沟通障碍,会直接影响到合作的可能与否。

4. 情绪冲突

在商务谈判中,谈判人员因言行不当,如礼节不周、好自我表现、怕承担责任、谈判的策略与技巧运用不当等导致对方产生抵触情绪,使谈判陷入互不相让的僵持局面。要解决由情绪冲突而导致的僵局困难是很大的,因为人在情绪对立时,言行往往容易走向极端,很难再回到谈判桌前心平气和地进行谈判。

5. 人为制造

在商务谈判中,实力较强具有优势的一方有意采用强迫手段制造僵局来给对方施加压力。这是一种策略性僵局,其目的是迫使对方就范。强迫对于谈判来说是具有破坏性的,这是与谈判的平等原则相违背的,必然要承担谈判破裂的风险,因此要谨慎使用。

6. 偏见或成见

偏见或成见是指由感情原因所产生的对对方及谈判议题的一些不正确的看法。由于产生偏见或成见的原因是对问题认识的片面性,即用以偏概全的办法对待别人,因而很容易引起僵局。

例 4-8　　固有的成见

我国曾获得一笔世界银行某国际金融组织贷款,用以建筑一条二级公路。按理说,这对于我国现有筑路工艺技术和管理水平来说是一件比较简单的事情。然而负责这个项目的某国际金融组织官员,却坚持要求我方聘请外国专家参与管理,这就意味着我方要大大增加在这个项目上的开支,于是我方表示不能同意。我方在谈判中向该官员详细介绍了我们的筑路水平,并提供了有关资料,这位官员虽然提不出异议,但由于以往缺乏对中国的了解,或是受偏见支配,他不愿放弃原来的要求,这时谈判似乎已经陷入了僵局。为此,我方就特地请他去看了我国自行设计建造的几条高水准公路,并由有关专家作了详细的说明和介绍。正所谓百闻不如一见,心存疑虑的国际金融组织官员这才总算彻底信服了。

以上造成谈判僵局的 6 种原因中,第二种原因导致谈判暂停甚至破裂绝对不是坏事,如果双方利益分歧很大,无法调和,谈判人员就不能牺牲己方的利益继续谈判。其他原因导致的僵局是可以避免的,或者是能够被打破。谈判者不能害怕僵局的出现而放弃自己利益的追求,应认真分析谈判僵局的成因,把握导致僵局的结症所在,积极主动地寻找解决方案,避免或打破僵局,使谈判得以顺利进行下去。

4.4.2 谈判僵局的应对

僵局虽不等于谈判破裂,但它严重影响谈判的进程,如不能很好地解决,就会导致谈判破裂。因此,如果能够运用一定的策略打破僵局,不但有利于谈判的顺利进行,而且还可能取得谈判的主动权,为取得有利的谈判成果夺得时机。一般认为,在谈判中出现僵局时,可采取以下策略:

(1)首先要头脑冷静,切不可言语冲动刺激对方。“良言一句三冬暖,恶语伤人六月寒。”言辞尖刻会形成感情对立,对打破僵局甚为不利。

(2)对双方已谈成的议题进行回顾总结,消除僵局造成的沮丧情绪。或者先谈双方较易达成一致的议题,待双方都有一定满足感后再谈僵局中的问题。

(3)采取暂时休会的方式使双方冷静头脑,整理思路、寻求解决策略。对己方来说,在休会前最好对自己的方案再做一次详尽的解释,提请对方在休会时进一步考虑。

(4)改变谈判环境,变换切入角度。有时环境的改变可消除紧张对立的情绪,创造比较轻松、融洽的氛围。这时如果再能够找到合适的话题切入点,比如共同回顾以前友好合作的历史,展望合作的前景等,那么僵局就有可能冰雪消融。

(5)寻找中间人进行调解。在日常生活中常有这样的情况,两个人由于长期隔阂,矛盾较深,以致形成一谈就僵、一说就崩的局面,这时如果有一个熟悉双方情况,又为双方所接受的人从中调解,矛盾常常会缓解。小事如此,大事亦然。当谈判双方出于各自利益、互不让步时,推出双方都能接受的第三者从中斡旋是一个可取的方法。例如,美国和朝鲜就核问题的谈判曾一度陷入僵局,这时美国前总统卡特以私人身份赴朝鲜进行斡旋,结果促成了双方都能接受的妥协。中间人调解这种方式除了常用于国际政治谈判外,在商务谈判中也大量采用。实际上,商业界中的经纪人从某种意义上,就是扮演了这个角色。他们是买卖双方的撮合人、斡旋人。由于他们的存在,大批的买卖才能成交。因此,学会利用中间人开展业务,也是值得认真学习掌握的技巧。

(6)必要时更换谈判人员。僵局的出现,有时与谈判主体有关。如谈判人的地位、影响力不够,谈判人员的谈判素质较低,或谈判人员已给对方造成反感等,在必要时更换谈判人员,对打破僵局也可能产生效果。从打破僵局的方法上,一般都主张用缓和的软手段。但是,在己方理由较为充分、对方又确实不想使谈判彻底破裂的情况下,运用一些强硬手段,使用尖锐的言辞表达己方的立场,指出对方做法的不妥之处,给对方以震动,有时也会收到效果。

(7)创造变通,打破僵局。所谓创造变通就是在谈判中就某一个(或某一些)有争议的问题积极地提出多种选择方案,经过磋商,选用双方都能接受的方案来解决争议,以达成协议。

在谈判中,灵活地运用变通法还需注意下列问题:

①消除敌对立场,努力理解对方的要求。

②寻找分歧的关键及其根源。

③积极提出解决方案。是否能够解决双方间存在的分歧主要取决于双方是否能提出行之有效的解决方法,找到变通的途径。值得注意的是,提出的方案必须能够兼顾双方利益。

④不要唯我独尊。在遇到分歧时,双方可能都会提出自己的解决方案。这时我们切不可以唯我独尊的态度来对待对方提出的方案,而要认真地考虑每个方案的可行性,也可以把几个方案有机地结合起来使用。

⑤仔细推敲即将接受的变通方案。有些客户在谈判陷入僵局后会主动地提出一些变通方案,

但其真实目的并非是解决问题，而是转移视线，故设陷阱。由于我方对此毫无准备，稍不注意就会误入歧途，中其圈套，所以我们在接受对方提出的方案前必须作一番仔细的推敲。谈判可因各种情况出现僵局。因此，要根据不同的原因确定实施打破僵局的策略，千篇一律的方法是没有的。这就要求谈判人员要掌握整个谈判的情况，善于分析造成僵局的症结，果断采取有效的措施。这种措施有可能是一种，有可能几种配合使用，有可能一种不成再换一种。一般来说，只要双方真有诚意，打破僵局的可能性还是很大的。

例 4-9　　化解分歧，打破僵局

我国浙江省某玻璃厂就玻璃生产设备的有关事项与美国诺达尔玻璃公司进行谈判。在谈判过程中，双方就全套设备同时引进还是部分引进的问题发生分歧，双方代表各执一端，互不相让，导致谈判陷入尴尬的僵持局面。在这种情况下，为了使谈判达到预定的目标，我方玻璃厂的首席代表决定主动打破这个僵局。谈判代表思索了片刻后主动面带微笑地换了一种轻松的语气，避开双方争执的尖锐问题，向对方说："你们诺达尔公司无论在技术、设备还是工程师方面，都是世界一流水平。用你们的一流技术和设备与我们进行合作，我们就能够成为全国第一的玻璃生产厂家，利润是非常可观的。我们的玻璃厂发展了，不仅仅对我们有好处，而对于你们公司的利益更大，因为这意味着你们是在与中国最大的玻璃生产厂合作，难道你们不是这样认为的吗？"

对方的谈判首席代表正是该公司的一位高级工程师，听到赞扬他的话，他立即表现出很高兴的样子，谈判的气氛顿时豁然开朗，双方之间一下子就轻松活跃起来。我方代表趁机将话题一转，强调资金的有限是客观现实，我方无法将设备全部引进，迫不得已才提出部分引进的想法。同时，还强调其他很多国家与我国北方的一些厂家进行谈判和合作，如果他们仅仅因为不能全部引进设备这一小问题而不能投入最先进的技术和设备，那么就将很快面临着失去中国市场的不利局面。

对方代表听到这番话，终于意识到双方合作的广阔发展前景，如果因为设备引进规模的问题而不能够顺利达成协议，不仅将要损失暂时的经济利益，而且还有失去中国市场的严峻考验。竞争如此激烈，一旦被别人占领，很难再进入中国市场；另外，如果因为对公司影响不是很大的谈判具体内容而导致谈判破裂，对公司也不好交代。至此，美方代表也只有按照我方的意愿，在双方进一步讨论后，顺利达成了部分引进设备的协议。在这次谈判中，我方玻璃厂不仅成功地节省了大笔外汇，而且该厂在诺达尔公司的帮助下迅速发展起来，最终在市场竞争中顺利占得先机，成为同行中的佼佼者。

4.4.3　谈判僵局的利用

有人说"僵局是谈判中最有力的一招"，这是因为没有其他任何策略能像僵局一样考验对手的耐力和决心，大多数人都尽量像避免传染病一样避免僵局。成熟的谈判者正是利用人们害怕僵局出现的心理，有意识地制造僵局，依此所形成的压力来动摇对方的信心，并以自己的某些让步为打破僵局创造条件，为实现己方谈判目标服务。

1. 制造谈判僵局的原因

谈判者在谈判过程中制造谈判僵局的原因有两种：

(1)改善己方的谈判处境，提高己方的谈判地位。这是那些处于不利地位的谈判者制造僵局的动机。由于谈判各方实力对比的差异，弱者在整个谈判过程中处于不利的地位，他们没有力量与强大的对方抗衡，为了提高自己的谈判地位，便采用制造僵局的办法来拖延谈判时间，通过时间的压力来达到自己的目标。

(2)争取有利的谈判条件。这是那些实力相当的谈判者制造僵局的动机。有些谈判目的在势均力敌的情况下是无法实现的，为了取得更有利的谈判条件，谈判者利用制造僵局的办法来提高自己的地位，使对方在僵局的压力下不断降低其期望值，最后再采取折衷方式结束谈判，使己方可以顺利实现谈判目的。

2. 制造僵局遵循的原则

制造僵局需要冒一定的风险，操作不当，会导致谈判破裂，这是僵局制造者不愿意看到的。为了能够有效地利用僵局继续谈判，为己方谋求更大的利益，谈判者在制造僵局时应遵循以下原则：

(1)把握时机。选择恰当的时机制造僵局是利用僵局取得有利谈判成果的关键。当对方不愿意放弃已得的利益，并对己方可能做出的让步感兴趣时，是制造僵局的最佳时机。

(2)条件适宜。谈判者制造僵局的基本做法是向对方提出较高的条件，如果这一条件过高，对方势必会退出谈判。因此，所提条件的目标应略高于对方所能接受的限度，并有充分的理由说明其合理性。

(3)密切合作。为了达到预期的目的，谈判人员应做好周密的准备工作，谈判成员之间观点一致、密切合作，使对方从己方谈判人员的言谈举止中找不出任何制造僵局的破绽，而让对方感到是自己判断的失误，促使对方改变原有的看法，接受己方的条件。

(4)自然收场。当利用谈判僵局实现了己方预期目标后，己方谈判人员要不留痕迹地从容收场，让对方把己方的让步作为取得的成果，满足其心理的要求，使其自然地转入考虑成交的问题。

3. 制造僵局的方法

制造僵局的方法一般有 4 种：

(1)向对方提出较高的要求。谈判人员有意识地向对方提出较高的要求，要对方全面接受自己的条件，对方可能只接受己方的部分条件，即做出少量让步后便要求己方做出让步，己方此时如果坚持自己的条件，而对方又不能再做出进一步更大的让步时，谈判就陷入僵局。

(2)小题大做。谈判人员有意识地将原来相对较小的议题或不太重要的问题作为较大议题或重要的问题来讨论，将现有谈判人员能解决的问题上升到必须由上层决策人员才能解决的问题，有意将事态扩大，造成僵局。

(3)增加议题。谈判人员有意识将原来能够达成共识的议题与一时无法达成共识的议题“挂钩”，并使之互为条件，依此增加谈判的难度，使谈判陷入僵局，以达到加强己方在谈判中的地位和实力的目的。

(4)结盟。在谈判中实力较弱的一方有意联络与双方都有利益关系的第三方或更多方，并在特定的议题上结成利益同盟，从而能够与实力较强的一方进行抗衡，迫使其回到谈判桌前认真磋商。

阅读与思考 4-4　　成功商人必备素质13条

(1)有能力和自己公司里的人商谈,并且赢得他们的信任。

(2)愿意并且努力地作计划,能了解产品及一般的规则,同时还能寻出其他可供人选择的途径,勇于思索及复查所得到的资料。

(3)具有良好的商业判断力,能够洞悉问题的症结所在。

(4)有忍受冲突和面对暧昧字句的耐心。

(5)有胆识去冒险争取更好的目标。

(6)有智慧和耐心等待事情的揭晓。

(7)认识对方及其公司里的人,并和他们交往,以助交易的顺利进行。

(8)品格正直,并且能使交易对双方都有好处。

(9)能够敞开胸怀,听取各方面的意见。

(10)商谈时具有洞悉对方的观察力,并且能够注意到可能影响双方的潜在因素。

(11)拥有丰富的常识、良好的计划及公司对他的信任。

(12)稳健。这个人必须能够克制自己,不轻易放弃,并且不急于讨别人的喜欢。

(13)愿意请高手(如专家和顾问)来帮助谈判的顺利进行。

每日一练　**试着总结出谈判中可能遇到的困难,并提出应对措施。**

学完子任务 4.4 后应掌握商务谈判僵局的应对和制造。

小　　结

让步阶段是整个谈判进程中的关键阶段,谈判就是妥协的艺术。谈判者应掌握让步的基本原则,熟悉并领悟让步的常见方式。

精明的谈判者往往善于运用各种技巧迫使对方让步。谈判者应熟悉和掌握迫使对方让步的各种策略。

在对方的进攻面前,谈判者应善于运用各种策略构筑有效防线。谈判者应能掌握防范对方进攻的各种策略。

谈判者应有信心面对各种谈判僵局,能运用合适的策略突破僵局,并善于适时制造僵局,利用僵局来实现谈判目标。

核心概念

软硬兼施　制造竞争　吹毛求疵　最后通牒　权力限制　不开先例　最后通牒　积少成多　虚张声势　财政限制　资料限制　谈判僵局

课堂讨论

针对某个案例,从本节内容出发进行讨论。

课后自测

一、单项选择题

1. 卖主开始时寸步不让,态度强硬,让买方感觉己方一直没有妥协的希望,如果买主软弱,缺乏毅力和耐心,就有可能被征服;如果买主坚持不懈,就能迫使卖主做最后的让步。这种让步方式是(　　)。

   A. 坚定的让步方式　　B. 均衡的让步方式
   C. 递增式的让步方式　　D. 有限的让步方式

2. 等额地让出可让利益,态度谨慎,让步平稳,步步为营。这种让步方式是(　　)。

   A. 坚定的让步方式　　B. 均衡的让步方式
   C. 递增式的让步方式　　D. 有限的让步方式

3. 由低逐步拔高,卖主让步灵活,富有变化,能够给买主传递可以合作、有利可图的信息,有利于促成谈判的成功,保住己方较大的利益。这种让步方式是(　　)。

   A. 坚定的让步方式　　B. 均衡的让步方式
   C. 递增式的让步方式　　D. 有限的让步方式

4. 红白脸策略又称(　　)。

   A. 软硬兼施　　B. 制造竞争　　C. 虚张声势　　D. 各个击破

5. 让步幅度以等差速度递减,其特点是自然、坦率,符合讨价还价的一般规律。这种让步方式是(　　)。

   A. 坚定的让步方式　　B. 均衡的让步方式
   C. 递增式的让步方式　　D. 有限的让步方式

6. "你们这个报价我方无法接受,这种型号的产品我们的售价一直维持在59元。"这种策略是(　　)。

   A. 极限策略　　B. 不开先例　　C. 疲劳战术　　D. 装可怜相

二、多项选择题

1. 让步的基本原则是(　　)。

   A. 不要做轻易的让步
   B. 不要做单方面的让步
   C. 每一次让步要使对方感到你很为难
   D. 必须让对方懂得,我方每次做出的都是重大的让步
   E. 尽可能采用互惠互利式的交叉让步
   F. 要价应高一些
   G. 以适当的速度向着预定的成交点推进

2. 出现谈判僵局时,应对措施有(　　)。

A. 态度冷静,语言适中　　B. 调整环境

C. 更换谈判人员　　D. 休会

E. 寻找中间人调节

三、简答题

1. 常见的让步方式有哪些?

2. 迫使对方让步的策略有哪些?

3. 阻止对方进攻的策略有哪些?

4. 突破僵局的策略有哪些?

案例分析

"不可能的任务"——一次成功的超市入场谈判

与超市打交道,大概每个供应商都有自己的苦衷。入场、维护、促销、结款……几乎每个环节都充满了艰辛。有时超市的"无理"与"强硬"让供应商有一种把牙打掉以后合着血咽到肚子里的痛苦和辛酸。尤其是小企业,往往处于两难境地,产品不进超市吧,没有知名度,销售额上不去,老百姓也信不过;进超市吧,稍有不慎就会掉入超市设下的一个个巧妙的陷阱,签下一份不平等条约,名目繁多的这个费那个费,一年下来,别说挣钱,不赔就算不错了。其实这也不难理解,同样的产品有几十、几百甚至上千个厂家可以供货,而大型超市每个城市就那么多,在与厂家的关系上是典型的"买方市场",这是目前中国市场无法改变的现实,无论怎样,企业都必须面对。

在与超市打交道的各个环节中,入场谈判是重中之重,特别是小企业,手中没有多少筹码,这一关如果过不好,什么进场费、年节费、店庆费、DM 费……再加上 60 天月结之类的结算陷阱,以及定期半价促销,还要把你的价格压到最低,到年底一算账,又为超市做了义务贡献,真是欲哭无泪。所以,您的产品如果想进超市,就必须好好研究一下如何过入场谈判这一关,为自己争取到最大的利益,达到一个双赢的局面。

笔者两年前曾在北方某省会城市担任一家小型乳品企业的总经理,亲身经历过一次超市入场谈判,通过努力,最后以最小的代价顺利进入超市。

背景

当时,我企业成立不久,以贴牌生产的方式与邻省一家乳品企业合作,生产袋装酸奶。我方拥有自己的品牌,提供包装,对方为我方加工。由于该企业的酸奶在邻省同类产品中销售第一,质量和口感都很不错。而我方提供的包装无论是设计还是材料在同类产品中也是很好的,所以产品应该有较强的竞争力。

唯一的缺憾就是上市的时间特别紧张,公司决定产品在"六一"正式上市,同时展开大规模的促销活动。当时由于种种原因留给我们的只有不到一周的时间,按照计划,在这么短的时间内必须完成 4 个大超市的入场工作,难度的确不小。因为以当地的情况来看,按照超市的正常审批程序,再加上谈判条件的来回磋商,入场时间在十天半个月都是有可能的。而且在入场的同时还要上促销,时间确实太紧。

对于笔者来讲,做食品行业是第一回(此前一直在保健品行业),与超市打交道这也是第一回,

心里也没有多少把握。尽管公司的销售部张经理以前做过超市工作,但与具体负责乳品这一块的人员没有直接打过交道,与超市的关系也不是很硬。我决定由我和张经理一起组成攻关小组,去解决这道难题。

筹划

孙子曰:"夫未战而庙算胜者,得算多也;夫未战而庙算不胜者,得算少也。多算胜,少算不胜,而况于无算乎。"在我以前的销售体会中,很多失败的例子都是事前没有做好充分的准备。这是拜访客户以及与客户谈判的前提,省了这一道程序,失败者十有八九。所以我不敢掉以轻心,做了比较充分的准备。

1. 时间与拜访顺序的安排。

由于时间很紧,在一周之内必须马不停蹄。先定好两个原则:第一,尽量事先在电话里约定,以提高效率;第二,在谈判陷入僵持的时候尽量不要死缠硬磨,而是迅速拜访下一个目标。对于前者,可在第二天再次拜访。

在顺序上,究竟先攻哪个超市让我绞尽脑汁。万事开头难,如果第一个超市能以优惠的条件顺利拿下,对以后的攻关是个极大的帮助,不但可以鼓舞士气,而且它的条件可以成为攻下一个超市的参照以及手中的筹码,因为超市之间都在互相比较。所以,这头一个必须是知名度和规模比较大的,排名比较靠前的,这样对下面的超市才会有说服力。我最终选择了在该城市排名第四的超市(A 超市)。注意绝不可选择第一或第二,因为难度太大,几乎无法在短时间内攻下。

2. 了解超市谈判主管的情况。

"知己知彼,百战不殆。"这是战场与商场永恒的法则。尽管时间紧,但还是通过多种渠道了解了部分情况。例如 A 超市的主管 H 先生很专业,对供应商的产品很挑剔,年轻气盛,脾气大,不好对付。

所以,应付这样的对手,你必须十分专业,必须让他折服,才能达到目的。

3. 仔细考虑产品入场的难点以及对方有可能提出的问题。

根据我产品的情况,质量、口感、包装在同档次的产品应该很有竞争力,尽管各超市的乳品排面都很紧张,超市入场应该没有什么问题。难点应该是价格问题(我产品的价格平均高出其他产品 15% 左右)和入场费用及其他费用的问题。

针对价格,我一口气想了 9 条理由:

(1)属于委托加工,要付加工费,不能视同厂家对待;

(2)产地在外省,有长途运输费用;

(3)包装在同类产品中档次最高,选用的材料贵;

(4)包装委托深圳专业设计公司的设计;

(5)产品量足,比同类产品要多出一些,在包装上反映很明显;

(6)产品质量、口感都不错,好产品自然有好价格;

(7)投入大量的广告宣传及市场推广费用,成本增加;

(8)按照大品牌的正规方式来操作,产品肯定能火起来;

(9)对产品具有强大的信心:在目标售点若三个月内销不到同档次产品前三位,则自动撤货。

针对入场费用及其他费用的问题,在让对方感到我们非常专业的同时,多强调我们是刚开始创业的小企业,困难很多,希望超市对我们多多支持,在产品开始销售后,我们对超市也会大力支持等等。总之，希望得到对方的充分理解。

受挫

按照预定的计划，我与销售部张经理前往A超市。离开公司的时候，大家都用期盼的眼光看着我们，我心里明白此行只许胜不许败，否则，对我们这个刚创业的企业是个很大的打击。而且，如果不顺利，则要影响我们的全盘计划。

一路上，我一直跟张经理开着玩笑，心情放得很轻松。这时候，我不再与他探讨谈判的事情，而是说一些无关紧要的东西，尽量能在一种轻松而不是很紧张的状态下面对即将到来的考验。

我对张经理说，无论出现什么情况，都不要自己乱了阵脚。保持镇定和平静是谈判中最重要的事情。如果你在一个暴怒的人面前能不动声色，他一定对你刮目相看。

见到A超市负责乳品的H先生，果然与了解到的情况一样，傲气而冷漠。大概很多供应商对这样的面孔见的很多，除了点头哈腰的恭维，还能怎么样呢？按照事先的约定，由张经理先跟他谈，而且也没有介绍我。大概不到十分钟，谈话就有结束的趋势：

"现在的排面很紧张，你们的产品虽然看上去不错，但现在竞争也很激烈，能不能卖好很难说……"

"先把资料和样品放下，过后我再看看。"

"你们过几天再来吧！"

我想，这样的话语对很多供应商来说再熟悉不过了。一般地，第一次拜访也就只能如此了。

在张经理与他谈话的过程中，我一直在静静观察他，结合我事先了解到的情况，对策已经在我脑海里形成。

这时，张经理看着我，意思是怎么办？走还是不走？

转折

在H先生准备起身送客的时候，我对他说，H先生，我能不能跟你谈一下。张经理赶快介绍这是我们公司的总经理，也许是见过太多的老板，他几乎无动于衷，说等下次再说吧，而且还有些不耐烦。

"我只耽误你5分钟，如果5分钟之内你对我的话不感兴趣，那我们自己走人。"我站起来，很冷静而且严肃地告诉他。这是我事先想好的一招，叫做"出人意料"法，因为他见惯了厂家对他很尊敬，态度很缓和，但突然有个人以这样的口气给他说话，他一定会很惊奇。而且，对付这样比较硬的对手，你不能太顺着他，一定要镇住他才会有下面的机会。果然，不出我之所料，他明显愣了一下。我又趁热打铁，："我听说H先生在专业上很有造诣，我只是想跟你交流一下，你不会拒绝我吧？"这叫"激将法"。

"好吧，好吧！"他同意了。我猜想，当时他一定在想看你5分钟能说出点什么来？

"H先生，据我所知，本市的袋装酸奶虽然品种很多，但在包装、质量、口感上能上点档次的产品没有几个，你同意吗？"

"是这种情况！"

"我想，贵超市也希望在这一类产品中能有一个好产品，一方面，可以吸引顾客，另一方面，也是你的业绩嘛！"

"是啊，是啊！"

列位，在谈判中，刚开始的时候，一定要让自己的对手多说"是"，你要选择一些对方无法否认的事情来讲，这样，会慢慢一步步把对方引进你布置好的套路中。听说美国人喜欢用这一套，称为

“麻醉法。”

“其实，我们在做这个产品的时候，虽然是个中低档次的产品，但我们还是把品位定的很高，如果你有兴趣，可以比较一下。”

这时候，他才仔细拿起样品看着。刚才我注意到张经理递给他样品的时候，他根本就没有放在眼里，只是随手扔在桌子一旁。

“包装还不错，是比其他产品要好一些。”

他已经开始有点认同了。这时候，必须迅速“诱敌深入。”

“你知道，酸奶的口感很重要，现在顾客都很挑剔，我不知道我们的产品口感能不能过你这一关？”我接着说。言外之意，你快尝一尝吧！

同时我又对张经理说，去买几个纸杯来。

“买什么啊，这里有啊！”H先生赶忙说。他觉得有些不好意思了，其实这正是我故意让张经理去“买”纸杯的用意。

H先生的确很专业，他像品咖啡一样，在嘴里仔细泯着。

“口感的确不错，而且牛奶的浓度也很高，只是甜度似乎有些高。”

我要的就是这句话。于是我对张经理说，多倒几杯，给大家都尝一尝。张经理又拿出几袋样品，给周围的几个人挨个送了一杯。

当然，大家同样的赞美是我预料之中的。自然，整个谈判已经有了质的转折！

畅谈

“你的确很专业，甜度的问题很好解决，这是可以调整的。看来，你专门研究过酸奶。”我开始不住地赞美他。这是增加亲和力的有力武器。

“那是，搞这个工作嘛，就要专业一些啊！不过呢，我一直很喜欢喝酸奶，连我们家里也都喜欢喝！”

OK，OK！这真是个天大的喜讯。发现了对方的兴趣，而且你对这兴趣又很有研究，下面的事情就好说喽！

因为有过做策划的经历，使我在做新的工作时，会找来大量的相关资料研究，在最短的时间内成为这个行业的“专家”。至少，在一般人看来，你就是专家。我想，这也是任何一个销售人员的基本功。

于是，我们开始畅谈有关酸奶的一切事情：

从酸奶的起源到酸奶的发展，从过去人们的认识到未来的趋势，从酸奶的营养谈到“长寿食品”的由来，从市场的现状到解决的途径，从生产工艺到新的菌种……

时间不知不觉过去了1个多小时，其间有一些其他厂家的人员来找他，都被回绝了。

从5分钟到1个多小时，我觉得里面蕴含着两个字：专业！在我看来，任何一个有素质的人，面对很专业的人士时，一般都会肃然起敬，随着你谈话的深入，你在他眼里的份量会越来越重。从刚开始对我们的不屑，变到现在的尊敬，我从他眼里已经感觉这次一定会旗开得胜！

由此我想到，作为一个销售人员，在别人眼里，你应该是你那个行业的“专家”，你讲出来的话应该是很有份量的，这样，才会得到对方的尊重和重视。然而，就我所知，我遇到的销售人员能称得上“专家”的没有几个，有些甚至连一些基本的常识都不是很明白，比如销售酸奶的不懂得酸奶有什么营养，对人体有什么好处，不懂得酸奶的基本生产过程（其实一点都不复杂），不懂得好坏酸奶的区别……你怎么能让你的客户信服你?

进入主题

做业务,时时刻刻都不要忘了自己的目的。我们不是来聊天的,目的只有一个:以最小的代价签合同、入场。

在谈兴正浓的时候,我开始把话题引入正题。

“H 先生,难得遇到跟你这样聊得来的人,今天我特别高兴。但现在有个烦心的事情……”

“王总,什么事情,你尽管说!”显然,他已经把我当朋友了。

于是,我把公司一周内的入场计划告诉他,而且要在“六一”全面促销。

“这个好说!”说着他从抽屉中拿出了合同。这个动作我都没有想到,看来如果你成功地推销了自己,后面的事情真是不难。

他告诉我入场费是多少,我说太高了吧。我话音还没落,他说你别急,这是报价。看看,他已经为你操心了。

“那你能给我们优惠多少呢?”我问道。

他想了想,报出个数字。我知道这个费用已经是我们可以接受的范围了。我给张经理使个眼色,张经理不失时机地说:

“再低一些吧!听说你们给××产品的入场费比这还低。”

“哪有的事,你们别听别人乱说。”

“我们也是刚开始创业的小企业,资金很紧张,你看能不能再给支持一下?”我继续加压。

他又想了想,说:“入场费实在是没办法低了,这样,我给你们免几个费用,不能免的店庆费和年节费给你们按最低算。”

看着我们还不善罢甘休的样子,他又很无奈地说:“你们资金紧张,我给领导说,入场费不用交现款,在货款中扣吧。”

这个问题上已经超过我们预想的优惠条件,我们暗自窃喜。

但是,最最棘手的问题来了。

“你们的价格不行,太高,必须降价!”

价格这一关,是必须要面临的,况且我们的价格是同档次产品中最高的。超市要我们降价是预料之中的事情。

这时候,事先准备的东西派上了用场。

“H 先生,我们产品的价格是高,我不否认。但是,我们的价格高有它的道理。”

于是,我把事先准备好的 9 条理由一条一条娓娓道来。结果,我还没有把全部理由说完,对方已经“投降”了,我对不降价的坚定语气和有备而来已经使他感觉到价格问题无法动摇。

更重要的是,我又坚定地说:“如果我们的产品在贵超市三个月内销不到同档次产品的前三位,我们就自动撤货。”

这样的信心也给了 H 先生信心,因为他给予我们这么优惠的条件也得给上面有个交待。

再后面,账期及其他问题都迎刃而解。

获胜而归

“你们把合同带回去,盖好章后送过来。”填好必要的项目后 H 先生说。

我知道,按照一般规律,审批还要一段时间,因为还要部门经理等签字,还要牵扯到另外一些部门。可是我们没有这样的时间等待，而且，我必须尽早拿到这份有极强参照意义的合同，因为后面还有几个超市等着我们去攻克！

我对他说："章我们带了，而且最好能麻烦H先生现在就给我们办一下，我希望早一点拿到合同，因为还有在贵超市做上市促销活动的准备工作！我希望六一能在贵超市有个开门红！"

"啊？"他很吃惊，我猜想可能很少有这样的先例：第一次拜访就要把事情搞成不可。

"王总，你看，这……"他确实有些为难。但我当时感觉，他能办到。

于是我笑一笑，说"我知道这让你为难了，但我也重任在身啊！就算你帮我一个忙，日后需要我做点什么尽管开口！忙完了中午请你吃饭，我们再好好聊聊！"

"第一次跟你这样的人打交道！"他也笑着调侃，答应了。

他拿着合同，找经理，然后又跑其他部门。我们在他办公室等待的时候，张经理悄悄对我说："真是不可思议！"

最终，我们下午拿到了合同！

总结

有了这份合同做参照，在策略上"如法炮制"，在与其他几个超市的谈判中，尽管还是遇到一些问题，有些反复，但最终还是顺利攻下。当周五的下午拿下最后一个超市时，我对张经理说，你看，刚好五天时间，我们做到了在最短时间内、以最小的代价，按照原定计划进入了四家大超市，而且安排好了周末的促销。张经理又是一句"不可思议"。超市打了几年交道，这样的事情还是第一回。

在犒劳自己的饭桌上，我俩要了一扎啤酒，在微微的醉意中回想起一周的艰辛，虽然很累，但是痛快，因为我们完成了一次几乎"不可能的任务"。

有时候想，许多看起来很难的事情，但只要你真正用了心，把功夫下到了，把细节考虑完备了，做起来其实也不难。

试总结该案例的成功之处。

实训操作

将学生分组进行模拟谈判，深化对商务谈判磋商阶段各种策略的理解和运用。

［**实训目标**］通过模拟谈判，让学生可以灵活运用磋商阶段的各种策略。

［**实训组织**］学生每5人分为一组，假定一个产品同另一组进行模拟谈判，注意谈判团队角色的承担和磋商策略的使用，并录好谈判视频。

［**实训提示**］要求各位同学事先一定要熟悉谈判的各种策略以及对方的具体情况。

［**实训成果**］提交模拟谈判的视频资料，教师择优差进行讲评，并给出各组的成绩。

任务5 成交及合同签订

任务导入

商务谈判的双方经过激烈的谈判,在充分考虑各自和对方的利益之后,便进入了成交和最后的签约阶段,本阶段是保证双方利益的实现。

为了更好地把握这些基本理论,为完成今后谈判任务打下坚实基础,首先请尝试完成本任务:成交及合同的签订。

为了方便读者掌握成交及合同的签订有关概念和更好地运用合同内容,我们又将本任务分为如下四个子任务:

子任务1:掌握成交策略;

子任务2:合同概述;

子任务3:合同的签订;

子任务4:电子合同。

读者可以反复演练,有的放矢地依次完成各子任务,直至完成本任务,从而更好地完成商务谈判的目标。

5.1 成交策略

双方期望已经相当接近时,都会产生结束谈判的愿望,成交阶段就是双方下决心按磋商达成的最终交易条件成交的阶段。有人说,谈判成交阶段主要任务是“临门一脚”。这一阶段的主要目标是尽量保证已取得的利益不丧失,争取最后的利益收获,并力求达成协议,为达到这些目标,商务谈判人员必须明确和掌握本阶段所需的能力和技巧。

5.1.1 成交策略分类

1. 场外交易策略

所谓场外交易策略就是在常规谈判场所以外的其他场合进行以促成交易的方法,比如酒会、娱乐场所等。谈判后期,双方可能比较疲劳、烦闷,原有计划也使其难以做最后的决定,甚至怕最后让步丢面子。如果这时提议到场外去,通过改变环境、调节节奏,使原有的谈判环境被一种新的轻松、友好、融洽的气氛替代,双方会因此很大度地相互让步而达成协议。

2. 结束谈判策略

谈判何时结束以及如何结束有许多技巧和策略。

何时进入谈判结束阶段？在谈判过程中需要注意两点信息，首先是双方达成了谈判的基本目标，谈判可以顺利进入结束阶段；其次是任意一方出现了交易信号，另一方要敏感地把握信息，将谈判引入结束阶段。

例 5-1　　聪明的油漆经销商

一家油漆经销商和一家公司谈生意，当双方进行价格谈判时，油漆经销商报出了 59 元/L 的价格，对方公司马上叫起来："你怎么指望我们愿意支付高于 55 元/L 购买你们产品？"仅仅一句话输出了两个重要信息：①这家公司的心理价位是 55 元/L；②这家公司已经准备成交了。油漆经销商敏锐地捕捉到了这两个信息，最终以 55 元/L 的价格达成了订单。

如何结束谈判？上午 11:30 或下午 4:30 结束，是自然结束时间。按内容来看，中心议题结束才终止谈判，这时须将讨论的成果予以小结，并以双方同意的形式记录下来，避免成果付之东流。

以下罗列的 11 种策略可用于说服对方达成协议：

(1) 在开始时就对结束谈判、达成协议持肯定的态度，以实事求是的态度敦促对方达成协议。要表现的主要意思是：该谈的已经谈完了，要了解的也都已经了解了。何不在现在签订协议呢？

(2) 要求结束谈判时不要长篇大论。长篇大论就会忽略对方的反应，对方也可能会认为你急于求成。

(3) 向对方追问不结束谈判的问题所在。给对方一个机会，对方可能会做出解释。

(4) 重复告诉对方结束谈判、达成协议是明智之举，给出充分的理由。

(5) 要敢于认定协议已经基本达成。如果你是买方，这时你应该向卖方要一支笔写下协议备忘录或者问对方应该如何写支票的抬头。如果你是卖方，这时你应该问对方货运至何地。

(6) 通过谈细节问题，如某一条款的文字表达或运输要求，表现出在主要问题上和价格上协议已经达成的样子，把对方引向谈判结束。

(7) 以具体的行动把谈判推向结尾。卖方可以开始动手开出卖单，买方可以把买单的号码给卖方。有关某一想法的具体行动能够增强双方结束谈判的信心。

(8) 强调不立即达成协议可能会引起双方的利益损失。有的人不会被多取得利益打动，但对利益损失十分敏感。作为买方，你应该指出，你作出这样大的让步已经到了你的授权极限，谈判再不结束你的上司就会取消这桩买卖。你也应该向对方表明其他卖主正在跃跃欲试等待机会，证明他们是能够满足你的要求的。作为卖方，你可以敦促对方尽快结束谈判、达成协议，只需客气地指出如果拖得太久，你方的库存就可能满足不了交易的要求。

(9) 给对方提供一个结束谈判的优惠条件，并且说明该条件不可能被再次提供。优惠条件的形式可以是价格折扣、分期付款、设备保障或者特殊的服务项目。

(10) 给对方讲述一个商业故事，以敦促其尽快结束谈判。比如，有人错过了达成协议的绝好机会，结果后来陷入了困境，从而让对方觉得这时候结束谈判是可行的、有利可图的。

(11)不到反复拒绝就不会彻底放弃。有位著名的共同基金的谈判人员说他至少要被对方拒绝7次之后,才会放弃结束谈判、达成协议的努力。

成交时,要及时握手以结束谈判。应对所有达成一致的问题加以清理,以防遗漏。

对自我心中的顾虑要认清是自己的偏见还是确实严重的客观存在。如果是客观存在的严重问题,这时反悔还来得及。如果对方有欺诈行为,我方也意识到了,那么即使在最后也要设法摆脱对方的控制。虽然谈判中不完美是存在的,但对方有的话语太可疑,我方又无法验证其真伪,那么不要凭主观臆测相信对方。

3. 争取最后的收获

在成交阶段,交易条件大致确定,精明的谈判者会利用最后时刻,争取最后的一点收获。你可以提出一个小小的请求,这时对方已付出很大代价,不愿失去这笔交易,也不愿为一点小利而伤了友谊,所以会很快答应这个请求。

对方若使用这个策略,我方要早有防备,磋商阶段留下让步余地,在成交阶段给对方最后的优惠,强调谈判的双赢性,作为最后的"甜头",促成交易。

5.1.2 未成交时的策略

谈判可能因种种原因未能达成协议,这时最明智的做法就是既要保持自己的尊严和原定的谈判方案,又要照顾对方的情感。

当被对方拒绝时,你不能垂头丧气、沉默不语,也不能恼羞成怒、恶语伤人,更不能不顾一切、冷嘲热讽。你应表现出泰然自若,不愠不怒。当看到这次谈判的结局实在无法挽回时,你要做的是:留不住人,便要留住他的心。在言语中要表现出一种大度、宽容和热情。可以这样说:"应该给您留一段充分考虑的时间,我们尊重您的这一权利。""占用您这么长时间,实在不好意思。希望我们以后长期合作。"这往往会使对方产生愧疚感,从而重敲谈判之门。

例 5-2　　峰回路转

20世纪80年代,一次中日双方进出口钢材的谈判中,尽管中方提出了合理的报价,经过反复磋商,仍未与日方达成协议,眼看谈判要不欢而散。中方代表并没有责怪对方,而是用一种委婉谦逊的口气向日方道歉:"你们这次来中国,我们照顾不周,请多包涵。虽然这次谈判没有取得成功,但这段时间里我们建立了深厚的友谊。协议没达成,我们不怪你们,毕竟你们的权力也有限。希望你们回去能及时把情况反应给你们的总经理,谈判的大门随时向你们敞开。"

日方代表认为一旦谈判失败,中方一定会给予冷遇,没想到中方在付出巨大努力、精力未果的情况下,一如既往地给予了热情的招待,非常感动。回国后,他们经过反复核算、多方了解行情,认为中方提出的报价是合理的,后来主动向中方投来"绣球"。在双方共同努力下,第二次谈判终于取得了圆满成功。

在第一次失败的情况下,若是责怪、冷遇对方,谈判之门重开的可能性就很小了。

5.1.3 成交后的工作

1. 为双方祝贺

双方互相接受了彼此的条件,双方交易即告达成。成交后,要由衷赞美对方的谈判能力,这样可以平衡和安慰对方的心理,为签约和履约打下基础。最大限度地避免对方临时反悔。千万不要得意忘形,自找麻烦。雅一点可以说:"吴总,这几天谈判真是峰回路转,最后在我们共同努力下终于成交,您的阅历和耐力令晚辈佩服。""是啊,马经理,与你谈判我感到力不从心啊。世界是你们的。呵呵,为我们的成交干杯。"俗一点可以说:"吴总,您是我遇到的最厉害的总经理。以后我小马就背靠您这棵大树好乘凉了。呵呵。""小马,不要客气,你是一匹千里马。我们公司也缺你这样的人才。这回给你这么大的订单,回去升一级是板上钉钉了。下一步好好干。"

2. 起草协议并仔细审核

谈判结果要靠严密的协议来确认和保证,协议是对谈判成果的记录和确认,两者之间应该完全一致,不得有任何误差。但实际情况中,常常有人有意无意地在签订协议时故意更改谈判的结果,如故意在日期上、数字上以及关键的概念上做文章。如果己方对此有所疏忽,在有问题的协议上签了字,那么协议就和口头表达偏离了,双方的交易关系一切都以协议为准,再想后悔已经没有办法了。因此,将谈判成果转变为协议形式的成果是需要花费一定力气的,不能有任何松懈,所以,在签订协议之前,应与对方就全部的谈判内容、交易条件进行最终确认。协议签字时,再将协议的内容和结果一一对照,仔细审核,如有疑问请教专家,确认无误后方可签字。

阅读与思考5-1　　成交信号的识别

成交信号是指商务谈判的各方在谈判过程中所传达出来的各种希望成交的暗示。对大多数商务谈判人员而言,如何第一时间识别对方发出的成交信号,在对方发出此类信号时能往成交的方向引导,并最终促成成交,成为所有成功谈判的"必杀技"。而一些经验欠丰富的谈判人员,往往在对方"暗送秋波"——发出成交信号时,仍然"不解风情",南辕北辙,导致最终与成交擦肩而过,失之交臂。那如何成功识别对方的"秋波"呢?

1. 成交的语言信号

在谈判过程当中,谈判对手最容易通过语言方面的表现流露出成交的意向,经验丰富的谈判人员往往能够通过对对手的密切观察及时、准确地识别对手通过语言信息发出的成交信号,从而抓住成交的有利时机。

(1)某些细节性的询问表露出的成交信号。

当对手产生了一定的成交意向之后,如果谈判人员细心观察、认真揣摩,往往可以从他(她)对一些具体信息的询问中发现成交信号。比如,他们向你询问一些比较细致的产品问题,向你打听交货时间,向你询问产品某些功能及使用方法,向你询问产品的附件与赠品,向你询问具体的产品维护和保养方法,或者向你询问其他老客户的反映、询问公司在客户服务方面的一些具体细则等等。在具体的交流或谈判实践当中,对手具体采用的询问方式各不相同,但其询问的实质几乎都可以表明其已经具有了一定的成交意向,这就要求谈判人员迅速对这些信号做出积极反应。

(2)某些反对意见表露出的成交信号。

有时,对手会以反对意见的形式表达他们的成交意向,比如他们对产品的性能提出质疑,对产品的某些细微问题表达不满,等等。对手有时候提出的某些反对意见可能是他们真的在某些方面存在不满和疑虑,谈判人员需要准确识别成交信号和真实反对意见之间的区别,如果一时无法准确识别,那么不妨在及时应对反对意见的同时,对他们进行一些试探性的询问以确定对手的真实意图。

2. 成交的行为信号

有时,对手可能会在语言询问中采取声东击西的战术,比如他们明明希望产品的价格能够再降一些,可是他们却会对产品的质量或服务品质等提出反对意见。这时,谈判人员很难从他们的语言信息中有效识别成交信号。在这种情形下,谈判人员可以通过对手的行为信息探寻成交信号。

比如当对方对样品不断抚摸表示欣赏之时,当他们拿出产品的说明书反复观看时,在谈判过程中忽然表现出很轻松的样子时,当对方在你进行说服活动时不断点头或很感兴趣地聆听时,当他们在谈判过程中身体不断向前倾时,等等。

当对手通过其一定的行为表现出某些购买动机时,谈判人员还需要通过相应的推荐方法进一步增加对手对产品的了解,比如当对手拿出产品的说明书反复观看时,谈判人员可以适时地针对说明书的内容对相关的产品信息进行充分说明,然后再通过语言上的询问进一步确定对手的购买意向,如果对手并不否认自己的购买意向,那么谈判人员就可以借机提出成交要求,促进成交的顺利实现。

3. 成交的表情信号

对手的面部表情同样可以透露其内心的成交欲望。比如,当对手的眼神比较集中于你的说明或产品本身时,当对手的嘴角微翘、眼睛发亮显出十分兴奋的表情时,或者当对手渐渐舒展眉头时,等等,这些表情上的反应都可能是对手发出的成交信号,谈判人员需要随时关注这些信号,一旦对手通过自己的表情语言透露出成交信号之后,谈判人员就要及时做出恰当的回应。

每日一练 **自己试着和同学一起交流,总结成交后的工作要点。**

完成子任务 5.1 后进行自我测试:你是否已明确成交阶段的不同策略?

5.2 合同的概述

合同是适应私有制的商品经济的客观要求而出现的,是商品交换在法律上的表现形式。商品生产产生后,为了交换的安全和信誉,人们在长期的交换实践中逐渐形成了许多关于交换的习惯和仪式。这些商品交换的习惯和仪式便逐渐成为调整商品交换的一般规则,于是商品交换的合同法律形成便应运而生了。

因此,合同是商品生产和商品交换发展到一定历史阶段的产物,是反映市场经济的一种法律制度。

5.2.1　合同的概念

合同又称契约。合同是反映交易的法律形式。大陆法学者基本上认为合同是一种合意或协议。英美法学者大都认为合同是一种允诺。而我国民法理论在合同定义上,基本上继受了大陆法的概念,认为合同是一种合意或协议。例如,《中华人民共和国民法典》(以下简称《民法典》)第464条:合同是民事主体之间设立、变更、终止民事法律关系的协议。

5.2.2　合同的特点

依据《民法典》对合同的界定,合同具有以下法律特点:

1. 合同是平等主体的自然人、法人和其他组织所实施的一种民事法律行为

民事法律行为作为一种民事法律事实,它是民事主体实施的能够引起民事权利和民事义务的产生、变更或终止的合法行为,它在性质上不同于事实行为。所谓事实行为,是指不以意思表示为要件,并不能产生当事人预期的法律效果的行为。如侵权行为、拾得遗失物、加工等。事实行为并不是法律行为,因此与合同是不同的。合同作为民事法律行为,在本质上属于合法行为。这就是说,只有在合同当事人所作出的意思表示是合法的、符合法律要求的情况下,合同才具有法律约束力,并应受到国家法律的保护。而如果当事人作出了违法的意思表示,即使达成协议,也不能产生合同的效力。由于合同是一种民事法律行为,因此民法关于民事法律行为的一般规定,如民事法律行为的生效要件、民事行为的无效和撤销等,均可适用于合同。合同是由平等主体的自然人、法人或其他组织所订立的,也就是说,订立合同的主体在法律上是平等的,任何一方都不得将自己的意志强加给另一方。因而因欺诈、胁迫、乘人之危、重大误解、显失公平等意思表示不真实而成立的合同,在法律上都属于无效或可撤销的合同。

2. 合同以设立、变更或终止民事权利义务关系为目的和宗旨

这就是说,一方面,尽管合同主要是债权债务关系的协议,但也不完全限于债权债务关系,而要涉及整个民事关系。另一方面,合同不仅导致民事法律关系的产生,而且可以成为民事法律关系变更和终止的原因。所谓产生民事权利义务关系,是指当事人订立合同旨在形成某种法律关系(如买卖关系、租赁关系),从而具体地享受民事权利、承担民事义务。所谓变更民事权利义务关系,是指当事人通过订立合同使原有的合同关系在内容上发生变化。变更合同关系通常是在继续保持原合同关系效力的前提下变更合同内容。如果因为变更使原合同关系消灭并产生一个新的合同关系,则不属于变更的范畴。所谓终止民事权利义务关系,是指当事人通过订立合同,旨在消灭原合同关系。无论当事人订立合同旨在达到何种目的,只有当事人达成的协议依法成立并生效,就会对当事人产生法律效力,当事人也必须依照合同的规定享有权利和履行义务。

3. 合同是当事人协商一致的产物或意思表示一致的协议

由于合同是合意的结果,因此它必须包括以下要素:第一,合同的成立必须要有两个以上的当事人。第二,各方当事人须互相作出意思表示。这就是说,当事人各自从追求自身的利益出发而作出意思表示,双方的意思表示是交互的才能成立合同。第三,各个意思表示是一致的,也就是说当事人达成了一致的协议。协议一词,在民法中有时作为合同的同义语,也可以指当事人之间形成的合意。由于合同是两个或两个以上的意思表示一致的产物,因此当事人只有在平等、自愿基础上进行协商,才能使其意思表示达成一致,如果不存在平等自愿,也就没有真正的合意。由于合同在本质上是一种协议,因此合同与能够证明协议存在的合同书是不同的。在实践中,许多人将合同等同于合同书,认为只有存在着合同书才有合同关系的存在,这种理解是不妥当的。合同书和其他有关合同的证据一样,都只是用来证明合同关系的存在及内容的证据,但其本身不能等同于合同关系,也不能认为只有合同书才有合同关系。

5.2.3 合同的形式

合同的形式是指缔约当事人所达成的协议的表现形式。合同的形式是由合同及内容决定的。对于比较复杂的合同,法律一般规定采用书面等形式。而对众多的简单的公民民间的合同,一般都由当事人协商选择合同的形式。我国《民法典》第469条:当事人订立合同,有书面形式、口头形式和其他形式。

经济合同的形式是指经济合同当事人之间明确权利义务的表达方式,也是当事人双方意思表示的表现方法。根据经济合同法规定,经济合同的形式主要有口头形式和书面形式两种。这是我国法律对合同形式的一般规定。实践中常见的合同形式有以下几种:

1. 口头形式

口头形式是指当事人双方用对话方式表达相互之间达成的协议。当事人只用语言为意思表示订立合同,而不用文字表达协议内容的形式。口头形式简便易行,在日常生活中经常被采用。当事人在使用口头形式时,应注意只能是及时履行的经济合同,才能使用口头形式,否则不宜采用这种形式。集市的现货交易、商店里的零售等一般都采用口头形式。合同采取口头形式,毋须当事人特别指明。凡当事人无约定、法律未规定须采用特定形式的合同,均可采用口头形式。但发生争议时当事人必须举证证明合同的存在及合同关系的内容。合同采取口头形式并不意味着不能产生任何文字的凭证。但这类文字材料只能视为合同成立的证明,不能作为合同成立的要件。口头形式的缺点是发生合同纠纷时难以取证、不易分清责任。所以,对于不能即时清结的合同和标的数额较大的合同,不宜采用这种形式。

2. 书面形式

书面形式是指合同书、信件以及数据电文(包括电报、电传、传真、电子数据交换和电子邮件)等可以有形地表现所载内容的形式。当事人协商同意的有关修改合同的文书、电报和图表,也是合同的组成部分。例如:一方当事人用电报购货,对方复电同意,即可认为双方有书面合同。

书面形式较口头形式复杂,但其权利义务记载明确,不易发生争议,即使发生争议也有据可查,容易解决。

3. 公证形式

公证形式是当事人约定或者依照法律规定,以国家公证机关对合同内容加以审查公证的方式,订立合同时所采取的一种合同形式。公证机关一般均以合同的书面形式为基础,对合同内容的真实性和合法性进行审查确认后,在合同书上加盖公证印鉴,以资证明。经过公证的合同具有最可靠的证据力,当事人除有相反的证据外,不能推翻。我国法律对合同的公证采取自愿原则。合同是否须经公证,一般由当事人自行约定。当事人要求必须公证的合同就须公证,不经公证不生效。但对一些重要的合同种类,法律也可以规定必须进行公证。当事人和法律都可以赋予合同的公证形式以证据效力或者成立生效的效力。

4. 鉴证形式

鉴证形式是当事人约定或依照法律规定,以国家合同管理机关对合同内容的真实性和合法性进行审查的方式订立合同的一种合同形式。鉴证是国家对合同进行管理和监督的行政措施,只能由国家行政主管机关进行。鉴证的作用在于加强合同的证明,提高合同的可靠性。鉴证也采取自愿原则。除国家规定必须鉴证的合同外,鉴证机关根据当事人的申请进行鉴证。对于地方性法规规定必须予以鉴证的合同,在作出鉴证规定的行政区域内签订时应从其规定。

5. 批准形式

批准形式是指法律规定某些类别的合同须经国家主管机关批准才能生效的一种合同形式。这类合同除具有一般合同生效要件外,还必须以书面形式报经有关主管机关批准。合同的批准形式是国家对某些特殊类别的合同所作的规定,法律不要求采取批准形式的当事人不能采取批准形式。

6. 登记形式

登记形式是指当事人依照法律规定,将合同提交主管机关登记而订立合同的一种方式。登记形式一般常见于不动产买卖、转让合同,如房屋买卖合同。在美英法中,动产的转让也可采取登记的方式。在我国,专利法规转让专利权利应当由国家专利局登记并公告,专利权自公告之日起转移。登记、公告成为专利权转让合同的生效条件。

7. 合同确认书

确认书较正式合同简单,是买卖双方在通过交易磋商达成交易后,寄给双方加以确认的列明达成交易条件的书面证明,经买卖双方签署的确认书,是法律上有效的文件,对买卖双方具有同等的约束力。确认书包括销售确认书和购货确认书。

确认书实际上是与承诺联系在一起的,双方达成协议以后,一方要求以最后的确认为准,这样确认书实际上就是对其要约所做出的最后的,明确的,肯定的承诺。

《民法典》第 491 条:当事人采用信件、数据电文等形式订立合同要求签订确认书的,签订确认书时合同成立。

5.2.4　合同的种类

《民法典》合同分通则、典型合同、准合同三部分,共 29 章 526 条。合同作为法律形式的存在,其类型由于合同内容的多样化和复杂化而各不相同。依据不同的标准可以分为不同的类型,下面简单予以介绍:

1. 双务合同和单务合同

根据当事人双方权利义务的分担方式,可把合同分为双务合同与单务合同。

双务合同(bilateral contract),是指当事人双方相互享有权利、承担义务的合同。如买卖、互易、承揽、运送、保险等合同等为双务合同。又如租赁合同,出租人负有将租赁物交付承租人的义务,享有收取租金的权利,承租人享有使用租赁物的权利,负有支付租金的义务。

单务合同(unilateral contract),是指当事人一方只享有权利,另一方只承担义务的合同。如赠与合同就是单务合同。在赠与合同中赠与人承担交付赠与物的义务,受赠人享有受领赠与物的权利,受赠人对赠与人没有债务关系。

摩托车赠与协议书

经双方自愿同意签定以下协议:(赠车方简称为甲方,受赠方简称为乙方)

赠车方(甲方):

受赠方(乙方):

一、甲方将车主的　　　摩托车,赠送给乙方,车牌号:　　　,发动机号:　　　乙方自愿接收该摩托车。

二、该车自交车之日起(时间20　年　月　日起)所发生的交通事故及违法活动均由乙方负责与甲方无关。

三、因双方赠与车辆为旧机动车车辆,故双方签定协议。

四、该协议书一式两份,双方签字生效,双方不得违约,本协议经双方签字后生效。

赠车方(甲方):　　　　　　　　身份证号:

受赠方(乙方):　　　　　　　　身份证号:

图 5-1　摩托车赠与合同

2. 有偿合同与无偿合同

根据当事人取得权利是否以偿付为代价,可以将合同分为有偿合同与无偿合同。

有偿合同(onerous contract),是指当事人一方只享有合同规定的权益,必向对方偿付相应代价的合同。

无偿合同(gratuitous contract),是指当事人一方只享有合同规定的权益,不必向对方偿付任何代价的合同。

有些合同只能是有偿的,如买卖、互易、租赁等合同;有些合同只能是无偿的,如赠与等合同;有些合同既可以是有偿的也可以是无偿的,由当事人协商确定,如委托、保管等合同。双务合同都是有偿合同,单务合同原则上为无偿合同,但有的单务合同也可为有偿合同,如有息贷款合同。

3. 有名合同与无名合同

根据法律是否设有规范并赋予一个特定名称为标准,合同可分为有名合同与无名合同。

有名合同(famous contract),又称典型合同,是指法律设有规范,并赋予一定的名称的合同。如我国《民法典》规定的买卖、借款、租赁等十九大类合同均为有名合同。

无名合同(innominate contract),又称非典型合同,是指法律尚未特别规定,未赋予一定名称的合同。合同法信奉合同自由原则,在不违反社会公德和社会公共利益以及强制规范的前提下,允许当事人订立任何内容的合同。随着社会的不断发展变化,交易活动日益复杂,当事人往往需要在法定合同类型之外,另创新型态的合同,以满足不同需要。非典型合同产生以后,经过一定的发展阶段,具有一定的成熟性和典型性时,合同立法就将适时规范,使之成为典型合同。

此种区分的法律意义在于,对于有名合同,由于专门法律对其有详细的规定,因而首先适用这些规定;没有规定的,才适用一般的原则性规定。对于无名合同,只能在适用我国《民法典》通则的同时,根据合同的性质,比照适用近似的有名合同的规定。

4. 诺成合同与实践合同

根据合同的成立是否以交付标的物为要件,可将合同分为诺成合同与实践合同。

诺成合同(consensual contract),又称不要物合同,是指当事人意思表示一致即可成立的合同。这种合同双方意思表示达成合意,合同即告成立,不需要其他形式和手续,也不需要以物的交付为成立条件。如雇用合同。

实践合同(real contract),又称要物合同,是指除当事人意思表示一致外,还须交付标的物方能成立的合同。换句话说,这种合同是在当事人达成合意之后,还必须由当事人交付标的物和完成其他给付以后才能成立。如寄存合同,寄存人将寄存物交付保管人后,寄存合同方为成立。

5. 要式合同与不要式合同

根据合同的成立是否需要特定的形式,可将合同分为要式合同与不要式合同。

要式合同(formal contract),是指法律要求必须具备一定的形式和手续的合同。如,书面合同属于要式合同。而书面合同又分为一般书面合同和特殊书面合同,一般书面合同指当事人之间自行订立即发生法律效力的书面合同,特殊书面合同指当事人订立的合同经批准、登记等程序方发生法律效力的书面合同。

不要式合同(informal contract),是指法律不要求必须具备一定形式和手续的合同。如口头合同。但也必须说明,不要式合同并非排斥合同采取书面、公证等形式,只不过法律不强求特定的形式,允许当事人自由选择合同形式,当事人完全可以约定合同采取书面、公证等形式。

6. 主合同与从合同

根据合同间是否有主从关系,可将合同分为主合同与从合同。

主合同(principal contract),是指不依赖其他合同的存在即可独立存在的合同。

从合同(accessory contract),是指须以其他合同的存在为前提而存在的合同。从合同的主要特点在于其附属性,它必须以主合同的存在并生效为前提。主合同不能成立,从合同就不能有效成立;主合同转让,从合同也不能单独存在;主合同被宣告无效或被撤销,从合同也将失去效力;主合同终止,从合同亦随之终止。例如,保证合同与设立主债务的合同之间的关系,主债务合同是主合同,相对其而言,保证合同即为从合同。

7. 为订约当事人利益的合同与为第三人利益的合同

根据订立的合同是为谁的利益,可将合同分为为订约当事人利益的合同与为第三人利益的合同。

为订约当事人利益的合同(contract for the benefit of the parties),是指仅为了订约当事人自己享有合同权利和直接取得利益的合同。这种合同,第三人与合同当事人相互之间不得主张合同权利和追究合同责任。

为第三人利益的合同(contract for the benefit of the third party),是指订约的一方当事人不是为了自己,而是为第三人设定权利,使其获得利益的合同。在这种合同中,第三人既不是缔约人,也不通过代理人参加订立合同,但可以直接享有合同的某些权利,可直接基于合同取得利益,合同不得为第三人设定任何义务。合同生效后,第三人可以接受该合同权利,也可以拒绝接受该项合同权利。如为第三人利益订立的保险合同。

8. 合同与非格式合同

格式合同(standard contract),又称定型化合同、标准合同、定式合同,是指当事人一方为了重复使用而预先拟定,并在订立合同时未与对方协商的条款。采用格式条款订立的合同就是格式合同,也如保险合同。

非格式合同(non – standard contract),是指合同条款全部由双方当事人在订立合同时协商确定的合同。

对于格式合同,对方当事人只能对格式条款表示愿意或不愿意接受,一般不能对其进行修改。因此,对方当事人在签订此类合同时往往处于不利地位。

此外,根据不同的划分标准,又可以将合同划分为有效合同与无效合同;国内合同与涉外合同;传统合同与电子合同等。总之,合同的类型是按一定标准对其进行划分的结果;随着商品交换和内容的复杂化,合同也在不断地发展和变化之中,掌握合同的共性和特性,对于实践的运用有着一定的意义。

例5-3　格式条款须由格式合同双方当事人协商一致方为有效

2005年3月16日,郭某到洁净干洗店干洗大衣。其大衣为乳白色,郭某对店员嘱咐不仅要洗干净,且最好不要与其他深色衣服混洗。店员答应后并给郭某一张取衣单。3月20日,郭某去取衣服时,发现衣袖被污染了大块红渍。经洗衣店重洗后,大衣上仍有红色污渍。郭某要求干洗店赔偿其大衣价款1 880元。干洗店承认因自己过失造成大衣污损,但声称本店取衣单背面印有"顾客须知"其中第三条说明,衣物如有污损,赔偿价格最高为1 000元。郭某不同意遂向法院起诉,请求判决干洗店"顾客须知"第三条内容无效,干洗店赔偿自己大衣款1 880元。法院经审理认为,干洗店的"顾客须知"属格式合同,该"顾客须知"第三条属格式条款,该条款单方减轻洗衣店的责任,造成不公平,不合理的结果,依照《合同法》第三十九条、第四十条的规定,该条款无效,干洗店应赔偿郭某1 880元。

阅读与思考5-2　格式条款

格式条款是当事人为了重复使用而预先拟定的,并在订立合同时未与对方协商的条款。格式合同与格式条款的出现是社会经济发展的产物,其出现的原因主要有:①一些行业搞垄断和专营,如公用事业,则由处于垄断地位的单位单方制定格式合同与格式条款;②基于便捷、快速的需要,如服务行业的某些单位制定统一的格式合同适用于所有消费者。

格式条款是由提供商品或服务的一方单方拟定的,因此,往往制定方偏于保护自己的利益,减轻和免除自己的责任,从而造成不公平、不合理的后果。因此,格式条款订入合同后,在签订合同时,制定格式条款的一方必须要提请对方注意格式条款,使对方了解格式条款内容,对方与制定方对格式条款协商一致,格式条款才有效。如果格式条款有不公平、不合理的规定,减轻、免除制定方的责任,则该条款应当无效。

因此,我国《合同法》第三十九条规定:"采用格式条款订立合同的,提供格式条款的一方应当遵循公平原则确定当事人之间的权利和义务,并采取合理的方式提请对方注意免除或者限制其责任的条款,按照对方的要求,对该条款予以说明。"《合同法》第五十二条规定:"有下列情形之一的,合同无效:(一)一方以欺诈、胁迫订立合同,损害国家利益;(二)恶意串通,损害国家、集体或者第三人利益;(三)以合法形式掩盖非法目的;(四)损害社会公共利益;(五)违反法律、行政法规的强制性规定。"第五十三条规定:"合同中的下列免责条款无效:(一)造成对方人身伤害的;(二)因故意或者重大过失造成对方财产损失的。"

每日一练　**自己试着拿一份合同,分析其所属的类型。**

完成子任务5.2后进行自我测试:你是否能够列举一些与合同种类相对应的案例?

5.3　合同的签订

合同签订是商务谈判中常见的一项内容,谈判者必须了解合同法对订立程序的规定以及对合同内容的规定,才能保证所签订的合同能够受到法律的保护。

5.3.1　合同订立的程序

合同的订立又称缔约,是当事人为设立、变更、终止财产权利义务关系而进行协商、达成协议的过程。

既然合同为一种协议,就须由当事人各方的意思表示一致即合意才能成立。当事人为达成协议,相互为意思表示进行协商到达成合意的过程就是合同的订立过程。《民法典》第471条规定:"当事人订立合同,可以采取要约、承诺方式或者其他方式。"下面介绍合同订立程序中的两个重要阶段:要约和承诺。

1. 要约

1)要约的概念及其必要条件

要约是指一方当事人向他人作出的以一定条件订立合同的意思表示。前者称为要约人,后者称为受要约人。要约要取得法律效力,应该具备如下条件:

第一,要约是由特定人作出的意思表示。这一特定的人是自然人还是法人,是本人还是代理人可以在所不问,但他必须是客观上可以确定的人。只有这样,受要约人才能对之承诺。

第二,要约必须具有订立合同的意图。要约人应表明,一经受要约人承诺,要约人即受该意思表示的约束,与之建立合同关系。

第三,要约必须是向相对人发出的意思表示。否则,就没有承诺的对象,也不可能有承诺法律效果的产生。要约的相对人可以是特定的人,也可以是不特定的人。向特定的人发出要约,通常是某一具体的法人或自然人。向不特定的人发出要约,一般是指向社会公众发出的要约,如悬赏广告。

第四,要约的内容必须具体、确定。要约的目的在于取得相对人的承诺,建立合同关系。要约能否为相对人所接受,关键是拟订立的合同对其亦有利。因此,要约除须表明要约人订立合同的愿望以外,还须表明拟订立合同的主要条款,如标的、数量和质量、价款或报酬、履行期限、地点和方式,违约责任,争议的处理方法以及要求对方答复的期限等,以供被要约人考虑是否承诺。

第五,要约必须送达到受要约人。要约只有在送达受要约人以后才能为受要约人所知悉,才能对受要约人产生实际拘束力,如果要约在发出以后,因传达要约的信件丢失或没有传达,不能认为要约已经送达。

在合同实务中,应该注意要约与要约邀请的区别。要约邀请又称要约引诱,是指行为人邀请他人向其提出要约。要约引诱不是合同订立的必要程序,因而不具有法律意义,即对行为人不具法律约束力。虽然要约邀请的最终目的是订立合同,但它本身不是要约而是邀请他人向自己提出要约,由此而发的要约,须经发出要约邀请的一方表示承诺,合同才能成立。可见,要约邀请确切地说,仅是当事人订立合同的一种预备行为。在实际生活中,拍卖公告、招标、寄送商品目录及价目表、广告等,都是较为常见的要约邀请。

2)要约的形式

要约作为一种意思表示,可以以书面形式作出,也可以以对话形式作出。书面形式,包括信函、电报、电传、传真等函件。究竟以什么形式作出,应根据法律规定或具体合同而定。法律规定某种要约必须采用书面形式的,应依照法律规定;无法律规定的,当事人可视具体合同自由选择要约形式。

3)要约的法律效力和要约的撤回、撤销

要约的生效时间因要约形式的不同而有所区别。口头形式的要约,自受要约人了解要约时发生效力。书面形式的要约,其发生法律效力的时间有发信主义和受信主义两种学说。前者主张要约于要约人向受要约人发出要约即发生效力,而不管受要约人是否收到。后者主张要约必须到达受要约人时,方发生法律效力。此外,还有人主张了解主义即要约于到达受要约人并被其了解时发生法律效力。我国民法理论和司法实践均采用受信主义。

要约法律效力的存续期间依其要约形式的不同可以分以下两种情况:

(1)以口头形式发出要约,其要约中定有承诺期限的,受要约人在约定期限内作出的承诺,对要约人有拘束力。口头要约中未定有承诺期限的,仅在受要约人立即承诺时,才对要约人有拘束力,如果受要约人没有立即对口头要约作出承诺,要约随即丧失效力。

(2)以书面形式发出的要约,其要约中定有承诺期限的,于期限届满对要约人丧失拘束力。书面要约中没有规定承诺期限的,则在依通常情形能够收到承诺所需的一段合理期间内,对要约人有拘束力。在合理期限内要约未被承诺时,要约即丧失法律效力。何谓合理期间,通常要考虑三个因素:

①要约到达于受要约人的必要期间;

②受要约人考虑接受承诺与否需要的必要期间;

③承诺发出至到达要约人所需要的必要期间。

在合同实践中,确定这三段时间的合理与否,则要根据每个要约的具体情况而定,一般要考虑要约内容的繁简,发送要约或者承诺通知所采取的方法迅速与否以及是否受到非常事件的影响等等。

但是,属于以下情况之一的,要约对要约人不再具有拘束力:①拒绝要约的通知到达要约人的;②要约人依法撤销要约的;③承诺期限届满,受要约人未作出承诺的;④受要约人对要约的内容作出实质性变更的;⑤要约人死亡或丧失民事行为能力,或者作为法人的要约人被撤销的。

要约生效前是可以撤回的。要约人撤回要约,应当向对方发出通知。撤回要约的通知先于或同时到达对方的,撤回生效。撤回通知按照通常情形可以先期到达或者同时到达对方,因途中障碍而迟到的,收到人应当于收到撤回通知时立即将迟到的情形通知对方;未立即通知对方的,视为撤回通知未迟到。迟到的撤回通知无效。要约也是可以撤销的。撤销要约的通知应当在受要约人发出承诺通知之前到达受要约人。有下列情形要约不得撤销：①要约人确定了承诺期限或者以其他方式明示要约不可撤销；②受要约人有理由认为要约是不可撤销的，并已经为履行合同作了准备工作。

4）交叉要约

是指当事人一方向对方要约，适值对方亦为同一内容的要约，而且双方当事人彼此都不知道有要约的现象。交叉要约是当事人订立合同的特殊方式。由于两个要约在内容上一致但发出要约的双方彼此没有未进行协商，即没有合意。如甲对乙作出为订立合同的要约，而乙对甲也作出了同样内容的要约。此时双方的意思表示的内容完全一致，而且双方均有订立合同的意思表示，并且发出要约的时间也几乎在同时。既然双方有相同的意思表示，法律即可推定其必互有承诺的结果，所以认定合同成立。合同成立的时间以后一个要约到达对方当事人时为准。由于此种情况下难以认定谁是要约人谁是承诺人，因此将此种特别方式作为合同成立的方式之一。

2. 承诺

1）承诺的概念及其必备条件

承诺是指受要约人在合理期限内完全同意要约内容的意思表示。有效的承诺具备如下条件：

第一，承诺必须由受要约人作出。要约和承诺是一种有相对人意思表示，因此，承诺非受要约人作出不可。受要约人以外的任何第三人即使知道要约的内容并对此作出同意的意思表示，也不能认为是承诺。受要约人，通常是指受要约人本人，但也包括其授权的代理人。代理人在授权范围内所作的承诺与受要约人的承诺具有同等效力。

第二，承诺必须是在合理期限内向要约人发出。所谓“合理期限内”是指：要约确定承诺期限的，所确定的期限内即为合理期限；要约未确定承诺期限的，通常认为合理的时间内即为合理期限。

第三，承诺必须与要约的内容相一致。若受要约人对要约的内容作出实质性变更者，则是一种新的要约。所谓“实质性变更”，是指有关合同标的、数量、质量、价款或者报酬、履行期限、履行地点和方式、违约责任和解决争议方法等的变更。

2）承诺的形式

作为意思表示的承诺，其表现形式应与要约相一致，即要约以什么形式作出，承诺也应以什么形式作出。承诺的形式还应注意三个问题：①对于以对话形式作出要约的承诺，除要约有期限外，一般应即时作出，过后承诺的，要约人有权拒绝；②依法必须以书面形式订立的合同，其承诺必须以书面形式作出；③除有特别规定或约定外，沉默不能视为承诺的形式。

3）承诺的生效时间和承诺撤回

承诺的生效，也就意味着合同成立，因此，承诺时间至关重要。在我国，承诺生效的时间依据《民法典》第 484 条规定：以通知方式作出的承诺，生效的时间适用本法第 137 条的规定。（《民法典》第 137 条规定：“以对话方式作出的意思表示，相对人知道其内容时生效。以非对话方式作出的意思表示，到达相对人时生效。以非对话方式作出的采用数据电文形式的意思表示，相对人指定特定系统接收数据电文的，该数据电文进入该特定系统时生效；未指定特定系统的，相对人知道或者应当知道该数据电文进入其系统时生效。当事人对采用数据电文形式的意思表示的生效时间另有约定的，按照其约定。”）承诺不需要通知的，根据交易习惯或者要约的要求作出承诺的行为时生效。

承诺生效前也是可以撤回的。承诺撤回的程序、要求，与要约撤回的程序、要求完全相同。

5.3.2 合同成立与合同生效

合同成立与合同生效，是合同法中两种紧密相连而又截然不同的制度。其中，合同成立是生效的前提，合同不成立就不可能生效。然而，在司法实践中常常将合同成立与生效、不成立与无效相混淆，缺乏深入的分析。本文从民事法律行为理论的角度对合同成立与生效制度展开分析，以期将对合同成立与生效的研究引向深入。

1. 合同成立与生效的意义

合同是一种典型的民事法律行为，是当事人通过意思表示达成的协议。依据《民法典》第502条规定："依法成立的合同，自成立时生效，但是法律另有规定或者当事人另有约定的除外。"将合同成立与合同生效区分为两种不同制度并将理论转化为现实立法，为解决合同纠纷提供了明确的法律依据，并有效排除了司法实践中的混乱。

1）合同成立的含义

所谓合同成立，是指订约合同当事人就合同的主要条款协商一致。所谓协商一致，即指当事人之间的意思表示一致，又称合意。从成立的含义可看出，成立是当事人意思表示一致的一种事实状态。

合同法对合同成立时间的规定有以下几种：

①承诺生效时合同成立；②当事人采用合同书形式订立合同的，自双方当事人签字或盖章时合同成立；③当事人采用信件、数据电文等形式订立合同的，可以在合同成立之前要求签订确定书，签定确定书时合同成立；④法律、行政法规规定或者当事人约定采用书面形式订立合同，当事人未采用书面形式但一方已经履行主要义务，对方接受的，该合同成立；⑤采用合同书形式订立合同，在签字或者盖章之前一方已经履行主要义务，对方接受的，该合同成立。

例5-3　　合同成立与交叉要约

刘某是个体户，经营日用百货。2020年11月，刘某决定改行，想要处理库存存货。商某得知后，前去看货，但当时未与刘某达成协议，而是告诉刘某说其与妻子商量后再与刘某联系。商某与妻子商议后，在2020年11月15日向刘某发函称：如果所有货物按批发价出售，我们就买，并要求刘某在5日内回话。恰在此时，刘某也在11月15日向商某去信称："所有货物按批发价处理，你是否购买？请于15日内答复。"11月18日刘某收到了商某的信后，认为已与商某成交，遂拒绝了其他客户。而商某在11月18日收到刘某的信后，听说百货生意现在比较难做，心生悔意，不再想购买刘某的货物，于是商某在11月22日向刘某发出一封电报，表示不买这批货物了。刘某获电，十分气愤，诉诸法院，要求维护双方已达成的交易。

根据《民法典》第471条规定："当事人订立合同，可以采取要约、承诺方式或者其他方式。"虽然在本案中，刘某与商某就同一宗百货按批发价购销的生意同时相互致函，且函的内容一致，但这只是双方当事人之间同时相互发出内容相同的要约（交叉要约），不能以此认为合同当然成立，合同的成立仍然应当经过受要约人的承诺。在这种交叉要约的情形下，发出要约的双方都享有撤回要约、撤销要约或者拒绝承诺的权利。在本案中，商某在收到刘某要约的有效期内明确表示拒绝承诺，同时自己的要约由于承诺期限届满，刘某未作出承诺而失效，不再具有法律约束力，双方的合同没有成立。因此，刘某诉讼的理由不能成立，商某依法不应承担违约责任。

2. 合同生效的含义

合同生效又称合同有效,是指已成立的合同发生了拘束当事人的法律效力,是法律对当事人的意思表示行为所作的肯定性评价及其产生的后果。《民法典》第502条规定:"依法成立的合同,自成立时生效,但是法律另有规定或者当事人另有约定的除外。依照法律、行政法规的规定,合同应当办理批准等手续的,依照其规定。未办理批准等手续影响合同生效的,不影响合同中履行报批等义务条款以及相关条款的效力。应当办理申请批准等手续的当事人未履行义务的,对方可以请求其承担违反该义务的责任。依照法律、行政法规的规定,合同的变更、转让、解除等情形应当办理批准等手续的,适用前款规定。"

3. 合同生效的条件

(1)依法成立的合同,合同自成立时生效。所谓依法成立的合同,是指合同订立的各个要件不存在瑕疵,也不存在违法行为,具体表现为:订立合同的主体是合法主体,没有虚假主体(如未经过工商登记的组织、被撤销的组织)情况;订立合同各方的意思表示一致,没有强迫表示的情况;合同各方的意思表示是真实的,没有虚假表示情况(如谎称有外贸经营权、谎称自己对某件财产有所有权);合同采取了法定或约定形式;合同中所涉及的经济交易是合法的,生产流通的财产是国家允许的。如果合同不具备前述所有的条件,则合同存在订立的瑕疵,可能影响合同的效力。

(2)依法律规定,合同在成立之后需要办理批准、登记手续的,合同自批准或登记之日起具有法律效力。主要是指一些如房产转让合同、车辆买卖合同等。

(3)当事人还可以约定如合同经过公证、见证或鉴证后生效等。

5.3.3 合同的主要条款

由于经济交易内容不同,合同的内容就会不同,但各种合同均有共同的基本的条款,缺少这些基本条款,合同的效力或履行就会存在问题。合同的基本条款有:

1. 当事人的基本情况

包括当事人的姓名(自然人)或名称(经济组织)、法定代表人(负责人)、委托代理人、住所(自然人的户口所在地或经常住所地、经济组织的主要办事机构或主要经营场地)、电话、传真、银行账号等。这些因素应当尽量注明,主要是为了经济交易的一般需要(如发货收货地、通信地址、联系地)和经济管理的特殊需要(如发生纠纷时司法文书送达地、强制措施的执行地)。

2. 合同标的

标的是指合同各方当事人权利义务指向的对象。如买卖合同中具体买卖的物品、演出合同中的演出行为等。

3. 数量

数量是衡量合同权利义务大小的尺度,如物品的数量(如吨、台、量、个、间),劳务的数量(如工作多少天、小时),有些标的的数量是概括性的,如承建一幢大楼,仓储一批货,中间涉及个别物品的单价,也涉及工作、服务的时间等多种数量标准。概括性数量常用于以劳务作为标的的合同中。在社会生活中,通常没有数量约定的合同,是没有效力的合同,在阶段供货合同中,可以约定以收货单计算合同数量;在大宗交易合同中,还应当约定损耗的幅度和正负尾差。

4. 质量

质量是对合同标的品质的内在要求,如货物属于优等品还是合格品,技术服务是一般技术服务还是特殊技术服务,质量高低直接影响到合同履行的质量以及价款报酬的支付数额。质量标准有不同类型,应当谨慎选用,一旦选择其一,必须忠实履行,不能"偷梁换柱"。在社会生活中,质量条款能够按国家质量标准进行约定的,则按国家质量标准进行约定,没有质量标准的标的,可约定按样品来规定质量。

5. 价款或者报酬

在约定中,除应当注意采用大小写表现合同价款外,还应当注意在大写文字的表示方式上,不能有错误、简写等情况,以免对以后的履行造成障碍。

6. 履行期限、地点和方式

履行期限是合同中确定的各方合同当事人履行各自义务的时间限度,是确认合同当事人是否违约的一个主要标准。履行期限可以有先有后,也可以同时履行。经双方协商,还可以延期履行。在连续性的交易中,有些可以不规定期限。履行地点是当事人一方履行义务另一方享受权利的地点。履行地可以是合同当事人的任何一方所在地,也可以是第三方所在地,如发货地、交货地、提供服务地、接受服务地,具体选择由当事人协商确定。确立履行地主要是为了安全、快捷、方便地履行合同义务。履行方式是当事人履行义务采取的方式。履行方式主要有两方面内容:一是合同标的的履行方式,这种方式主要有自提、送货上门、包工包料、代运、分期分批、一次性缴付、代销、上门服务等;二是价款或报酬的结算方式。这种方式有托收承付、支票支付、现金支付、信用证支付、按月结算、预支(多退少补)、存单、实物补偿等。

7. 违约责任

违约责任是合同当事人一方或各方不履行合同或没有完全履行合同时,违约方应当对守约方进行的救济措施。违约责任是为了保证合同能够顺利、完整履行而由双方自主约定的。它可以给合同各方形成压力,促使合同如约履行。违约责任的种类有:违约金、赔偿金、继续履行等。

8. 解决争议的办法

解决争议的办法是当事人就纠纷解决协商的一种可取途径。争议的解决主要有4种:一是当事人双方自行协商解决;二是由第三人介入进行中间调解;三是提交仲裁机构解决;四是向人民法院提起诉讼。

基本条款是一般合同常用的条款,除此之外,根据不同的情况,一些合同中也有特别约定的条款,如货物买卖中的标的物包装条款等。总之,合同条款由当事人自由约定,法律规定的基本条款具有指引性,不具有强制性。对于遗漏条款,当事人可以通过订立补充协议(合同)的方式进一步加以规定。

例5-4　　预期违约与履行拒绝

原告、被告于2020年9月5日签订了一份棉花购销合同。合同规定:被告向原告供应甲级皮棉1 000担,每担220元,共计22万元;交货时间为该年11月中旬;交货方式为原告自提;原告应向被告交付4万元定金。合同订立后,原告立即向被告交付了定金,并于5天后,与本省某纱厂订立购销甲级皮棉的合同,合同规定原告向纱厂供应甲级皮棉1 000担,每担300元。如果一方违约应按价款的 20% 承担违约责任。同年 9 月 25 日,被告法定代理人向原告的经办人打来电话,声称由于雨水过多,棉花长势不好,不能按合同约定的数量交货。原告立即派人赴被告处了解详细情况,后得知雨水问题并未影响棉花的收成,被告不愿交货的真正原因是棉花价格不断上涨,被告已与外市的一家贸易公司签订了一份购销合同,价格肯定高于被告与原告约定的价格。原告多次要求与被告协商希望被告能按期交货,但均遭到被告拒绝。原告为防止被告向他人交付货物,遂于当年 10 月 10 日在法院提起诉讼,要求被告实际履行,如不实际履行,则应承担双倍返还定金,赔偿其利润损失,以及为其向纱厂支付 6 万元违约金的责任。

在本案中,合同规定的履行期限为 11 月中旬,但被告在履行期到来之前,明确表示不能按合同规定数量交货,在无正当理由的情况下,原告多次要求与被告协商,希望被告能按期交货,却遭到被告拒绝,被告行为实际上已构成预期违约。这种预期违约在民法上常常被称为“明示毁约”,它是指在履行期到来之前,一方明确和肯定地向另一方表示在履行期到来以后将不履行合同义务,且这种不履行合同义务的表示无正当理由。既然一方当事人在无正当理由的情况下,明确表示要毁约,那么即使这种行为发生在履行期到来以前,在性质上也属于一种故意违约行为。

阅读与思考 5-3　　合同成立与合同生效

合同成立是指双方当事人意思表示达成了一致;合同生效是指成立后的合同在法律上得到了肯定性评价。二者的区别可以表述为:

(1)合同生效是以合同成立为前提的,合同不成立即无所谓生效问题。反之,一个合同生效了,则意味着它已经成立了。

(2)合同成立后不一定就生效。合同成立后是否生效,主要分为几种情况:①大多数合同成立即生效,也即合同成立与合同生效是在同一时间;②合同成立后永远不生效,也即无效合同;③合同成立后效力处于悬空状态,是否生效要看合同成立时缺乏的生效要件后来能否得到补正,即效力待定的合同;④合同成立后并不立即生效,生效时间视所附期限于何时到来,即附始期的合同;⑤合同成立后并不立即生效,能否生效,要视所附条件能否实现而定,即附延缓条件的合同;⑥合同成立后并不能立即生效,只有完成了应当办理的批准、登记手续后才生效。

在实践中,区分合同成立与合同生效有助于正确处理有关的纠纷。在合同条款不清楚或者不完备的情况下,应该将两者区分开来。

每日一练　自己试着比较合同成立与合同生效的异同。

完成子任务 5.3 后进行自我测试:请你独立分析合同中的一些主要条款在不同的合同签订中是如何表述的?

5.4 电子合同

电子合同又称电子商务合同，根据联合国国际贸易法委员会《电子商务示范法》以及世界各国颁布的电子交易法，同时结合我国《合同法》的有关规定，电子合同可以界定为：电子合同是双方或多方当事人之间通过电子信息网络以电子的形式达成的设立、变更、终止财产性民事权利义务关系的协议。通过上述定义可以看出电子合同是以电子的方式订立的合同，其主要是指在网络条件下当事人为了实现一定的目的，通过数据电文、电子邮件等形式签订的明确双方权利义务关系的一种电子协议。

5.4.1 电子合同的概念

电子合同是通过计算机网络系统订立的，以数据电文的方式生成、存储或传递的合同。这里"数据电文"是指经由电子手段、光学手段或类似手段生成、存储或传递的信息，数据电文包括但不限于电子数据交换(EDI)、电子邮件、电报或传真所传递的信息。

5.4.2 电子合同与传统合同的区别

电子商务合同作为一种新形式的合同，它与传统的合同在内容上无本质区别。在订立电子合同过程中，合同所起的意义和作用并没有发生改变。但其形式却发生了极大的变化：

1. 电子合同的要约和承诺是以数据电文的方式通过计算机互联网进行的

在传统合同的订立过程中，当事人一般通过面对面的谈判或通过信件、电报、电话、电传和传真等方式提出要约和接受要约，并最终缔结合同。而电子合同的当事人均是通过电子数据的传递来完成的，一方电子数据的发出(输入)即可视为要约。另一方电子数据的回送(回执)即为承诺。由于电子数据交换在功能上具有自动审断的功能，因此，电子合同的签订过程是通过互联网在计算机的操作下完成的。这是电子合同区别于传统合同的关键特征。

2. 电子合同交易主体的虚拟性和广泛性

订立电子合同的各方当事人是通过网络运作，可以互不谋面，而电子合同的交易主体没有地域上的局限性，可以是世界上的任何自然人、法人或其他组织。

3. 电子合同的成立、变更和解除无须采用传统的书面形式，具有电子化的特点

与传统合同不同，电子合同是采用电子数据交换的方法来签订合同的，因此，电子合同的内容可以完全存储在计算机内存、磁盘或者其他接收者选择的非纸质中介物(如磁带、磁盘、激光盘等)上，无须采用书面形式。

4. 电子合同生效的方式、时间和地点与传统合同不同，无须经过传统的签字

传统合同一般以当事人签字或者盖章的方式表示合同生效，而在电子合同中，传统的签字盖章方式被电子签名所代替。传统合同的生效地点一般为合同成立的地点，而采用数据电文等形式所订立的电子合同，以收件人的主营业地为电子合同成立的地点；没有主营业地的，以其经常居住地为电子合同成立的地点。传统合同一般以要约到达受要约人作为要约生效的时间，以承诺通知到达要约人作为合同生效的时间。而采用数据电文形式订立的电子合同，收件人指定特定系统接收数据电文的，该数据电文进入该特定系统的时间，视为到达时间(即生效时间)；未指定特定系统

的，该数据电文进入收件人的任何系统的首次时间，视为到达时间。

电子合同形式的变化，对于世界各国都带来了一系列法律新问题。电子商务作为一种新的贸易形式，与现存的合同法发生矛盾是非常容易理解的事情。但对于法律法规来说，就有一个怎样修改并发展现存合同法，以适应新的贸易形式的问题。

例 5-5　　方便快捷的电子合同

2016 年 1 月 23 日，宁波康尔绿色日用品有限公司业务经理费达力通过国际互联网和电子签名，与美国万顺工业有限公司签订了一笔价值 20 万美元的合同，这是 2015 年 4 月 1 日我国《电子签名法》正式实施后，浙江省签订的第一份外贸电子合同。宁波康尔绿色日用品有限公司与美国万顺工业有限公司签订合同时，双方对合同内容确认后，甲方先把电子印章——一个类似于 U 盘大小的物体插入计算机，两次输入密码后，一个红色的公司印章就印在了指定位置。之后，甲方用网络将合同传输到乙方，乙方则用同样的方法盖上电子印章。这样，一份具有法律效力的“电子合同”就生效了，而这个过程前后只用了 2 分钟。

5.4.3　电子合同的分类

电子合同的分类其目的在于，通过分类来掌握一类合同的共同特征以更好地进行研究和指导实践。电子合同作为一种民商事合同自然可以按传统合同的分类标准来划分。然而，它又是一种特殊形式的合同，具有自己的特殊性，可以按照自身的特点加以分类。

1. 信息产品合同与非信息产品合同

根据标的的不同，合同可分为货物贸易合同、服务贸易合同及知识产权贸易合同三大类。电子商务包括了传统商务的电子化，如在线进行货物买卖，在线信息服务等，这类电子合同的标的与传统合同的标的并无二致。但同时电子商务也产生了一类新的合同，即信息产品合同。

所谓信息产品，是指可以被数字化并通过网络来传播的商品。例如，在网上花店为朋友定购一束花，可以要求网上花店在指定的时间将鲜花送给自己的朋友，这是一个实务产品的买卖合同，其标的就是一束现实的鲜花；如果定购的是一束数字化的花，要求花店按时送给那位朋友，此时标的并非鲜花，可以说，我们买的是花或是图片是一串特定的电子数据，实际上它就是信息产品。与此类似，软件、数据库、书刊、音像等可以在线传播的都是信息产品。

因此，我们可以把电子合同的标的分为两类，一类是信息产品，另一类是非信息产品，从而产生信息产品合同与非信息产品合同。

2. 有形信息产品合同与无形信息产品合同

在信息产品合同中，根据数字化的信息是否具有实体形式，可分为有形信息产品合同与无形信息产品合同。数字化信息附着在有形载体上，如附着在音乐碟片、软件光盘上，可以称为有形信息产品。此类产品可以在网上订立和付款，但不能从网上下载，必须有现实的产品交付。此类购买合同可称为有形信息产品合同。数字化信息保持数字形式通过网络进行传播，购买方可以直接从网上下载，这类信息产品可称为无形信息产品。此类购买合同可称为无形信息产品合同，即从合同的订立到履行都在网上进行。

区分这两类合同的意义在于合同的履行方式不同。有形信息产品的交付可以根据《民法典》

的有关规定执行,而无形信息产品在履行的时间、履行完毕、风险承担、检验、退货等方面有其特殊性。

3. 信息许可使用合同与信息服务合同

根据合同标的性质的不同可区分为信息许可使用合同与信息访问合同。信息许可使用合同是指以转移信息产品的使用权为标的的合同,如音乐、软件的所有权人许可他人下载,在离线后仍可使用;信息服务合同是指以提供信息服务为标的的合同,如信息访问、认证服务、交易平台服务等。

5.4.4 电子合同的订立

合同的订立通常经过要约和承诺两个阶段,当事人双方在此过程中对合同的主要条款进行磋商并达成意思一致。采用电子商务方式订立的电子合同是由交易双方通过传递电子数据实现的,一些商家还在电子商务中采用智能化交易系统(即“电子代理人”)自动发送、接收或处理交易订单。

1. 要约

要约是希望和他人订立合同的意思表示,电子合同的要约是指表意人通过网络发出的希望与他人订立合同的意思表示。电子商务中的要约与传统合同法中的要约并没有实质性的区别,通过网络发布的一则信息是否构成要约其标准仍然是该信息是否具体确定、是否包含合同的主要条款且是否表明经受要约人承诺要约人即受该意思表示的约束。

电子商务中的要约在绝大多数情况下是向不特定人发出的,这是其独特之处也是其优势所在。电子商务通过网络发布信息,不论国界、不论时间任何人都能够通过网络了解。计算机网络使得即使是陌生人也有可能交流信息、达成协议、签定合同。当然网络访问者身份的不确定性带来了潜在的商业风险,但是不能因此而对要约人与受要约人做国界限制,因为这是与电子商务的开放性、国际性相违背的。

要约的生效时间。我国《民法典》对于要约的生效时间采用到达生效主义,《民法典》第137条规定:“以非对话方式作出的采用数据电文形式的意思表示,相对人指定特定系统接收数据电文的,该数据电文进入该特定系统时生效;未指定特定系统的,相对人知道或者应当知道该数据电文进入其系统时生效。当事人对采用数据电文形式的意思表示的生效时间另有约定的,按照其约定。”

要约的撤回,是指要约人在发出要约以后,在要约到达受要约人之前取消要约。电子商务中,因为网络文件传输速度非常快要约人发出要约的指令在瞬间就能到达对方信息系统,所以要约的撤回几乎是不可能的。

在受要约人没有作出承诺以前要约人完全可以撤消要约。

2. 承诺

承诺是指受要约人同意要约的意思表示。对通过网络发出的要约作出的承诺,承诺人一般通过点击、电子邮件或EDI自动交易程序进行。承诺通知到达要约人时生效。承诺不需要通知的,根据交易习惯或者要约的要求作出承诺的行为时生效。采用数据电文形式订立合同的,承诺到达的时间使用《民法典》第484条规定:“以通知方式作出的承诺,生效的时间适用本法第137条的规定。承诺不需要通知的,根据交易习惯或者要约的要求作出承诺的行为时生效。”《电子商务示范法》第十五条规定,要约和承诺的文件的送达以首先到达某一指定信息系统的时间为收到时间,如果没有指定信息系统则以收件人检索到该数据电文的时间为收到时间。

3. 签订

签订电子合同是一个简单快捷的过程:首先要使用智能文档设计工具,编辑合同内容(也可以从 Word 文档直接导入),签约双方填写相关合同信息,并确认后,甲方先用电子印章(将一个类似于 U 盘大小的物体插入计算机,两次输入密码后,用鼠标点击电子文件下方空白处,一个红色的公司印章就印在指定位置)。之后,甲方用网络将合同传输到乙方,乙方用同样的方法盖上电子印章。这样,一份具有法律效力的“电子合同”就生效了。

例 5-6　　我国首例电子合同的签署

2004 年 9 月 23 日,北京顺天府超市和联合利华(合肥)有限公司北京分公司签订了第一份电子促销合同,主要内容是顺天府十周年店庆期间与联合利华之间的促销协议。主要条款包括,顺天府超市在促销期间对联合利华产品的货柜摆放位置、海报印刷以及发放支持等;联合利华在促销期间的产品价格优惠幅度,并且保证不断货、不提供质量有问题的商品,等等。据称,这是一份厂商之间签订的最普通类型的合同。

阅读与思考 5-4　　电子合同生效时间的确认

确认电子商务合同的生效时间。按照《合同法》的规定,经过要约和承诺两个阶段,承诺生效时电子商务合同成立。要约到达受要约人时生效。采用数据信息形式签订电子商务合同,收件人指定特定系统接收数据信息的,该数据信息进入该特定系统的时间,视为到达时间;未指定特定系统的,该数据信息进入收件人的任何系统的首次时间,视为到达时间。同理,采用数据信息形式签订电子商务合同,承诺到达的时间与此相同。

合同的签订地点很重要,因为发生纠纷时,签订地点是约定管辖的重要依据。如何认定电子商务合同的签订地点? 合同法规定,当事人可以在电子商务合同成立之前要求签订确认书,签订确认书时电子商务合同成立。承诺生效的地点为电子商务合同成立的地点。采用数据信息形式订立合同的,收件人的主营业地为合同成立的地点;没有主营业地的,其经常居住地为合同成立的地点。

在电子商务纠纷中,举证是个难题,证据不好保存,也不便提取。当事人可以采取律师见证、公证机关公证、外交机构认证、工商行政管理部门鉴证以及利用先进的电子设备制成视听资料等方式保存证据。

如果发生纠纷,可以诉诸法院,也可仲裁解决。因电子商务合同纠纷引起的诉讼,由被告住所地或合同履行地人民法院管辖。

当事人在不违反民事诉讼法对级别管辖和专属管辖规定的情况下,可以按其约定的地点管辖。如果电子商务有涉外因素,形成涉外诉讼,当事人可以用书面协议选择与争议有实际联系的地点的法院管辖。选择中华人民共和国人民法院管辖的,不得违反民事诉讼法对级别管辖和专属管辖的规定。当事人可在电子商务合同中订有仲裁条款或者在事后达成书面仲裁协议,选择仲裁委员会,用仲裁方式解决纠纷。

每日一练 自己试着比较电子合同与传统合同的异同。

完成子任务5.4后进行自我测试:请你指出电子合同的签订过程?

小　结

掌握合同的相关知识,懂得合同在商务谈判过程中所起的作用和价值,是实现商务谈判目标的保障。

本任务围绕合同原理设计了各环节的基本知识,并插入了一些典型的案例,并对相关知识以阅读与思考的形式呈现。每一任务都是以子任务小结结束,希望读者在完成子任务之后,能够及时进行自我的过程性评价。

完成本任务后,读者应该能够把握合同的内涵,理解合同的不同形式及其在商务谈判中地位,并能结合实际的商务谈判进行运用。

完成本任务将为实现商务谈判的目标提供有力的保障。

核心技能与概念

场外交易策略　合同　格式合同　电子合同　有形信息产品合同

课堂讨论

1. 为什么要学习合同?
2. 你认为合同在商务谈判过程中有何具体的价值?
3. 商务谈判结束后签订合同应注意哪些方面?

业务技能自测

一、单项选择题

1.《经济合同法》规定合同除即时清结者外,应当采用(　　)。

A. 影像形式　B. 电子形式　C. 口头形式　D. 书面形式

2. 下面(　　)合同需要提交主管机关登记。

A. 货物买卖　B. 房屋买卖　C. 商品买卖　D. 电子信息

3. 不依赖其他合同的存在即可独立存在的合同,称为(　　)。

A. 主合同　B. 从合同　C. 非格式合同　D. 格式合同

4. 区别有形信息产品合同与无形信息产品合同的意义在于(　　)的不同。

A. 履行方式　B. 支付方式　C. 签订形式　D. 签订程序

5. 根据电子合同(　　)的不同可区分为信息许可使用合同与信息访问合同。

A. 标的　B. 标的性质　C. 信息载体　D. 服务形式

6. (　　)是指法律要求必须具备一定的形式和手续的合同。

A. 服务合同　B. 诺成合同　C. 要式合同　D. 实践合同

二、简答题

1. 成交阶段可以应用哪些策略?
2. 合同有哪些特点? 实践中最常见的合同形式有哪些?
3. 电子合同与传统合同的区别有哪些?
4. 电子合同可划分为哪些类型?
5. 合同的主要条款包括哪些?

案例分析

案例 1:如何界定合同

2009 年,经某市工商局同意,200 户个体户到该局投资兴建的轻工业批发市场设摊经营,工商局为其颁发了临时营业执照和摊位证,并分别收取了三年管理费和摊位费。工商局收取的摊位费主要用于市场建设及偿还兴建该批发市场时的贷款。2010 年 1 月,工商局根据有关部门疏通轻工业批发市场消防通道的要求,将该 200 户个体户的摊位移至该批发市场后面的露天地,9 月又移至不属于工商局所有的“星星市场”。这两次摊位移动均未征求 200 户个体户的意见,为此,双方发生纠纷。200 户个体户诉至法院请求工商局返还摊位费,赔偿营业损失。工商局则认为其与 200 户个体户之间是行政管理关系,收取的摊位费属于行政收费,法院不应作为民事案件受理。

根据所学的知识分析应如何正确认识合同的概念和特征,区分行政管理关系和民事合同关系。

案例 2:合同成立的条件

原告某外贸进出口公司于 2015 年 8 月 5 日向被告某毛纺厂发出一份传真,询问被告是否有 1703人字呢(一种毛呢),如有,希望被告报价,原告欲购买 5 000 m。被告答复:有现货出售,每米价格为 15 元,如欲购买,需付 10% 的预付款。原告复函表示同意购买,但要求签订合同书。被告立即寄去该厂拟定的合同文本,原告在收到文本后立即在合同上签字,并将毛呢价格由 15 元/m 改为 14. 50 元/m,同时汇去预付款 7 250 元,但在合同的最后一款中写明“交货时间应以我方确认为准”。被告收到该书面合同后,立即组织货源,于 10 天后备齐毛呢 5 000 m,于是被告向原告发函要求发货。原告提出因无仓库存放,暂缓供货。被告再次去函,如原告不能立即收货,该批货物将另作处理。原告复函,希望推迟 1 个月交货。被告认为时间太长,遂将该批货物转售他人,并退回了预付款。原告在 1 个月后,得知该批货物已转卖他人,而被告又不能很快组织货源,遂向法院起诉,请求被告承担违约损害赔偿责任。

根据所学的知识,谈谈应如何认定合同是否成立? 如何认定“交货时间应以我方确认为准”这一条款的效力?

案例 3:电子合同成立的条件

中国北京 A 公司与美国纽约一家公司一直有业务来往,近年来随着计算机网络的发展,双方越来越多地通过电子邮件进行商务活动。2010 年 6 月 1 日上午,北京时间 9 点,北京公司通过电子邮件向纽约公司发盘,出售 400 吨咖啡豆,每吨价格 1 800 美元。该邮件还称,本发盘的有效期为一个星期。纽约时间 6 月 1 日上午,纽约公司职员在打开公司计算机后发现了北京公司的发盘,遂派业务员汤姆负责了解同类咖啡豆的市场情况。6 月 7 日,纽约公司经过研究认为北京公司的发盘条件可以接受,电话指示汤姆发出接受通知。当时汤姆正在前往加拿大出差途中,因而汤姆至纽约时间当天晚上 8 时许在加拿大蒙特利尔市,用自己携带的笔记本计算机给北京公司的另一个电子邮件信箱发出了接受发盘的电子邮件通知,并表示其已作好履行合同的准备。北京公司发现纽约公司发来的邮件时是北京时间 6 月 9 日上午 11 时许,计算机显示的接收时间是北京时间 6 月 8 日上午 8 时 22 分。这时,北京公司知悉国际市场上咖啡豆的价格已经开始上涨,于是向纽约公司发出通知,将该批咖啡豆的价格提高至 2 000 美元/吨。纽约公司回邮拒绝接受,要求北京公司按合同履行其交货义务。后北京公司将该批咖啡豆以 2 300 美元/吨的价格卖给了美国的另外一家公司。纽约公司遂向北京法院起诉,要求北京公司赔偿其损失;北京公司则辩称,其与纽约公司之间的合同并未成立,在没有合同关系的情况下,纽约公司的索赔缺乏依据。

根据所学的理论,请回答该电子合同是否成立?如果成立,成立的时间、成立的地点分别是什么?如果不成立,请说明理由。

实训操作

注意在日常商务谈判过程中口头合同的运用。

[实训目标] 通过深入实地认知与体验口头合同,加深对本任务内容的理解。

[实训组织] 学生每 8 人分为一组,选择商品采购,注意口头合同的签订。

[实训提示] 教师提出活动前准备及注意事项,同时随队指导。

[实训成果] 各组汇报,教师讲评。

任务6 商务谈判的语言艺术

任务导入

语言是传递信息的媒介,是人类进行交流沟通的工具。商务谈判的过程实质上就是谈判者运用语言进行协调磋商、谋求一致的过程,而在谈判中如何把思维的结果用语言准确地再现出来,则反映了一个谈判者的语言能力。商务谈判的语言艺术集中体现在谈判者如何进行陈述、提问、回答和说服的技巧上。当然,在商务谈判中也要非常重视非语言艺术的沟通运用。

为了更好地运用商务谈判的语言,为今后出色地完成谈判任务创造一个良好的谈判氛围和取得谈判成果,请尝试完成本任务:商务谈判的语言艺术。

为了方便读者掌握商务谈判的语言艺术以便更好地提高商务谈判的沟通效果,又将本任务分为如下三个子任务:

子任务1:掌握商务谈判中的语言表达;

子任务2:掌握商务谈判的沟通技巧;

子任务3:掌握商务谈判中的非语言沟通。

你可以对照能力目标,反复演练,有的放矢地依次完成各项目任务,直至完成本任务,从而更好地掌握商务谈判的语言艺术。

6.1 商务谈判中的语言表达

6.1.1 商务谈判语言的特征

商务谈判的语言艺术表现在很多方面,但无论陈述、提问、回答还是说服等,就其内在的本质特征来说都具有客观性、针对性、逻辑性。

1. 客观性

谈判语言的客观性是指谈判者在表达思想、传递信息时,必须以客观事实为依据,并且运用恰当的语言艺术为对方提供令其信服的证据。换句话说,谈判者要言之有物,要尊重事实、反映事实。这是一个最基本的原则,也是其他特征的基础。谈判双方为了共同的利益走到一起,是为了解决分歧,达成一致,因此,这就需要谈判双方在商务谈判中拿出彼此谈判的诚意,而不是胡编乱凑,以谎言来蒙骗对方,那样最终对双方都不利。

从卖方来讲,客观性主要表现在:介绍本企业产品时要符合实际,即产品的性能、质量等要有事实依据;价格要恰当,既能尽力满足己方需要,又不能忽视对方利益;确定支付方式要考虑对方要求,采用双方都能接受的方式等。从买方来讲,客观性主要表现在:介绍己方财务状况和购买力时不要夸大其词;评价对方产品的质量要依据事实、中肯可信;还价要合情合理,压价要有根有据等。

在商务谈判中,客观性的语言能使谈判双方自然而然地产生"以诚相待"的感觉,增加彼此的信任感和亲和力,促使双方立场相互接近,从而为进一步谈判奠定了良好的情感基础。

2. 针对性

谈判语言的针对性是指谈判双方的语言要围绕主题,对准目标,有的放矢,对症下药,才能切中要害。不要漫无边际地乱扯,而找不到关键所在。商务谈判涵盖的内容很广,它包括贸易谈判、代理谈判、合作谈判、兼并谈判、咨询谈判,以及工程谈判等。谈判的标的不同,内容也就截然不同,而即使是同类谈判,内容也可能不一样。这就要求谈判语言要有针对性。

具体而言,谈判语言的针对性主要包括四个方面:一是针对某次谈判;二是针对某项具体内容;三是针对某个具体对手;四是针对对手的具体方面。

例如,不同的谈判对手,他们的身份地位(地位高或低)、性格(内向或外向)、态度(友好或一般)、年龄、性别等都不尽相同,因此,谈判者只有善于针对这些不同运用不同的语言,才能取的良好的谈判效果。

3. 逻辑性

谈判语言的逻辑性是指谈判者的语言要符合思维的逻辑规律,表达概念要明晰,判断要准确,推理要严密,要充分体现其客观性、具体性、连贯性和思辨性,论述要有说服力。这就要求谈判者要有缜密的逻辑思辨能力。

谈判者在谈判前收集的大量资料,经过分析整理后,还要通过符合逻辑规律的语言表达出来,才能被谈判对手所认识和理解。在谈判过程中,无论是叙述问题,撰写备忘录,还是提出各种意见、设想和要求,都要注意语言的逻辑性。这是紧紧抓住对方,进而说服对方的基础。同时,在提问、回答或者试图说服对方时,也要注意语言的逻辑性。提问要察言观色、把握时机,密切结合谈判的逻辑进程并注意问题的衔接;回答要切题、准确,除非是策略所需,一般不要答非所问;试图说服对方时,要使语言充满强烈的感染力和强大的逻辑力量,才能真正打动对方,使对方心悦诚服。

6.1.2 商务谈判语言的运用

不同的谈判语言在谈判沟通过程中具有不同的作用,合理、有效地运用谈判语言是谈判语言沟通中的主要问题,而商务谈判语言的运用往往要受到若干因素的影响。因此,谈判语言运用问题,是以对谈判语言运用的影响因素分析为前提的。影响谈判语言运用的主要因素有谈判对手、谈判议题、谈判目标、谈判进程等4个方面。

1. 谈判对手

谈判对手的不同,所运用的语言也应不同。在谈判中,必须考虑到涉及谈判对手的3个因素,即谈判对手的特征、谈判双方实力对比、与谈判对手的关系。

(1)谈判对手的特征主要是指谈判对手具有的社会的、文化的、心理的与个性的特征,如谈判对手的职位、年龄、性别、态度等特征。谈判者要根据谈判对手的这些特征选择相应的谈判语言。例如,对于年长者,就要力戒使用威胁性的语言,因为冒犯年长者有悖于传统道德,容易失去人心,而劝诱性语言也不适合年长者,因为年长者一般经验丰富,有自己的看法,因此,使用专业交易性语言以坦陈事实比较合适。例如,对于女性谈判者,语言应文雅、礼貌,任何有损面子和情感的语言都将恶化谈判气氛,甚至加剧谈判破裂。

(2)谈判双方的实力对比状况既影响着双方在特定谈判氛围中呈现出的行为与心理状态,也制约着一方对另一方所用语言的反应。当双方实力相当时,谈判一方对所用语言的反应对另一方谈判语言的选择影响比较小,双方都能自由选择语言进行谈判;当谈判双方实力悬殊或存在差距时,实力弱的一方在确定使用谈判语言时,必须要考虑实力强的对手可能做出的语言反应,这样就不能自由选择谈判的语言。

(3)与谈判对手的关系对谈判语言的选择与运用产生的影响主要表现在:当双方互相已经比较了解、熟悉时,在谈判中就会少一些戒备、对抗心理,一般情况下,可以选择以文学语言和商业法律语言为主,幽默诙谐性的语言为辅,以使谈判双方关系更加融洽、和谐;当谈判双方是初次接触或很少接触,则应以礼节性交际语言、外交语言为主,以缩短双方的心理、利益距离,提高双方的谈判兴趣与热情,促使其由不熟悉向熟悉并进而向友好过渡。

2. 谈判议题

谈判的全过程是各种交谈内容的综合,不同的谈判内容,即谈判过程中不同的谈判议题,对谈判的语言要求差异较大。因此,在谈判的不同价段、不同场合,应针对不同的议题运用不同的谈判语言。例如,在谈判双方初次见面,或开场寒暄与相互介绍,或非正式场合交往及闲聊时,应多用礼节性的交际语言、幽默诙谐性语言、文学性语言等给对方以一种亲切轻松又不失尊重的印象和感觉;而在谈判磋商阶段涉及的合同条款、价格、期限等问题时,一般应使用专业性的交际语言和非语言,力求准确、严谨、无歧义地表达。总之,应根据谈判过程中议题的不同,恰如其分地使用谈判语言。

3. 谈判目标

商务谈判总是围绕着一定的目标展开并进行的。商务谈判的直接目标一般有两种:一种是成交,另一种是比较选择。根据不同的谈判目标,只有运用与之相适应的语言,才能保证目标的实现。例如,对于以成交为目标的谈判,应以使用礼节性语言、交际性语言、专业交易型语言、商业法律语言为主,以穿插文学性语言、幽默语言为辅,以维持好良好的谈判氛围,从而获得最终的合作;而对于以比较选择为目标的谈判,一般应使用礼节性语言、交际性语言、外交性语言、专业交易性语言,有时可以使用军事性语言、威胁性语言和劝诱性语言,以求得最佳效果,但不可滥用,以免伤害对方感情。

4. 谈判进程

商务谈判从开始到达成协议,要经历一个过程,在这个过程中,谈判要大致经历准备阶段、开局阶段、磋商阶段、结束阶段。在谈判过程的不同阶段,谈判进行的实质内容与所达到的目标是不同的,因此,谈判的语言也是因时而异的。在谈判的准备阶段,应以运用一些礼节性交际语言、外交语言、专业性交易语言和商业法律语言为主;在谈判的开局阶段,为创造良好的谈判氛围,应主要运用外交语言、文学语言、幽默诙谐性语言;在磋商阶段,应以专业性交易语言、商业法律语言为主,配合一些情感色彩较重的语言,或相机使用威胁、劝诱性语言,以促成谈判;在谈判的结束阶段,可根据谈判的结局情况选择使用不同的语言,如结局圆满,可用文学语言、幽默诙谐性语言等,以示庆贺;如解决未达到预定的目标或谈判中断、破裂,可使用礼节性交际语言、外交语言,以示诚意,为未来的谈判创造条件。

6.1.3 商务谈判语言表达的策略

在商务谈判中,经常出现既需要主动与对方交谈,又不能表露出迫不及待;既必须吐露真相,又不好直接说明;既想拒绝对方的要求,又不想恶语伤人等情况,为了妥善处理各种情况,就需要掌握有关语言的表达策略。

1. 含蓄委婉

在商务谈判中,面对对方的提问要求是有问必答,但是对于有些问题是不能随便回答甚至是不能回答的,那么,在这样的情况下,就需要谈判者采取适当的方式委婉地答复对方,以避免直接回答对方的问题,给己方带来不利。如谈判者可以采取李代桃僵、围魏救赵、推诿搪塞以及诱导对方自我否定等策略含蓄地告诉对方,不便于直接回答对方所提的问题,使对方知难而退。例如,在一次中外记者招待会上,一位外国记者讥讽地问周恩来总理:“请问,中国人民银行有多少资金?”周总理深知对方是在讥笑中国的贫穷,如果实话讲,自然会使对方计谋得逞,于是委婉地回答说:“中国人民银行发行的人民币面额为10元、5元、2元、1元、5角、2角、1角、5分、2分、1分共10种,合计为18元8角8分。中国人民银行有全国人民作后盾,信用卓著,实力雄厚,在国际上享有盛誉。”

2. 转移话题

在商务谈判过程中,可能会遇到以下三种情况,使谈判难以顺利进行下去,这时就需要谈判者适时转移话题。一是对方的问题太敏感,不便回答;二是原话题达不到交谈目的,需要转题;三是原话题已充分展开,兴趣消退。面对以上情况,谈判者可以采取答非所问、见风使舵、打断引开等策略来转移话题,灵活地处理对方的问题,使谈判进行下去。例如,王力是某大型商务谈判的负责人,因患癌症住院,他的秘书闯进病房冒失地问:“王总,听说您这病是……”王总为了稳定谈判人员的情绪,急忙打断,说:“小问题,不要紧。你们今天的谈判进展如何?”王总巧妙地引开了秘书的话题。

3. 正话反说

在商务谈判过程中,运用反语可以掩饰己方真实的意图;或者,巧妙地运用反问达到以问代答的目的。例如,对方在谈判中一直斤斤计较,谈判者可以用反语提醒对方,“贵方对事业高度负责的态度真令人佩服,也值得我们学习。”例如,在一次商务谈判中,购买方对供货方的产品质量抱有怀疑。于是,购买方的谈判代表就问道:“听说,贵方产品最近销售不是很好,这是否说明贵方的产品质量存在问题?”供货方没有直接回答对方的提问,反而说道:“听说贵方在向银行申请贷款,这是否说明贵方的资金周转出现问题?”巧妙地以反问的形式间接地回答了对方的提问。

例6-1　　教徒的请求

有一位教徒问神父:“我可以在祈祷时抽烟吗?”他的请求遭到神父的严厉斥责。而另一位教徒又去问神父:“我可以吸烟时祈祷吗?”后一个教徒的请求却得到允许,悠闲地抽起了烟。这两个教徒发问的目的和内容完全相同,只是谈判语言表达方式不同,但得到的结果却相反。由此看来,高明的语言表达技巧才能赢得期望的谈判效果。

阅读与思考6-1　　巧用语言化解被动

丘吉尔就任首相不久,为了了解美国的外交政策,他亲自赴美会见罗斯福总统。在丘吉尔抵美的第二天一大早,罗斯福来拜访住在白宫客房部的丘吉尔。正巧,丘吉尔刚刚洗完澡,全身赤裸裸地走出浴室。罗斯福一看情况不对,立即困窘地要转头离去。此时,丘吉尔叫住了罗斯福,神情自若地对他说:"你看!英国首相对美国总统的'坦诚相见',是绝对没有任何一丝隐瞒啊!"罗斯福频频点头,笑着说:"你说得好!你说得好!"

丘吉尔通过机智幽默,当场化解了双方的尴尬,而且一语双关,充分表达了英国人对美国人的那份坦诚以待的尊敬和诚意。

每日一练　**自己试着和同学一起交流,总结有关谈判中语言表达的策略。**

完成子任务6.1后进行自我测试:你是否已了解商务谈判语言的特征和影响谈判语言运用的因素,并掌握有关商务谈判语言的表达策略?

6.2　商务谈判的沟通技巧

商务谈判中,沟通贯穿始终。它既是谈判的前奏,也是谈判中所必不可少的,更是商务谈判成功的关键。概括而言,沟通的技巧主要表现在"倾听""陈述""提问""答复""说服"等几个方面。无论从传递信息、获取信息,还是从建立信任、提高谈判效率等角度来看,掌握这些沟通的技巧都是非常重要的。

6.2.1　商务谈判"倾听"的技巧

尼尔伦伯格在《谈判的艺术》一书中明确指出,倾听是发现对方需要的重要手段。这说明,倾听在谈判过程中起着非常重要的作用。实践证明,只有在清楚地了解了对方观点和立场的真实含义之后,谈判者才能准确地提出己方的方针和政策。因此,商务谈判人员在谈判过程中一定要学会如何"倾听",在认真、专注地倾听的同时,积极地做出反应,以获得良好的谈判效果。

1. 影响"倾听"的因素

美国的朱迪.C.皮尔逊博士把"听"分为两种形式,即积极的听和消极的听。积极的听,就是指听者充分调动自己的知识、经验储备及感情等使大脑处于紧张状态,对说话者发出的信号进行积极地识别、归类、解码,以做出相应的反应,比如表示理解、支持、同情等。而消极的听,是指听者处于比较松弛的状态中,即处于一种随意的状态中接受信息,对所获得的信息没有明显的姿势反馈和表情反馈。有关研究表明,即使是积极地听对方讲话,听者也仅能记住不到50%的讲话内容,而且其中只有1/3的讲话内容按原意听取了,1/3被曲解了,而另外1/3则根本没听进去。这说明,"听"是存在障碍的,换句话说,有许多因素影响"听"得效果。影响"倾听"的因素主要有以下几个方面:

1)倾听者精力不集中

商务谈判是一桩劳神费力的活动,如果谈判日程安排较紧,而谈判人员又没有得到充分休息,特别是在谈判的中后期,因连日征战,精力消耗很大,容易出现精力不集中而少听或漏听的现象。

2)倾听者思路较对方慢

由于人与人之间客观上存在着思维方式的不同,如果谈判双方是属于两种不同思维类型的人,让收敛型的人(即思维速度较慢的人)去听发散型的人(即思维速度较快的人)发言时,那么,就会产生思路跟不上对方或因思路不同而产生少听、漏听的现象。

3)倾听者知识水平有限

商务谈判总是针对专业知识进行的,如果谈判者对专业知识掌握有限,在谈判中一旦涉及这方面内容,就会难以理解。尤其是在涉外谈判中,还有一个语言问题,更容易导致倾听的障碍,影响"倾听"的效果。

4)倾听者带有偏见

在商务谈判中,往往存在以下几种偏见影响倾听的效果:一是谈判者先把别人要说的话定个标准或价值上的估计,喜欢听自己想听的话,然后再去听别人的话。他们常常根据自己过去的经验把别人的话限制在自己所设的某种条件中,这样就不能真正理解对方的话。二是因为讨厌对方的外表而拒绝听对方讲话的内容。三是谈判者假装自己很注意听,而心里明明在想别的事情,根本就没有余力去专心倾听。

5)外界环境的干扰

由于环境的干扰,常常会使人们的注意力分散,影响倾听的效果。比如,天气的突然变化而电闪雷鸣,过往的行人以及飞过的鸟,都会使谈判者的精力分散。有实验证明,一个人同时听两个信息,而往往只能复述其中一个人的讲话内容。这正如荀子在《劝学篇》中所说:"耳不能两听而聪。"

2. 有效"倾听"的技巧

认识了影响"倾听"的因素,要想提高听的效果,就必须掌握倾听的规则和倾听的技巧。

1)"倾听"的规则

(1)了解自己倾听的习惯。首先要了解自己在听别人讲话时有哪些好的和不好的习惯?自己是否对别人的话匆忙做出判断?是否经常打断别人的话?是否经常制造交流的障碍?了解自己倾听的习惯是正确运用听的技巧的前提。

(2)全身心地注意。谈判者要面向说话者,同他保持目光接触,与他保持最适宜的距离认真倾听。谈判者要把注意力集中在对方所说的话上,要努力理解对方言语的含义和对方的情感表达。

(3)主动与对方沟通。谈判者在倾听的同时,可以向对方提出问题加以核实,或者积极地表达出自己听到了什么。如果自己一言不发,或者一点表示都没有,那么就很难得到对方的理解。

(4)观察对方的非语言行为。谈判者除了积极地倾听对方的讲话,还要注意观察对方的非语言行为即非口头表达方式,特别是说话者的面部表情以及说话的语气、音调和语速等方面,同时还要注意对方与你保持的距离,从中发现对方的言外之意。

(5)倾听自己的讲话。倾听自己的讲话有助于培养倾听他人讲话的能力。倾听自己讲话可以使你了解自己,一个不了解自己的人,很难真正了解别人。倾听自己对别人讲了些什么是了解自己、改变和改善自己听的习惯与态度的手段。如果你不注意倾听你自己如何对别人讲话,你也就不可能知道别人如何对你讲话，当然也无法改变和改善自己的习惯和态度。

2)有效“倾听”的技巧

在谈判中，要获得良好的倾听效果，就要做到以下几点：

(1)要专心致志、集中精力地听。专心致志倾听，要求谈判人员在听对方发言时要聚精会神，同时，还要配以积极的态度去倾听。为了专心致志，就要避免出现心不在焉、“开小差”的现象发生。即使是自己已经熟知的话题，也不可充耳不闻，万万不可将注意力分散到研究对策问题上去，因为万一讲话者的内容为隐含意义时，我们没有领会到或理解错误，会造成事倍功半的效果。集中精力地听，是倾听艺术中最基本、最重要的问题。需要特别注意的是，作为一名商务谈判人员，应该养成有耐心地倾听对方讲话的习惯，这也是一个谈判人员个人修养良好的标志。

例6-2　乔·吉拉德的失败

日本销售大王原一平说：“对销售而言，善听是沟通的重要内容。销售人员通过听能够获得客户更多的认同。”

乔·吉拉德向一位客户销售汽车，交易过程十分顺利。当客户正要掏钱付款时，另一位销售人员与吉拉德谈起昨天的篮球赛，乔·吉拉德一边跟同伴津津有味地说笑，一边伸手去接车款，不料客户却突然掉头而走，连车也不买了。乔·吉拉德苦思冥想了一天，不明白客户为什么对已经挑选好的汽车突然放弃。夜里11点，他终于忍不住给客户打了一个电话，询问客户突然改变主意的理由。客户不高兴地在电话中告诉他：“今天下午付款时，我同您谈到了我的儿子，他刚考上密西根大学，是我们家的骄傲，可是您一点也没有听见，只顾跟您的同伴谈篮球赛。”

(2)要有鉴别地倾听对方发言。在专心倾听的基础上，为了达到良好的倾听效果，可以采取有鉴别的方法来倾听对方的发言。通常情况下，人们说话时总是边说边想，来不及整理，有时表达一个意思要绕着弯子讲许多内容，从表面上听，根本听不出什么是重点，因此，听话者就需要在用心倾听的基础上，鉴别传递过来信息的真伪，去粗取精、去伪存真，这样才能抓住重点，收到良好的倾听效果。

(3)要通过记笔记来集中精力。通常，人们当场记忆并将内容全部保持的能力是有限的，为了弥补这一不足，应该在听讲时做大量的笔记。记笔记的好处在于，一方面，笔记可以帮助自己回忆和记忆，而且也有助于在对方发言完毕之后，就某些问题向对方提出质询，同时，还可以帮助自己作充分的分析，理解对方讲话的确切含义与精神实质；另一方面，通过记笔记，可以给讲话者留下重视其讲话的印象，同时会对讲话者产生一种鼓励作用。实践证明，即使记忆力再好也只能记住大概内容，有的内容会忘得干干净净。因此，记笔记是不可少的，这也是比较容易做到的用以清除倾听障碍的好方法。

(4)要克服先入为主的倾听做法。先入为主的倾听往往会扭曲说话者的本意，忽视或拒绝与自己心愿不符的意见，这种做法实为不利。因为，听话者不是从谈话者的立场出发来分析对方的讲话，而是按照自己的主观框框来听取对方的谈话。其结果往往是使听到的信息变形地反映到自己的脑海中，导致自己接受的信息不准确、判断失误，从而造成行为选择上的失误。所以，必须克服先入为主的倾听做法，将讲话者的意思听全、听透。

(5)要主动与对方反馈。要使自己的倾听获得良好的效果，不仅要潜心地听，还要做出反馈性的表示，如以口头语言、面部表情或动作向对方表达你对他的话语的了解程度，或者是要求对方澄清或阐释他所说的话语。这样对方会因你如此专心地倾听而愿意更多、更广、更深刻地表达自己的观点。

(6)要尊重对方的表达。尊重对方的表达就是不要轻视对方而抢话、急于反驳。人们在轻视他人时，常常不自觉地表现在行为上。在谈判中，这种做法是有百害而无一利的。因为这不仅表现出自己的狭隘，更重要的是难以从对方的谈话中得到己方所需要的信息，同时，轻视对方还可招致对方的敌意，甚至导致谈判关系的破裂。在谈判中，抢话不仅会打乱对方的思路，也会影响自己倾听对方的全部讲话内容。抢话往往会阻塞双方的思想和感情交流的渠道，对创造良好的谈判气氛非常不利，对良好的收听更是不利。另外，谈判人员有时在没有听完对方讲话的时候，就急于反驳不仅使自己显得浅薄，使己方在谈判中陷入被动，而且还会影响倾听的效果。

6.2.2 商务谈判“陈述”的技巧

陈述就是叙述自己的观点或问题的过程。无论是在商务谈判的入题阶段、阐述阶段，还是结束阶段都离不开陈述。陈述的技巧表现在三个部分：入题、阐述和结束。

1. 入题的技巧

(1)“触景生情”法。这种方法是通过一些与主题关系不大的中性话题入题。通常可将有关气候和季节的话题，有关热门话题，有关新闻和文娱的消息，有关个人爱好、兴趣方面的话题或有关旅途经历等作为入题的话题。以上话题由于容易被人接受，有助于消除双方的戒备心理，创造一种宽松的气氛。在用语上多使用一些赞誉、鼓励、欣赏、关心、寒暄和谦虚等方面的措辞，为谈判创造条件。

(2)“开门见山”法。采用这种方法就是直接谈与陈述的正题有关的内容，这些内容是组成陈述正题的一部分。如围绕正题介绍己方的有关情况，可先一般，后具体，即先泛泛地从面上谈起，逐渐进入重点问题；也可先具体，后一般，即先谈细节，再定协议原则。

2. 阐述的技巧

阐述是陈述的重要组成部分，是重心所在，能否阐得明，述得清，关键在于语言技巧。谈判者可以从以下几个方面把握好阐述技巧。

(1)开场阐述。开场阐述应开宗明义，明确本次会谈所要解决的主题，统一双方的认识；要表明我方通过洽谈应当得到的利益，尤其是对我方至关重要的利益；表明我方的基本立场。同时，开场阐述是原则的，而不是具体的，目的是让对方明白我方的意图，以营造良好的洽谈氛围。

(2)以诚相待。阐述意见要客观，说话态度要诚实，对待对方讲诚信。当然，以诚相待是有限度的，即是不以使自己陷入被动，丧失利益为尺度的。

例 6-3　　董事长的坦诚

数十年前，当某公司第一次制造电灯泡时，他们的董事长就到各地去做旅行推销，他希望各地的代理商仍能本着以前的友善态度尽力帮忙，使公司这项新产品尽快占领市场。

董事长召集各地的代理商，在向他们介绍完这项新产品之后，他说了一段举座皆惊的大实话：“经过多年来的苦心研究和创造，本公司终于完成了这项对人类有大用途的产品。虽然它还称不上第一流的产品，只能说是第二流的，但是，我仍然要拜托在座的各位，以第一流产品的价格，来向本公司购买。”

"一石惊起千层浪",在场的代理商都不禁哗然:"咦!董事长怎么会说出这样的话?我们又不是傻瓜,怎么会以第一流产品的价格去购买第二流产品?董事长糊涂了吧?……"大家均对董事长抱以满是疑惑的目光。

"各位,我知道你们一定会觉得很奇怪,不过,我仍然要再三拜托各位。"

"那么,请你陈述你的理由吧!"

"大家都知道,目前制造电灯泡可以称为一流的,全国只有一家而已。因此,他们算是垄断了整个市场,即使他们任意抬高价格,大家也仍然要去购买,是不是?如果,这时有了同样优良的产品,但价格便宜一些的话,对大家不是一项福音吗?否则大家只能置于垄断价格的阴影之下。"

董事长继续侃侃而谈,而且打了一个生动的比方:"就拿拳击赛来说吧,毫无疑问,拳王的实力谁也不能忽视!但是,如果没有人和他对擂的话、拳击赛就要无法成立了。因此,必须有一个实力相当、身手矫健的对手,来和拳王打擂,这样的拳击才精彩。不是吗?"

董事长顿了顿,留给大家一小段思考的时间,又接着说:"现在,灯泡制造业就好比只有拳王一个人。因此,你们对灯泡业是不会发生任何兴趣的,同时,也赚不了多少钱。如果,这个时候出现一位对手的话,就有了互相竞争的机会。换句话说,把优良的产品以低廉的价格提供给各位,大家一定能得到更多的利润。"

"董事长,你说得不错。可是,目前并没有另外一位拳王呀?"

"我想,另一位拳王就由我来充当好了。为什么目前本公司只能制造第二流的电灯泡呢?这是因为本公司资金不足,无法在技术上突破。如果各位肯帮忙,以一流产品的价格来购买本公司二流的产品,这样我就会得到较丰厚的利润。把这笔资金用于改良技术上,我相信不久的将来,本公司一定可以制造出一流的产品。这样一来,灯泡制造业就等于出现了两个拳王,在彼此大力竞争之下,品质必然会提高,毫无疑问,价格也会降低。到了那个时候,对大家均有利。此刻,我只希望你们能帮助我扮演好拳王的对手这个角色。但愿你们能不断地支持,帮助本公司渡过难关。因此,我希望各位能以一流产品的价格,来购买这些二流产品!"

一阵热烈的掌声响起来了,经久不息,董事长的说服产生了极大的回响。谈判在愉快而感人的气氛中结束,董事长获得了大家的支持。果然,公司不负重望,1年后,这家公司所制造的电灯泡终于以第一流的品质出现,那些代理商也得到了很令他们满意的报酬。

(3)正确使用语言,即要做到准确易懂、简明扼要、富有弹性,当谈判出现危机、无法达成协议时,要善于解围。

3. 结束的技巧

结束语在陈述中起着压轴的作用,在谈判中占有特殊地位。出色的结束语既可让对方深思又可引导对方陈述问题的态度与方向。一般来说,结束语宜采用切题、稳健、中肯并富有启发式的语言,做到有肯定有否定,并留有回旋余地,尽量避免下绝对性的结论,更不能以否定性的语言来结束谈判。但是,具体用什么样的结束语,还要根据具体情况而定。

6.2.3 商务谈判"提问"的技巧

商务谈判中常运用提问作为摸清对方的真实需要,掌握对方的心理状态,表达自己观点和意见的重要手段。如何“问”是很有讲究的。到底哪些问题可以问,哪些问题不可以问,为了达到某一个目的应该怎样问,以及问的时机、场合、环境等,有许多基本常识和技巧需要谈判者了解和掌握。

例 6-4　　老板的提问

你想到一家公司担任某一职务,你希望年薪 2 万元,而老板最多只能给你 1.5 万元。老板如果说“要不要随便你”这句话,就有攻击的意味,你可能扭头就走。而实际上老板往往不那样说,而是这样跟你说:“给你的薪水,那是非常合理的。不管怎么说,在这个等级里,我只能付给你 1 万元到 1.5 万元,你想要多少?”很明显,你会说“1.5 万元”,而老板又好像不同意说:“1.3 万元如何。”你继续坚持 1.5 万元。其结果是老板投降。表面上,你好像占了上风,沾沾自喜,实际上,老板运用了选择式提问技巧,你自己却放弃了争取 2 万元年薪的机会。

1. “提问”的时机

(1)在对方发言完毕后提问。在对方发言的时候,不要急于提问,因为打断别人的发言是不礼貌的,容易引起对方的反感。当对方发言时,你要认真倾听,即使你发现了对方的问题,很想立即提问,也不要打断对方,可先把发现的和想到的问题记录下来,待对方发言完毕再提问。这样不仅反映了自己的修养,而且能全面、完整地了解对方的观点和意图,避免了曲解或误解对方的意图。

(2)在对方发言停顿和间歇时提问。如果谈判中,对方发言冗长、不得要领、纠缠细节或离题太远而影响谈判进程,那么,你可以借他停顿、间歇时提问。这是掌握谈判进程、争取主动的必然要求。

(3)在议程规定的辩论时间提问。在大型的外贸谈判中,一般要事先商定谈判议程,设定辩论时间。在辩论的时间里,双方可以自由提问,进行辩论。因此,在这种情况下,要事先做好准备,进行提问。

2. “提问”的技巧

(1)事先做好准备。最好准备一些对方不能迅速想出适当答案的问题,以便收到出其不意的效果。有时可以提出一些看上去很一般、较容易回答而实质上与后面比较重要的某个问题相关的问题,等对方思想比较松懈时突然转向某一个重要问题,使对方措手不及,收到意想不到的效果。

(2)不强行追问。如果对方的答案不够完整,甚至回避不答,这时不要强行追问,而是要有耐心和毅力等时机到来时再继续追问。

(3)提出问题后闭口不言,专心致志地等待对方回答。这样,如果对方也是沉默不语,会给对方施加一种无形的压力。这时,对方就必须以回答来打破沉默,或者说打破沉默的责任将由对方承担。

(4)当对方对你所提的问题不感兴趣,或是态度谨慎不愿展开回答时,你可以换一个角度和问题,来激发对方回答问题的兴趣。

(5)在适当的时候,将一个已经发生并且答案你也知道的问题提出来,验证一下对方的诚实与处理事物的态度。同时,这也给对方一个暗示,即你对整个交易的行情是理解的,对有关对方的信息掌握是很充分的。

3. “提问”的注意事项

在谈判中提问时，谈判者还要注意不应提出以下问题：

(1)不应提出带有敌意的问题。不应抱着敌对的心理进行谈判，应尽量避免那些可能会刺激对方产生敌意的问题，防止损害双方的关系，影响交易的成功。

(2)不应提出有关对方个人生活和工作方面的问题。对于大多数国家和地区的人来讲，回避询问个人生活和工作方面的问题已经成为一种习惯。在谈判中提出与谈判内容无关的个人生活和工作方面的问题就会显得很唐突和冒失，从而引起对方的不满，就会产生一种不利的谈判气氛。

(3)不要直接指责对方品质和信誉方面的问题。直接指责对方在某一个问题上不够诚实，不仅会使对方感到不快，而且还会影响彼此之间的真诚合作，有时，这样做不仅不会使对方变得诚实，反而还会引起对方的不满，甚至是怨恨。其实，我们可以通过其他途径审查对方是否诚实。

(4)不要为了表现自己而故意提问。为了表现自己而故意提问会引起对方的反感，故意卖弄的结果往往是弄巧成拙，被人蔑视。

6.2.4　商务谈判“答复”的技巧

汉章帝时，司空第五伦为人正直、纯朴、廉洁奉公。一次，有人问他：“你有没有私心？”这话其实是很难用“有”或“没有”来回答的。司空第五伦深知问话者的动机，便使用十分巧妙的方式回答道：“过去，有一个人送我一匹千里马，被我拒绝了。事后，每当朝廷让我们三公选荐人才的时候，我心里总是想到这个人，不过，我始终没有推荐他。我哥哥的儿子病了，我一夜去探望了十次，回到家就躺下睡着了。我儿子有病的时候，我虽然不需要去照顾他，可是我一夜都睡不着觉。这样看来，怎么能说没有私心呢？”

有问必有答。问有技巧，答也有技巧，问得不当，不利于谈判；答得不好，同样也会使己方陷入被动。通常，不同的人对同样的问题会有不同的回答，不同的回答又会产生不同的谈判效果。因此，一个谈判人员水平的高低，在很大程度上取决于其答复问题的水平。

例6-5　　售票员的回答

有一次，一个贵妇人打扮的女人牵着一条狗登上公共汽车，她问售票员，“我可以给狗买一张票，让它也和人一样坐个座位吗？”售票员说：“可以，不过它也必须像人一样，把双脚放在地上。”售票员没有否定答复，而是提出一个附加条件：像人一样，把双脚放在地上，去限制对方，从而制服了对方。

1. 有的放矢

有时提问者有意含糊其辞，使所提的问题模棱两可，希望答复者在答复中出现漏洞，以便有机可乘从中获得非分之利。因此，答复者在遇到这种情况时，一定要先认真分析，探明对方真实心理，然后针对对方的心理有的放矢地进行回答。例如，美国著名诗人艾伦·金斯伯格在一次宴会上，向中国作家提出了一个怪谜，并请中国作家回答。谜面是：“把一只2.5 kg重的鸡装进一个只能装0.5 kg水的瓶子里，用什么办法把它拿出来？”中国作家回答道：“您怎么放进去的，我就会怎么拿出来。您凭嘴一说就把鸡装进了瓶子，那么我就用语言这个工具再把鸡拿出来。”此可谓是绝妙回答的典范。

2. 点到为止

商务谈判中,谈判者经常将对方提的问题缩小范围,或者不作正面和深层次的回答,以达到某种特殊的效果。例如,对方询问己方产品质量如何,己方不必详细介绍产品所有的质量指标,只需回答其中主要的某几个指标,从而造成质量很好的印象。又如,对方对某种产品的价格表示关注,直接询问该产品的价格。如果彻底回答对方,把价格如实相告,那么在下一步谈判中,己方可能就会陷入被动,所以,应该首先避开对方的注意力和所提出问题的焦点,可作这样答复:"我相信产品的价格会令你们满意,你们会对这种产品感兴趣的。"

3. 以问代答

有时,在谈判中会遇到一些难以答复或不便确切答复的问题,可以采取含糊其辞、模棱两可的方法作答,也可利用反问把重点转移,起到以问代答的效果。例如,在商务谈判工作进展得不是很顺利的情况下,对方问:"贵方对合作的前景怎么看呢?"这个问题在此可谓十分难回答的,我方可以这样以问代答:"那么,贵方对双方合作的前景又是怎么看呢?"

4. 思而后答

一般情况下,谈判者对问题答复的好坏与思考的时间成正比。为此,有些提问者不断地追问,迫使你在对问题没有进行充分思考的情况下仓促作答以泄露一些重要的信息。因此,在谈判过程中,决不是回答问题的速度越快越好,也即在回答问题之前,要给自己留有思考的时间,保持头脑清醒,沉着稳健,切不可仓促作答。

5. 笑而不答

谈判者有回答问题的义务,但并不等于谈判者必须回答对方所提的任何问题,特别是对那些不值得回答的问题,可以委婉地加以拒绝。例如,在谈判中,对方可能会问一些与主题无关或关系不大甚至是无聊的问题,对于这样的问题,不予理睬就是最好的回答,可以一笑了之。

6. 借故拖延

在谈判中,当对方提出问题而你尚未思考出满意答案并且对方又追问不舍时,你也可以用资料不全或需要请示等借口来拖延答复,以争取时间作进一步的思考如何来回答问题。还可以借口去洗手间、打个电话等来拖延时间。

总之,在商务谈判中,回答问题的要诀在于知道该说什么和不该说什么,而不必完全考虑回答的问题是否切题。

6.2.5 商务谈判"说服"的技巧

商务谈判中,很重要的工作就是说服,它贯穿于谈判的始终。说服是一种设法使对方改变初衷,而心甘情愿地接受要求的方法。当你试图在谈判中说服对方时,同样对方也在试图说服你,并且你的说服将随时遭到各种有形与无形的抗拒,除非你能有效地瓦解这种抗拒力,否则,你不但不能说服对方,反而有可能被对方所说服。

说服是一种非常重要而又极其难以掌握的技巧。说服的技巧往往是多种方法、多种策略、多种技巧的综合运用。说服他人的常用技巧主要有以下几个方面:

1. 在潜移默化中说服对方

"随风潜入夜,润物细无声。"要想说服对方,你的言辞就必须像春风化雨一样,在对方不知不觉中进行。一旦对方意识到他处于被说服之中,便会马上产生抗拒力,你的说服效果将大打折扣。

例 6-6　　真诚是谈判沟通的基础

世界第一位女大使柯伦泰被任命为前苏联驻挪威全权贸易代表。当时,苏联国内急需大量食品,柯伦泰奉命与挪威商人洽谈购买鲱鱼生意,但因挪威商人要价太高而使谈判陷入僵局。此时,柯伦泰主动做出让步。她十分慷慨地说:"好吧,我同意你们提出的价格。如果我的政府不批准这个价格,我愿意用自己的薪水来支付差额。"挪威商人被她的态度惊呆了。柯伦泰继续说:"不过,我的工资有限,这笔差额要分期支付,可能要支付一辈子。如果你们同意的话,就这么决定吧!"

挪威商人被她的言语所感动,终于答应降低售价,签订协议。

谈判需要良好的沟通,而真诚则是谈判沟通的基础。柯伦泰就是凭着真诚的心感动了挪威商人,才化解了谈判僵局,获得了良好的谈判结果。

2. 建立良好的人际关系,在互相信赖中说服对方

当一个人考虑是否接受他人意见时,总是先衡量说服者与他的熟悉程度和友好程度。如果相互熟悉,相互信任,对方就会正确地、友好地理解你的观点和理由。由此可见,当你试图说服他之前,就必须与他建立起互相信赖的人际关系,创造良好的气氛,取得理想的说服效果。

3. 在尊重对方需要中说服对方

谈判的目的就是要满足需要,如果对方的基本需要得不到满足,你纵然有三头六臂,使出三十六计也无法使对方心悦诚服,更不会说服对方接受你的观点和意见。

4. 权衡利弊得失以说服对方

首先应向对方诚恳说明他接受你的意见的充分理由,以及对方一旦被你说服将产生什么利弊得失;其次要坦率承认如果对方接受你的意见,你将获得什么好处。这样,对方觉得你诚实可信,比较容易接受你的意见。

5. 简化说服对方的接纳程序

当对方初步接受你的意见时,为避免其中途变卦,最好的办法是设法简化接纳程序,使之容易达成一致协议。例如,在需要书面协议的场合,可事先准备一份原则性的协议书草案告诉对方,"你只需要在这份原则性的协议书草案上签字即可,至于正式的协议书我会在一星期内准备妥当,到时再送到贵公司请你斟酌。"这样往往可当场取得被说服者的承诺,并避免了在细节问题上出现过多的周折。

阅读与思考 6-2　　不能错过说的机会

苹果公司的西恩是一个非常有才华的人,尤其在开会时,他得体的言辞完美地展现出他过人的才学、情商与口才,足以让在场的所有人钦佩不已。

有一天,某人去向西恩讨教有效沟通的秘诀。西恩说:"我的秘诀其实很简单:我并不总是抢着发言;当我不懂或不确定时,我的嘴闭得紧紧的;但是,当我有好的意见时,我绝不错过良机——如果不让我发言,我就不让会议结束。"问他:"如果别人都抢着讲话,你怎么发言呢?"西恩说:“我会用肢体语言告诉别人:下一个该轮到我发言啦!例如,我会举起手,发出特殊的声响(如清嗓子声),或者,用目光要求主持人让我发言。但是,如果其他人的确霸占了所有的发言机会,我就等发言人调整呼吸时,迅速接上话头。”又问他:“如果你懂得不多,但是别人向你咨询呢?”西恩说:“我会先看看有没有比我懂得更多的人帮我回答。如果有,我会巧妙地把回答的机会‘让’给他;如果没有,我会说‘我不知道,但是我会去查’,等会开完,我一定去把问题查清楚。”他的一席话,让我们学到了很多东西——只要把握好说话的度,选择好说话的时机,就可以得到周围人的尊敬。

每日一练 自己试着总结商务谈判的沟通技巧。

完成子任务 6.2 后进行自我测试:你是否了解并掌握商务谈判有效“倾听”的技巧、“陈述”的技巧、“提问”的技巧、“答复”的技巧以及在商务谈判中“说服”他人的技巧?

6.3 商务谈判中的非语言沟通

商务谈判中,“非语言”主要是指谈判人员的行为、体态、交谈的时间、空间等,它是反映谈判过程中谈判者身心状态的一种客观指标。在谈判中,除了用语言表达信息外,就是双方的非语言沟通。非语言包括无声语言、类语言和时空语言三大类。

6.3.1 非语言沟通的作用

商务谈判中,非语言的运用有着不可替代的特殊作用。归纳起来主要有以下四个方面:

1. 补充作用

非语言信息可以丰富语言所表达的内容,对于语言所要表达的信息,非语言动作在不同程度上起着辅助表达、增强力量、加强语气的作用。例如,对方在听话时,手摸桌子、背后仰,大多表示不感兴趣;对方在说话时,慢慢握紧了拳头,表示已下定决心,等等。

2. 替代作用

非语言在谈判中可以代替语言所要表达的意图,特别是当语言不便或不能表达谈判者意图时,或语言表达不合时宜或对方难以领会时,非语言的运用往往能取得非常好的效果。

3. 暗示作用

谈判者如果想从一个态度转向另一个态度,可通过表情的变化、语调的调整或体态的运用来完成,这体现了非语言的强烈暗示作用。

4. 调节作用

由于谈判时间、环境、对象等条件的不同,或因谈判进展不顺利等情况的存在,谈判主体往往产生不适心理,如厌倦、无聊、紧张等,这时,可通过非语言的动作调节一下,如喝水、咳嗽等便能很快地转入正常的谈判状态。

6.3.2 非语言沟通的形式及技巧

非语言沟通的表示形式主要可以分为无声语言、类语言和时空语言沟通三大类。

1. 无声语言

无声语言是谈判者借助非有声语言来传递信息、表达思想的一种无声的伴随语言,包括停顿语和体语。

(1)停顿语。停顿语是指谈判者通过说话停顿间隙来传递信息的一种表达方式,它超越了语言的力量。停顿语的沟通技巧是只有在谈判者停顿恰当时,才能正确表达思想。

(2)体语。体语即人体语言的简称,它是通过谈判个体的动作、表情、姿势和服饰等来传递信息的一种无声语言。根据身体在谈判时所处的状态,可将体语分为动态体语和静态体语两种类型。动态体语包括首语、手势语、目光语、微笑语等;静态体语包括身态语和服饰语。

①首语。它是通过谈判者头部活动传播的信息。在商务谈判中,经常使用的首语有点头和摇头,一般情况下,他们分别表示“是”和“否”的意思。如谈判者在欣喜、赞赏、有兴趣时,常常做点头的动作。

②目光语。它是指谈判者在目光接触时传递的信息。目光语是谈判者深层心理情感的一种自然流露,它的内涵十分丰富,在非语言的沟通中具有特殊的作用。商务谈判中,谈判者使用的目光语主要由视线接触的长短、视线的方向和瞳孔的变化表现出来。

③手势语。它是指通过谈判者的手及手指的活动来传递的信息。人的手比较灵活,开合自如,是表达信息的有效方式。手势是谈判中辅助语言的手段,它能使语言表达更贴切、更恰当,加强谈判者的语气,也能使对方的精神振奋起来。更重要的是,手势能反映谈判者的情绪。握手是最常见的手势语,它能给谈判主体带来许多意外的信息,如握手时对方手掌出汗,表示他出于兴奋或不稳定的心理状态;握手时对方用力过大,表示此人热情或有较强的占有欲;握手时掌向下或先凝视对方再握手,表示想取得主动、优势地位。

④微笑语。它是指谈判者不出声的笑传递出的信息,它被称为无声的“交际世界语”。在谈判中,微笑可以在心理上给人带来稳定感、亲善感,可以深化感情、融洽气氛。谈判者要注意正确使用和辨别微笑,充分发挥它的传播媒介作用。

⑤身态语。它是指谈判者身体的静态姿势所表露的信息。例如,不同的坐姿能反映谈判者不同的心理状况。谈判者要善于分析身态语所传递的信息。

⑥服饰语。它是指通过谈判者的服装、饰品和发式来传递的信息。服饰是谈判者身体静态姿势的延伸,它能反映谈判者的兴趣、修养、个性以及文化传统等,从而为谈判者提供了很多有益的信息。

2. 类语言

在谈判中,类语言是指一种有声而无固定语意的语言,主要是指说话时的重音、语调和笑声。

(1)语调。它是指贯穿于整个句子的音调。语调的不同,表达句子的意义也不同。

(2)重音。谈判中,谈判者根据表达的需要,有意识地将某句话、某个字或词加重发音,起到强调作用。

(3)笑声。它是指通过谈判者出声的笑来传递信息。谈判中,笑声既可负载正信息,也可负载负信息,谈判者要善于从不同的笑声中探测对方的真实意图。

3. 时空语言

时空语言是指时间与空间因素在谈判中发出的信息。它分为时间语和空间语。

(1)时间语。时间除了能带来效益,还能给谈判者带来信息。例如,谈判时对方能准时到达,则反映对方有修养、守信用。反之,对方常常无故拖延或失约,则反映对方傲慢、不尊重人等。

(2)空间语。它是指空间本身给谈判者带来的信息。在商务谈判中,每个谈判者都会"划出"自己的空间"势力范围",即谈判者的个体空间,并把它作为自己身体的一种延伸。对于这个空间范围,谈判者个人能够进行控制、调节和运用。个体空间主要表现在空间距离上,一般将个体空间分为区域:

①亲热交往空间。这个空间距离为0~0.5 m,它是谈判个体空间的最小间隔或无间隔,即所谓"亲密无间"。处于如此接近的距离之内,属于紧密接触的关系,只有为了礼节上的需要,如拥抱等才能使用,否则,会引起对方心理上的强烈反应,影响谈判的气氛。

②私人交往空间。这个空间距离为0.5~1 m,是用自己的手可搂抱对方的范围,在商务谈判中,同对方人员进行亲切握手可采用这个距离。

③社交交往空间。这个空间距离为1~3 m。一般来说,谈判个体的身体愈高,其需要保持的社交距离越大,这样可"拉开距离"以显示威严。在商务谈判中,这是最常见、最实用的距离。

④公众交往距离。这是产生势力范围意识的最大距离,一般在3 m以上。由于这个距离较大,有声语言的沟通比较困难,因而谈判者可以"视而不见"。

以上四个个体空间距离的界定,只是从宏观上告诉我们,谈判者的个体空间距离是客观存在的,它对谈判者有着较大的影响。谈判者应保持合适的距离,以便形成一种适宜的心理氛围。尤其是在涉外谈判中,更要了解各国谈判人员在谈判时保持个体空间距离的习惯。

阅读与思考6-3　　运用无声语言技巧应注意的问题

首先,无声语言不是对人的行为状态、含义的精确描述,而是含义既广又深、可变性强,有时无声语言所表达的并非一定和内在本质相一致,在商务谈判中有意制造假象也是屡见不鲜的,谈判者应根据实际情况谨慎、机智地识别和应付各种问题。

其次,弄清无声语言运用的场合、时间和背景。场合是指谈判地点,包括谈判桌前、宴会和居所等;时间是指谈判所处的阶段(初期、中期、末期);背景是指客观条件(如个性、能力、关系状况等)。只有当上述条件都有利时,无声语言才能取得最佳效果。

最后,应善于观察。由于无声语言直接作用于人的视觉,一切尽在无声之中,这就要求在倾听对方谈判的同时悉心观察对方,体会对方所给予的各种暗示信息,并采取相应的方式,与对方交换信息,适时做出较为准确的判断,促进谈判向有利于己方的方向发展。

每日一练　**自己试着总结商务谈判中非语言沟通的作用。**

完成子任务6.3后进行自我测试:你是否已明白商务谈判中非语言沟通的形式及技巧?

小　结

本任务就是让读者了解商务谈判语言的特征和影响谈判语言运用的主要因素,掌握商务谈判语言表达的策略;掌握商务谈判"倾听""陈述""提问""答复""说服"的技巧;了解商务谈判中非语言沟通的作用和形式,掌握非语言沟通的技巧。商务谈判中的艺术语言是贯穿整个谈判过程以创造良好的商务谈判氛围并为取得有利的谈判成果而采取的一种极其重要的手段。

本任务围绕掌握商务谈判中的语言艺术设计了各环节的基本知识,并插入了一些典型的案例,并对相关知识以阅读与思考的形式呈现。每一任务都以子任务小结结束,希望读者在完成子任务之后,能够及时进行自我的过程性评价。

完成本任务后,读者应该能够掌握商务谈判语言表达的策略,掌握商务谈判沟通的有关技巧,并能结合实际运用非语言沟通的技巧并最终取得商务谈判的顺利。

完成本任务将为顺利实现商务谈判活动创造良好的沟通基础,进一步提升商务谈判的语言艺术水平。

核心技能与概念

商务谈判语言　技巧　倾听　陈述　提问　答复　说服　非语言沟通

课堂讨论

1. 简述商务谈判语言的艺术作用。
2. 你认为在商务谈判中为什么要运用非语言艺术?
3. 你认为在商务谈判中如何才能实现良好的沟通效果?

业务技能自测

一、多项选择题

1. 商务谈判语言的特征主要有(　　)。

A. 针对性　B. 客观性　C. 严密性　D. 逻辑性

2. 影响商务谈判语言运用的主要因素有(　　)。

A. 谈判议题　B. 谈判对手　C. 谈判目标　D. 谈判进程

E. 谈判时间

3. 运用商务谈判语言可采取的表达策略有(　　)。

A. 含蓄委婉　B. 转移话题　C. 最后通牒　D. 正话反说

4. 陈述的技巧主要表现在(　　)三个部分。

A. 寒暄　B. 入题　C. 阐述　D. 结束

5. “提问”的时机主要有(　　)。

A. 在对方发言完毕后提问　　B. 在议程规定的辩论时间提问

C. 在对方发言停顿或间歇时提问　　D. 在对方讨论时提问

6. 商务谈判答复的技巧主要有(　　)等。

A. 有的放矢　　B. 点到为止　　C. 以问代答　　D. 借故拖延

E. 笑而不答

7. 商务谈判中非语言沟通的表现形式主要有(　　)三大类。

A. 时空语言　　B. 类语言　　C. 暗示语言　　D. 无声语言

二、简答题

1. 影响“倾听”的因素主要有哪些?
2. 简述有效“倾听”的技巧。
3. 在谈判中提问时,有哪些注意事项?
4. 简述谈判中成功说服他人的常用技巧。
5. 商务谈判中非语言沟通的主要作用有哪些?

案例分析

案例1:韦伯买鸡蛋

美国某电器公司的总经理韦伯先生在宾夕法尼亚州的一个富饶的荷兰移民地区做一次考察。“为什么这些人不使用电器呢?”经过一家管理良好的农庄时,他问该区的销售代表。“他们一毛不拔,你无法卖给他们任何东西,”那位代表回答:“此外,他们对公司火气很大。我试过了,一点希望也没有。”

也许真是一点希望也没有,但韦伯决定无论如何也要尝试一下,因此他敲敲那家农舍的门。门打开了一条小缝,史密斯太太探出头来。一看到那位公司的销售代表,史密斯太太立即把门砰的一声关起来。韦伯又敲门,她再次打开来,而这次,她把对公司的不满一股脑儿地说出来。

“史密斯太太,”韦伯说:“很抱歉打扰您,但我们来不是向您推销电器的,我只是要买一些鸡蛋罢了。”她把门又开大了一点,怀疑地瞧着韦伯。“我注意到您那些可爱的多明尼克鸡,我想买一打鲜鸡蛋。”门又开大了一点。“你怎么知道我的鸡是多明尼克种呢?”她好奇地问。韦伯回答说:“我自己也养鸡,而我必须承认,我从来没见过这么棒的多明尼克鸡。”“那你为什么不吃自己的鸡蛋呢?”她仍然有点怀疑。“因为我的来享鸡下的是白壳蛋。当然,你知道,做蛋糕的时候,白壳蛋是比不上红壳蛋的,而我妻子以她的蛋糕自豪。”

到这时候,史密斯太太放心了,温和多了。同时,韦伯的眼睛四处打量,发现这农舍有一间修得很好看的奶牛棚。“事实上,史密斯太太,我敢打赌,你养鸡所赚的钱,比你丈夫养乳牛所赚的钱要多。”韦伯夸奖道。

这下,史密斯太太可高兴了!她兴奋地告诉韦伯,她真的是比她的丈夫赚钱多。但她无法使那位顽固的丈夫承认这一点。她热情邀请韦伯参观她的鸡棚。参观时,韦伯注意到她装了一些各式各样的小机械,于是韦伯“诚于嘉许,惠于称赞”,介绍了一些饲料和掌握某种温度的方法,并向她请教了几件事。片刻间,他们就高兴地在交流一些经验了。不一会儿,史密斯太太告诉韦伯,附近一些邻居在鸡棚里装设了电器,据说效果极好。她征求韦伯的意见,想知道是否真的值得那么做……

两个星期后,史密斯太太的那些多明尼克鸡就在电灯的照耀下了。韦伯推销了电器设备,她得到了更多的鸡蛋,皆大欢喜。

阅读案例,根据所学的知识分析韦伯为什么能成功推销电器设备?

案例 2:考温的成功

美国谈判界有一位号称"最佳谈判手"的考温,他非常重视倾听的技巧。有一年夏天,当时他还是一名推销员,他到一家工厂去谈判。他习惯于早到谈判地点,四处走走,跟人聊聊天。这次,他和这家工厂的一位领班聊上了。善于倾听的考温,总有办法让别人讲话,他也真的喜欢听别人讲话,所以不爱讲话的人遇到考温,也会滔滔不绝起来。而这位领班也是如此。在侃侃而谈中,他告诉考温说,"我用过各公司的产品,可是只有你们的产品能通过我们的试验,符合我们的规格和标准。"后来,边走边聊时,他又说:"嗨!考温先生,你说这次谈判什么时候才能有结论呢?我们厂里的存货快用完了。"考温专心致志地倾听领班讲话,满心欢喜地从这位领班的两句话里获取了极有价值的情报。当他与这家工厂的采购经理面对面地谈判时,从工厂领班漫不经心的讲话里获取的情报帮了他的大忙,他在之后谈判中自然而然地获得了成功。

根据案例,分析考温为什么在谈判中能自然而然地取得成功?

案例 3:"大拇指"的教训

一位英国商人在伊朗做生意,经过几个月的唇枪舌战,最终签订了正式合同。他签完合同后,转向他的伊朗同事做了一个大拇指朝上的动作。他的这个动作立即引起一阵骚动,对方的总裁立即拂袖而去。这个英国人还丈二和尚摸不着头脑,他的伊朗同事也因尴尬而难以启齿。

实际上理由简单。大拇指朝上在英国表示"好,不错,做得好"的意思,但是在伊朗文化中它表示"不满意",甚至是"卑鄙下流"的意思。当这个英国人知道真相后,感慨地说"这是我一生中最尴尬的时刻,我感觉自己像孩子一样在没有节制地胡言乱语,虽然我的伊朗同事原谅了我的无知,但是原先建立起来的良好关系已经不复存在了。这是我一生中需要记住的教训。"

结合案例,谈谈在商务谈判中如何成功地使用非语言进行沟通?

实训操作

商务谈判语言艺术的讨论。

[**实训目标**] 通过讨论商务谈判的语言艺术性,加深对本任务内容的理解,提高商务谈判沟通的技巧。

[**实训组织**] 学生每 6 ~ 8 人分为一组进行讨论,各组自由选择讨论话题,注意结合商务谈判沟通的技巧。

[**实训提示**] 教师提出活动前准备及注意事项,同时做好课外指导。

[**实训成果**] 各组现场表演,其他小组无记名评分,最后教师点评。

任务 7 商务谈判心理

任务导入

商务谈判人员在谈判过程中有着各种各样的心理现象及心态反应，有效把握谈判人员的心理动力，正确应对谈判中的心理挫折，在谈判中保持良好的心理状态，直接关系到谈判的成败。

为了更好地把握有关商务谈判心理的理论，为今后的谈判实践奠定基础，请尝试完成本任务：商务谈判心理。

为了方便读者了解和掌握商务谈判心理的有关知识，又将本任务分为如下四个子任务：

子任务 1：商务谈判心理概述；

子任务 2：了解和掌握商务谈判的心理动力；

子任务 3：了解和掌握商务谈判中的心理挫折；

子任务 4：了解和掌握成功谈判者的心理素养。

读者可以结合自身实际，依次对各子任务进行演练，为以后的商务谈判实践打下基础。

商务谈判作为一种特定条件下的沟通活动，从谈判开局到谈判结束，都伴随着谈判人员各种各样的心理现象和心态反映，谈判人员的心理波动直接影响着谈判人员的行为活动，对谈判的成败有着决定性的影响。有效掌握谈判过程中双方的心理状况，可以主动、有效地控制谈判进程，取得良好的谈判效果。

7.1 商务谈判心理概述

任何一个有生命的主体都是有心理活动的。对于一个正常的人来讲，面对秀色可餐的景色、热情友善的人们，会产生高兴、愉快的情感，进而形成美好的记忆；看到被污染的环境、血腥的暴行、恶劣的天气，会产生烦躁、逃避的情绪，并会留下不好的回忆。这都是人的心理活动或者说是心理现象，也即是人的心理，是人脑对客观现实的主观能动的反映。人的心理活动一般有感觉、知觉、记忆、想象、思维、情绪、情感、意志、个性等，是复杂多样的，人们在不同的专业活动中，会产生各种与不同活动相联系的心理。

商务谈判心理是指在商务谈判活动中谈判者的各种心理活动，它是商务谈判者在谈判活动中对各种情况、条件等客观现实的主观能动反映。譬如，当谈判人员在商务谈判中第一次与谈判对手会晤时，对手彬彬有礼，态度诚恳，易于沟通，就会对对方有好的印象，对谈判取得成功抱有希望和信心。反之,假如谈判对手态度狂妄、盛气凌人,难以友好相处,谈判人员就会对其留下坏的印象,从而对谈判的顺利开展存有忧虑。

7.1.1　商务谈判心理的特征

任何一个人在不同环境下,心理活动是有差异的,且都有相应的活动规律。对商务谈判来讲,谈判人员的心理活动有其自身的特点以及规律性。一般来说,商务谈判心理具有内隐性、相对稳定性、个体差异性等特征。

1. 商务谈判心理的内隐性

商务谈判心理的内隐性是指商务谈判心理是藏之于脑、存之于心,别人是无法直接观察到的。尽管如此,由于人的行为与心理活动有密切的联系,因此人的心理可以从其外显行为加以推测。例如在商务谈判中,对方作为购买方对所购买的商品在价格、质量、售后服务等方面的谈判协议条件都感到满足,那么在双方接触中,谈判对方会表现出暖和、友好、礼貌赞赏的态度反应和行为举止;假如很不满足,则会表现出冷漠、粗暴、不友好、怀疑甚至挑衅的态度反应和行为举止。把握这其中的一定规律,我们就能较为充分地了解对方的心理状态。

2. 商务谈判心理的相对稳定性

商务谈判心理的相对稳定性是指人的某种商务谈判心理,在一定时期内具有一定的稳定性。例如,商务谈判人员在谈判时的灵活应变能力会随着谈判次数的增加而提高,但在一段时间内却是相对稳定的。正是由于商务谈判心理具有相对稳定性,我们才可以通过观察分析去熟悉它,而且可以运用一定的心理方法和手段去改变它,使其利于商务谈判的开展。

3. 商务谈判心理的个体差异性

商务谈判心理的个体差异,就是指因谈判者个体的主客观情况的不同,谈判者个体之间的心理状态存在着一定的差异。商务谈判心理的个体差异性,要求人们在研究商务谈判心理时,既要注重探索商务谈判心理的共同特点和规律,又要注重把握不同个体心理的独特之处,以有效地为商务谈判服务。

7.1.2　掌握商务谈判心理的意义

掌握商务谈判心理的特点,认识商务谈判心理发生、发展、变化的规律,能帮助商务谈判人员在谈判活动中养成优良的心理素质,保持良好的心态,正确判断谈判对手心理状态、行为动机,预测和引导谈判对手的谈判行为,从而提高谈判的艺术性,灵活有效地处理好各种复杂的谈判问题。具体来讲,研究并掌握商务谈判心理的重要性体现在以下几个方面:

1. 有助于培养谈判人员自身良好的心理素质

谈判人员良好的心理素质是谈判取得成功的重要基础条件,是谈判者抗御谈判心理挫折的条件和铺设谈判成功之路的基石。谈判人员加强自身心理素质的培养,可以把握谈判的心理适应。此外,谈判人员对商务谈判心理有正确的认识,就可以有意识地培养提高自身优良的心理素质,摒弃不良的心理行为习惯,从而把自己造就成从事商务谈判方面的人才。

2. 有助于揣摩谈判对手心理,实施心理诱导

谈判人员对商务谈判心理有所认识,经过实践锻炼,可以通过观察分析谈判对手言谈举止,揣摩弄清谈判对手的心理活动状态,如其个性、心理追求、心理动机、情绪状态等。此外,心理是可诱

导的，通过对人的心理诱导，可引导人的行为。了解对手人员的谈判思维特点、对谈判问题的态度等，可以开展有针对性的谈判准备和采取相应的对策，把握谈判的主动权，使谈判向有利于己方的方向转化。

3. 有助于恰当地表达和掩饰己方心理

商务谈判是谈判双方的一个沟通过程。了解商务谈判心理，有助于表达己方心理，可以有效地促进沟通。如果对方不清楚己方的心理要求或态度，己方可以通过各种合适的途径和方式向对方表达，以有效地促使对方了解并重视己方的心理要求。

相反，己方谈判人员也有必要掩饰自己的情绪、需要、动机、期望目标、行为倾向等心理，以防止对方通过对己方的心理透析而滋生谈判诡计。商务谈判的研究表明，不管是红白脸的运用、撤出谈判的胁迫、最后期限的通牒、拖延战术的采用等，都与一方对另一方的心理有充分把握有关。谈判人员可以根据自己对谈判心理的认识，在言谈举止、信息传播、谈判策略等方面施以调控，对自己的心理动机（或意图）、情绪状态等作适当的掩饰，不让谈判对手了解己方某些真实的心理状态、意图和想法。

4. 有助于营造谈判氛围

商务谈判心理的知识还有助于谈判人员处理与对方的交际与谈判，形成一种适当的谈判氛围。一般地，谈判者都应尽可能地营造出友好和谐的谈判气氛以促成双方的谈判。但适当的谈判氛围，并不一味都是温馨和谐的气氛。出于谈判利益和谈判情境的需要，必要时也要有意地制造紧张甚至不和谐的气氛，以对抗对方的胁迫，给对方施加压力，迫使对方做出让步。

阅读与思考 7-1　　谈判中的心理学

亚当·斯密是经济学的大师级人物，他写的传世经典《原富》被中国著名学者严复翻译为中文，对中国学界影响很大。作为经济学大师，亚当·斯密对人和人性的了解是非常深刻的，他曾断言，人类有谈判的天性，而这种特性是动物所没有的。

人和动物有什么区别？这是个经典问题。亚当·斯密给出了一个富于启发意义的答案，人会通过谈判解决问题，而动物不会。我们从来没有见过两只猫为抢一只老鼠而谈判，也从没见过任何两只动物之间互相表示愿意以某种条件换取让步的意思。动物当然不会有这种做法，因为它们不懂得契约和承诺的含义。动物之间为了抢夺食物和领地，靠的是牙齿和利爪。

诚然，每个人从小就知道谈判是怎么回事。小孩为了得到心爱的玩具，就缠着父母闹；父母为了鼓励孩子好好学习，就许诺考了一百分有什么奖励，如此等等。这个世界上，每时每刻都进行着无法数计的谈判，涉及政治、经济、军事、文化等领域。只要有人类有需求，就会有谈判。

美国著名的谈判专家盖温·肯尼迪认为，所有谈判其实就是一个意思：把我想要的东西给我，你也能从我这儿得到你想要的东西。这就是谈判。当然了，在各种各样的谈判中，有各种各样的谈判技巧，而这些技巧常常为人们所津津乐道。下面分析一些谈判技巧中的心理学。

谈判专家盖温认为，在商业谈判中，最容易犯的第一大失误就是，接受对方的第一次出价。他认为，即使对方的出价非常有利于己方，也不应当立刻接受。那么这是为什么呢，因为人的心理都有内省机制，这种机制会在一件事情发生之后，反思自己的作为。如果在一桩生意中，第一次出价就被接受了,那么,人就会不由自主地想到这些问题,如果出别的价格是不是更好?被开出的价格是不是意味着某些并未说明的情况?等等如此之类的问题。而这些问题如果得不到很好的解决,就会在谈判者心里留下阴影。

一般说来,每一次出价之前,谈判者都会有所期待,要是对方看不到这一点,就会引起“被人小瞧了”的感觉。如果不经谈判就接受对方的第一个开价,那么就会对自己的信心有所打击,最终只能是有损于这笔交易的进行。固然一口价最后成交了,可是在商品的使用过程中,始终会存在一个心结。人就是这样,如果不经讨价还价的过程,他们就不会觉得满意。人都期望在谈判中获得成就感,希望自己赢得了什么东西。他们还想证明花在谈判中的时间是合理的,所以第一次出价不要轻易接受。如果第一次出价没有被接受,然后经过唇枪舌剑的谈判,最终都做出相应的让步,那么鏖战的双方都会觉得自己成功了,对方妥协了,从而在交易的同时,双方都获得某种心理上的满足感。这才是一次成功的谈判。

想要进行一次成功的谈判,必须懂得一些在谈判中的心理反应。不论在什么样的谈判中,不论是大国之间的裁军谈判,还是跳蚤市场的侃价,参与谈判的人们都会有一种或多或少的恐惧感。这种感觉的来源是多元化的,可能是来自对自身需求得不到满足的恐惧,也可能是由谈判中的冲撞引起的受伤恐惧,也可能是由于对手的强大等等。这种恐惧可能会使我们逆来顺受和阿谀奉承,最终使得谈判失败。还有一种可能,恐惧会使人们态度偏激和愤怒,致使谈判破裂。如何使得这种恐惧感限定在一定程度,而不致于影响谈判者的行事和判断呢?

要想驱除谈判中的恐惧感,一个最直接的方法是,大声说出使你害怕的话。你可以尝试说出那些最严厉的,或者你最难讲出口的话。比如,“如果不采纳这个方案,那么我们就没什么可谈的了”,或者,“我要求加薪”等等。通过反复练习,你会发现,这些话是非常有力量的。谈判者要明白,谈判所需要的是理解人类的心理,并且需要一种开放的思维。在谈判中,不需要表现得让人感到难以对付,而要聆听和尊重他人。一旦心态放正,那么谈判就不是令人恐惧的对抗,而是改善你的环境或处境的机会,是一个有意义的过程。

出现僵局是谈判中常常发生的现象。有很多问题最初看起来似乎都是不能解决的,其实则不然。以埃及和以色列为西奈半岛谈判为例,看起来,这两个敌对国家的立场是不能共存的,因为两国的根本利益完全不同:以色列人关心的是安全,而埃及关心的则是领土。谈判一度陷入僵局。那么,如何面对谈判中的这种僵持局面呢?可以用“冷却处理法”。

要摆脱僵局,首先是感情上的平和与宽容,其次才是理智上的分析与抉择。谈判的双方必须直面僵局,然后退回来,休整上一段时间,可能是十分钟,也可能是几周,甚至几年。谈判者可以暂时远离此时此地的僵局,换一个新环境,改变谈判背景。经过一段时间的“冷却”之后,往往会发现,僵局不再是那么棘手,用小锤子一敲,也许就解决了。因为经过调整,谈判的双方可以重新着眼于自己或相互的重点,他们可以不再把重点放在产生僵局之处,而是开始着重于谈判真正有价值之处。那么埃及和以色列是怎么解决问题的呢,其实很简单,谈判的结果是建立一个在埃及旗帜下的非军事区。

当然,谈判中的心理学是个很复杂的课题。以上所提及的,只是其中九牛一毛,还有很多的问题有待专家们研究。

(资料来源:http://www.ryedu.net/kjwy/gli/200803/6300.html,2008.12.18)

每日一练 自己试着总结学习并掌握商务谈判心理的重要性。

完成子任务 7.1 后进行自我测试:你是否已领悟商务谈判心理的基本内涵?

7.2 商务谈判的心理动力

商务谈判的双方都有各自的利益需要,并为各自的需要所驱动,都希望从与对方的沟通中得到自己所需要的利益。考察谈判的心理动力,探讨谈判双方的需要,能够帮助谈判人员选择恰当的谈判策略和技巧,有助于商务谈判的成功。

7.2.1 需要的含义

需要是人对自然和社会的客观需求在头脑中的反映,即人对一定客观事物需求的表现。它是人在生理和心理上的一种匮乏状态,即感到缺少什么,从而想获得它们的状态。当人们口渴的时候需要喝水,饥饿的时候渴望食物,疲惫的时候渴望休息……,这些都是需要;企业为了赚取利润要生产产品,生产产品就需要原材料……,这也是需要。需要同人的各类活动相联系,并且成为人类行为的基本动力,而行为的目的总是服从于某种需要的满足。

商务谈判的源动力来自双方的需要以及对需要满足的追求。买卖双方如果没有尚未满足的需要,就不会有商务谈判。促使双方坐下来进行谈判的前提是,双方都希望得到某些利益,而这些利益为对方所拥有。否则,一方就会对另一方的要求不闻不问,也就不会有任何讨价还价的行为发生。而双方讨价还价的目的只有一个,那就是通过谈判实现交换或合作,满足彼此的需要,因此,可以说,需要是谈判的动力,谈判是双方为了满足各自的需要而进行协商的一个过程。

例 7-1 强硬的矿主

几年前,荷伯代表一家大公司到俄亥俄州购买一座煤矿。矿主是个强硬的谈判者,开价要 2 600 万美元。荷伯还价 1 500 万美元。

"你在开玩笑吧"矿主粗声道。

"不,我们不是开玩笑。但是请把你的实际售价告诉我们,我们好进行考虑。"

矿主坚持 2 600 万美元不变。

在随后的几个月里,买方的出价为:1 800 万、2 000 万、2 100 万、2 150 万。但是卖主拒绝退让,于是形成僵局,双方都无活动。情况就是 2 150 万与 2 600 万的对峙。显然,在此情况下,只谈结果就不可能取得创造性结果。由于你没有有关需要的信息,就很难重拟谈判内容。

为什么卖主不接受这个显然是公平的还价呢?令人费解。荷伯一顿接一顿地跟他一块吃饭,每次吃饭时,他都要向矿主解释公司做的最后还价是合理的。卖主总是不说话或说别的。一天晚上,他终于对荷伯的反复解释搭腔了,他道:"我兄弟的煤矿卖了 2 550 万美元,还有一些附加利益。"

“哈,哈!”荷伯心里明白了,“这就是他固守那个数字的理由。他有别的需要,我们显然忽略了。”

有了这点信息,荷伯就跟公司的有关经理人员碰头。他说:“我们首先得搞清他兄弟究竟确切得到多少,然后我们才能商量我们的建议。显然我们应处理个人的重要需要,这跟市场价格并无关系。”

公司的官员们同意了,荷伯就按这个路线进行。不久,谈判达成协议,最后的价格没有超过公司的预算。但是付款方式和附加条件使卖主感到自己干得远比他的兄弟强。

7.2.2　需要的层次

美国著名心理学家阿伯拉罕·马斯洛(Abraham Maslow)在 20 世纪 50 年代将人类的需要按由低到高的顺序划分为如下 5 个层次:

(1)生理的需要。即维持个体存在所必需的对外部物质条件的需求,如食物、阳光、住房、空气和水的需要。生理的需要是最基本、第一位的,在人们的生理需要没有得到满足之前,不会去追求其他社会需要。

(2)安全的需要。即在生理和心理方面免受伤害,获得保护、照顾和安全感的需要,如要求人身的健康,安全、有序的环境,稳定的职业和有保障的生活等。当生理的需要一旦得到最基本的满足之后,人们就会寻求安全和稳定,寻求保障机制。

(3)情感的需要。即希望给予或接受他人的友谊、关怀和爱护,得到某些群体的承认、接纳和重视。如乐于结识朋友,交流情感,表达和接受爱情,融入某些社会团体并参加他们的活动等。

(4)尊重的需要。即希望获得荣誉,受到尊重和敬仰,博得好评,得到一定的社会地位的需要。尊重的需要与个人的荣辱感紧密相连,它涉及独立、自信、自由、地位、名誉、被人尊重等多方面的内容。

(5)自我实现的需要。即希望充分发挥自己的潜能、实现自己的理想和抱负的需要。自我实现是人类最高级的需要,它涉及求知、审美创造、成就等内容。

例 7-2　阳光刺眼

有时候,在和谈判对手你来我往之间,常常会感到自己置身于不利的环境中,一时又说不出为什么。明知是对手故意设计的,用来干扰和削弱我方的谈判力。例如,座位阳光刺眼,看不清对手的表情;会议室纷乱嘈杂,常有干扰和噪声;疲劳战术,连续谈判;并在我方疲劳和困倦的时候提出一些细小的但比较关键的改动,让你难以察觉。更有甚者,是利用外部环境形成压力。例如,我国知识产权代表团首次赴美谈判时,纽约好几家中资公司都“碰巧”关门,忙于应付所谓的反倾销活动,美方企图以此对我代表团造成一定的心理压力。

遭遇“阳光刺眼”策略时,我们本应该立即提出拉上窗帘或者更换座位。但我们经常会碍于面子,默默忍受,没有及时出击。

马斯洛认为:①人的需要随时有待于满足,需要是什么要看已满足的是什么,只有未满足和新产生的需要才会形成谈判的基础和动力;②人的需要从低到高是分为不同层次的,只有较低层次的需要得到满足后,高一级的需要才会上升为支配人类行为的动力。对于商务谈判人员来讲,不仅要重视己方的需要,而且要注意对方的需要。首先要寻求较低层次的需要满足,并不断推动谈判进展,让双方较高层次的需要得到满足。只有这样,才能使得谈判顺利进展,取得理想结果。

7.2.3 需要的发现

需要是商务谈判的动力,在商务谈判进程中,及时正确地发现双方的需要,对于制定恰当的谈判策略,确保谈判朝有利于己方方向发展有着重要意义。精明老练的谈判家总是在谈判前就充分调研谈判对手的信息,并在谈判过程中运用各种方法和技巧去捕捉对方思想过程的蛛丝马迹,以追踪揭示对方动机的线索。

第一,在谈判准备阶段要尽可能多地搜集谈判对手的有关资料,比如谈判对手的财务情况、性格特征、社会关系、目前的状况等。这些都是在谈判过程中发现需要、了解需要、满足需要的基础,也是谈判成功的条件。比如在购物时,如果事先知道卖主非常重视友情,那么,在谈判时,你首先要同他建立起良好的友谊,这样就有利于谈判的顺利进行。

例 7-3　　迪巴诺的成功

迪巴诺公司是纽约有名的面包公司,该公司的面包远近闻名。可是附近一家大饭店却一直未向他们订购面包,长达 4 年之久。迪巴诺每周必去拜访这家大饭店的经理,甚至以客人的身份住进该饭店,想方设法同该饭店接触,一次又一次地同他们进行推销谈判,但均未成功。迪巴诺暗下决心,不达目的决不罢休。

迪巴诺一改过去的推销策略和谈判技巧,开始对饭店经理的需求和爱好进行调查。通过调查发现经理是美国饭店协会的会长,而且热衷于协会的事业,只要协会召开的会议,不管在任何地方举行,他都会乘飞机赶去参加。这个信息给迪巴诺很大的帮助,当再次拜访饭店经理时,就以协会为话题,果然引起了对方的极大兴趣。该经理称协会给他带来无穷的乐趣,他准备如何扩大协会内部组织,而且还欣然邀请迪巴诺参加。自然这次迪巴诺顺利取得了该饭店的长期订购合同。

第二,在谈判过程中要善于提问、倾听和观察。

(1)提问。提问是获得信息的重要手段之一。你可以在适当的场合向对方提问:“你希望通过这次谈判得到什么? 你期待什么? 你想达到什么目标?”等等。通过这种直截了当的试探,除能了解其他信息外,常能发现对方的需要,知道对方的追求。在提问之前,要确定:提出什么问题,如何表达问题,何时提出问题。此外,还要考虑对方会对这些问题产生什么反应。

(2)倾听。谈判是人与人之间进行的,都是个人同个人打交道。这就要求在谈判过程中必须认真倾听,分析对方所发出的信息,从而进行交流。要做到有效倾听,对谈判对手所发出的信息有一个完整的了解,必须从以下几点努力:

首先,要弄清对方是在做肯定陈述还是否定陈述。无论在谈判过程的哪个阶段,只要对方作出一种陈述,己方最关键的问题就是弄清其是肯定还是否定。这往往关系到对方有何想法、感觉如何、要做什么、正在做什么的问题。己方可使用证实性的发问来予以澄清。

其次,要认真分析对方信息的真意。很多情况下,对方并不直接把自己的意图、需要完全表达出来,他们发出的信息常常带有一定的试探性,甚至还会释放烟雾,诱使对手麻痹上当。因此,在谈判中,要仔细地用心分析所获得的信息,判断其真意。比如,在谈判时常听到这样的说法:"顺便提一下……"。说话的人试图给人一种印象,似乎他要说的事情是刚巧想起来的,但十有八九,他所说的事情非常重要。

再次,在倾听的时候,要适时插一些鼓励性的话,加强相互理解的气氛,激起对方的谈兴,使其在不知不觉中把一些真实想法讲出来。如"是这样""嗯,对""我理解""请详细谈一下"等。

(3)观察。弗洛伊德认为,人的动作比理性语言更能表达人的"情感和欲望"。为了了解对方的意愿和需要,必须注意观察他的举止。

假设你向谈判对手提出一个建议时,刚开始,对方眼睛盯着烟灰缸。你继续往下说,这时谈判对手仰到椅背上,双手形成一个尖塔形,他眯缝着眼睛从尖塔向你看。你还在往下讲、谈判对手开始用他左手的无名指敲打桌面。如果你是一个善于察言观色的人,此时通过谈判对手的一系列形体动作暗示,就应该明白你所谈的内容不能满足对方的需要,应该进行必要的调整。相反,在你谈到某一点时,谈判对手非常专心地注视着你,身体向前尽可能地倾向于你,这就说明你所讲的内容正是他所需要的。

谈判中的肢体动作往往传递着许多微妙的意思,有着种种心理上的意义和暗示。因此,仔细地、不断地观察谈判对手的举止,就可以从中发现他的需要。

7.2.4 需要的满足

在商务谈判中,双方的需要如果都能得到满足,无疑会推动谈判的成功。在实践中从以下几个方面做出努力,能对满足谈判者的需要起到积极的作用。

(1)为谈判做好充分的物质准备。商务谈判是一项精神高度集中,体力和脑力消耗都比较大的活动,为了保证谈判人员有充沛的精力和饱满的激情投入到谈判中去,应该为谈判人员做好充分的物质准备。这里的物质准备不仅指谈判人员的衣食住行等方面的生活安排,还包括商务谈判时所用到的样品、合同文本、技术资料、谈判场所、通信工具等方面的准备。在进行这方面的准备时,要注意既要与谈判人员的身份、地位相适应,又要满足谈判人员在工作和生活上的需要。

(2)建立良好的谈判关系。谈判人员是一个有感情的人,他们一样追求友情,希望在友好合作的气氛中共事。所以,无论是在双方谈判人员之间,还是在一方谈判小组内部,都要注意建立良好的人际关系。这就要求谈判人员一方面要注意在谈判过程中,应本着友好合作的态度,利用各种机会建立和发展双方的友情。如为对方举行宴会、邀请对方参加联欢活动、赠送礼品、回顾双方的愉快合作等。如果彼此之间建立起友情,相互信任感就会大大增强,让步和达成协议的可能性就会提高。另一方面,谈判小组内部也要建立起互谅互让、团结协作的关系。谈判小组内部各成员的年龄、性格、专长,甚至生活习惯都各有不同,在工作上存在不同意见,在生活习惯上有差异是很正常的事情,但如果我们不注意处理好,很容易导致小组内部的矛盾和分裂,严重影响谈判小组整体作用的功能。因此,在日常生活中,谈判小组成员应互相谅解,互相忍让,互相帮助,使全体成员都能感受到集体的温暖,产生归属感。

例 7-4　　象棋的魔力

我国三A进出口公司与泰国一家公司谈生意，谈判一开始就很不顺利，双方提出的交易条件相差甚远。一天中方公司副经理上街购物，发现泰国公司总经理在象棋摊边盘桓多时，一幅饶有兴致的样子。这天黄昏，中方经理带着一幅精工制作的象棋来到泰方经理下榻的宾馆。"下盘棋怎么样？"年过半百的泰方经理兴高采烈。原来该经理出生于象棋世家，酷爱收集象棋。一场酣战下来，双方意犹未尽，中方经理与泰方经理畅谈事业、成就、家庭，泰方经理对中方经理大为赞赏，当即表示："能和你这样的人交上朋友，这笔生意我少赚一点都值得！"两天后，协议在泰方经理下榻的宾馆签了字。

(3)尊重谈判对手。在商务谈判中，要时时注意对谈判对手的地位、人格、学识、宗教信仰等表示尊重。比如：在接待谈判对手时，有身份对等的人接待；在谈判过程中，积极倾听对方发言，不做小动作，不使用诬蔑性的语言回应；尊重对方的风俗习惯和宗教信仰等。这样都可以让谈判对手感受到尊重，增加对己方的好感。

例 7-5　　妄加评论的恶果

一中国谈判小组赴中东某国进行一项工程承包谈判。在闲聊中，中方负责商务条款的成员无意中评论了中东盛行的伊斯兰教，引起对方成员的不悦。当谈及实质性问题时，对方较为激进的商务谈判人员丝毫不让步，并一再流露撤出谈判的意图。

(4)适时赞赏对方为谋求合作所做的努力和工作成果。任何一个商务谈判人员都希望自己的工作得到别人的肯定和承认，在谈判过程中，适时对对方的见解、能力表示欣赏和赞美，能使对方在心理上产生满足感和自豪感。

例 7-6　　赞美的力量

东南亚某个国家的华人企业想要为日本一著名电子公司在当地做代理商。双方几次磋商均未达成协议。在最后的一次谈判中，华人企业的谈判代表发现日方代表喝茶及取放茶杯的姿势十分特别，于是他说道："从君(日方的谈判代表)喝茶的姿势来看，您十分精通茶道，能否为我们介绍一下？"这句话正好点中了日方代表的兴趣所在，于是他滔滔不绝地讲述起来。结果，后面的谈判进行得异常顺利，那个华人企业终于拿到了他所希望的地区代理权。

从以上几点出发，对满足谈判人员的需要有很大帮助。当然，谈判人员的需要多种多样，并且具有不可预料性，全部满足谈判人员的各种需要是不现实的。此时，应注意对谈判者的某些需要进行引导，改变其对某些需要重要性的认识，使之在心理上获得一定的平衡。

阅读与思考 7-2　　谈判需要什么

随着人类越来越意识到应该用文明而不是用战争的办法来解决利益的冲突，谈判活动在人类生活中的作用将越来越重要。如果就广义来看谈判，那么领土纠纷的平息、宗教冲突的协调、市场购物中的讨价还价、医生劝病人戒烟、夫妻协商买什么牌子的彩电等都是一种谈判，因此正如一位谈判大师所说的："在今天，不学会谈判就不能更好地生存。"

我们知道谈判是为了解决利益冲突，而利益冲突主要是谈判各方就某一问题有不同的利益需要，所以有人说，谈判就是双方交换和满足彼此的需要。但是谈判需要什么呢？谈判就是需要双方弄清对方的"需要"，然后互相妥协、互相让步来满足互相的需要，实现"双赢"。

许多情况下谈判双方的需要是比较容易弄清楚的，比如说买卖谈判双方主要是交易需要，索赔谈判是赔偿需要，建交谈判是关系需要，领土边界谈判是主权和安全需要，等等。也有一些谈判其中一方或双方的需要是隐晦或不清楚的，假如我们不能弄清对方的需要，谈判将不欢而散。弄清这些谈判的特殊需要应注意以下三点：

1. 正确判定对方的真实需要

有这么一个故事：家里仅有一个橘子，姐妹俩都争着要，做父亲的为难了，怎么分这个橘子呢？父亲为显公平就将橘子掰成两瓣，姐妹俩一人一半。按理说双方应该都能接受这种分法，结果是姐妹俩都不满意。有人说，妹妹年龄小应该照顾多分一点；也有人说姐姐食量大应该多吃一点。按照常理一个橘子似乎也只有这三种分法，但在这个故事中，这三种分法都是错误的，都没有满足双方的需要。正确的分法是：把橘子皮完整地剥给姐姐，而把里面的橘子肉留给妹妹。因为姐姐想要做一个小橘灯，而妹妹当然是贪嘴。这个故事就告诉我们不弄清双方的真实需要，只根据我们自己的"一厢情愿"或"想当然"来判断别人的需要就会出现上面的尴尬。谈判中也是这样，假如我们只是根据自己一方来简单推理对方的需要，而不是通过谈判前充分地搜集各种信息资料来判定对方的真实需要，那么同样会出现"分橘子"的尴尬。这里关键是要弄清对方的真实需要，不能凭主观推测，而应该通过客观调查。所以，谈判前的准备越充分，对对方的需要调查得越准确，谈判中己方就越能主动、灵活地运用谈判策略。如果我们所有的谈判计划、方案是建立在一个对方不需要的目标上，在谈判过程中我们会发现尽管我们已经做出了很大让步，但对方却并不满意，原因正如童安格的一句歌词所言："其实你不懂我的心！"不懂对方的心，再怎么献殷勤也没用。

2. 仔细发掘对方的潜在需要

人的需要是多方面的，有些需要我们能从表面看出，这就是显在的需要，而有些需要是隐藏着的，这就是潜在的需要。在谈判中，我们不但要善于观察、了解对方的显在需要，同时还要善于发掘对方的潜在需要。因为对于有些人他可能更在意的是他的潜在需要的满足，那么找到对方这个"命门"，自然就能"收伏"对方。比如某著名电影明星是众厂家瞄准的广告模特，但很多厂家与该电影明星接洽商谈拍广告的事都没谈成，有的厂家开出的价格惊人仍无济于事。可是后来有一个聪明的商人却从该电影明星的太太身上把问题给解决了，他通过其太太的朋友出面多次与该电影明星的太太说情，终于让该电影明星的太太碍不过情面，"逼迫"该电影明星就犯。当然该电影明星对钱这个显在需要不是不需要，只是他更在意他的家庭幸福和谐的潜在需要的满足。

有一个推销谈判就是属于典型的发掘潜在需要而推销成功的案例：一个面包推销员，看上了一家大酒店，他于是找到了这家酒店的董事长，反复陈述自己的面包是如何的新鲜、口感好、又便宜，但那位董事长却无动于衷，只是偶尔抬起头朝他笑笑，很客气地说："我们酒店已经有专门的面包供应商,对不起,我们不需要。”推销员见对方挂起了“免战牌”只好泱泱而回。可是这家酒店的面包需求太诱惑人了,他不死心,决定再次拜访酒店的董事长。尽管把价格再降了一些,但仍然无效。就这样这位推销员在两年内不知跑了多少趟董事长的办公室,结果是一个面包也没有推销掉。可贵的是这位推销员凭着自己的韧性和决心不断地琢磨着这位难对付的董事长究竟需要什么,他暗地里对董事长的家庭成员进行摸底调查,看他们在干一些什么,结果他发现董事长的儿子特别喜欢集邮票。董事长的儿子一直缠着他爸爸给他弄一套珍贵的猴票,但董事长却没能找到。这位推销员通过朋友多方打听最后用高价买了一套猴票,然后怀揣着这套邮票来到了董事长的办公室。他先聊了一些生意上的事,接着他拿出了那套猴票,轻描淡写地说:“我的朋友送我一套邮票,我又不集邮,放着没用,听说你儿子喜欢集邮,就送给你儿子吧。”这位董事长睁大了眼睛仔细地看了看这套让他伤透了脑筋的邮票后,连声说:“太感谢你了!太感谢你了!你真是救了我的驾了,我那少爷都把我烦死了,就为了这几个猴子。”第二天,推销员接到了酒店打来的电话,要他明天就给他们送去面包。推销员的成功就在于挖掘出了那位董事长的潜在需要——他儿子的邮票。

3. 切勿忽视对方的人格需要

我们在谈判中常常被谈判议题本身的需要所吸引,认为一切问题的解决最终要从这个议题来突破,而对参与谈判协商议题的人的本身需要却容易忽视。谈判人本身是有需要的,比如被重视、被尊重、被关心等就属于一个人的人格需要,谈判人也不例外。这就提醒我们在谈判中既要注意满足对方谈判议题的需要又要满足对方人格的需要。因为当一个人的人格需要得不到满足时他是会用阻挠谈判进程、制造无谓僵局来补偿、平衡他的心理。有个外国谈判专家就告诫他的同行说:“和中国人谈判一定要给他们面子。”指的就是要注意中国人的人格需要。其实不光中国人有人格需要,人同此心,心同此理,外国人同样也有人格需要。谈判前的寒暄、问候,生活的关心、照顾的周到,谈判中语言的尊重恭维、人格的赞美这些都是满足对方的人格需要。当然,我们认为一个理性的谈判人员应该把组织的需要、议题利益的需要始终当作唯一追求的目标,不应为个人的人格需要牺牲或损失组织、议题的需要。但谈判人员毕竟是人,谁能保证自己不“情绪化”?美国在进口墨西哥天然气的谈判中,他们自行其事地规定了看来对对方不错的价格,结果,墨西哥人宁可把天然气白白地烧掉也不卖给美国人,原因就是美国人在谈判中太自以为是了,以为出了好价钱就能解决一切问题。

斯宾诺莎是一位大哲学家,一生贫困,以打磨眼镜为生。每次挣足了一定数目的钱够维持一段时间的生活费时,他就停下来回到家里钻研他心爱的哲学。就是这样一个不爱财的人却有一次竟然与亲姐姐打起了财产官司。原来,他的姐姐偷偷地占有了原本应属于他自己的一部分遗产。斯宾诺莎诉至公堂,得回了遗产。可是,当法庭判决之后,他又公开宣布将所有遗产赠予姐姐,自己仍然靠打磨眼镜为生。斯宾诺莎为什么要这样做呢?表面上打了一场没有意义的官司,赢了一场没有获利的诉讼谈判,但实际上他获得了他最为看重的自尊和被尊重的人格需要。

(资料来源:http://tieba.baidu.com/f? kz=126459148,2008.12.18)

每日一练　**自己试着总结如何发现并满足谈判中的各种需要。**

完成子任务 7.2 后进行自我测试:你是否对马斯洛需求层次理论在商务谈判中的运用有了清晰的认识?

7.3　商务谈判中的心理挫折

7.3.1　心理挫折

1. 心理挫折的含义

人的一生不可能是一帆风顺的,总会遇到各种各样的困难,碰到诸多障碍。当实际的行动受到阻碍时,人的心理就会受到一定的影响,就会产生一种忧虑、焦急、紧张、激动、愤怒、懊悔等情绪性的心理反应,这也是人们常说的心理挫折。并且,这种由于行动挫折对心理所造成的影响会受到人的抱负水平、对挫折的承受力以及受挫行动的重要性等因素的干扰。

心理挫折是一种主观的心理感受,有别于实际的行动挫折。人们的行为活动在客观上遭受挫折是经常的,但是并不是行为遇到了挫折,人就一定会产生挫折感。此外,面对同一挫折,人们的感觉反应也是大不相同。例如,当商务谈判陷入僵局时,谈判人员就会有不同的感受,有的人感到沮丧、失望乃至丧失信心,而对于有些人,则能激起他们的斗志,以更大的决心,全力以赴去处理问题。

2. 心理挫折的行为反应

心理挫折是人的一种心理状态,这种状态会通过人的行为表现出来。因为每个人的心里挫折感是不同的,所以具体的行为表现亦有差异,但往往都会有以下行为表现:

(1)退化。退化是指人在遭受挫折时所表现出来的与自己年龄不相称的幼稚行为,如像孩子一样的哭闹、暴怒、任性等,目的是威胁对方或唤起别人的同情。

(2)畏惧退缩。这种行为反应主要是人们在心理受挫的情况下对自己失去信心,缺乏勇气而造成的。这个时候,人的敏感性、判断力都会下降,消极悲观、孤僻不合群、易受暗示、盲目顺从,最终影响目标的实现。

(3)攻击。攻击是人在遭受挫折时最易表现出来的行为,即将受挫折时产生的愤怒情绪向人或物发泄。比如,语言过火、激烈,并伴有挑衅性的动作。攻击行为可能直接指向阻碍人们达到目标的人或物,也可能指向其他的替代物。

攻击是在人产生心理挫折感时可能出现的行为之一,但攻击的程度却因人而异。理智型的人善于作自我调节,比感情易冲动的人更容易控制自己;文化程度低的人,受挫后产生攻击行为的可能性比较大;经验丰富、见多识广的人,受挫后会有多种排解方法,攻击的可能性就比较小。此外,受挫目标的期望程度、动机范围等因素都可能影响人的攻击性。

(4)盲目固执。盲目固执是指一个人明知从事某种行为不能取得预期的效果,但仍不断重复这种行为的表现。这是因为人们在感受到心理挫折后,往往不愿面对现实认真思考、判断,而是非常固执地坚持一种错误的思想或意见,盲目地重复某种毫无意义的行为;或在遭受心理挫折后,为了证实自己行为的正确,以逃避指责,在逆反心理的作用下,往往无视行为的结果不断地重复某种无效的行为。

7.3.2 商务谈判中心理受挫的原因

商务谈判活动是一种协调行为,即协议双方的利益。因此,在谈判中,谈判者往往会遇到这样那样的问题、困难和障碍,由此引起谈判人员心理受挫是不可避免的。容易引起谈判人员心理受挫的因素主要有以下几点:

(1)谈判者对谈判内容缺乏应有的了解,掌握信息不够,制定出了不合理或者不可行的谈判目标,这种情况容易对谈判者造成心理挫折。比如,你非常喜欢一件衣服,于是暗自决定如果它的价钱不超过300元就买下,你请售货员帮你取下来,然后一边看衣服一边向售货员询价,“2 780元”,售货员漫不经心地答道。此时对你来讲就会产生很大的心理挫折,从而失去谈判的信心和勇气,最终很不情愿地将衣服还给售货员。

(2)由于惯例、经验、典范对谈判者的影响,谈判者容易形成思维定式,将自己的思维和方法禁锢起来。对于出现的新情况、新问题仍按照经验、惯例去解决,这样既影响谈判的结果,也容易受到心理挫折。比如你是一家商店的营业员,这家商店向顾客明示:“不讨价还价。”有一位顾客依据商品存在的瑕疵提出打折,如果你坚决执行店里的规定,就容易同顾客发生争执,产生心理上的挫折感。

(3)由于谈判者自身的某些需求,特别是社会需求和自尊、自我实现的需求没有得到很好的满足或受到伤害时,容易造成心理挫折。比如,一个自负的谈判者没有得到对方的认可,受到对方的蔑视后,心理就容易受到创伤,从而情绪激动,做出不理性的决定。

例7-7　　自负的厂长

远东橡胶厂(甲方)曾进口一整套现代化胶鞋生产设备,但由于原料和技术设备跟不上,设备白白闲置了3年。后来,新任厂长决定把它转卖给外地的椰红橡胶厂(乙方)。谈判之前,甲方了解到两个重要情况:一是乙方经济实力雄厚,但基本都已投入到再生产中,如果要马上拿出200万元购买设备困难很大;二是乙方厂长年轻志大、自负好强。对内情有所了解后,甲方厂长决定与乙方厂长直接谈判。

甲方厂长:“经过这两天的交流与了解,我详细了解了贵厂的生产情况,你们的经营管理水平确实令我肃然起敬。厂长年轻有为,有胆识,有魄力,让我由衷敬佩。可以断言贵厂在您的领导下,在不久的将来将成为中国橡胶行业的明星。”乙方厂长:“老兄过奖了,作为一厂之长年轻无知,希望得到你的赐教”。甲方厂长:“我向来不会奉承人,只会实事求是。贵厂今天办的好,我就说好;明天办的不好我就说不好。昨天我的助理打来电话,说有个棘手的事情等着我,催我一两天内返回。关于咱们洽谈的进口设备转让问题,通过在贵厂转了一两天后,我的想法又有所改变了。”“有何高见?”“谈不上什么高见,只是担心挺大疑问挺多。第一,我怀疑贵厂是否真正有经济实力在一两天内拿出这么多资金;第二怀疑贵厂是否有管理和操作这套设备的技术力量。所以我并不像原先考虑的那样,确信将设备转让给贵厂。”

乙方厂长听到这话,认为受到对方的轻视,十分不满,于是炫耀地向对方介绍了自己的经济力量和技术力量,表示完全有能力购买和管理这套设备。这样,乙方为了炫耀和购买,迫于时间压力,就不好在价格上再计较了。为了显示乙方的大厂风度,乙方厂长答应了甲方200万元报价,并当即签订了协议,双方握手共庆。甲方成功将休养了3年的设备转卖给了乙方。

这些只是在商务谈判中容易造成心理挫折的常见因素，除此之外，导致谈判者心理挫折的原因还有很多，有来自谈判过程的，也有来自谈判者本身的，如谈判者的知识结构、自身能力等。

7.3.3 心理挫折对商务谈判的影响

在商务谈判中，无论是什么原因引起的心理挫折，都会对谈判的圆满成功造成不利的影响。谈判是人与人之间的一项斗智斗勇的交际活动，需要谈判者全力以赴，始终保持着高度的敏感性和思辨能力。任何形式的心理挫折和心理波动都必然会分散谈判人员的注意力，造成反应迟钝、判断能力下降，而这一切都会使谈判人员不能充分发挥自己的潜力，从而无法取得令人满意的谈判结果。

7.3.4 商务谈判中心理挫折的应对

在商务谈判中，不管是我方谈判人员还是谈判对手，有了心理挫折感都不利于谈判的顺利进行，为了使谈判顺利开展，谈判人员必须积极应对心理挫折。

(1)谈判前要做好充分的思想准备。商务谈判是双方讨价还价的一个过程，为了满足各自的需要，双方都要不断地做出进攻、让步、再进攻、再让步……，这个过程是异常艰辛的，谈判人员往往会面临着很大的压力。因此，商务谈判人员对于谈判所遇到的困难，甚至失败在谈判前要做好充分的估算和心理准备，以提高对挫折打击的承受力，并能在挫折打击下从容应对新的问题，做好下一步的工作。

(2)积极转移对受挫事件的注意。在谈判过程中，如果遇到挫折，可以将注意力转移到受挫事件之外，多想想在整个谈判中取得的成功、自己的优秀表现，或者努力去思考其他问题，做其他事情，以此来减轻和消除心理困扰，从而以新的精神状态去迎接新的挑战。美国著名成人教育学家、心理学家戴尔·卡耐基就曾建议人们在受到挫折时用忙碌来摆脱挫折情境，驱除焦虑的心理。

(3)寻求理由。当在谈判中心理受挫时，可以寻找理由和事实来解释，以此来减轻焦虑和困扰。如谈判所达成的交易没有按照原定的价格标准，可以拿“今年价格上涨”的理由来安慰自己。当然，商务谈判中不能寻求不合逻辑的理由作为借口，来推卸自己的责任。

(4)宣泄情绪。情绪宣泄是一种利用合适的途径、手段将挫折的消极情绪释放排泄出去的办法。其目的是把因挫折引起的一系列生理变化产生的能量发泄出去，消除紧张状态。情绪宣泄的方法有流泪、痛哭、怨气发泄、运动、诉说等。

阅读与思考 7-3　　挫折的心理防卫机制

人体的生理活动具有一种保持生理、生化活动相对稳定和平衡的内稳态机能，心理活动同样也具有保持情绪活动稳定和平衡的内稳态机能，这种机能在遭受挫折后发挥作用，这就是所谓挫折的心理防卫机制。每个人在处理挫折和紧张情绪时，都在自觉不自觉地运用自我防卫机制，但由于每个人的生活态度及个性特征的不同，所采用的心理防卫方式也有差异。一般来说，自我防卫机制具体表现形式有以下几种：

1. 否认作用

否认作用就是把已发生的痛苦的事加以“否定”，认为他根本没发生过，以躲避心理上的痛苦。人们常说“眼不见为净”，成语中常用的“掩耳盗铃”等，就是否认作用的例子。

2. 退化作用

一个人在碰到困难、遭遇挫折的时候，心理活动退回到较早期的水平，使用较原始而幼稚的方式应付挫折情境，以取得别人的同情与照顾，避免面对现实问题的痛苦，这就是退化作用。如大孩子在爸爸妈妈面前像个“小孩子一样撒娇”。老人遇到不满时，在家里像小孩一样大哭大闹，这些都是退化的表现。

3. 投影作用

指一个人将自己所不喜欢或不能接受的，而自己身上却具有的性格特点、观点、欲望或态度转移到别人身上，说是别人具有这种性格恶习或恶念。这样，在无意识中就可减轻自己的内疚，并维护自己的尊严和安全感。所谓“以小人之心，度君子之腹”就是指投影机制的表现。比如，我们学校的一位学生不喜欢自己的班主任，认为自己的班主任太蛮横无理，他就会认为其他的同学也不喜欢班主任。

4. 白日梦

指一个人遭受挫折后，陷入一种想象的境界中，以非现实的方式来解脱痛苦和焦虑，在幻想中得到精神满足。例如，一个学习成绩特差的同学，幻想着有一天，自己成为一名三好学生，站在颁奖台上。适度的幻想是创造的源泉，是前进的动力。我们若过分依靠幻想，成天在白日梦中寻求满足，则会影响学习和生活，丧失对现实生活的判断力。

5. 压抑作用

人在经受挫折后，常常有意无意地将其痛苦和焦虑压抑到无意识状态，以致在一般情况下，当事者不能觉察回忆，从而求得心境的安宁，这种心理作用称为压抑。比如，一个人在初中的时候，受到打击，他克服内心的痛苦与愤闷，不去想这段日子，让它在自己的记忆中消失。

6. 隔离作用

指个体总是有意无意地想把某些事实从意识境界中隔离出去，不让自己意识到，以免引起精神上的不愉快。例如，有些面临高考的学生，在与他人交谈时，回避使用“落第”“失败”等词，以免引起内心的痛苦。

7. 文饰作用

是指在某些情境下，个人的动机或行为不能达到自己所追求的目标时，为减轻因挫折产生的心理不平衡，维护个人自尊，寻找理由安慰自己，其目的是把自己所作所为解释得合情合理。比如，一位同学看到本班的一位同学在积极主动地帮助那些有困难的学生，赢得同学们的好评。他却对别人说“帮助他人浪费时间，耽搁功课”。文饰作用易使人安于现状，不思进取，从某种意义上讲，也能使人达到暂时的心理平静，避免精神崩溃。

8. 转移作用

人们对某一对象的情感和愿望无法直接表现时，有时会转移到其他对象上面去，这样就可减轻精神上的负担，这种自我防卫机制称为转移作用。比如，一位同学因违反纪律，被老师狠狠地批评了一顿。在路上，他碰见了一条狗，就捡起路边的石头朝狗扔去，来发泄自己的怨气。

9. 反向作用

人们受挫后，努力压抑自己的情绪，做出违背自己意愿的情绪和行为。个体对某些自认为不良的动机或行为，防止其表现，就称为反向作用。比如，一位故意炫耀自己想引人注意的人，很可能内心存在着严重的自卑感。

10. 自居作用(认同作用)

指一个人生活中无法获得成功的满足时,将自己比拟成其他成功的人,或以他人自居,借此在心理上分享他人成果,来消除个人因挫折而产生的焦虑与痛苦。例如,有人常把自己与在某项事业中获得成功的人物或有名望的集体单位联系在一起,如“我和×××是同学”“我和×××是老乡”“我和×××是同学校毕业的”等,借此来达到心理上的满足。

自居作用在一定的范围内有助于青少年优良人格的发展。当我们经受挫折后想把自己认同于某位偶像时,他就有模仿其言行、性格的倾向。我们应通过读名人传记等来唤起自己的自居作用。

11. 补偿作用

一个人在生理或心理上有某种缺陷,可能是实际存在的,也可能是想象的。在心理学上,把用某种方法来弥补这种缺陷,以减轻其心理上的不适感,称为弥补作用。比如,有个学生外貌长的一般,但她认为自己长得很丑。于是,她在学习上狠下工夫,取得了好成绩。

12. 升华作用

意识不能接受或不能容忍,在与社会道德规范或法律相违背的一些本能冲动或欲望不能直接发泄出来,必须改头换面,以不同的方式来表现。而且人们往往将其加以净化和提高,使之成为某种高尚的追求,以保持内心的安静与平衡,此即升华作用。例如,司马迁凌屈受辱,写出我国第一部纪传体史书《史记》。

13. 理智化

指人们在频频发生的恶劣情境中,有意无意地以一种超然摆脱的态度来减轻痛苦情绪的困扰。比如,天天面临病人痛苦的医生,他不可能对每一个病人都动感情。

每当遭遇挫折时,我们个人的情绪必然会引起剧烈的变化。在这种情况下,自己的行为往往是紊乱的、缺乏理智的,因此非常容易出现攻击性行为。某些防卫机制的使用,可以帮助我们保持自尊,并可起到减少焦虑、内疚、敌对等心理作用。在这种情况下,可以说防卫机制是保护自我的工具。但从根本上说,现实存在的问题并未真正解决,心理防卫机制只不过是“自我欺骗”。如果一个人只依赖于心理防卫机制而不去学习更为有效的克服挫折的方法,使心理防卫机制成为个人应付问题的方式,终日在曲解、掩饰或否定的现实中生活,就会使人格发展受到影响,形成病态心理。

(资料来源:http://blog.ytedu.cn/group.asp? gid=115&pid=7484,2008.12.18)

每日一练　**自己试着总结商务谈判中心理挫折产生的原因及应对措施。**

完成子任务 7.3 后进行自我测试:如果你是商务谈判人员,面对谈判挫折,你会如何应对?

7.4 成功谈判者的心理素养

在谈判中,八仙过海,各显神通,明比质量与价格,暗比意志与智慧。谈判各方为了实现自己的目标,都试图调整自己的心理状态,以充分运用各种谈判策略与技巧,而良好的心理状态直接来源于谈判者的信心、诚心和耐心。

1. 信心

信心是指相信自己的实力和能力,认为某种行为必定成功的信念。它是谈判者充分施展自身潜能的前提条件,是商务谈判者必备的心理要素。面对艰辛曲折的谈判,只有具备了必胜的信念,谈判者自身的潜能方能充分地展示和释放,在艰难的条件下通过坚持不懈地努力走向胜利的彼岸。信心不是盲目的自信和惟我独尊,信心是在充分准备、充分占有信息和对谈判双方实力科学分析基础上孕育的自信,相信自己要求的合理性、所持立场的正确性及说服对手的可能性。自信才有惊人的胆识,才能做到大方、潇洒、不畏艰难、百折不挠。

2. 诚心

商务谈判能否取得成功,很大程度上取决于双方合作的诚意,也就是说,谈判要有诚心。这是一种对双方负责的精神;是一种诚恳的态度;是谈判双方合作的基础;也是影响、打动对手心理的策略。有了诚心,双方的谈判才有坚实的基础;才能真心实意地理解和谅解对方,并取得对方的信赖;才能求大同存小异,取得和解和让步,促成上佳的合作。要做到有诚心,在具体的活动中,对于对方提出的问题,要及时答复;对方的做法有问题,要适时恰当地指出;自己的做法不妥,要勇于承认和纠正;不轻易许诺,承诺后要认真实践诺言。诚心能使谈判双方达到良好的心理沟通,保证谈判气氛的融洽稳定,能排除一些细枝末节的干扰,能使双方谈判人员的心理活动保持在较佳状态,建立良好的互信关系,提高谈判效率,使谈判顺利进行。

3. 耐心

耐心是在心理上战胜谈判对手的一种战术与谋略,它在谈判中表现为不急于求得谈判的结果,而是通过自己有意识的言论和行动,使对方知晓合作的诚心与可能。耐心可以使谈判者更多地倾听对方,了解掌握更多的信息,恰当地运用谈判策略与方法;使谈判者更好地克服自身的弱点,增强自控能力,有效地加强、控制谈判局面;使谈判者避免了意气用事,融洽谈判气氛,缓和谈判僵局;使谈判者正确区分人与事问题,学会采取对人软、对事硬的态度;耐心也是对付脾气急躁、性格鲁莽、咄咄逼人谈判对手的有效方法,是实施以软制硬、以柔克刚策略的心理后盾。

阅读与思考 7-4　　首席谈判必备的素质

虽然世界上某些谈判是在大批的专家之间进行,但真正的交锋还是发生在两位首席谈判之间,拥有良好素质的首席谈判往往决定了谈判的成功。

1. 机敏

成功的首席谈判必须有能力只让谈判对手看到“只有那样做才能得到最佳效果”,这就要求其具备诚实和狡猾两者兼备的混合素质。在挑选首席谈判时,要避免“直率”的性格特征。

2. 耐心

谈判是相当令人疲劳的事情——每一次报价都会遇到一次讨价,每出一招都会遇到对招,它会不断地拖延从而耗尽时间和精力。因此一些国家在其经济工作中将耐心作为一项“修养要求”。不管在哪里,一个处理事情急躁的首席谈判在国际谈判中都将是站不住脚的。

3. 适应能力

除了已预计到的意外情况外,首席谈判还必须能够对未预见到的事态发展做出迅速和果断的反应,只会坚持己见的人要想在谈判桌上获得成功可谓是难上加难。

4. 耐力

虽说谈判基本上是一种脑力劳动,但也是对体力的考验。首席谈判要出现在谈判的全过程,每天工作 8 个小时是很少见的。此外,旅途的疲劳、气候的改变、飞行时差的反映、异国的饮食、夜间的社交应酬以及工作压力,这些会使你筋疲力尽。许多民族都有运用体力和脑力来消耗对手从而使对方让步的战术,因此,首席谈判(和整个谈判小组)必须提防这种疲劳战术,谈判之前首要做的是选择最佳的谈判程序。

5. 擅长交际

虽然让步是迫于对方的压力,但也同样可以来自朋友的给予。谈判本质上是一种社交过程。生意有合同约束,但在履行方面许多国家没有关于商业合同的法律,在这种环境下做成生意是基于信任和友谊。即使鉴订合同的过程中,“关系”也将起到巨大的作用。一位有能力的首席谈判,性格上要擅长交际,并且在社交场合要出类拔萃。

6. 清晰的表达能力

不能交流自己的想法,或不理解对方所提观点的人,在谈判桌上是毫无用处的。出色的首席谈判必须是训练有素的听众,同时又是表达清晰的演讲家。

7. 组织能力

首席谈判必须具备高度的组织能力。他必须在工作压力很大的环境中,能选择、激励、控制谈判小组。要事先就预见到可能出现的问题;小组成员应分别派有自己的任务,没有出错的余地;每一次谈判前都应有战略碰头会;每一次谈判后都应有总结调整会。

8. 必需的专业知识

政府法规和企业技术构成了谈判的关键技术要求。对首席谈判来说,对谈判中的技术问题事先有全面、扼要的了解是必需的,但这并不意味着要求他们成为技术专家。

除上述专业知识外,首席谈判还应掌握现代技术信息领域中基本工具的使用,如便携式计算机的熟练使用。

(资料来源:http://www.bayworld.cc/admin/bbs/show.asp? id=81,2008.12.18)

每日一练 **自己试着总结一个成功的谈判者应具备什么样的心理素质。**

完成子任务 7.4 后进行自我测试:为了取得商务谈判的成功,你作为谈判人员,会持一个什么样的心态?

小　结

本任务是让读者了解学习商务谈判心理的基本意义、懂得如何在谈判中正确揣摩谈判对手的心理以及如何应对谈判心理挫折,并且知道为了谈判成功应该持有一个什么样的心态。

本任务围绕商务谈判心理,以4个子任务来阐述商务谈判心理的基本知识,并穿插了相关典型案例以及一些以阅读与思考形式呈现的关联知识。希望读者在完成各子任务后,能够及时进行自我评价。

完成本任务后,你应该明白商务谈判的心理动力,知道如何应对商务谈判中的心理挫折,并能够将理论知识灵活运用于实践。

完成本任务将为你的商务谈判实践打下良好基础。

核心技能与概念

需要　需要层次理论　心理挫折

课堂讨论

1. 为什么要学习商务谈判心理的相关知识?
2. 如何发现并满足谈判对手的心理需要?
3. 怎样应对谈判中的心理挫折?
4. 谈判过程中,谈判人员应保持一个什么样的心态?

业务技能自测

一、选择题

1. 在马斯洛的需要层次理论中,处于最高层次的需要是(　　)。

   A. 安全的需要　　B. 社交需要　　C. 自我实现的需要　　D. 尊重的需要

2. 心理挫折的应对措施有(　　)。

   A. 做好心理准备　　B. 转移注意力

   C. 情绪宣泄　　D. 寻求理由

3. 心理挫折的行为表现主要有(　　)。

   A. 攻击　　B. 固执　　C. 退化　　D. 畏缩

二、简答题

1. 商务谈判心理具有哪些特征?
2. 马斯洛需要层次理论将人的需要分为哪几个层次?
3. 如何满足谈判需要?

4. 什么是心理挫折?
5. 心理挫折对商务谈判有什么影响?

案例分析

案例 1:真实的古画

某文物商店,一位外宾在一幅古画前驻足,一位老店员用流利的英语与之交谈,把作品中的诗情画意介绍得引人入胜,外宾兴味盎然。谁料老店员喝了一口茶,坦然地说:“这幅画不是真品而是仿制品。”外宾为之一惊,大失所望。随即这位老店员话锋一转:“真品只有一幅,为国家所珍藏,仿制者为原作者的得意门生,此画不但几乎可以乱真,还仿中有创,用中国一句名言就是‘青出于蓝而胜于蓝’,况且仿制者本人亦是高手,他的作品亦是艺术珍品。”然后介绍仿制者的生平。外宾转咳为喜,连称“诚实”,欣然花数千元将画买去。

这笔交易中店员抓住了顾客的什么心理? 促成这笔交易的关键是什么?

案例 2 三位日本人与一家美国公司

日本一家航空公司的三位代表,同美国一家企业的一大帮精明人进行谈判。谈判从上午 8 时开始,美国公司的谈判人员首先介绍本公司的产品,他们利用了图表、图案、报表,并用 3 个幻灯放映机将其打在屏幕上,图文并茂,持之有据,以此来表示他们的开价合情合理,产品品质优良超群。这一推销性的介绍过程整整持续了两个半小时。在这两个半小时中,三位日本商人一直安静地坐在谈判桌旁,一言不发。介绍结束了,美国方面的一位主管充满期待和自负地打开了房里的电灯开关,转身望着那三位不为所动的日本人说:“你们认为如何?”一位日本人礼貌地笑笑,回答说:“我们不明白。”

那位主管的脸上顿时失去了血色,吃惊地问道:“你们不明白? 这是什么意思? 你们不明白什么?”

另一个日本人也礼貌地笑笑,回答道:“这一切。”那位主管的心脏几乎要停止跳动,他问:“从什么时候开始?”

第三个日本人也礼貌地笑笑,回答说:“从电灯关了开始。”

那位主管倚墙而立,松开了昂贵的领带,气馁地呻吟道:“那么我们怎么办?”

三个日本人一齐回答:“你们可以重放一次吗?”

你们希望谁赢了? 是那帮精明强干、准确充分、打算抗击一切进攻的美国人,还是自称什么都不懂的日本人? 谁再能够有最初的热诚和信心,重复一次持续两个半小时的推销性介绍,并且是冒着对牛弹琴的危险! 结果,美国人士气受挫,要价被压到了最低。

请分析日本人所使用的心理战术。

实训操作

将学生分组进行模拟谈判,深化理解商务谈判心理。

[实训目标] 通过模拟谈判,加深对本任务内容的理解。

[实训组织] 学生每 5 人分为一组,依照一个主题同另一组进行模拟谈判,注意谈判心理知识的运用。

[实训提示] 教师告知活动前准备及注意事项,同时随组指导。

[实训成果] 各组汇报,教师讲评。

任务 8 商务谈判礼仪

任务导入

从现代商业发展的历史和趋势来看,成功的商业企业组织在激烈的市场竞争中要想站稳脚跟以及求得迅速发展,重要因素之一就是善于运用商务礼仪,以便在社会公众中树立良好的企业形象,从而赢得较好的美誉度以便更好地发展。

为了更好地把握这些基本理论,为完成今后谈判任务打下坚实基础,首先请尝试完成本任务。为了方便读者掌握商务礼仪有关概念和更好地运用商务礼仪,又将本任务分为如下三个子任务:

子任务 1:商务礼仪概述;

子任务 2:掌握商务谈判中的礼仪;

子任务 3:掌握涉外商务礼仪。

读者可以反复演练,有的放矢地依次完成各子任务,直至完成本任务,从而更好地完成商务谈判的目标。

8.1 商务礼仪概述

商务礼仪是商务人员在商务活动中,用以维护企业或个人形象,对交往对象表示尊重与友好的行为和准则。是一般礼仪在商务活动中的运用和体现,并且比一般的人际交往礼仪的内容更为丰富。商务礼仪是社会礼仪的重要组成部分,但它有不同于一般的人际交往礼仪,包括商务礼节和仪式两方面的内容。商务礼节就是人们在商务交往中为表示尊重对方而采用的共同约定并形成的规范形式。仪式即按程序进行的礼节形式。

8.1.1 商务礼仪的特点

商务礼仪既然是商务活动中不可或缺的重要内容及商务活动成功的重要条件,它必然有其内在的重要特点。

1. 商务礼仪具有等级性

不同身份、不同级别的人要求得到的待遇是不一样的。在官方的商务活动中,要确定礼宾的次序,这些次序都要符合国际惯例,具有一定的强制性。不同的等级,规定了不同级别的待遇。这是国际交往秩序的体现,是工作需要和礼仪需要的统一。

2. 商务礼仪具有信用性

要从事商务活动，必定有双方利益上的需要，而不是单方的利益要求，因此，在商务活动中，诚实、守信非常重要。所谓诚实，即诚心诚意参加商务活动，力求达成协议，而不是夸夸其谈，不着边际，毫无诚意。所谓守信，就是言必信，行必果。即签约之后，一定履行，如果因意外，而不能如期履行，那么应给对方一个满意的结果来弥补，而不应该言而无信，决而不行。

3. 商务礼仪具有时代性

不同时期的礼仪具有不同的时代特点，所以，人们应该关注礼仪的变化，不要以为礼仪是一成不变的，可以完全照搬。而是应该在实践中多观察、多学习，力求适应礼仪的变化。

4. 商务礼仪具有差异性

商业活动随着经济的发展而发展，每一个时代的经济又受地域、政治、文化等多种因素的影响，因而形成了世界上不同国家、不同民族在商务礼仪上的诸多差别。也就是说，在不同的场合、不同的对象中，对礼仪有不同的要求。因而，了解和掌握商务礼仪，针对不同的对象提供相应的服务，有利于商务交往。

8.1.2　商务礼仪的作用

礼仪在一定程度上是一个国家的文明标志，国人礼仪素质的提高，也是精神文明建设的重要内容。礼仪一直是我国传统文化的核心，古人云“礼仪廉耻，国之四维”，将礼仪列为立国的精神要素之本。在商务活动中，遵守礼仪、应用礼仪有利于提高企业服务质量、服务水平，树立良好的形象，提高信誉。商务礼仪的作用主要体现在以下几个方面：

1. 有利于塑造个人形象

在商务活动中讲究礼仪，可以充分展示商务人员良好的教养与优雅的风度。可以更好地向交往对象表示尊重、友好和诚意。讲究礼仪、遵守礼仪规范也能帮助人们修身养性，完善自我，不断提高个人的道德修养。

2. 有助于树立企业形象

商务人员是企业的代表，他们的个人形象代表着企业形象，代表地方和国家形象，良好的企业形象可以给组织带来无穷的社会效益。因此，从企业的角度而言，无论是领导还是员工，都应该有强烈的形象意识。企业可以通过规范周到的服务等方面来塑造企业的整体形象，提高企业的信誉和竞争力。从礼仪角度而言，任何组织内的个人，都应重视商务礼仪的学习，自觉掌握商务礼仪的常识，塑造良好的组织形象。

3. 促进商业活动的顺利进行

有交往才有交换，在从事商务活动中，必定会与他人打交道，商务礼仪可以使自己显得有教养，懂礼节，以取得对方的信任。可以避免不必要的误会，使双方沟通更顺畅，以增进理解，加深友谊，在良好的气氛中达成交易。商务礼仪在商业活动中产生，又反过来服务于商业活动，促进了商业活动的发展。

8.1.3　商务礼仪的原则

商务礼仪也是一种道德修养，它属于道德规范中最基本的社会公德的范畴。如礼貌待客、举止文明，诚实守信等，既是商务礼仪规范，又是基本的道德要求。随着信息沟通的普遍性和全球一体化的趋势，商务活动已经不只是“一方土地上的交易活动”。因此，商务礼仪也随之发展而形成了一系列全球商务人士共同遵守的商务礼仪原则。

1. 平等原则

现代商务礼仪中的平等原则，是指以礼待人，既不能盛气凌人，又不能卑躬屈膝。平等原则是现代商务礼仪的基础，是现代商务礼仪有别于以往礼仪的最主要原则，也是商务礼仪最根本的原则。但平等又是相对的，不是绝对的。由于现实生活中，人们之间存在着经济条件、政治条件，尊卑长幼、男女性别等方面的差异，反映到礼仪上来，必然产生礼仪形式上的差异。如女士优先礼仪；发表演说时，称谓上应先女士，后男士；男士应主动邀请女士跳舞。另外，待客时，主人应首先征询客人的意见。这些礼仪形式的差异以及礼宾过程中的先后顺序，并非“看人下菜碟”，而是平等原则的必要补充。

例 8-1　回去告诉你妈妈

英国著名戏剧家、诺贝尔文学奖获得者萧伯纳有一次访问苏联，在莫斯科街头漫步时遇到了一位聪明伶俐的苏联小女孩，便与她玩了很长一段时间。分手时，萧伯纳对小姑娘说：“回去告诉你妈妈，今天同你一起玩的是世界有名的萧伯纳。”小姑娘望了望萧伯纳，学着大人的口气说：“回去告诉你妈妈，今天同你一起玩的是苏联小姑娘安妮娜”。这使萧伯纳大吃一惊，立刻意识到自己太傲慢了。后来，他经常回忆起这件事，并感慨万分地说：“一个人不论有多大的成就，对任何人都应该平等相待，要永远谦虚。这就是苏联小姑娘给我的教训，我一辈子也忘不了她。”

2. 互尊原则

商务交往中的礼仪，实质上体现的就是对对方的尊重。商务礼仪中的尊重原则，是指致礼施仪时要体现出对他人真诚的尊重，而不能藐视他人。尊重是礼仪的情感基础，离开了尊重，礼仪只能是矫揉造作，虚情假意。在商业活动中应特别注意尊重对方的意愿和人格尊严。不管发生什么情况，都要保持高姿态，友好的态度有助于赢得对方的尊重与好感。

3. 诚信原则

诚信，是指遵时守信，“言必信，行必果”。诚信在人际交往中是非常重要的。普通的人际交往中，都必须博得人们的信赖，才更有利于自己的成功。在商务活动中更应该注重诚信，应做到言行一致，遵守时间。在商务活动中，一是要守时，与人约定时间的会见、会谈、会议等，决不应拖延、迟到；二是要守约，即与人签订的协议、约定和口头答应的事，要说到做到。万一出现特殊情况，不能履约时，应当尽早通知对方，说明情况，表示歉意，取得对方的谅解。

4. 互利互让的原则

商务活动是一种互利活动，活动双方往往既是竞争对手，又是合作伙伴。这就要求双方都应本着互谅互让的态度处理一些商务纠纷和矛盾。相互尊重、各取所需，积极合作，平等互惠。离开了合作伙伴，商务活动就无法进行。因此，商务人员在商务活动中，必须争取利己利人的结果。不要将利益建立在有害于对手的基础上，既要讲竞争，又要讲合作，起到双赢的效果。

阅读与思考8-1 **商务礼仪的功能**

商务礼仪之所以被提倡,之所以受到社会各界的普遍重视,主要是因为它具有多种重要的功能,是实现文明交往的纽带,是创造良好社会风气和保障社会生活、生产正常进行的基本条件。它既有助于个人,又有助于社会。

1. 商务礼仪的塑造形象功能

作为从事商务活动的人员,应该从我做起,从每一件小事上注重礼仪修养,做到“内慧外秀”。这样才能树立起良好的个人形象。同时,从事商务活动的人员,必须文明经商,树立良好的企业形象,广泛赢得顾客的信任,促进信用的提高。

2. 商务礼仪的沟通功能

商务活动是双向交往活动,因而交往成功与否,首先要看是否能够沟通,或者说,是否能够取得对方的理解。由于立场不同,观点不同,人们对同一个问题会有各自不同的理解和看法,这就使交往双方的沟通有时变得困难,若交往中无法取得沟通,不仅交往的目的不能够实现,有时还会导致误解,给企业造成严重的负面影响。商务礼仪,旨在消除差异,使双方相互接近,达到情感沟通,而和谐的沟通则是良好商业合作的平台。

3. 商务礼仪的协调功能

在商贸活动和商务谈判中,难免要碰到沟通不畅的事情,有时客户还可能因此而不高兴。如果处理不当,不仅客户对商务从业人员的印象不佳,而且还会影响企业的形象。商务礼仪,能化解矛盾,消除分歧,相互理解,达成谅解,调适人际关系,使之趋于和谐,从而妥善地解决商务纠纷。

每日一练 **自己试着和同学一起交流,总结商务礼仪的作用。**

完成子任务8.1后进行自我测试:你是否已明确商务礼仪的概念及原则?

8.2 商务谈判中的礼仪

商务谈判是参与双方通过协商的沟通方式调整双方的意见,协商双方的看法,进而达成某种协议的过程。商务谈判礼仪是日常社交礼仪在商业活动中的具体体现,是按照一系列的程序在进行的谈判过程中必须遵守的礼仪规范。谈判人员素质的高低往往成为谈判进行顺利与否的决定性因素。除了谈判人员的知识经验、谈判策略以及技巧外,谈判人员的个人礼仪和谈判过程中礼仪的正确也是很重要的因素。商务谈判中的礼仪须紧扣活动的主旨,它是谈判的重要组成部分,绝不是可有可无的形式虚套。只有把谈判中的各种专业技能同礼仪良好地结合起来,才能顺利实现洽谈的目的。

8.2.1 服饰礼仪

作为商务谈判者,必须熟悉着衣的基本礼节。在商务谈判中,服饰的颜色、式样及搭配等的合适与否,对谈判人员的精神面貌,给对方的印象和感觉等方面都会带来一定影响。在商务谈判的场合,穿着一般选择灰色或者褐色甚至黑色等颜色服装,这些颜色会给人一种坚实、端庄、严肃的感觉。

商务谈判人员在正式、隆重、严肃的场合,男子的服装为上下同色同质的深色西装,搭配与西装颜色相协调的衬衣以及领带,选择深色皮鞋和深于皮鞋颜色的袜子。西装最下面一个扣子是永远不系的。女性则穿着西装套裙或西装,选择高跟、半高跟的船式皮鞋,搭配肉色、黑色、灰色、棕色等颜色的长筒丝袜。裙子的长度应该超过膝盖,丝袜袜口不可暴露在外。

男性谈判人员应当发型整洁成形,不凌乱、无头皮屑;每天剃须,口中无异味;鞋面清洁,鞋跟不过分磨损。女性谈判人员的发型应当简洁,不给人以妖艳之感。商务女性化妆可以给人以干净、整洁、大方的感觉,使人尊重之情油然而生;过分鲜艳、俗气的妆容则给人留下轻浮、不自重的印象,甚至引起对方的反感与轻视,所以职业场合化妆以淡妆为佳,但女性切忌在众人面前化妆或补妆,这是没有教养、不懂礼仪的表现。饰品是一种无声的语言,它反映了一个人的教养和阅历。饰品包括戒指、耳环、项链、胸针和丝巾等。饰品的选择有三个原则,一是以少为佳,不戴亦可。二是同质同色,即佩戴一件以上的饰品,讲究质地要相同,色彩要一致。注意黑色饰品不能在洽谈活动中佩戴,通常用的有五色:红,代表热情与友好;蓝,代表和谐与宁静;黄,代表高贵与典雅;绿,代表青春与活力;白,代表纯洁与无邪。色彩要根据身份、年龄、个性慎重选择。三是要合乎惯例。戒指一般戴于左手,一般只戴一枚,绝不可超出两枚。

例 8-2　　办公室衣着礼仪

1. 自尊心被自己重重地伤了一回(张小姐,26 岁,杂志社记者)

说起穿衣礼仪,有一段至今让我无法忘记的尴尬经历,从某种程度上来讲甚至是一种屈辱。记得我刚进杂志社不久,领导安排我去采访一位某民营企业的老总,女性。听说这是一个既能干又极有魅力的女性,对工作一丝不苟,对生活却是极其享受,最关键的是,即使再忙,她也不会忽视身边美好的东西,尤其对时尚非常敏感,对自己的衣着及其礼仪要求极高。这样的女性,会让很多人产生兴趣,还未见到她,仅仅是介绍,我已经开始崇拜她了,所以我非常高兴能由我来做这个专访。事先我做了大量的准备工作,采访纲要修改了多次,内心被莫名的激动驱使着。那几天,我始终处于兴奋状态。到了采访当天,穿什么衣服却让我犯愁。要面对这样一位重量级的人物,尤其是位时尚女性,当然不能太落伍了。

说实在的,我从来就不是个会打扮的女孩,因为工作和性格关系,平时穿衣都是怎么舒服、方便就怎么穿。时尚杂志倒也看,但也只是凑热闹而已。现在,还真不知道应该穿什么衣服才能让我在这样一位女性面前显得更时尚些。终于在杂志上看到女孩穿吊带装,那清纯可人的形象打动了我,于是迫不及待地开始模仿起来。那天采访,我穿了一件紧身小可爱,热裤(虽然我的腿看起来有点粗壮),打了个在家乡极其流行的发髻,兴冲冲地直奔采访目的地。当我站在该公司前台说明自己的身份和来意时,我明显看到了前台小姐那不屑的眼神。我再三说明身份,并拿出工作证来,她才勉强地带我进了老总的办公室。

眼前的这位女性,高挑的身材,优雅的举止,得体的穿着,让我怎么看怎么舒服。虽然我不是很精通衣着,但在这样的场合,面对这样的对象,我突然感觉自己的穿着就像个小丑,来时的兴奋和自信全没了。还好,因为采访纲要准备还算充分,整个采访过程还比较顺利。结束前,我问她,日常生活中,她是如何理解和诠释时尚、品位和魅力的。她告诉我,女人的品位和魅力是来自内心,没有内涵的女人,是散发不出个人魅力,也无法突显品位的。而时尚不等同于名牌、昂贵和时髦,那是一种适合与得体。说完这话,她微笑地看着我。此时我的眼睛看到的只有眼前自己那两条粗壮的双腿,心里纳闷:这腿为什么会长得如此结实,做热裤的老板一定很赚钱,因为太省布料了……我感觉自己无法正视她,采访一结束,我逃似地奔离了她的办公室。

2. 穿衣,场合是关键(毛小姐,25 岁,物流公司员工)

我们公司最近对吊带衫过敏,因为不久前发生的一件事。LINA 是我们公司公认的紧追潮流之人,她喜欢新鲜的东西,喜欢流行,喜欢做弄潮儿,那种独领风骚的感觉对她极具诱惑。所以,日常生活中,她对时尚的东西特别感兴趣,也特别喜欢模仿。在很多地方,她的模仿还比较成功,唯有今年,因为疏忽,差点落下话柄。

也许是因为工作关系,LINA 有两个明显的特征:嗓门大,皮肤黑。今年夏天特别流行吊带衫和吊带裙,对于一个赶时髦之人当然是个不容错过的机会。在高温尚未降临的时候,她已经为自己准备了一系列的吊带装,就等高温一到,全面出击。其实,她的肤色做了这个行业后变得更黑,尤其是那些沉淀的色块,让她的肤色看起来还有点脏兮兮的。冬天,还可以把身体全部包裹在衣服里,只有脸和脖子在外面,还算好打理;但一到夏天,就麻烦了。

其实我对 LINA 的穿衣风格和她的衣着礼仪一直不很欣赏,她的装扮总是比较夸张和张扬。虽然她紧跟潮流,却让我感觉缺乏品位。赶潮流需要一定的经济基础,像 LINA 这样的普通白领,并不丰厚的薪水根本经不起她的“挥霍”,所以只能找些质地差、廉价的替代品。何况,LINA 的先天条件并不是很好,那种招摇、夸张的装扮只能成为别人的笑柄。我们都知道要扬长避短,如此肆无忌惮地“彰显”自己的短处,还真是勇气可嘉。

从这以后,LINA 在公司再也没有穿过吊带装。而且,她似乎在慢慢改变自己的穿衣风格,虽然依旧赶时髦,但不再盲目。那句戏言,让 LINA 开始变得成熟起来。

我一直这么认为,八小时以外的穿着纯属个人的爱好,你可以强调个性与爱好,但办公室里的衣着就不能太随心所欲了。因为公司是个团队,每个办公室里的人都是其中的一份子,不再是独立的个体,应该要顾及到团队的文化和氛围。

8.2.2　见面礼仪

见面时的礼节,有一整套规范。怎么招呼与问候,包含着你的友善,传递着你对人的尊重。为了给每一个见面交往的人留下良好的印象,建立起初步的谈判关系,就是遵守谈判中的见面礼仪。见面礼仪一般包括称呼、握手、介绍三个环节。

1. 称呼

称呼是指谈判者与谈判对方交谈或沟通时彼此的称谓语。在谈判中,运用正确恰当的称呼十分重要,它反映了人们之间的关系,体现了一个人的修养,也表示出谈判者对谈判对方的尊敬。

(1)称呼的方式。①一般称。这是最简单、最普遍,特别是面对陌生的谈判对方时最常用的称呼方式。如“小姐”“先生”“夫人”“同志”等。当不知对方是否成婚时,对女性最好称“女士”,绝对不能仅凭直觉或猜测将她称呼为“太太”。②职务称。在中国,一般是以姓名加上职务相称,如“孔经理”“刘董事长”“朱部长”等;在西方,职务高用敬称“阁下”,一般职务则用“先生”,很少直呼职务,如“约翰逊先生”等。③职业称。如“经理”“律师”“秘书”等。④职称称。如“教授”“工程师”等。⑤姓名称。如“汪涌”“刘景”“杨义”等。使用单纯的姓名称一般应彼此年龄、职务相仿,或相互是好朋友,否则,就要将姓名、职务或职业等并称才适合。

(2)称呼的禁忌。由于国家和民族的差异以及各地风俗习惯的不同,使称呼带有许多民族的、宗教的色彩,运用时应注意其禁忌。称呼的禁忌包括:不分身份高低,滥用敬称;不了解对方是否成婚,用“夫人”的称呼;不分国籍,以“同志”相称;不具有亲近关系,以名字称呼;不顾及影响,用绰号相称等。或称呼对方时大声呼叫,手舞足蹈;旁若无人,大声喧哗;指点对方,指手画脚;推推拉拉,动手动脚等。此外,还应注意各国称呼的忌讳。如英国,正式场合称呼一般用全称,忌称教名或昵称;美国通行“女士”的称呼,通用于未婚、已婚妇女,忌讳称谓划分太清、太细,各种行政官衔被称呼时都须伴着姓氏,很少用正式的衔头来称呼别人等。

2. 握手

握手是国际上通用的一种礼节,它是见面时最常用的礼仪。握手除了作为见面、告辞、和解时的礼仪外,还可以表示一种感谢、祝贺以及相互鼓励等。

握手时,伸手的先后顺序是上级在先、主人在先、长者在先、女性在先。握手时间一般在两三秒或者四五秒之间为宜。握手力度不宜过猛或毫无力度。要注视对方并面带微笑。要避免那些不当的握手方式,如交叉握手、与第三者说话(目视他人)、摆动幅度过大以及戴手套等。

3. 介绍

介绍是商务见面礼仪中经常遇到的环节,一般分为自我介绍和介绍他人。自我介绍要简短,内容要全面。介绍他人的顺序遵守“尊者优先”的原则。先将职位低的人介绍给职位高的人;先将年轻者介绍给年长者;先将男性介绍给女性;先将主方人士介绍给客方人士;先将晚到者介绍给早到者。当所要介绍的双方符合其中两个或两个以上顺序时,一般以先职位再年龄,先年龄再性别的顺序做介绍。如要为一位年长的职位低的女士和一位年轻的职位高的男士做介绍时,应该将这位女士介绍给这位男士。

做介绍时,目光应热情地注视对方,要注意微笑着用自己的视线把另一方的注意力引导过来。被介绍双方一般应起身站立,面含微笑。一般来说,介绍者位于中间,介绍时用右手,五指伸开朝向被介绍者中的一方,此时,介绍者的眼睛要看着另一方。介绍完毕,双方应依照礼仪顺序握手,彼此问候。

8.2.3 名片

1. 名片的准备

名片不要和钱包、笔记本等放在一起,原则上应该使用名片夹。名片可放在上衣口袋(但不可放在裤兜里),要保持名片或名片夹的清洁、平整。

2. 接收名片

必须起身接收名片,并用双手接收。接收的名片不要在上面做标记或写字,不可来回摆弄。接收名片时,要认真地看一遍。不要将对方的名片遗忘在座位上,或存放时不注意落在地上。

3. 递名片

必须双手拿出自己的名片,将名片的方向调整到最适合对方观看的位置。递名片的次序是由下级或访问方先递名片,如是介绍时,应由先被介绍方递名片。递名片时,应说些"请多关照""请多指教"之类的寒暄语。互换名片时,应用右手拿着自己的名片,用左手接对方的名片后,用双后托住,并且要看一遍对方职务、姓名等。在会议室如遇到多数人相互交换名片时,可按对方座次排列名片。会谈中,应称呼对方的职务、职称,如"某某经理""某某教授"等。无职务、职称时,称"某某先生""某某小姐"等,而尽量不使用"你"字,或直呼其名。

例 8-3　　名片交换的礼仪

某日,新城举行了春季商品交易会,各方厂商云集,企业家们济济一堂。华新公司的徐总经理在交易会上听说恒诚集团的崔董事长也来了,想利用这个机会认识这位素未谋面却久仰大名的商界名人。午餐会上他们终于见面了,徐总彬彬有礼地走上前去,"崔董事长,您好,我是华新公司的总经理,我叫徐涛,这是我的名片。"说着,顺便从随身带的公文包里拿出名片,递给了对方。崔董事长显然还沉浸在之前与人谈话的情景中,他顺手接过徐涛的名片,"你好",草草地看过,放在了旁边的桌子上。徐总在一旁等了一会儿,见这位崔董没有交换名片的意思,便失望地走开了。

8.2.4 举止

谈判者的举止包括在谈判过程中的坐、站与行走所持的姿态及面部表情、手势等身体语言等。在商务谈判中,对举止总的要求是适度。

1. 坐

坐时,应从椅子的左边入座,不宜坐满,一般坐椅面的三分之二即可。坐在椅子上不要转动或移动椅子的位置。坐下后,身体应尽量坐端正,并把两腿平行放好。交谈时,可根据话题调整上身的前倾度。坐久了,可轻靠椅背,但最忌半躺半坐或将两腿平伸。

2. 站

正确的站立应该是两脚跟着地,腰背挺直,自然挺胸,脖颈伸直,须微向下,两臂自然下垂。在此基础上,可将足尖稍稍分开。女性可站丁字步,男性可将两脚自然分开。在正式场合,不宜将手插在裤袋里或交叉抱于胸前,更不要下意识地做小动作,否则不但显得拘谨,给人缺乏自信和经验的感觉,也有失仪表的庄重。

3. 行

正确的走路姿势应是全身和谐具有节奏感,而且神采飞扬。男士行走时,上身不动、两肩不摇、步态稳健,以显示出刚健、英武、豪迈的男子汉风度。女性的步态应自如、轻柔而富有美感,以显示出女性的端庄、文静和温柔。具体说来,走时要挺胸、昂首、收腹、直腰、目光平视 30 m 前方,有节奏地直线前进。

4. 微笑

在面部表情中,微笑是最具有社会意义的,是人际关系中最佳的润滑剂。它以友善、亲切、礼貌和关怀的内涵,沟通人与人之间美好的感情,传播愉快地讯息,缩短人与人之间的距离,融洽交际气氛。俗话说"面带三分笑,生意跑不了",谈判人员常常给予对方真诚的、自然的、亲切的微笑,有助于良好人际关系的建立。商务人员在工作中应表现出笑容可掬的神态:略带笑容、不显著、不出声,热情、友好、和蔼,是内心喜悦的自然流露。

5. 手势

手势是体态行为中最具有表现力的身体语言,人们在谈话时配以恰当的手势,往往能起到表情达意的良好效果。谈判人员可适时运用恰当的手势,配合说话内容,但手势幅度不宜过大,频率不宜过多,不要过于夸张,要清晰、简单,否则会给人以不自重或画蛇添足之感。禁止使用以下手势:用手或手中的物件指着对方;谈话过程中乱拍桌子;兴奋时拍自己的大腿;交谈时抓耳挠腮,搔首弄姿等。

例 8-4　　手势与文化含义

不同的文化背景,有着不同的手势习惯,也有不同的文化含义。

"OK"手势。"OK"手势是用拇指和食指连成一个圈而构成的姿势。它在英语语系国家表示同意,但在法国则意味着"零"或"无",而在日本可以用来表示钱。

"V"手势。"V"手势是把食指和中指伸出而构成的姿势。手掌向外的"V"手势,代表胜利,而手掌向内的"V"手势,就变成侮辱人、下贱的意思,带有骂人的含义,这在英国及澳洲非常普遍,在欧洲许多地方,这一手势还可以表示数目"二"。

翘大拇指。在美国、英国、澳洲和新西兰,这种手势有 3 种含义:一种是搭便车;另外一种表示 OK 的意思;若把拇指用力挺直,则表示骂人的意思。在希腊,这种手势的主要意思是"够了!"意大利人数数,竖起拇指表示一,加上食指为二。

8.2.5 接待

接待是欢迎客人来访所做的一整套工作。在商务谈判中,接待是一门艺术。在接待过程中态度热情,行为恰当,就会赢得信任,增进关系。

1. 迎送

在谈判中,对前来参加谈判的人员,要视其身份和谈判的性质,以及双方的关系等,综合考虑安排。对应邀前来谈判的,无论是官方人士、专业代表团,还是民间团体、友好人士,在他们抵离时,都要安排相应身份的人员前来迎送。重要的客商,初次洽谈的客商,要去迎接。迎候人员必须掌握对方抵达的时间、地点,提前到达,以示对对方的尊重。同样,送别人员必须事先了解对方离开的时间,提前到达来宾所住宾馆,陪同来宾一同前往机场或车站。

陪车,应请客人坐在主人的右侧,小车的座次也有讲究:有司机时,后排右为上,左为次,中为三,司机旁为四。若有两位客人,陪客坐司机旁边;车主当司机时,司机旁边为首,后排次序如上;车主当司机并且太太同坐时,太太应坐在车主司机的旁边,后排次序如上。

上车时,应为客人打开右边车门,主人从左侧车门上车,下车时主人先下,为客人打开车门,请客人下车。

陪客走路也有个顺序,一般是前右为上,应让客人走在自己右侧,一是尊重。若是三人行,中为上;如自己是主陪,应并排走在客人左侧,不能落后;如果自己是陪访随同人员,应走在客人和主陪人员后面。随同领导外出,一般应走在领导的两侧后一点或后面。

2. 宴请

宴请应选择对主客双方都合适和方便的时间,最好能先征得客人的同意。就我国来说,宴请一般以晚间较多。注意不要选择在对方重要的节假日、有重要活动或禁忌的日子。其地点的选择,一般来讲,正式隆重的宴请活动应安排在高级宴会厅举行,可能条件下,应另设休息厅,注意不要在客人住的宾馆招待设宴。

不论举行什么样的宴会,都应事先发出邀请,一般均发邀请,其优点在于礼仪郑重,同时又能起到提醒客人和备忘的作用。请柬一般应提前 1 ~ 2 周发出,以便客人及早安排。一般情况下,可根据实际发出口头邀请或电话邀请。

席位的安排,国际上的习惯是,以离主桌位置远近决定桌次高低,同一桌上,以离主人的座位远近决定座位高低,右高左低。

宴请程序及现场工作:主人应在门口迎接客人,主人陪同主宾进入宴会厅,全体客人就座,宴会即开始;吃饭过程中一般是不能抽烟的;吃完水果,主人与主宾起立,宴会即告结束;主宾告辞,主人送至门口。服务人员训练有素,服务应周到、得体。

接到宴会邀请,是否接受都应尽快作答,由于特殊情况不能出席,应尽快通知主人,并致歉意。出席宴会,身份高的可略晚抵达,其他客人应略早一些,在我国,也可正点或按主人的要求抵达。

8.2.6 谈判中的礼仪

商务谈判属于专业性较强的会谈活动,一般在专门的会谈场所进行,在这种场合讲究礼仪是非常重要的,在商务谈判过程中,应自始至终遵循一定的礼仪规范,每一个细节都不能忽略。

1. 谈判地点的选择

谈判的地点通常安排在会谈室或会客厅,一般由谈判者主方决定,但能征求对方的意见更好。科学的谈判地点的选择标准以地理位置优越为主,如交通方便,通风设施较好,生活设施良好,周围环境幽静,医疗、卫生条件具备,安全防范工作较好。布置谈判会场,首先需要安静,其次要通敞。窗帘颜色的选用要合适,给人一种恬静温暖的安全感,不能给谈判者特别是客方一种沉闷的心理压力。

2. 谈判座次的安排

举行正式谈判时,谈判现场的座次要求严格,礼仪性很强。排列座次根据参加谈判的人员而定分为双边谈判和多边会谈两种。

举行双边谈判时,应使用长桌或椭圆形桌子,宾主应分坐于桌子两侧。若桌子横放,正面对门的为上座,应安排客方,背面对门为下座,属于主方座次。若桌子竖放,则应以进门方向为准,右侧为上,属客方位置,左侧为下,属主方位置。双方主谈人员在己方一边的中间就座,翻译人员通常安排在主谈人右侧,其余人员则遵循右高左低的原则,依照职位高低自近而远地分别在主谈人两侧就坐。

举行多边谈判时,为了避免失礼,淡化尊卑界限,按照国际惯例,一般均以圆桌为佳,即所谓圆桌会议。

3. 谈判开始及进行时的礼仪

(1)主方准时迎候。主方人员应准备掌握谈判日程安排的时间,先于客方到达谈判地点,当客方人员到达时,主方人员只在谈判室门口迎候。

(2)双方由主谈人介绍各自成员,互相握手、问候、致意、然后由客方先行进入谈判室或宾主双方同时进入谈判座,在既定的位置同时入座,主方人员待客方人员落座后再坐下。重要的谈判,在正式开始前,会举行简单的仪式,双方作简短致辞,互赠纪念品,安排合影后再入座。

(3)双方人员入座后谈判正式开始,这时非谈判人员应全部离开谈判室。在谈判进行中,双方应关闭所有通信工具(或调到静音)。谈判中各国提供饮料有所不同,我国一般只备茶水。夏天可选冷饮,如果谈判进行时间较长,可适当增加咖啡或红茶。工作人员在完成招待工作后,应迅速撤出会谈场所,谈判进行中无关人员不能随意进出。

(4)当天谈判结束后,主方人员应将客方人员送至电梯口或送到大楼门口上车握手告别,目送客人汽车开动后再离开。

(5)如果安排了与谈判内容密切相关的参观考察活动,则应在参观地点安排专门的接待人员,在适当的地方悬挂欢迎性的标语横幅,准备详细的文字说明材料(涉外时应中外文对照);实地参观时安排专业技术人员讲解,同时也应注意一些技术保密问题。

8.2.7 签约的礼仪

签约,即合同的签署。双方经过充分的洽谈协商,就谈判项目达成书面协议,为使有关各方重视遵守合同,在合同签署时,应举行郑重的签约仪式。

1. 签字人与参加人

签字人通常由谈判各方商议确定,但各方签字人的身份、职位应大体对等,所以有时主谈人不一定就是签字人,参加签字仪式的人员一般都是各方参加谈判的人员,一方若要增加其他人员,应征得对方同意,但各方参加人数应基本相等。

2. 签字时的座次安排

签字仪式的座次礼仪是各方最为在意的,所以主方在安排时要认真对待。双方合同的座次,一般由主方代表安排,安排时应以国际礼宾序列,注意以右为尊,即将客方主签人安排在签字桌右侧就座,主方主签人在左侧就座,各自的助签人在其外侧,其余参加人在各自主签人的身后列队站立。站立时各方人员按职位高低由中间向边上依次排列。

3. 签字完毕

签字完毕后,双方应同时起立,交换文本,并相互握手,祝贺合作成功。其他随行人员则应该以热烈的掌声表示喜悦和祝贺。在谈判结束后,适当地赠送礼品给对方,会对增进双方的友谊起到一定的作用。

阅读与思考 8-2　　商务谈判中的寒暄

寒暄是谈判洽谈中不可缺少的重要一环,谈判者要创造一个理想的谈判气氛,要在谈判正式开始之前有适当的寒暄。寒暄是谈判者进行顺利洽谈的前提。寒暄的基本规范是:积极认真,争取主动,迅速调动自己的愉快情绪,表现自己与之交往的愿望和真诚;善于选题,互致问候,抓住既体现你的关心,又易于对方回答的题材。若是与陌生谈判者初次见面的寒暄,则宜有两三个问答往复的过程,寒暄语的长短及往复次数与谈判双方关系的亲疏程度及分别时间的长短成正比。寒暄并不是一堆废话,而是一些有固定意义的短语,这些短语是"砖",将它抛出去往往能引来"玉"。但若把握不好,则可能引来祸。为此,要注意寒暄的避讳。寒暄的禁忌主要有:心不在焉,一心二用;匆忙应对,词不达意;急于接触实质性问题;引出易于产生争论的议题;提出谈判对方避讳的话题,如对方生理上的缺陷、家庭的不幸,个人不体面的经历和现状等;有违对方特定风俗习惯的内容,如西方人寒暄有七忌,忌问年龄、忌问婚姻、忌问收入、忌问住址、忌问经历、忌问工作、忌问信仰等。

每日一练　**自己试着总结商务谈判中应注意的各种礼仪。**

完成子任务 8.2 后进行自我测试:你是否能够列举一些身边与商务谈判礼仪相关的案例?

8.3　涉外商务礼仪

随着国际经济发展进程的加快和我国改革开放的不断深入,不仅越来越多的外籍商务工作者进入国内市场,而且国人走出国门经商的人数更是急剧增多。在国际交往中,由于各个国家和地区的语言、文化背景、风俗习惯和宗教信仰等诸多方面的不同,礼节和习俗也有着很大的区别。在商务交往中,必须了解各国的礼仪特点及禁忌,对赢得外商的友谊和合作起着十分重要的作用。

全球经济一体化,使信仰、价值观念、道德标准、风俗习惯及文化背景各不相同的商人走到了一起。因此,商务工作者在日常工作中,应遵循以下原则。

8.3.1　求同存异原则

世界各国的礼仪与习俗都存在着一定程度的差异性,重要的是要了解这种差异,要遵守求同存异原则。"求同"就是要遵守礼仪的"共性";"存异"则是不可忽略礼仪的"个性"。比如,世界各国的人们往往使用不同的见面礼节,其中较常见的就有日本人的鞠躬礼,韩国人的跪拜礼,泰国人的合十礼,中国人的拱手礼,阿拉伯人的按胸礼,欧美人的吻面、吻手礼和拥抱礼等。它们各有讲究,都属于礼仪的"个性",与此同时,握手作为见面礼节,则可以说是通行于世界各国,与任何国家的人士打交道,以握手这一"共性"礼仪作为见面礼节都是适用的。

8.3.2　个人形象原则

在国际交往中,人们应对个人形象备加关注。涉外交往的基本着装规范是:女士看头,男士看腰。女士看头是指看发型,比如染色、长度等。通常女士是不应染彩色发的,除非把花白的头发染黑。另外头发不宜过长,一般不长于肩部。对于一个有社会地位的男士,在大庭广众前腰上是不挂任何东西的。

国际社交场合,服装大致分为礼服和便装。正式的、隆重的、严肃的场合着深色礼服(燕尾服或西装),一般场合则可着便装。目前,除个别国家在某些场合另有规定外,穿着趋于简化。

8.3.3 不卑不亢原则

不卑不亢原则是涉外礼仪的一项基本原则,每一个涉外商务工作者都必须意识到,自己在外国人眼中,不仅代表着自己的公司,还代表着自己的国家,代表着自己的民族。因此,其言行应当从容得体,堂堂正正,既不应畏惧自卑,也不应高傲自大、盛气凌人。

8.3.4 信守约定原则

信守约定原则是指在一切国际交往中,必须认真遵守自己的承诺,说话要算数,许诺要兑现,约会要如期而至。在涉外交往中,在一切有关时间方面的正式约定中,尤其需要恪守不怠,真正做到"信守约定"。万一由于难以抗拒的因素,造成自己失约,应尽早向对方通报,如实说明原委,并要向对方致以歉意,必要时应主动承担给对方造成的物质损失。千万不能得过且过,一味推诿,或避而不谈。

8.3.5 入乡随俗原则

入乡随俗原则是涉外礼仪的基本原则之一。习俗是世界上的各个国家、各个地区、各个民族在其历史发展的具体进程中,形成各自的宗教、语言、文化、风俗和习惯,并且存在着不同程度的差异。这种"十里不同风,百里不同俗"的局面,是不以人的主观意志为转移的,也是世间任何人都难以强求统一的。

在涉外交往中注意尊重外国友人所特有的习俗,容易增进中外双方之间的理解和沟通,有助于更好地、恰如其分地向外国友人表达我方的亲善友好之意。当自己身为东道主时,通常讲究"主随客便"。接待人员必须充分了解交往对象的风俗习惯,无条件地加以尊重,不可少见多怪,妄加非议。

例 8-5　　巧化尴尬

法国一家公司的经理邀请日本商人到自己家做客。在宴席上,主妇端上洗手指用的水,这个日本商人一时大意,竟然把碗中的水喝下去了,主人看到后,马上就向同坐的孩子们示意,两个孩子也就一声不响地跟着喝下了洗手指碗中的水,顾全了对方的面子。此后,双方不仅在生意往来上有很好的合作,私底下还成为关系不错的朋友。

8.3.6 尊重隐私原则

在国际交往中,普遍讲究尊重个人隐私,以下几个方面均被视为个人隐私:

(1)收入支出。任何人的实际收入,均与其个人能力和实际地位存在因果关系。所以,个人收入的多少一般被外国人视为自己的脸面,非常忌讳他人打听。比如,纳税数额、银行存款、股票收益、私宅面积、娱乐方式、度假地点等,都不宜随便提及。

(2)年龄大小。外国人普遍将自己的年龄当作"核心机密",轻易不会告之于人。所以在国外有这么一种说法:一位真正的绅士,应当永远"记住女士的生日,忘却女士的年龄"。

(3)身体健康。中国人相遇时,常会问候对方:"身体好吗?"要是确知对方一度欠安,见面时常会问对方“病好了没有”“吃过些什么药”或是向对方推荐名医、偏方。可在国外，人们在闲聊时，非常反感对自己的健康状况过多关注，因在市场经济条件下，每个人的身体健康都被看作“资本”。

例 8-6　问候的学问

中方某公司代表张先生与美方某公司代表史密斯先生就业务合作问题进行洽谈，张先生见史密斯先生脸色不大好，像是生病了，于是在休息期间非常关切地问候史密斯先生“您怎么脸色不大好?”史密斯先生回答最近比较累，晚上经常熬夜。“您是不是胃不行? 吸收不好胃一般不好，脸色就不好。”史密斯先生回答我胃还行，比较能吃。“那您的肝呢?......”

(4)恋爱婚姻。中国人习惯对于亲友的恋爱、婚姻、家庭生活牵挂在心，但绝大多数外国人对此不以为然。比如“有没有恋人”“两个人怎么结识的”“结婚了没有”“有没有孩子”等问题，会让外国人很难堪。

(5)家庭住址。中国人对家庭住址、电话都是不保密的。而在国外恰好相反，他们不会将个人住址、私宅电话轻易“泄密”，在他们的名片上，此项内容也难得一见。

阅读与思考 8-3　涉外礼仪中的禁忌

西方通常指欧美各国，其文化源流、宗教信仰相近，在礼俗上虽因受各种复杂因素的影响而有差别，但共性较多。澳洲及南美地区，因在历史上深受欧美文化影响，其商务礼俗也与欧美各国存在许多共同之处。

1. 数字与日期禁忌

西方人普遍认为“13”是凶险或不吉利的数字，常以“14A”或“12B”来代替。在日常生活中，他们总是尽量避开这一数字。有的人甚至会在 13 日这一天产生莫名其妙的恐惧感，停止一切工作和活动。西方人最忌讳的还有 13 人同桌共餐。“星期五”和数字“3”也为很多西方人所忌讳。特别是点烟时，忌用一根火柴或打火机连续点燃三支烟。若恰逢 13 又是星期五，西方人更认为是“凶日”，称为“黑色的星期五”，因为这一日是耶稣的受难日。在美国还有“零年灾难”之说。自 1840 年以来，凡是在年尾数为“0”那一年当选的美国总统，除里根外，都没有活着离开白宫的，其中有 4 人被刺身亡，3 人病死。

2. 颜色与花卉的象征意义与禁忌

由于历史文化、传统习惯、政治宗教等各种原因，使人们对某些颜色与花卉产生了推崇或禁忌，且各国与各地区的差异很大。归纳起来，西方人所忌讳的颜色与花卉主要有以下一些情况。

(1)在丧礼中使用的颜色和花卉。如黑色和菊花在西方许多国家是丧礼的象征。

(2)象征权威和尊严的颜色与花卉。如红色象征国家独立民族解放。许多国家的国旗均为红色或带有红色。

(3)代表不吉利或是黑暗、邪恶、诅咒的颜色与花卉。如在法国、黄色的花是不忠诚的表示；意大利人视紫色为消极色；比利时人最忌讳蓝色，但挪威、瑞士、荷兰对它又特别偏好；法、比两国还忌用墨绿色。在国际交往场合，忌用菊花、杜鹃花、石竹花及其他黄色的花献给客人。

在商务活动中，除上述三类颜色和花卉不宜使用外，一些用于表示爱情、用于探望病人或是表示绝交的花，均不能用于商务活动，否则将会产生严重的不良后果。

每日一练 自己试着比较国内外商务谈判中礼仪的异同。

完成子任务 8.3 后进行自我测试:你是否在日常购物过程中应用到这些商务礼仪?

小　结

本任务就是让读者了解商务礼仪、了解商务谈判过程中的各种礼仪,懂得商务礼仪在商务谈判过程中所起的作用和价值,是实现商务谈判目标不可或缺的重要环节。

本任务围绕商务礼仪原理设计了各环节的基本知识,并插入了一些典型的案例,并对相关知识以阅读与思考的形式呈现。每一任务都以子任务小结结束,希望读者在完成子任务之后,能够及时进行自我的过程性评价。

完成本任务后,读者应该能够把握商务礼仪的内涵,树立商务礼仪的观念,并能结合实际商务谈判进行运用。

完成本任务将为实现商务谈判奠定良好的基础。

核心技能与概念

商务礼仪　商务礼节　守信　寒暄　举止

课堂讨论

1. 为什么要学习商务礼仪?
2. 你认为在商务谈判过程中应如何着装才不失礼仪?
3. 涉外谈判时,应如何把握涉外礼仪?

业务技能自测

一、单项选择题

1. 商务礼仪包括商务礼节和(　　)两方面的内容。

A. 原则　B. 仪式　C. 准则　D. 标准

2. (　　)一直是我国传统文化的核心。

A. 尊老　B. 爱幼　C. 礼仪　D. 爱国

3. (　　)是现代商务礼仪的基础,是现代商务礼仪有别于以往礼仪的最主要原则,也是商务礼仪最根本的原则。

A. 互尊原则　B. 平等原则　C. 诚信原则　D. 互利互让原则

4. 女士在办公室的着装，最佳选择是(　　)。

A. 套裙　　B. 礼服　　C. 运动服　　D. 潮流服

5. 介绍是商务见面礼仪中经常遇到的环节，介绍的顺序应遵守(　　)的原则。

A. 女士优先　　B. 男士优先　　C. 尊者优先　　D. 老者优先

二、简答题

1. 什么是商务礼仪？商务礼仪有哪些特点？
2. 什么是平等原则？在商务礼仪过程中，应遵循哪些原则？
3. 商务谈判过程中主要注意哪些礼仪？
4. 涉外商务谈判应坚持怎样的原则？
5. 涉外商务谈判应注意哪些隐私？

案例分析

案例 1：使用手机的礼仪规范问题

某公司开会时，下属的手机铃声此起彼伏，这位领导非常生气，于是说："请各位同事注意，在开会时请把手机调成振动或静音模式，并放在口袋或者包里。我在开会，听到的全是电话声，看到的全是你们在低头玩手机。相信各位也都学过商务礼仪，礼仪的学习不只是说说而已，而是要付诸实际行动。如果下次开会的时候，谁再玩手机，......"领导的话还没有说完，自己的手机铃声响起来了，领导的脸一下就红了。

结合以上案例，谈谈现实生活中你所知道的不符合礼仪规范的行为有哪些？应该怎么做？

案例 2：忽略签约礼仪的结果

小李是一位市场营销专业毕业的本科生，就职于某大公司的销售部门，工作十分努力，成绩显著，三年后升为销售部门经理。一次，公司要与美国跨国公司就开发新产品问题进行谈判，公司将安排的重任交给小李负责，小李为此作了大量细致的准备工作。经过几轮艰苦的谈判，双方终于达成协议。可就在正式签约的时候，客方代表团一进签字厅就转身拂袖离去，原因是什么呢？原来在布置签字厅时，小李错将美国国旗放在了签字桌的左侧。项目就此告吹，小李也被调离了岗位。

读了这则案例，谈谈你的感受和体会。

案例 3：草签终究是草签

某年，国内的一家企业前往日本寻找合作伙伴。到了日本之后，通过多方的努力，这家企业终于寻觅到自己的"意中人"——一家享有国际声望的日本大公司。经过长时间的讨价还价，双方商定，首先草签一个有关双边实行合作的协议。当时，在中方人士看来，基本上可以算是大功告成了。到了正式草签中日双方合作协议的那一天，由于种种原因，中方人员阴差阳错，抵达签字地点的时间比双方预约的正式签约晚了一刻钟。当他们气喘吁吁地跑进来之后，还没容他们做出任何有关自己迟到的原因的解释，日方的全体人员便整整齐齐、规规矩矩地向他们鞠了一个大躬，随后便集体退出了签字厅。

阅读案例，回答以下问题：

1. 根据所学的涉外礼仪知识，指出中方人员为什么没有达成自己的目标？

2. 具体分析案例中的涉外礼仪习俗。

实训操作

注意在日常商务谈判过程中商务礼仪的运用。

[**实训目标**] 通过深入实地认知与体验商务礼仪,加深对本任务内容的理解。

[**实训组织**] 学生每 8 人分为一组,选择商品采购,注意运用商务礼仪。

[**实训提示**] 教师提出活动前准备及注意事项,同时随队指导。

[**实训成果**] 各组汇报,教师讲评。

任务9 推销概述

任务导入

在激烈竞争的市场环境下，任何企业要想生存和发展，不仅要生产出符合市场需要的产品，同时还必须大力加强推销工作。推销是现代企业拓展市场的利器，是促进产品从生产企业转移到消费者(用户)，促进商品价值实现的有力保证，在企业经营活动中起着举足轻重的作用。

为了更好地把握这些基本理论，为完成今后推销任务打下坚实基础，首先请尝试完成本任务。为了方便读者掌握推销有关概念和更好地运用推销知识，又将本任务分为如下三个子任务：

子任务1：了解推销的内涵和特征；

子任务2：了解推销的模式；

子任务3：了解和掌握推销人员的素质与能力。

读者可以反复演练，有的放矢地依次完成各子任务，直至完成本任务，从而更好地完成推销的目标。

9.1 推销的内涵和特征

推销是人们所熟悉的一种社会现象，它伴随着商品交换的产生而产生，伴随着商品交换的发展而发展，它是现代企业经营活动的一个重要环节，它渗透在人们的日常生活之中。

推销就其本质而言，是人人都在进行的活动。无论你干什么都是一种自我显示，也就是一种自我推销。但由于历史和现实的原因，有些人对推销有着种种误会和曲解，甚至形成了习惯性的思维，总是把推销与沿街叫卖、上门兜售联系在一起；对于推销人员，则认为他们惟利是图，不择手段。

9.1.1 推销的含义

推销是一种古老而又普遍的经济现象，其历史同商品生产一样久远。例如，《易经》所述："日中为市，致天下之民，聚天下之货。交易而退，各得其所。"一幅清明上河图，生动地展现了集市上充满了商贾叫卖与广告招揽顾客的景象。可见，商品推销活动古已有之。

如同谈判一样，推销也有广义、狭义之分。就广义而言，推销是一种说服、暗示，也是一种沟通、要求。在日常生活和工作中，每个人都在自觉或不自觉地进行推销活动。你也许曾为一份理想的工作而推荐自己，也许曾为加薪而游说上司，也许曾为推行某种理念而说服下属，这都是推销。从这个意义上讲，"人人都是推销员""人的一生都在推销"。狭义的推销仅仅是推销人员通过帮助和说服手段、促使顾客采取购买行为的过程。这一概念强调了三方面内容：

1. 商品推销是一个复杂的行为过程

传统的观念认为，推销就是一种说服顾客购买的行为。这种观念导致了在推销过程中过分强调推销行为本身，推销者一味地将自己的推销意志强加给顾客，而不研究顾客对推销行为的反应，只顾及己方利益的实现，而忽略了顾客需求的满足。这种把推销理解为单纯说服行为的观点，是导致目前社会上人们普遍对推销人员抱有成见的主要原因。

从现代推销活动来看，推销应该包含寻找顾客、推销接近、推销洽谈、处理推销障碍以及成交等5个阶段，如图9-1所示。

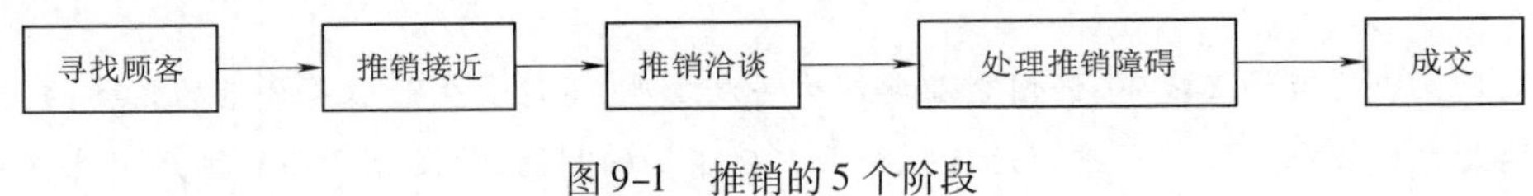

图9-1　推销的5个阶段

2. 推销行为的核心在于满足顾客的欲望和需求

从现代市场营销学的观念看，顾客的潜在需求更值得经营者关注。潜在需求是需要启发和激励的，这便是推销的关键所在。推销人员作为推销行为的主动方，必须学会寻找双方利益的共同点。在这利益共同点上说服与帮助顾客，使顾客的购买行为得以实施，从而实现双方的最终目标。

3. 在推销过程中，推销者要运用一定的方法和技巧

由于推销者和推销对象属于不同的利益主体，这就使得推销行为具有相当的难度。深入地分析、了解市场和顾客，灵活、机动地采用相应的方法和技巧，才能有效促成交易，收到成效。

例9-1　　李嘉诚的推销之路

李嘉诚先生创业初期有过一段不寻常的推销经历。他出生于广东潮安县一个书香门第，11岁的李嘉诚在读完两年小学后便辍学，在他舅舅的南洋钟表公司做杂工，父亲的早逝，给李嘉诚留下了家庭重担和债务。14岁的李嘉诚凭着毅力、韧性和真诚在港岛西营盘的春茗茶楼找到一份工作，李嘉诚在努力干好每一件事的同时，给自己定了两门必修功课。其一是时时处处揣测茶客的籍贯、年龄、性格、职业、财富等，以便找机会验证；其二是揣摩顾客的消费心理，既待人真诚又投其所好，让顾客在高兴之余掏腰包。李嘉诚对顾客的消费需求和习惯了如指掌，如谁爱吃干蒸烧卖，谁爱吃虾饺，谁爱吃肠粉加辣椒，谁爱喝红茶绿茶，什么时候上什么茶点，李嘉诚心中都有一本账，练就了一套既赢得顾客又能让顾客乖乖掏钱的本领。后来，李嘉诚到一家五金厂做推销员，他每天起得最早，第一个来到厂里，挑着铁桶沿街推销。靠着一双铁脚板，他走遍了香港的角角落落，从不放弃每一笔可做的生意。李嘉诚凭着坚韧不拔的毅力，建立了销售网络，赢得顾客的信誉，也深受老板器重。再后来，因为塑胶业的蒸蒸日上，李嘉诚开始推销塑胶产品，由于其肯动脑筋，又很勤奋，在塑胶产品推销过程中大显身手，业绩突出，20岁便被提升为业务经理，而且也使李嘉诚淘得了第一桶"金"，同时也练就了企业家的才能，为日后进军塑胶业和构建其庞大的企业帝国打下了坚实的基础。

9.1.2　推销的要素

推销要素是指商品推销活动得以实现的必要因素，它包括：推销人员、推销对象、推销品、推销信息等四大要素。即两个推销主体：推销人员、推销对象；一个推销客体：推销品；一个推销媒体：推销信息。

1. 推销人员

推销人员是商品推销活动中的主要角色，是主动向别人推销商品的主体。是企业与顾客间的桥梁和纽带，是推销活动的核心，肩负着为企业推销产品，为顾客提供服务的重任，并说服顾客购买企业产品。为此，推销员必须做到：注重推销礼仪，树立顾客导向，注重长期利益，掌握推销技巧。

2. 推销对象

推销对象是推销人员推销商品的目标对象。包括各类准顾客、老主顾和购买决策者。推销对象是一个有意识的能动的因素，有买与不买的自由，买多与买少的自由，不仅仅是被动地接受推销，而是根据需求变化及时反馈信息，要求企业调整产品结构，提供适销对路的产品。因此，重视推销对象的主体作用应做到：研究分析推销对象的购买特征，掌握推销对象的潜在需求，只有重视推销对象在商品推销活动中的主体作用，企业才有可能进行成功的推销。

3. 推销品

推销品是指推销的有形商品和无形商品，它包括实物、服务和观念。在推销过程中，对事物的推销与对服务观念的推销是统一的不可分割的。推销员在推销实物的过程中，必须详尽地介绍产品的特征、用途及维修保养知识，帮助顾客掌握产品的使用，维修方法、向推销对象推销信息、技术、销售等方面的服务。同时，还必须向顾客宣传产品的使用价值，引起顾客的兴趣，引导顾客购买，在推销实物的同时向顾客推销现代消费观念。因此，推销过程既是实物的推销过程，也是服务、观念的推销过程。

4. 推销信息

推销信息是指商品推销过程中有关商品、顾客、市场等方面的信息。商品的推销过程也是一个信息的传递和反馈的过程。推销员只有不断地将顾客、市场等信息反馈给企业，才能及时地掌握市场需求的变化趋势，才能提供顾客所需要的产品；只有及时地将产品及企业的信息传递给顾客，才能引导顾客购买，促进产品销售，没有推销信息，企业的商品推销将寸步难行。

推销信息是商品推销的无形资源，是保证成功推销的关键。必须掌握和运用推销信息这一重要资源和关键要素，以保证推销的顺利进行。

推销过程是推销要素之间的运动过程。推销员通过向推销对象传递信息，向企业反馈信息，向推销对象提供所需要的推销信息和推销品；推销对象通过洽谈和购买，从推销员那里获得推销信息和推销品；推销品通过推销信息的作用，实现由推销人员向推销对象的转移；推销信息通过推销人员的传递和反馈，不断循环上升。因此，推销过程就是四大要素相互作用和协调运动的过程。

9.1.3　推销的特征

从推销活动的过程来看，它具有以下一些特征：

1. 特定性

推销是推销员为特定的推销品寻找潜在顾客，只有先确定推销对象才能够有效地开展推销活动,有针对性地向推销对象传递信息并进行说服。

2. 说服性

说服是推销的重要手段,也是推销的核心。为了争取顾客的信任,让他接受企业产品,并采取购买行动且重复购买。推销者必须运用自己所掌握的知识和商品特点、优点、耐心地进行说服或劝说。说服并非强加,顾客体会到推销员的真诚,认可产品特性的真实性,才是真正的说服。

3. 双向性

推销不仅是一个商品的转移过程,还是一个信息双向沟通的过程;双方对信息的理解和接受程度越高,推销的成效也就越大。

4. 互利性

推销是一种互利互惠的活动,同时满足推销主体双方的不同要求,推销过程中,推销人员不仅要考虑自己有利可图,还要考虑推销对象是否有利。应从双方的共同利益出发,尤其把握好顾客的购买目的和购买动机,帮助顾客解决困难问题,让顾客感到购买有利于满足自己的需求,给自己带来更多利益。

9.1.4 推销的原则

推销既是科学,又是艺术,要搞好推销工作,必须领会和坚持几条基本原则,而且,切实领会这些原则的精神并付诸实践,这始终是推销工作面临的艰巨任务。

1. 满足需求的原则

买卖一种产品,目的在于满足某种需求。买卖只不过是达到这一目的的一种手段。因此,推销员不应该单纯向顾客推销产品,而应借助于所推销的产品,想方设法唤起并刺激顾客,使他为满足其现在或将来的需要产生购买欲望。你的产品越符合顾客的基本需要,产品的销路就越好。

2. 推销使用价值的原则

使用价值是产品整体概念的核心内容。你不要单纯地推销抽象的产品,而更重要的是推销产品的使用价值。要准确地掌握提炼产品的使用价值,然后,竭尽全力、信心百倍地进行推销。区别一个一流推销员和普通推销员的界限就看其是否懂得推销产品的使用价值。

人类有许多愿望和要求,同样,产品也有许多使用价值。产品只有当它们为顾客使用并满足了他们的愿望时才发挥其作用。因此,推销员不仅是向顾客推销某种具体的产品,而是要让顾客认识到产品的使用价值。任何一种产品都有许多使用价值,具体选择哪一种,要依不同的顾客和他特殊需要而定,只有这样,推销员才能取得成功。譬如有几位顾客同时购买汽车,但他们的购买目的却大相径庭:第一位顾客可能准备用来开出租车;第二位顾客可能是出于身份和地位的考虑,需要拥有一辆车;第三位顾客可能是仅仅作为上下班的交通工具。

请记住:任何时候你都在同人打交道。人们都存在着许多问题:私人问题、工作上的问题、自己的问题和其他人的问题。每一个组织也都有许多急待解决的问题:效率问题、经济问题、合理化问题、效益问题等。推销要对症下药,帮助顾客解决所需要的使用价值问题,即使你所推销的产品与其他人提供的产品完全一样,只要你运用这一原则,也会找出独特性,抓住关键,而且会有助于你达成交易。

3. 尊重顾客的原则

长期以来,人们一直相信,顾客与商人之间之所以能作出购买决定,是由于理性考虑的结果,但我们现在已经知道,购买决定和人们的基本需要紧密联系在一起,并带有感情色彩。推销员必须对人的感情进行研究。这样,他很快就会发现,即使是很难对付的人,从情感上影响他们要比从理性上影响他们容易得多。所以,推销员必须学会理解人的本性,学会尊重顾客,搞好人际关系,这对成功推销有非常大的帮助。因为人们的言行主要受感情支配,很少经过理智的考虑。要认识到这一点,推销员就必须了解自己,设身处地地为别人着想,照顾和体谅别人的感情,尊重顾客的感受。

4. 互利双赢的原则

在洽谈业务的过程中,如果推销员发现他所推销的产品可能对顾客无用,即使顾客完全信任你,也不应该欺骗他们接受你的产品。以欺骗手段获得的订单,可能会带来意想不到的严重后果。任何推销工作都应以符合商业道德为标准,以互利双赢为原则。只有这样你才能心情舒畅地对顾客进行反复拜访,做到问心无愧,这样还会促使顾客帮助推销员向其他顾客进行推销,使你的生意长久,并且能够得到有效的拓展,任何损人利己的短期行为都是自欺欺人,不利于持续发展。此外,在向顾客介绍推广新产品和新技术时,应遵循这样一条原则:必须把它描绘成是符合人们使用习惯的简易化的产品或改进产品,而不是超越人们使用习惯、难以掌握的东西,以缩短产品与顾客的距离。

5. 讲求信用的原则

信守承诺是人的美德,千万不要为了引诱顾客订货而向顾客许下不能履行的诺言。这样做产生的后果是不堪设想的。应该尽量少许诺,多做实际工作。当你以实际行动而不是以许诺的方式满足了顾客的需要时,顾客是会感激你的。假如你为了这一次的订单而随意许诺,那么你下次再想要得到他的订单就不那么容易了。任何时候都应该记住,不论摆在面前的情况如何,决定你是否得到订单的重要因素是顾客对你的信赖,而不是你的销售谈话。你要以自己的言行博得顾客对你的信任,并且相信他的权益也会由于你信守诺言而得到保护。我们主张言必行,行必果。

6. 反对不正当竞争的原则

在与顾客洽谈销售业务时,最好不要谈论竞争对手的情况,特别不能诋毁竞争对手。我们反对不正当竞争,主张尊重对手,不得不谈论对手时要持客观、公正的态度,甚至多谈论竞争对手的优点,不谈缺点,以营造一种良性的销售气氛。然而,只要你一谈到竞争就会立即引起顾客的兴趣,你与对手竞争越激烈,你就越应该集中精力搞好自己的推销工作。但是,尽管在洽谈中不应谈论竞争对手的情况,你也应该清楚地了解你的对手,他的产品和他的推销方法等。只有在了解你的对手在干什么、怎么干以后,你才能更好地制订你的推销策略和计划。

7. 明确可信的原则

你的推销论点必须有理有据、明确可信。无论如何,直截了当地向推销员提出不信任他的产品顾客毕竟是少数。许多推销员之所以没有获得顾客的订单,其原因就是他们过高地估计了顾客对他的信赖程度,过低地估计了向顾客提供可信证据的必要性。销售谈话不是唱赞美诗,不要肆意夸张谈话内容,使用描述某种特性的形容词时要格外谨慎。成功最重要的不在于推销员说什么,而在于顾客相信什么。应当把你的销售谈话分为几个部分,而每一部分的内容都要具体、详细。不要说“大量的企业都使用我们的产品”等模糊的言语,可能的话应具体说明是哪些企业在使用你的产品,切忌太过于夸张,让人觉得有欺诈成分。

8. 时刻掌握主动权的原则

推销员任何时候都应该掌握主动权,要善于陈述产品的特点和表达自己的看法和观点,要有主见,要善于循循善诱,引导顾客购买成交,而不应该人云亦云,反而被顾客牵着鼻子走而迷失了方向,总之,不能让顾客掌握主动权,否则成交的希望就会变得渺茫。这里所说的主动权是指推销员在推销进程的安排上应掌握主动权,由推销员主动地来安排;在对产品的看法观点上掌握主动权,不能受顾客左右而失去主张。

9.1.5 推销的作用

今天,推销已经成为我们生活的一个组成部分,人们时刻都在进行着有意无意的推销活动,但人们对于推销作用的认识是随着商品经济的发展而逐步加深的。在产品供不应求的时候几乎没有人认为推销有什么必要,但随着社会经济的发展,越来越多的产品出现供过于求的情况,企业间竞争加剧,由此导致企业因产品销不出去而面临关、停、并、转的危险时,人们才体会到推销的重要性。

1. 对社会而言

(1)推销是社会经济发展的一个重要的动力。马克思把社会再生产过程划分为生产、流通、消费三个环节,其中生产是基础与起点,消费是终点与目的,流通是连接生产与消费的纽带,推销正是加速流通的一种重要手段。

在市场经济条件下,供求矛盾是影响经济发展与进步的主要矛盾,它影响与制约了市场经济条件下其他矛盾的发展与变化。推销主要就是协调供需双方的矛盾,把产品推销给需要它的顾客,同时把社会需求及时反馈给生产企业,引导企业合理生产,使资源得到合理的配置与使用。

(2)推销引导与影响社会消费。推销员在推销活动中,把他们认为可以满足顾客需求的产品与服务介绍给顾客,同时也把新的价值观念、新的消费理念介绍给了顾客。所以,推销员在实际推销活动中起到了引导消费、影响购买的作用,也起到了传递消费标准与教育消费的作用。

2. 对企业而言

(1)推销是使企业生产劳动价值得以实现的主要形式。在市场经济条件下,推销与销售是企业实现生产价值的主要形式和渠道。可以说,顾客是企业的衣食父母,而推销员又是企业内其他人员的衣食父母,正是推销员的成功推销才使企业内员工有了就业和收入的可能。

(2)推销促进企业生产适销对路的产品。一方面推销员使企业的产品找到了需要它们的顾客;另一方面,推销员在推销过程中掌握了市场竞争与顾客需要的第一手材料,这就可以帮助企业调整生产经营计划,从而使企业产品适销对路,增强企业的应变能力与产品的竞争能力。

(3)推销是提高企业经济效益的重要途径。随着市场经济的发展,市场竞争越来越激烈,企业用于促销的费用也越来越大,导致企业销售成本急剧增加。因此,通过提高推销员的素质,可以大大节省促销成本,加快货款回笼,从而直接增加企业经济效益。

3. 对个人而言

(1)推销是发挥个人潜力的最好职业之一。推销员常常面对着新人、新事、新问题,而推销员又大多是单独行动,经常独自一人去解决一些处于变化及未知的难题。所以,推销工作是极具挑战性的工作,因而也是发挥个人聪明才智的最好职业之一。

(2)推销工作是磨练人的意志与情操的最好方式之一。对推销员来说,被拒绝、失败是经常性的事，甚至有人说，推销业绩与推销员失败的次数成正比。所以，推销工作最能锻炼人的意志。同时推销又是以满足顾客的需求为核心，讲究为顾客着想，这就要求推销员必须具有全心全意为顾客服务的工作态度。因此，推销工作能不断磨练推销员的意志和情操。

(3)推销工作是走向事业成功的最好途径之一。推销员在推销过程中了解市场、了解市场规律、了解商品交换过程中的众生百态与人情世故、了解社会文化，所以，推销生涯为许多人奠定了在市场经济条件下实现自身价值的基础。同时，对推销员来说，推销业绩就是能力的最好体现，其发展所受的限制较小，发展的空间较大。无论在美国，还是在中国，大量的成功企业家都出身于推销员，推销的经历为他们以后的成功积累了巨大的无形资产和打下了坚实的能力基础。

阅读与思考9-1　　推销与营销

当下，"营销"一词已成为广大企业日益普及的生产经营用语，但在现实生产经营活动中，不少人往往把营销与推销混为一谈。其实，营销与推销虽然只有一字之差，却是两个完全不同的概念，各有其不同的内涵。它们的主要区别可概括为以下几个方面：

1. 两者的观念不同

推销观念的起点是企业的现有产品，以企业(即卖主)为中心。具体表现为"我们能生产什么，就卖什么"；"我们卖什么，就让人们买什么"。在实际生活中，它的表现就是"以产定销"。而营销观念的起点是企业的目标以顾客(即买主)及其需求为中心。具体表现为"顾客需要什么，我们就生产、供应什么"。在实际生活中，它的表现就是"以销定产"。

2. 两者的手段不同

持推销观念的企业，着眼于现有产品的推销，只希望通过减价、送赠品等各种促销手段来刺激消费者的需求，诱使其购买产品，至于顾客满意与否以及会不会重复购买，则比较忽视。在销售过程中他们常表现为"货物出门，概不负责"。持市场营销观念的企业，在决定生产经营什么和生产经营多少时，必须预先进行市场调研，根据消费者需求的特点对市场进行细分，在考虑企业资源条件的基础上确定企业营销对象，并针对目标顾客的需求确定适当的营销组合，使企业市场营销的各个因素符合目标顾客的需要，互相配合，共同发挥作用，最大限度地满足顾客需求，从而最有效地达到企业的营销目标。

3. 两者的目的不同

在推销观念指导下，企业致力于现有产品的推销，以期获得充分的销售量和利润。在市场营销观念指导下，企业的主要目标已不是单纯追求销售量和短期利润的增长，而是从长期观点出发，力求占领市场，抓住顾客，在满足顾客需求的基础上，实现长期的合理的利润。

4. 两者的营销部门在企业中所处的地位不同

在推销阶段，企业也设置销售部门，但它排在产、供之后，处于"龙尾"地位。在营销阶段，市场营销部门排在供、产之前，处于"龙头"地位，成为指挥和协调企业整个生产经营活动的中心机构，企业的科研、生产和财务等活动都围绕这个中心来统一部署。20世纪80年代以来，许多企业正在或已经从推销阶段向营销阶段转变。从推销转向营销，也可以说，就是从产供销转向销供产，从生产型企业转向生产经营型企业。对于长期习惯于计划经济的国有企业来说，这是一个历史性的大转变，也是一个内涵丰富、深刻而又艰难的转变。推销与营销虽然只是一字之差，但却反映了两种经营观念。因此，广大企业经营者应放弃推销理念，用营销观念去积极地发展和开拓市场。

每日一练 自己试着和同学一起交流,总结推销的现实意义。

完成子任务 9.1 后进行自我测试:你是否已明确推销的概念及原则?

9.2 推销的模式

推销模式是根据推销活动的特点和对顾客购买活动各阶段心理演变的分析以及推销员应采用的策略等进行系统归纳,总结出一套程序化的标准公式。

在推销实践中,由于推销活动的复杂性,市场环境的多变性,推销员自身能力的差异性,推销员要针对具体的推销目标,灵活运用这些推销模式。既要掌握推销活动的基本规律,又不被标准化的推销模式束缚,才能提高推销效率。

9.2.1 吉姆模式

吉姆模式又称自信模式,即推销员必须相信自己推销的产品,相信自己所代表的企业,相信自己。其目的是培养推销人员的自信心,提高说服力,达到推销的成功,它是产品、企业、推销员综合作用的结果。

1. 相信自己推销的产品

推销产品知识的来源:

(1)企业进行培训。

(2)推销员应积极主动地了解产品的功能和效用,与同类产品相比,看到本产品的长处,相信并热爱自己的产品。

2. 相信自己所代表的企业

推销员有选择企业的权利,自愿进入一家企业。因此,推销员对自己选择工作和服务的企业应该是满意和信任的,相信自己企业是从事推销工作的前提。

3. 推销员必须相信自己

推销员应正确认识推销职业的重要性和自己工作的意义。当然,推销员的自信心是建立在专业技术培训和成功推销的经验基础上。

例 9-2　　败于不自信

尼克松是我们极为熟悉的美国总统,但就是这样一个大人物,却因为一个缺乏自信的错误而毁掉了自己的政治前程。

1972 年,尼克松竞选连任。由于他在第一任期内政绩斐然,所以大多数政治评论家都预测尼克松将以绝对优势获得胜利。

然而,尼克松本人却很不自信,他走不出过去几次失败的心理阴影,极度担心再次出现失败。

在这种潜意识的驱使下，他鬼使神差地干出了后悔终生的蠢事。他指派手下的人潜入竞选对手总部的水门饭店，在对手的办公室里安装了窃听器。事发之后，他又连连阻止调查，推卸责任，在选举胜利后不久便被迫辞职。本来稳操胜券的尼克松，因缺乏自信而导致惨败。

9.2.2　爱达模式

爱达模式被公认为国际成功的推销模式，它表明了推销过程需要经历的四个最基本的阶段：引起顾客注意——唤起顾客兴趣——激起顾客购买欲望——促成顾客购买行为。即，一个成功的推销员必须把顾客的注意力吸引或转移到你推销的产品上来，使顾客对你所推销的产品产生兴趣，随之刺激顾客产生购买该产品的欲望，而后促使顾客采取购买行动。爱达模式的4个步骤被认为是推销成功的四大法则。

1. 引起顾客注意

所谓引起顾客注意，是指推销员通过推销活动刺激顾客的感官，使顾客对推销人员和推销品有一个良好的感觉，促进顾客对推销活动有一个正确的认识和有利于推销的正确态度。

在推销活动中，推销人员面对的顾客有不少是被动的，甚至是有抵触情绪的。一般而言，在推销人员接近顾客之前，顾客大多数是对推销人员和产品处于麻木状态，他们的注意力只放在自己关心和感兴趣的事物上。因此，推销人员必须尽其所能，想方设法吸引顾客的注意力，以便不被拒绝，如推销人员可以通过精心设计自己的形象、精辟的语言、得体的动作、富有魅力的产品和巧妙的提问等，来引起顾客的注意。

在推销活动中，要唤起顾客对推销品的有意注意，推销人员必须营造一个使顾客与推销品息息相关的推销环境，并让顾客感觉自己是被关注的中心，自己的需求和利益才是真正重要的，即在突出顾客地位的同时宣传了推销品。这样，就可以强化推销品对顾客的刺激，使顾客自然而然地将注意力从其他事情上转移到推销活动上来。

例9-3　　引起顾客的注意

一个推销人员面对顾客，开口总是说："我是××公司的销售代表，这是我的名片。我们公司生产的××产品，性能优良，质量稳定，希望你考虑购买我们的产品。"这种开场白使顾客感觉到围绕话题的中心是推销人员及推销品。接受推销、购买产品也是推销人员所希望的事，与顾客无关，由此会导致推销人员总是遭受拒绝和冷遇。如果在一开始就让顾客感觉到自己是被关注的中心，自己的需要和利益才是真正重要的，那么气氛就会不同。"久闻大名，大家都希望能为您做点事情。这是我的名片，希望能为您效劳。"最冷漠的顾客也会受到感动，从而将注意力集中起来。可见，吸引住顾客眼球，引起顾客好感和注意，是推销成功的关键一步。

2. 唤起顾客兴趣

兴趣是一个人对某一事物所抱有的积极的态度。对推销而言，兴趣就是顾客对推销产品或购买所抱有的积极态度。在推销活动中，顾客对产品产生的好奇、期待、偏爱和喜好等情绪，均可称为兴趣，它表明顾客对产品作出了肯定的评价。顾客由于对推销人员及其产品的兴趣而使其注意力更加集中。

唤起顾客兴趣在推销活动中起着承前启后的作用,兴趣是注意的进一步发展的结果,又是欲望的基础,兴趣的积累和强化便是欲望。如果推销人员在推销活动中不能设法使顾客对产品产生浓厚的兴趣,不仅不会激发顾客的购买欲望,甚至还会使顾客的注意力发生转移,致使推销工作前功尽弃。

唤起顾客兴趣的关键就是要使顾客清楚地意识到购买产品所能得到的好处和利益。推销人员可以通过对产品功能、性质、特点的展示及使用效果的演示,向顾客证实所推销的产品在品质、功能、技术等方面的优越性,以此来诱导顾客的购买兴趣。

例 9-4　　唤起顾客兴趣

李嘉诚年轻时曾做过塑胶洒水器的推销人员。在他的推销生涯中曾有这么一则故事:一天,李嘉诚走访了几家顾客都无人问津货品,于是,灵机一动,对顾客说洒水器出了点问题,想借水管试一下。征得同意后,李嘉诚便接好洒水器,在顾客办公室表演起来。结果,吸引了办公室工作人员,一下子就卖掉了十几个。这种戏剧性的表演,有时能取得意外的效果。想想看,这种形象化的推销形式,您推销时可否一试!

3. 激起顾客的购买欲望

购买欲望,是指顾客通过购买某种产品或服务给自己带来某种特定的利益的一种需要。一般来说,顾客对推销产品发生兴趣后就会权衡买与不买的利益得失,对是否购买处于犹豫之中。这时候推销人员必须从认识、需要、感情和智慧等方面入手,根据顾客的习惯、气质、性格等个性特征,采用多种方法和技巧,促使顾客相信推销人员和推销的产品,不断强化顾客的购买欲望,即激起购买欲望。

激起顾客的购买欲望,就是推销人员通过推销活动的进行,在激起顾客对某个具体推销内容的兴趣后,努力使顾客的心理活动产生不平衡,使顾客产生对推销内容积极肯定的心理定式与强烈拥有的愿望,使顾客把推销内容的需要与欲望排在重要位置,从而产生购买欲望。推销人员可以通过向顾客介绍、提供一些有吸引力的建议、说明事实等方法,来达到激起顾客购买欲望的目的。

推销员通过推销活动,激起顾客兴趣,并产生强烈拥有的愿望,但是否决定最终购买,他还要权衡利益得失。此时,推销员应根据顾客特征,采用多种方法和技巧,促使顾客相信推销员和推销品,不断强化顾客的购买欲望。

4. 促成顾客购买行为

促成购买,是指推销人员运用一定的成交技巧来敦促顾客采取购买行动。有些顾客在产生购买欲望之后,往往不需任何外部因素的促进就会作出购买决策。但是在通常情况下,尽管顾客对推销产品发生兴趣并有意购买,也会处于犹豫不决的状态。这时推销人员就不应悉听客便,而应不失时机地促进顾客进行关于购买的实质性考虑,帮助顾客强化购买意识,进一步说服顾客,培养顾客购买意志倾向,促使顾客进行实际购买。促成购买是在完成前面 3 个推销阶段后进行的最后冲刺,或者让顾客表态同意购买,或者虽做不成交易但要暂时结束洽谈。

由于市场环境是千变万化的,推销活动也随之而复杂多变,所以推销 4 个步骤的完成时间不可能整齐划一,主要由推销人员的工作技巧和所推销的产品性质而定;4 个步骤的先后次序也不必固定,可根据具体情况适当调整,可重复某一步骤,也可省略某一步骤。每一个推销员都应该根据爱达模式检查自己的销售谈话内容,并向自己提出以下问题:能否立即引起顾客的注意;能否使顾客对所推销的产品发生兴趣;能否激起顾客的购买欲望;能否促使顾客采取最终购买行动。

爱达模式从消费者心理活动的角度来具体研究推销的不同阶段,不仅适用于店堂推销,也适用于一些易于携带的生活用品和办公用品的推销,还适用于新推销人员及对陌生顾客的推销。

例 9-5　　运用爱达模式,推销王老吉凉茶

超市内王老吉凉茶摆放在过道显眼处正在做促销,促销员头戴耳麦进行宣传。顾客被吸引,纷纷上前。

促销员:王老吉凉茶,止渴消火,欢迎了解!

顾客:这个做促销啊,听说味道不太好。

促销员:我们的凉茶味道清凉恬淡,由于是针对爱上火的问题,饮料中含中药成分,所以有少许药材的味道,但是并没有影响它的口感,非常清淡的一款饮品,非常适合夏天饮用,夏天天气干燥,容易上火中暑,而王老吉凉茶正是清热降火的一款饮品。

顾客:哦,还不错,它真的能降火吗?

促销员:我们的凉茶中含有仙草、布渣叶、菊花、金银花、夏枯草、甘草等药用成分,都是消火的药品,而且王老吉凉茶早于清道光年间就被发明,至今已有 184 年,被公认为凉茶始祖,有"凉茶王"之称。

顾客:那赶紧给我来一盒,饮料降火两不误啊。

9.2.3 迪伯达模式

迪伯达模式与传统的爱达模式相比,被认为是一种创造性的推销模式。该模式的要诀在于:先谈顾客的问题,后谈所推销的产品,即推销人员在推销过程中必须先准确地发现顾客的需要和愿望,然后把他们与自己推销的产品联系起来。这是行之有效的推销模式,其特点是紧紧抓住了顾客的需要这个关键性的环节,使推销工作有的放矢,具有较强的针对性。把推销过程分为循序渐进的 6 个阶段:即发现、结合、证实、接受、欲望和行动。

1. 发现顾客的需要和愿望

重点放在顾客的需要,而不是介绍推销品,体现了以顾客为中心的准则。引起顾客的兴趣,消除买卖障碍,因为推销员从起点就与顾客站在同一条战线上,探讨顾客的需要和欲望。

2. 把顾客的需要和欲望与推销的产品紧密联系起来

当推销人员在简单、准确地总结出顾客的需要和愿望之后,便应进入第二个阶段:向顾客介绍推销品,并把产品与顾客的需要和愿望结合起来。这样就能很自然地把顾客兴趣转移到推销产品上来,为进一步推销产品铺平道路。这一阶段是一个由探讨需要的过程向实质性推销过程的转移,是推销的主要步骤。推销人员可以通过企业整体营销活动迎合顾客的需求、说服顾客调整需求并使需求尽可能与产品结合、主动教育与引导顾客的需求等方法使所推销产品与顾客的需要相结合。

3. 证实推销品符合顾客的需要

推销人员仅仅告诉顾客所推销产品正是其所需要的，这是远远不够的，必须拿出充分的证据向顾客证实产品符合其需要和愿望，并了解顾客对所提供证据真实性的态度。这个阶段推销人员的主要任务是：通过真实的且顾客熟悉的人士对所推销产品的购买与消费所获得的利益，或展示有关部门出具的证据，或采用典型事例等，向顾客证实他的购买是正确的，推销人员的介绍是真实可信的。

4. 促使顾客接受所推销的产品

促使接受，是指推销人员经过自己的努力，让顾客承认产品符合顾客的需要和愿望。顾客接受才是推销活动的主要目的，因为顾客只有接受了产品，才会有可能购买。

5. 刺激顾客的购买欲望

购买欲望与需要紧密联系，有的顾客对价格极其敏感，推销员就用经济利益和实惠来刺激；有的顾客注重产品所能提供的效用，推销员就用产品所具备的功能吸引其购买。

6. 促使顾客采取购买行动

顾客产生购买欲望后，迅速诱导顾客作出购买决定，及时达成交易，尽可能地向顾客提供售后服务。

迪伯达模式的特点是紧紧抓住顾客需要这个关键环节，使推销工作更能有的放矢，因而针对性较强。迪伯达模式比爱达模式复杂、层次多、步骤繁，但其推销效果较好，受到推销界的重视。迪伯达模式主要适用于老顾客及熟悉顾客、生产资料或无形产品的推销。

例 9-6　　运用迪伯达模式　销售潘婷洗发水

一女顾客在化妆品洗发区仔细挑选。

销售员：小姐，需要一款洗发水吗？

顾客：是的。

销售员：看您的发质干燥枯黄，分叉也多，这是头发缺乏营养所致，您需要一款营养护发型的产品。

顾客：是的，我头发一直都很干，最近去把头发染了一下，变得跟一堆枯草一样，所以想选一款修复营养型的洗发水。

销售员：那么我推荐您使用新一代潘婷乳液修复系列。潘婷一直是致力于秀发营养修复这一款，并且知名度和效果是有口皆碑的。

顾客：效果怎么样？

销售员：潘婷乳液修复洗发水蕴含 2 倍维他命原，可以提供给秀发更多的营养，精准修护秀发损伤，滋养干枯受损秀发从发根至发梢，帮助预防分叉。

顾客：那对我开叉的头发没有用吗？

销售员：干枯的头发可以利用洗发水来滋养，分叉的头发只能修剪，在平日的护发过程中不要频繁梳理头发，不要倒梳头发，这会伤害头发毛鳞片，引起开叉。洗发后也要涂上护发素来护理头发，补充营养。

顾客：嗯，看起来还不错。

销售员：现在潘婷这款是新品推荐，可以送您一个小的护发素搭配洗发水使用，您可以看看它的效果，不会让您失望。

顾客：好，那我就要这个！

9.2.4　埃德帕(IDEPA)模式

埃德帕模式是迪伯达模式的简化形式，它适用于有着明确的购买愿望和购买目标的顾客。在采用该模式时不必去发现和指出顾客的需要，而是直接提示哪些产品符合顾客的购买目标。这一模式比较适合于零售推销。埃德帕模式把推销全过程概括为如下 5 个阶段：

(1)把推销的产品与顾客的愿望联系起来。

(2)向顾客示范合适的产品。

(3)淘汰不宜推销的产品。

(4)证实顾客已作出正确的选择，他已挑选合适的产品，该产品能满足其需要。

(5)促使顾客购买推销人员所推销的产品，作出购买决策。

9.2.5　费比(FABE)模式

费比模式是由美国奥克拉荷马大学企业管理博士、中国台湾中兴大学商学院院长郭昆漠先生总结并推荐的推销模式。费比模式将推销活动分为四个步骤：

1. 产品特征(Feature)

推销人员在见到顾客后，要以准确的语言向顾客介绍产品特征。特征的内容有产品的性能、构造、作用、使用的简易及方便程度、耐久性、经济性、外观优点及价格等。如果是新产品则应更详细地介绍。如果产品在用料或加工工艺方面有所改进的话，亦应介绍清楚。如果上述内容多而难记，推销人员应事先打印成广告式的宣传材料或卡片，以便在向顾客介绍时将其交给顾客。因此，如何制作好广告材料或卡片便成为费比模式的重要特色。

2. 产品优点(Advantage)

费比模式的第二步骤是把产品的优点充分地介绍给顾客。它要求推销人员应针对在第一步骤中所介绍的特征，寻找出其特殊的作用或者是某项特征在该产品中扮演的特殊角色、具有的特殊功能等。如果是新产品，务必说明该产品开发的背景、目的、必要性以及设计时的主导思想、相对于老产品的差别优势等。当面对的是具有较好专业知识的顾客，则应以专业术语进行介绍，并力求用词精确简练。

3. 顾客利益(Benefit)

顾客利益是费比模式最重要的步骤，推销人员应在了解顾客需求的基础上，把产品能给顾客带来的利益，尽量多地列举给顾客。不仅讲产品外表的、实体上的利益，更要讲产品给顾客带来的内在的、实质上的利益；从经济利益讲到社会利益，从工作利益讲到社交利益。在对顾客需求了解不多的情况下，应边讲解边观察顾客的专注程度与表情变化；在顾客表现关注的主要需求方面更要多讲解。

4. 有力证据(Evidence)

推销员在推销中要避免用“最便宜”“最核算”“最耐用”等语句,因为这些词语会令顾客反感而显得无力。因此,推销人员应以真实的数字、案例、实物等证据,让证据说话,解决顾客的各种异议与顾虑,促成顾客购买。

费比模式的突出特点是:事先把产品特征、优点及带给顾客的利益等列出来印在卡片上,这样就能使顾客更好地了解有关内容,节省顾客产生疑问的时间,减少顾客异议的内容。正是由于费比模式具有这一特色,它受到了不少推销人员的推崇,帮助不少企业取得了销售佳绩。

例 9-7　　运用费比模式　销售海尔冰箱

一对夫妇在商场挑选电冰箱。

销售员:您好,您是想要选购一款电冰箱是吗?

夫妇:嗯。

销售员:那么您是想选购一款什么样的冰箱呢?

女:没什么具体打算,随便看看了解一下。

销售员:那我来给二位推荐介绍一款冰箱吧。

男:好的。

推销员:请看这款冰箱,Haier 海尔 BCD - 301W 六门系列冰箱,它采用的是精控温区,各自保鲜。首先,它是直流全变频静鲜共享。其次它的冷藏、冷冻采用立体风。第三,也是它的独特之处,它是全球首创可拆式全自动制冰机,不占空间。从它的技术上讲,它采用的是 VC 保鲜,为果蔬添加营养,新鲜更持久。它采用的是独立制冰机,不用时可单独拆下有效增加冷冻空间。除此之外,整个冰箱的制作材料采用纳米宇航绝热材料,节能保鲜,更环保。

女:它还可以拆卸?

销售员:对,这是它的主要特点和最大的优点,在你平日使用冰箱的时候,可以根据您放置物品的需求随意组装冰箱内冷藏冷冻的格局,给您带来最大使用上的便捷。同时,它的独立制冷机在不用时也是可以拆下来的,这样,根据您的使用情况,拆卸独立制冷机,大大节省了能源的浪费。

男:这个倒是想的很周全。

销售员:对,它不仅在使用上能让人觉得便捷方便,同时在节能上也是非常下工夫,不仅有可以独立安装的制冷机,同时它的制作材料也是采用最新技术的纳米宇航绝热材料,不仅保证了冷藏冷冻效果,同时节能降耗。是一款能让您使用方便且节能环保的出色产品。

女:它的节能效果真如你所说?

销售人员:请看这份研究报告,它给出的是纳米宇航绝热材料与普通冰箱材料耗能量的比较,在这份报告中我们可以看到,纳米宇航绝热材料的节能效果在现今是遥遥领先的,这充分说明了它的节能效果很出色。同时,这款冰箱的节能效果也是优于其他产品的。它所带来的是真正的节能低耗的体验。

夫妇:嗯,确实让人信服,那就它吧!

阅读与思考 9-2　　推销的过程

“推销”既是一个商品交换“买”与“卖”的过程，又是一个“信息传递”的程序，同时也是一个“心理活动”的过程。推销是商品交换过程，这是显而易见的。推销的直接目的就是把商品卖出去，从而获得盈利。在这个过程中，必须遵循市场经济规律，如价值规律、供求规律等。推销是信息传递过程，这是从传播学角度来看待推销。这里把推销主体和客体的关系看成信息传递的关系，这是一个信息双向运动的过程。整个推销活动需要信息的传递、接受、存储、加工、反馈、整理。推销活动是信息交流的主要途径和渠道。推销是心理活动过程，就是指推销必须把握顾客心理活动规律，才能更有效地施展推销技巧。研究推销，就必须研究消费心理，把握消费者心理过程的规律。推销过程是3种过程的统一。这3种过程相互交织在一起，按其各自的规律共同作用于这统一的过程。尽管推销活动千变万化，但是大多数有效的推销都存在一定规律性。如果我们单纯从推销人员与顾客打交道的时间顺序来考察，推销程序可以分为如下几个阶段：推销对象的选择、顾客调查、约见、接近、面谈、顾客异议处理、成交。这个过程分为：前期，包括推销对象的选择、顾客调查；中期，包括约见、接近、面谈；后期，包括顾客异议处理，成交及成交后跟踪。

综上所述，推销是一个合乎逻辑的过程。要想提高推销效率，就必须正确认识和掌握推销规律；否则，再高明的推销术也难以发挥作用。作为一个推销人员，无论推销过程多么艰难、多么随机和难以掌握，都应在明确推销规律并熟练把握推销基本技巧的条件下，随机应变，否则难以进行成功的推销。正如推销专家戈德曼所说：“切实领会带有规律性的基本原则的精神，并付诸实施，这比挖空心思寻找一些新奇而玄妙的信条来蛊惑人心要重要得多。”

每日一练　自己试着总结推销过程中的各种模式。

完成子任务9.2后进行自我测试：你是否能够列举一些采用不同推销模式取得推销成功的案例？

9.3　推销人员的素质与能力

推销人员是推销活动的主体，是联系企业与顾客的桥梁和纽带。对顾客而言，推销员是企业形象的象征；反过来，推销员又从顾客那里给企业带来许多有用的信息。虽然由于推销对象的差别，对销售工作和推销人员的要求不同，推销人员的具体活动也不尽一致，但一些基本的销售工作是绝大多数销售人员都应该完成的，属于推销人员的职责。

9.3.1　推销人员的职责

1. 收集资料，传递信息

推销人员应及时准确地向消费者传递有关企业、商品和劳务的信息。推销人员在实际推销过程中必须先收集有关的信息资料，包括有关本企业产品销售、竞争对手和市场现状及发展趋势等；必须了解和掌握与销售工作密切相关的信息和资料，如企业的基本销售目标、经营方式、信贷条件和交货期限等；必须掌握有关产品的全部知识等，以便在适当的时间和地点向顾客推销商品时，能向顾客说明购买和使用本企业产品所能得到的效益及产品的售后服务情况，并做好示范，启发购买。与此同时，推销人员还应随时搜集和市场信息资料，如市场的需求状况及其发展变化趋势、目标顾客的具体情况、顾客对企业产品的评价和意见、竞争对手的产品与本企业的区别、竞争对手的市场营销战略和战术等，这些信息要及时准确地搜集并反馈给企业的决策者。

2. 销售产品，开拓市场

推销商品是推销人员的主要职责，也是推销工作的核心。这项职责要求推销人员通过与购买者的直接接触，争取引起购买者的注意和兴趣，促进购买者的购买欲望；利用提供产品鉴定证明、示范使用产品、请购买者亲自试用产品等方法，以取得顾客信任；善于正确处理反对意见；运用其推销艺术，分析解答客户的疑虑，最终达成交易。

寻找目标市场与开拓新的市场，是推销人员的主要工作，也是推销人员的职责。推销人员不仅要了解和熟悉现有客户的需求动态，还要能够寻求新的目标市场，发展潜在客户，从事市场开拓工作。为此，推销人员必须具有相当的开拓能力、善于发现机会，能够成功地找出潜在客户，并通过真诚的工作将产品推荐给顾客。

3. 跟踪顾客，提供服务

商品推销活动的过程也是为顾客提供服务的过程。服务包括售前服务、售中服务和售后服务。作好服务工作是增加产品价值，提高产品竞争力的重要手段。推销人员除了直接的销售业务，还可以为顾客提供的服务有：业务咨询、技术性协助、融资安排，准时交货等。

推销人员将产品推销出去，并不是推销工作的结束。顾客购买商品并使用后，会对商品有一定的评价。这些评价会直接影响到企业及产品的声誉，关系到企业的未来及产品的市场生命。在产品销售出去以后，推销人员还必须与顾客保持经常的联系并继续为其服务，进行定期回访，进行节日问候等，定期了解顾客对产品的意见和建议，并采取改进措施，充分履行安装、维修、退货等服务方面的保证。推销成功后，能否保持和重视与顾客的联系，是推销活动能否持续发展的关键。推销人员应做好如下几方面的工作：一是确定主要客户的名单，建立客户档案，对重点顾客进行分析和管理；二是与顾客继续保持联系，同顾客定期接触，了解他们对商品的满意程度；三是保存销售记录，作为市场信息，为决策者进行营销决策提供依据。

4. 沟通信息，树立形象

销售产品是销售人员的首要任务，但并不是唯一的任务，因为销售任务是长期的。信息沟通的目的是促进长期销售。推销活动实际上就是营销人员与顾客双方的双向信息沟通过程，沟通交往的意识实质上也可以说是推销人员的一种现代信息意识。推销一方为了吸引更多的客户，让更多的顾客接受自己的产品，就需要构建一个信息交流的网络，一方面在推销过程中搜集社会各界和广大用户的意见、评价和建议，做到“外情内达”；另一方面作为企业的代言人，推销人员需要运用各种传播媒介和传播手段向外界准确及时地传递有关产品信息，做到“内情外达”。因此，这就要求推销者掌握信息传播的基本规律和方式，具备熟练的传播沟通的技巧。

销售人员在与顾客沟通过程中，代表的不是推销人员自己，其一言一行、一举一动都代表着产品形象和企业的形象,推销人员的素质和专业水平如何是顾客判断企业形象的最直接的标准和依据。企业形象的好坏对企业的销售业绩有着关键性的影响。因此,推销人员要时刻记住宣传企业的形象,处处维护企业的形象,不要为一时的小利而损害企业的形象。

塑造形象的意识是整个现代推销意识的核心。良好的形象和信誉,是企业一笔无形资产。具有强烈的塑造形象意识的推销人员,清醒地懂得用户的评价和反馈对于自身工作的极端重要性,他们会时时刻刻像保护眼睛一样维护企业的声誉和形象。

9.3.2 推销人员应具备的素质

人的素质是在社会实践中逐渐发育和成熟起来的。某些素质的先天不足,可通过学习和实践得到不同程度的补偿。推销人员不是先天就具备优秀的推销素质,而是依靠自身的不断努力去提高、去完善。

1. 思想素质

推销事业要求推销人员具有较高思想素质。思想素质包括以下几个方面:

(1)具有强烈的事业心和责任感。推销人员的事业心主要表现为:应充分认识到自己工作的价值,热爱推销工作,要有献身于推销事业的精神,对自己的工作充满信心,积极主动,任劳任怨,全心全意地为顾客服务。推销人员的责任感主要表现为:忠实于企业,忠实于顾客。本着对所在企业负责的精神,为树立企业的良好形象和信誉做贡献,不允许发生有损害于企业利益的行为。本着对顾客利益负责精神,帮助顾客解决实际困难和问题,满足顾客的需求。

(2)具有良好的职业道德。推销人员单独的业务活动比较多,在工作中,应有较强的自制力,不利用职业之便坑蒙拐骗顾客,不侵吞企业的利益。推销人员必须自觉遵守国家的政策、法律,自觉抵制不正之风,正确处理个人、集体和国家三者之间的利益关系,依照有关法律规范推销产品。

(3)应有正确的推销理念。推销理念是推销人员进行推销活动的指南。正确的推销理念要求推销人员在推销工作中要竭尽全力为国家、企业着想、全心全意地为顾客服务,把顾客需要的满足程度视为检验推销活动的标准。

2. 业务素质

推销人员是否具有良好的业务素质,直接影响其工作业绩。推销人员应具备的业务素质是指其业务知识。一般来说,业务知识主要包括以下几方面。

(1)企业知识。推销人员要熟悉企业的发展历史、企业规模、经营方针、规章制度;企业在同行业中的地位;企业产品种类和服务项目、定价策略、交货方式、付款条件及付款方式等情况。

(2)产品知识。推销人员要了解产品的性能、用途、价格、使用方法、维修、保养及管理程序等方面的知识;了解市场上竞争产品的优劣情况。

(3)顾客知识。推销人员应善于分析和了解顾客的特点,要知晓有关心理学、社会学、行为科学的知识;了解顾客的购买动机、购买习惯、购买条件、购买决策等情况;能针对不同顾客的不同心理状况,采取不同的推销对策。

(4)市场知识。推销人员要懂得市场营销学的基本理论,掌握市场调查和预测的基本方法;善于发现现实和潜在的顾客需求,了解产品的市场趋势规律和市场行情的动向。

(5)法律知识。推销人员要了解国家规范经济活动的各种法律,特别是与推销活动有关的经济法规。譬如,经济合同法、反不正当竞争法、产品质量法、商标法及专利法等。

例 9-8　　善良朴实的女推销员

一位下岗女工生活贫困，也没有什么所谓的高级社交圈子，一个偶然的机会让她加入到汽车经纪人的行列。她是一个低调、朴实、善良的女士，处处为人着想。

一天，一个穿着怪异、留着小辫子的年轻人跨进了这位汽车经纪人所在的4S专卖店，嚷嚷着要买一部奥迪轿车。看着小伙子风风火火的样子，以及他略显稚气的脸，这位女士犹豫了。不过，她还是热情地接待了这个小伙子，仔细地为他介绍，并约定改日办理相关手续。

在闲聊的时候，这位女士无意中得知小伙子的父亲是一家大型集团公司的老总，哪怕这个小伙子买不起汽车，他的父亲也一定会满足儿子的愿望。但是善良的汽车经纪人觉得心里不踏实，不知道这个毛糙的小伙子开车会不会出事，那么她情愿不把车子卖给他。

她马上拨通这个小伙子父亲的电话，说明打电话的原因，并且道出自己的担忧："看他风风火火的样子，我真的是有些担心。我只是想向您证实您的儿子真的会开车吗？我好担心他今天买车，明天就会撞车。"

电话那头传来了那个中年男人的声音："谢谢你的好意！不过你不必担心，我儿子现在是一家广告公司的策划总监，已有几年的驾驶经验了。不过他做事的方式从来没有改变过。"电话挂线后，汽车经纪人吁了一口气，可是她万万没有想到，因为这个电话，那个小伙子的父亲为她介绍了一笔16辆车的订单。

几年后，这位善良的女士成了汽车销售公司的金牌汽车经纪人和明星员工，可是她依然难以忘却那天的一通电话。她当时的梦想只是通过自己的努力过上幸福的生活，服务好客户。

3. 心理素质

从推销的角度讲，心理素质是指推销员在推销过程中应具备的心理品质。推销员成天与人打交道，要经受无数次的挫折与打击，要应付形形色色的推销对象，必须加强心理训练，培养正确的推销态度和心理品质。良好的心理素质是指有很强的抵抗挫折的能力，遇到困难与失败时，能保持情绪稳定，以高昂的精神状态去面对环境的压力。

良好的心理素质是对推销员的第一要求。推销是最容易遭遇挫折的职业，推销员经常会受到冷落、拒绝、嘲讽、挖苦、打击与失败，每一次挫折都可能导致情绪的低落，自我形象的萎缩或意志的消沉，最终影响业务的拓展，或者干脆退出竞争。在市场竞争激烈的环境中，推销人员若没有良好的心理素质，无论其他各方面的条件多么好，也难以完成销售任务。

4. 身体素质

推销人员应精力充沛、头脑清醒、行动灵活。而推销工作比较辛苦，推销人员要起早贪黑、要东奔西走，要经常出差，食住常无规律，还要交涉各种推销业务。这样不仅要消耗体力，还需要有旺盛的精力，这些均要求推销人员具有健康的体魄。

例 9-9　　成功推销员应深刻领会的四个字

日本推销专家古河长次郎认为，一位成功的推销员应领会"低、赏、感、微"四个字。

"低"，就是低姿态，即谦虚的意思。常言礼多人不怪，推销员在行礼时，头愈低，愈谦虚，成功的比率愈高。尤其在处理顾客的抱怨时,你低头道歉,顾客自嘴里吐出的子弹(咆哮)也就越头而过,不仅伤害不到你,反而会对你产生好印象。

"赏",就是赞美词。人际关系专家卡内基曾说:推销员赞美顾客的话应当像铃销一样摇得叮当响。古河长次郎将自己多年的工作经验,自编了600套赞美词,在不同的场合中赞美顾客。如他看到顾客的小男孩,就弯下腰和小孩一般高,一边摸小孩的头(最好摸两圈半),一面说:好聪明呀,将来必像你爸爸一样做大生意。如果是小女孩,则说,好漂亮呀,长大一定跟妈妈一样是个美人儿。推销要先开启顾客的心,而赞美词就是一个"开心"的特效药。

"感",就是感谢词,如谢谢您。古河长次郎认为中文的"谢谢您"是最动听的词,推销员要常说谢谢您,并且一面说,一面要面带微笑,注视对方。谢谢您,发自内心的这么一句短短的话,会让你受用无穷。

"微",就是微笑。古河长次郎说,推销员训练的第一课就应当是微笑,每天要对着镜子练习。一位推销员,在家中的厕所里安装了一面镜子,在上厕所时也要对着镜子练习微笑。推销工作不适合绷着脸的哲学博士,而适合那些虽然只有初中、高中学历但脸上始终阳光灿烂的人。

9.3.3 推销人员的职业能力

一个推销员具有良好的素质固然重要,但如果缺乏搞好推销工作的真实本领,素质再好,也无意义。所谓本领就是能力,推销人员所需要的能力是其工作性质及其任务决定的。一般来说,推销人员应具备以下能力。

1. 观察能力

推销人员的观察能力,主要是指其通过顾客的外部表现去了解顾客购买心理的能力。人的任何行为表现都与内心活动有关,反应着内心活动的一个侧面。顾客也是这样,推销人员可以从顾客的行为中,发现许多反映着顾客内心购买活动的信息,观察能力成为揭示顾客购买动机的重要一环。

提高观察能力必须从提高观察的质量入手。知识、方式和目的是影响观察质量的3个基本因素。知识是观察顾客、理解顾客的基础,推销人员所具有的知识越精深,那么对顾客的观察也就会越深入、越周全。例如,掌握心理学知识的推销人员能较快地通过顾客的言行、情绪,了解到顾客的意图与需求。科学的观察方式,要求观察路线力求正确:先上后下、先表后里、先局部后全部、先个别后整体等;注意力的分布要合理,视觉和听觉要密切配合,观察与判断也要有机地结合起来。

2. 创造能力

推销人员具有很强的创造能力,才能在激烈的市场竞争中出奇制胜。创造过程首先是自我斗争过程,要无所畏惧,相信自己的创造能力,不因循守旧,看待问题客观公正,养成独立思考的习惯,不亦步亦趋。在推销活动中,推销人员只有创造性地运用各种促销方式,才能发展新顾客,开拓新市场。

3. 社交能力

推销人员应是开放型的,必须具有较强的社交能力。从某种意义上说,推销人员是企业的外交家，需要同各种顾客打交道。这就要求推销人员具备与各种各样顾客交往的能力，即善于与他人建立联系，相互沟通，取得信任，化解和处理各种矛盾，能在各种场合应付自如，圆满周到。

4. 语言表达能力

优秀的推销人员应讲究语言艺术，善于启发顾客，说服顾客。良好的语言表达能力的修养标准是：清晰、准确、条理井然、重点突出；富于情感，使顾客听了感到温暖、亲切、起到感染顾客的作用；诚恳、逻辑性强，起到说服顾客、增强信任感的作用；生动形象、风趣幽默，能起到吸引顾客的作用；文明礼貌、热情友善，能引起顾客由衷的好感，起到增进友谊的作用。

5. 应变能力

在各种复杂的特别是突如其来的情况下，推销人员仅用一种姿态或模式对待顾客是很难奏效的，这就要求推销人员具有灵活的应变能力，做到在不失原则的前提下，灵活实施应变行为，达到自己的目的。推销人员应思维敏捷、清晰，能够快速地分析和综合问题，能够及时察觉顾客需求的变化对推销效果的影响，并针对变化的情况，及时采取必要的推销对策。

例 9-10　　在销售中体现推销人员的职业能力

某知名品牌的豆浆机在超市设有展销专柜，该产品推销员的突出特点是细心周到、思维敏捷。在展销柜上，他不断向顾客介绍产品用途、使用方法以及产品质量。当一位顾客看了演示情况后，提出该豆浆机用后过滤网不易冲洗干净，并指出另一品牌的豆浆机无网冲洗很方便。推销员随即向众人展示本品牌豆浆机的冲洗，没有表示不耐烦，也没有对竞争产品诋毁，而是根据顾客的异议，在价格优势和产品质量上与其他豆浆机对比，最后还提到，豆浆机在本地设有多处特约经销维修点，对本产品实行一年免费保修、包换；一年后整机维修，只收配件费，免收修理费，并向众人发放印有厂家名称、联络方式和产品详细介绍的宣传页。

阅读与思考 9-3　　正确衡量推销员的价值

作为销售渠道的“主力队员”，推销人员对一个公司的“贡献”是有硬指标可以衡量的，那就是每个月的销售任务和汇款数量。这本来无可厚非，任何公司的利润来源于产品的销售。但过于简单地认为销量、回款就是企业的一切，会导致业务员为完成销售任务，忽略了销售上的其他必要因素，结果是：经销商月底压货、库存结构混乱，促销员信心动摇…面对这种种问题，我们从推销人员密切相关的终端市场推广的角度去考虑，试着去回答以下问题，找寻让自己“如虎添翼”的答案。

(1)你的品牌形象很突出吗?

(2)你拥有终端展示的优势吗?

①你的专柜吸引顾客吗?

②给顾客一个接近专柜的理由。

(3)你的促销活动很受欢迎吗?

(4)你有终端宣传的优先资源吗?

每日一练 **自己试着比较接触过的推销人员的素质与能力。**

完成子任务9.3后进行自我测试:你是否已经具备优秀推销人员的素质与能力?

小　　结

本任务就是让读者了解推销的内涵与特征、了解推销过程中的各种推销模式,懂得推销人员的素质与能力在推销过程中所起的作用和价值,是实现推销目标不可或缺的重要环节。

本任务围绕推销原理设计了各环节的基本知识,并插入了一些典型的案例,并以相关知识、阅读与思考的形式呈现。每一任务都是以子任务小结结束,希望读者在完成子任务之后,能够及时进行自我的过程性评价。

完成本任务后,读者应该能够把握推销的内涵与特征,灵活运用不同的推销模式,提高自己的素质与能力,并能结合实际的推销活动进行运用。

完成本任务将为实现推销目标奠定良好的基础。

核心技能与概念

推销　推销的要素　推销模式　推销信息

课堂讨论

1. 为什么要学习推销?
2. 你认为在推销过程中应如何应用不同的推销模式?
3. 作为一名推销人员,你认为应该如何培养和提高自己的素质与能力?

业务技能自测

一、单项选择题

1. 推销的两大主体包括推销人员和(　　)。

   A. 推销品　　B. 推销对象　　C. 推销信息　　D. 推销要素

2. (　　)是商品推销的无形资源,是保证成功推销的关键。

   A. 推销人员　　B. 推销品　　C. 推销信息　　D. 推销媒介

3. (　　)被认为是一种创造性的推销模式。

   A. 爱达模式　　B. 吉姆模式　　C. 费比模式　　D. 迪伯达模式

4. (　　)适用于有着明确的购买愿望和购买目标的顾客。

A. 爱达模式　　B. 埃德帕模式　　C. 迪伯达模式　　D. 费比模式

5. (　　)是销售人员的首要任务,但并不是唯一的任务。

A. 与顾客沟通　　B. 销售产品　　C. 推销自己　　D. 提供优质服务

二、简答题

1. 什么是推销? 推销有哪些特征?
2. 在推销过程中,应遵循哪些原则?
3. 爱达模式包括哪些环节? 迪伯达模式有哪六个阶段?
4. 推销人员的职责是什么?
5. 推销人员应具备哪些素质?
6. 推销人员的业务能力包括哪些?

案例分析

案例1:成功售货员的秘诀

一直以来,凯莉都是某商店女装部的一个非常成功的售货员,当她为每位顾客服务时,她都要记下顾客在谈话中所透露出来的信息,诸如喜欢的式样、颜色、布料、品牌以及个人的职业特点。当每次来新货时,她都可以按照自己的记录去查找到特定偏好的顾客。她给顾客寄信,邀请她们前来购买。这个看似简单的顾客信息开发运用措施相当有效,它使凯莉的销售额在商店里一直处于领先地位。

想想看,凯莉的做法都给我们什么启示?

案例2:一次不成功的推销交流

推销员:这件衣服对您再合适不过了,你穿蓝色的看上去很高贵,而且这件样式也正是您这种工作所需要的。

顾客(犹豫):不错,是一件好衣服。

推销员:当然了,您应该马上就买下它,这种衣服就像刚出炉的热蛋糕,您不可能买到更好的了。

顾客:嗯,也许,我不知道。

推销员:您不知道什么? 这是无与伦比的。

顾客:我希望你不要给我这么大的压力,我喜欢这件衣服。但我不知道我是否应当买别的颜色的衣服,我现在已有一套蓝色的了。

推销员:照照镜子,难道您不觉得这件衣服给了您一种真正的威严气质? 如果您可以承受得了,而且60天之内您可以不必付款。

顾客:我还不能确定,这得花很多钱。

推销员:好的,但当您再回来时或许这种衣服已没货了。

根据所学的理论,你认为推销员是否了解顾客的需求所在? 应如何了解顾客的需求? 顾客的购买主权是否得到了尊重? 应如何帮助顾客从感性和理性两个方面去认识服装商品?

案例3:灵活机智的推销人员

李军是新纪元广告公司的销售员,科北酒厂是他的第一个客户,科北酒厂厂长姓徐,是一位不苟言笑,看起来冷若冰霜的人。如何与这位厂长沟通呢?李军在出发前专门选择了一套与徐厂长风格一致,款式庄重的深色西装,并按预约提前5分钟到了酒厂。当秘书把他向徐厂长引见后,他先是谈了初来该厂的四个方面感受,得体含蓄地称赞了徐厂长。接着话锋一转:"由于贵厂在我们省内消费者中有较高的知名度和较好的口碑,因此我们来厂之前特意精心准备了几种赋予贵厂产品更高形象定位的方案,供贵厂选择。打个比方,就相当于我们是开饭店的,今天配备了数种口味不同、各具特色的菜肴,你们相当于我们的客人,至于哪一种菜肴更适合你们的口味要求,请你们选择享用。"这几句话使本来因初打交道而显严肃的气氛一下子轻松了许多。徐厂长也忍不住接话了:"看来李经理还很有做菜的高招,没见到啥菜,倒叫我开始口馋了。好,请再介绍介绍您的菜谱吧。"

初谈轻松,好像老朋友共同探讨一个课题。李军在本上记下了谈话的重要内容,并用随身携带的录音机把客户有关的需求内容录制下来。不过在与负责合肥地区销售的周科长商谈具体事项时,李军又碰到了不小的麻烦。周科长言语不多,且从不正视李军,颇有些冷漠,落座后一开口,李军便感到空气骤然紧张:"李经理,我在合肥跑销售四五年了,经常与广告界打交道,但没听说过你们新纪元广告公司。"其势压人,但又言之有理!李军迅速调整一下思路后,微微一笑说:"周科长说得不错,我们公司开张才半年,这半年来我们公司主要做了两件事:一件是开展社会调查;一件是对员工进行培训。所以即使已经做了一点小的业务,在合肥广告界仍是一名新兵。"然后语调一变:"我们公司倒是有一点可以和其他广告公司比较一下,就是我们公司的8名员工中,大学生4人,大专生2人,中专生和高中生各1名,知识层次可能不算低!"周科长若有所思地"噢"了一声,看来他还算满意。"不过我想请教一个问题:合肥市内路牌广告每平方米每年多少钱?"

李军头"嗡"的一声,天啊,他对这种当时仅仅呈零星散布的媒体还没来得及注意呢。事不等人,但又不知如何回答,怎么办?情急生智,话到嘴边,突然变成了:"周科长这个问题叫我无法回答,因为路段不同、用料不同,价格也不同呀。"说话间,李军立刻把基本费用大致分几个方面估算了一下,场租费、管理费、材料费……还没算出结果,周科长又补了一句:

"比如四牌楼附近的护栏呢?"

"租期多长呢?"又一个巧妙的拖延时间的垫子!

"就按一年期算吧?"

这时李军已经大致算出来了:月租金每平方米10元,普通纤维板每平方米10元,税费及加工费每平方米大约5元,绘制费每平方米25元,其他辅料每平方米3元,再加上适当利润,"每平方米月租价55元左右!"

"嗯,差不多。"

李军如释重负。以后的问题李军就更从容了,仿佛掌握了主动权。

"那么付款方式呢?"

李军谦虚的态度中带着固执的用词:"我们的惯例是合同签订三日内付总费用的30%,制作完成正式发布时付50%,其余20%在发布后一个月内付清。"

"基本可以,下午我向厂长汇报,明天早晨请你们做好准备签合同。"周科长露出合作的笑容。

阅读案例,回答以下问题:

1. 根据所学的理论你认为李军具备推销人员哪些方面的素质?

2. 从案例中你得到哪些启示?

实训操作

注意在日常推销过程中自身素质与能力的运用。

[**实训目标**] 通过深入实地认知与体验推销,加深对本任务内容的理解。

[**实训组织**] 学生每6~8人分为一组,选择商品采购,注意运用不同的推销模式。

[**实训提示**] 教师提出活动前准备及注意事项,同时随队指导。

[**实训成果**] 各组汇报,教师讲评。

任务 10 推销过程

任务导入

成功推销,始于成功的推销接近。在推销前,必须锁定推销对象,然后为接近推销对象做好充分的准备。为了更好地把握这些基本理论,为实现今后谈判目标打下坚实基础,首先请尝试完成本任务。为了方便读者掌握商务礼仪有关概念和更好地运用商务礼仪,又将本任务分为如下四个子任务:

子任务 1:推销准备;

子任务 2:推销洽谈;

子任务 3:顾客异议的处理;

子任务 4:促成交易。

读者可以反复演练,有的放矢地依次完成各子任务,直至完成本任务,从而更好地完成商务谈判的目标。

10.1 寻找和接近顾客

推销过程的第一个步骤就是寻找潜在顾客,推销人员的任务之一也在于寻找可能买主并实施成功推销,因此有效地确定自身的推销对象,是成功推销的基本前提。

10.1.1 寻找顾客

1. 寻找顾客的含义

所谓寻找顾客是指推销人员主动找出潜在顾客即准顾客的过程。

准顾客是指对推销人员的产品或服务确实存在需求并具有购买能力的个人或组织。而顾客是指那些已经购买自己产品的个人或组织。有可能成为准顾客的个人或组织称为“线索”或“引子”。

寻找顾客是推销程序的第一个步骤。由于推销是向特定的顾客推销,推销人员必须先确定自己的潜在顾客,然后再开展实际推销工作。寻找顾客实际上包含了如下两层含义:

一是根据推销商品的特点,提出有可能成为潜在顾客的基本条件。这个基本条件框定了推销商品的顾客群体范围、类型及推销的重点区域。

二是根据潜在顾客的基本条件,通过各种线索和渠道,来寻找符合这些基本条件的合格顾客。

2. 寻找顾客的重要性

(1)寻找顾客是维持和提高销售额的需要。对企业来说,市场是由众多的顾客所组成的,顾客多,对产品的需求量就大。若要维持和提高销售额,使自己的销售业绩不断增长,推销人员必须不断地、更多地发掘新顾客。因此,努力寻找准顾客,使顾客数量不断地增加,是推销人员业务量长久不衰的有效保证,也是促进推销产品更新换代,激发市场新需求的长久动力。

(2)寻找顾客是推销人员保持应有的顾客队伍和销售稳定的重要保证。由于市场竞争、人口流动、新产品的不断出现,企业产品结构的改变,分销方式和方法的变化,使大多数企业都不可能保持住所有的老顾客。因此,推销人员需要寻找新的顾客,不断开拓新顾客作为补充。

3. 寻找顾客的原则

寻找顾客是最具挑战性、开拓性和艰巨性的工作。推销人员必须明白,寻找准顾客是一项讲究科学性的工作,是有一定规律可循的。推销人员需遵循一定的规律,把握科学的准则,使寻找顾客的工作科学化、高效化。我们通过借鉴前人总结的经验和创造的方法,使寻找准顾客的方法更加科学化和高效化。因此,在寻找顾客的过程中,应遵循以下几条原则:

1)确定推销对象的范围

在寻找顾客前,首先要确定顾客的范围,使寻找顾客的范围相对集中,提高寻找效率,避免盲目性。准顾客的范围包括两个方面:首先,地理范围,即确定推销品的销售区域;其次,交易对象的范围,即确定准顾客群体的范围。

2)树立"随处留心皆顾客"强烈意识

作为推销人员,要想在激烈的市场竞争中不断发展壮大自己的顾客队伍,提升推销业绩,就要在平时的"工作时间"特别是在"业余时间",养成一种随时随地搜寻准顾客的习惯,牢固树立随时随地寻找顾客的强烈意识。

3)选择合适的途径,多途径寻找顾客

对于大多数商品而言,寻找推销对象的途径或渠道不止一条,究竟选择何种途径、采用哪些方法更为合适,还应将推销品的特点、推销对象的范围及产品的推销区域结合起来综合考虑。

4)重视老顾客

一位推销专家深刻地指出,失败的推销人员常常是从找到新顾客来取代老顾客的角度考虑问题,成功的推销人员则是从保持现有顾客并且扩充新顾客,使销售额越来越多,销售业绩越来越好的角度考虑问题的。对于新顾客的销售只是锦上添花,没有老顾客做稳固的基础,对新顾客的销售也只能是对所失去的老顾客的抵补,总的销售量不会增加。

推销人员必须树立的一个观念是:老顾客是你最好的顾客。推销人员必须遵守的一个准则是:你80%的销售业绩来自于你20%的顾客。这20%的客户是推销人员长期合作的关系户。如果丧失了这20%的关系户,将会丧失80%的市场。

例10-1　　寻找顾客的原则

有一句名言:"拒绝是推销的开始。"优秀的推销人员不会因被拒绝而烦恼,他们总是从拒绝中体会推销的规律,在不断承受拒绝中增长才干。太平洋保险公司有一位推销员原是下岗工人,他给自己定了一条规矩:每天必须完成向10个人推销之后才回家。有一次,当推销完8个人之后已经是晚10点多了,他上了末班车,思考第9个推销给谁?就决定推销售票员。与售票员谈了半个多小时,汽车到达终点,他给售票员留了一张名片下了车。这时已经近11点了,可给自己定的任务还差一个没完成,就决定去推销值班的警察,又与警察谈了半个多小时,认为自己完成了任务,这才回家。长此以往坚持下去,最后终于成为优秀推销员,业绩名列前茅。

10.1.2　寻找顾客的方法

按照推销活动的一般过程,推销活动总是从寻找顾客开始的。所谓寻找顾客,是指推销人员在非确定的顾客群中确定近期的潜在顾客。寻找顾客往往是一个业务员销售活动的开端。业务员需要具备一种能力发现和识别潜在顾客,并通过自己的工作来提高寻找顾客的成效。寻找顾客的方法非常多而且具有灵活性和创造性。

1.“地毯式”搜寻法

“地毯式”搜寻法又称普遍寻找法、逐户寻找法、挨门挨户访问法或走街串巷寻找法。它是指推销人员寻找顾客时,在其任务范围内或特定地区内,以上门走访的形式,对预定的可能成为顾客的企业或组织、家庭乃至个人无一遗漏地进行寻找并确定顾客的方法。

这种方法在推销人员不熟悉推销对象的情况下,不失为一种寻找顾客的有效途径。它是建立在“平均法则”的基础上,假定在所有人当中,一定会有推销人员所要寻找的潜在顾客,这些潜在顾客的数量与访问人数成正比关系。“地毯式”搜寻法最适用于寻找需求各种生活消费品或服务的顾客,例如化妆品、药品、保险服务等。

采用“地毯式”搜寻法,并不是毫无目标地瞎碰乱撞。在访问之前,推销人员最好确定适当的推销范围,根据自己所推销产品的特性和用途,进行必要的研究和选择。采用“地毯式”搜寻法的一个关键是要勤快。

“地毯式”搜寻法的优点主要表现在以下两个方面:其一,有利于推销人员对市场进行全面的调查研究和分析,能准确地了解顾客的需求信息。其二,扩大产品和企业的影响,提高知名度。

当然,“地毯式”搜寻法的缺点也是十分明显的,归纳起来,这一方法主要有以下两方面的不足:其一,“地毯式”搜寻法针对性不强,有一定的盲目性,比较费时费力,成功率相对较低。其二,采用这种方法,对顾客来说没有任何心理准备,容易产生抵触情绪。

2. 广告“轰炸”法

广告“轰炸”法是指利用广告宣传攻势,向广大消费者告知有关产品的信息,刺激或诱导消费者的购买动机,然后,推销人员再向被广告宣传所吸引的顾客进行一系列的推销活动。

根据传播方式不同,广告可分为开放式广告和封闭式广告两类。开放式广告又称被动式广告,如电视广告、电台广告、报纸杂志广告、招贴广告、路牌广告等,当潜在对象接触或注意其传播媒体时,它能被看见或听到。封闭广告又称主动式广告,它的传播直接传至特定的目标对象,与开放式广告相比,具有一定的主动性,如邮寄广告、电话广告等。一般来说,对于使用面广泛的产品,如生活消费品等,适宜运用开放式广告寻找潜在顾客,而对于使用面窄的产品(如一些特殊设备、仪器)和潜在顾客范围比较小的情况,则适宜采用封闭式广告来寻找潜在顾客。

3. 连锁介绍法

所谓连锁介绍法,是指推销人员依靠他人特别是依靠现有顾客,来推荐和介绍他认为有可能购买产品的潜在顾客的一种方法。据美国的一份调查报告显示:在寻找新顾客的各种途径中,由现有顾客推荐而取得成功者占38%,而其他方法均在22%以下。

连锁介绍法在西方被称为是最有效的寻找顾客的方法之一,之所以如此,主要是由于以下几个原因:

(1)在这个世界上,每个人都有一张关系网,每个企业都有一张联络图。曾经推销过13 000多辆汽车,创吉尼斯世界纪录的美国汽车推销大王乔·吉拉德的一句名言是:"买过我汽车的顾客都会帮我推销。"他的60%的业绩就来自老顾客及老顾客所推荐的顾客。他提出了一个"250定律",就是在每个顾客的背后都有"250人",这些人是他们的亲戚、朋友、邻居、同事,如果你得罪了一个人,就等于得罪了250个人;反之,如果你能发挥自己的才能,利用一个顾客,就等于得到了250个关系,这250个关系中,就可能有要购买你的产品的顾客。

(2)每个顾客都有自己的信息来源,他可能了解其他顾客的需求情况,而这些信息是推销员较难掌握的。研究表明,日常交往是耐用品消费者信息的主要来源,有50%以上的消费者是通过朋友的推荐而购买产品的,有62%的购买者是通过其他消费者得到新产品的信息的。

(3)连锁介绍法能够增加推销成功的可能性。一般来说,顾客对推销人员是存有戒心的,如果是顾客所熟悉的人推荐来的,就增加了可信度。用户帮助推销人员找用户,能起到花钱登广告所起不到的作用。心理学家哈斯曾告诉人们:"一个造酒厂的老板可以告诉你为什么一种啤酒比另一种啤酒好,但你的朋友(不管他的知识是渊博还是疏浅),却可能对你选择哪一种啤酒具有更大的影响力。"研究表明:朋友、专家及其他关系亲密的人向别人推荐产品,影响力高达80%,向由顾客推荐的顾客推销比向没有人推荐的顾客推销,成交率要高3~5倍。

例10-2　　乔·吉拉德的推销术

汽车推销大王乔·吉拉德在汽车卖给顾客数星期后,就从客户登记卡中,找出对方的电话号码,开始着手与对方联系:"以前买的车子情况如何?"白天打电话,接听的多半是购买者的太太,她大多会回答:"车子情况很好。"吉拉德接着说:"假使车子振动厉害或有什么问题的话,请送回我这儿来修理。"并且请她提醒她的丈夫,在保修期内送来检修是免费的。同时,吉拉德也会问对方,是不是知道有谁要买车子?若是对方说有位亲戚或朋友想将旧车换新的话,他便请对方告知这位亲戚或朋友的电话号码和姓名,并请对方拨个电话替他稍微介绍一下。且让对方知道如果介绍的生意能够成功,对方可得到25美元的酬劳。最后,吉拉德没有忘记对对方的帮助再三致谢。吉拉德认为,即使是质量上乘的产品,在装配过程中也会发生莫名其妙的小差错,虽经出厂检验也难免有疏漏,这些毛病在维修部修起来并不难,但对顾客来说就增添了许多麻烦。把车子卖给顾客后,对新车是否有毛病的处理态度和做法如何,将会影响顾客向别人描述时的角度和重点。他可能会说"我买了一辆雪佛兰新车,刚购回来就出毛病!"但在你主动询问对方对车子的评价,及时发现毛病并给予免费维修后,顾客就会对别人说:"吉拉德这个人挺够意思,时时为我的利益着想,虽然车子出了点毛病,他一发现就马上给我免费修好了。"

4. 中心人物法

中心人物法又称中心开花法、名人介绍法、中心辐射法,是指推销人员在某一特定推销范围内发展一些有影响力的中心人物,并在这些中心人物的协助下把该范围内的组织或个人变成准顾客的方法，是连锁介绍法的特殊形式。

该方法遵循的是“光晕效应法则”，即中心人物的购买与消费行为，就可能在他的崇拜者心目中形成示范作用与先导效应，从而引发崇拜者的购买与消费行为。在许多产品的销售领域，影响者或中心人物是客观存在的。特别是对于时尚性产品的销售，只要确定中心人物，使之成为现实的客户，就很有可能引出一批潜在客户。一般来说，中心人物包括在某些行业里具有一定影响力的声誉良好的权威人士；具有对行业里的技术和市场深刻认识的专业人士；具有行业里的广泛人脉资源的信息灵通人士。

例 10-3　偶然事件的启发

山田先生是日本一家肉店的老板，一次出席朋友举办的一个宴会，当服务员来问喝什么酒时，素不相识的同座中，有位提议“喝啤酒”，结果大家一致同意喝啤酒。这一偶然事件使山田先生受到启发，他开始在顾客中物色中心人物，有意拉拢那些交际广、知识丰富又爱讲话的人，给他们以各种优惠和周到的服务，使他们对肉店产生好感。很快，这些人就成了山田肉店的义务宣传员，逢人就讲山田肉店的肉新鲜，斤两足，价钱公道，态度好，于是带动了一大批顾客到店里来买肉，山田先生用这种方法使周围的一大批居民成了自己的顾客。

5. 委托助手法

委托助手法又称“猎犬法”，就是推销人员雇佣他人寻找顾客的一种方法。在西方国家，这种方法运用十分普遍。一些推销人员常雇佣有关人士来寻找准顾客，自己则集中精力从事具体的推销访问工作。这些受雇人员一旦发现准顾客，便立即通知推销人员，安排推销访问。这些接受雇用的人员称为推销助手。例如，西方国家的汽车推销人员，往往雇请汽车修理站的工作人员当“猎犬”，负责介绍潜在购买汽车者，车主很可能就是未来的购车人，这些推销助手发现有哪位修车的车主打算弃旧换新时，就立即介绍给汽车推销员。所以，他们掌握的情报稳、准、快，又以最了解汽车性能特点的内行身份进行介绍，容易取得准顾客的信任，效果一般都比较好。

另外，西方一些大的推销公司也为老推销人员安排新的推销人员作为助手。这种以老带新的方法主要有两个目的：一是尽快培养新手，增强他们独立工作的能力；二是充当老推销人员的助手，帮助他们寻找新顾客。一般来说，大量的调查和准备工作由新推销人员负责，而老推销人员则主要是在前者工作的基础上，判断、确定哪些顾客是最具吸引力的，并据此来拟定详尽的推销方案。这样无疑能有效地加速推销活动的进程，提高工作效率。

委托助手法是依据经济学的最小、最大化原则与市场相关性原理。因为委托一些有关行业与外单位的人充当助手，在特定的销售地区与行业内寻找客户及收集情况，传递信息，然后由推销人员去接见与洽谈，这样花费的费用与时间肯定比推销人员亲自外出收集情况更合算些。越是高级的推销人员就越应该委托助手进行销售，推销人员只是接近那些影响大的关键客户，这样可以获得最大的经济效益。此外，行业间与企业间都存在着关联性，某一行业或企业生产经营情况的变化，首先会引起与其关系最密切的行业或企业的注意。适当地运用委托推销助手来发掘新客户，拓展市场，是一个行之有效的方法。当然，这种方法亦有不足之处：一是推销助手的人选难以确定；二是推销人员会处于被动地位，其推销绩效要依赖于推销助手的合作。

6. 文献调查法

所谓文献调查法，是指推销人员通过查阅各种现有的资料来寻找顾客的一种方法，这种方法又称间接市场调查法。

这种方法是利用他人所提供的资料或机构内已经存在的可以为其提供线索的一些资料，如政府有关部门所提供的可查阅的资料、各地区的统计资料、大众媒介公布的一些信息资料，或工商企业名录和产品目录等，这些资料可帮助推销人员较快地了解到大致的市场容量及准顾客的分布等情况。

推销人员通过查阅资料寻找顾客时，首先要对资料的来源及提供者进行可信度分析，如果这些资料的来源或提供者的可信度较低，则会对推销工作起阻碍作用。同时，还应注意所收集资料的时间问题，应设法去获取那些最新的有价值的资料。如果是反映以前情况的资料，对推销人员的帮助不会很大，因为市场是不断变化的。

7. 观察法

观察法就是推销人员依靠个人的知识、经验等来判断特定的观察对象是否为自己所要寻找的顾客。运用这种方法的关键在于推销人员的自身素质和职业敏感性，要善于处处留意，察言观色，从细微之处捕捉机会。

对推销人员来说，观察法是寻找顾客的一种简便、易行、可靠的方法。推销人员花费较少的时间、精力，就能够迅速地找到自己的顾客，而且可以开拓新的推销领域，节省推销费用。如果一个推销人员不具备敏锐的观察力和洞悉事物的能力，那么，采用这种方法寻找顾客是不可能取得理想的结果的。如一位人寿保险代理很善于察言观色，有一次，他与其他推销人员一起在某餐馆进午餐，旁边有一位老人滔滔不绝地谈论他的孙子，十分得意。这位人寿保险代理认为这位老人很可能为其孙子购买人寿保险，从而把他列为准顾客拜访名单中。

例 10-4　　观察法的应用

美国有位汽车推销人员应一个家庭电话的邀请前往推销汽车，推销人员进门后只见这个家里坐着一位老太太和一位小姐，便认定是小姐要买汽车，推销人员根本不理会那位老太太。经过半天时间的推销面谈，小姐答应可以考虑购买这位推销人员所推销的汽车，只是还要最后请示那位老太太，让她做出最后的决定，因为是老太太购买汽车赠送给小姐。结果老太太横眉怒目，打发这位汽车推销人员赶快离开。后来又有一位汽车推销人员应邀上门推销，这位推销人员善于察言观色，同时向老太太和小姐展开攻势，很快就达成交易，凯旋而归。

8. 竞争分析法

竞争分析法，就是在寻找顾客过程中，推销人员从竞争对手的角度进行分析，从中获取有益的线索，找到推销的目标顾客。这种方法可以从以下几个方面进行。

(1) 了解竞争对手产品的购买对象是哪些顾客，然后强化自己的竞争手段，以“挖墙脚”的方式，把竞争对手的顾客“抢”过来。采用这种方法的一个关键点在于推销人员手中的产品和销售条件要优于竞争对手。有了这种条件，就可以运用适当的推销方法和技巧，把对方的顾客拉过来。

(2)了解竞争对手在哪些传统的领域里推销,对其现有顾客的需要是否充分予以满足,如果没有充分满足,那么就一定存在着自己的推销对象。这一点推销员可从两方面分析:其一是竞争对手的用户还希望买到某种产品;其二是竞争对手的用户希望现在的产品还需有所改进。后面一种情况尤其应该注意,如果能使自己推销的产品有所改进,既能赢得一大批用户,同时又可以击败对手。

(3)了解竞争对手忽略了的推销领域。比如当年日本钟表商打入美国钟表市场时,对美国钟表市场进行了认真调研。他们了解到,美国人中有 34% 的人追求优质名牌,46% 的人则接受性能较好而价格适中的产品,还有 33% 的人对价格敏感,希望价格便宜一些。而美国本地如泰梅斯克等大公司的产品主要是满足第一类消费者,而忽视了后两类消费者的需求。日本钟表商不失时机地将这两类消费者作为推销对象,迅速占领了一定比例的市场,成交额极为可观。

(4)了解竞争对手的销售策略。任何销售策略只能赢得某些类型的消费者,而不会对所有的消费者都有吸引力。如果制定与竞争者有差别的推销策略,就能寻找到新的推销对象。

9. 网络搜寻法

网络搜寻法就是借助互联网寻找潜在顾客的方法。它是信息时代的一种非常重要的寻找顾客的方法。与传统方法相比较,网上寻找顾客具有以下几个优点:①成本低,效率高;②方便供需双方互动;③“推”“拉”兼备;④可以在更大范围内寻找顾客;⑤可以让产品说明声情并茂,吸引顾客的注意力。

以上介绍了多种寻找顾客的方法与技巧,它们均具有很大的适用性,但是在具体使用时又因产品、企业、推销人员的不同而有所差异。推销人员要根据实际情况选择具体方法,并根据市场变化而随时调整。推销人员则应将多种方法融会贯通,灵活运用,在运用中进一步理解,并争取有所发展和创新。

10.1.3　约见顾客

在确定了准顾客之后,推销人员便要接近准顾客,进行推销访问。由于种种原因,一些推销对象很难接近,常令推销人员“扑空”。因此,为了有效地接近访问对象,推销人员要做的第一件事,就是做好准顾客的约见工作。推销对象不同,如约见个人购买者、法人购买者和老顾客时应作的准备也应有差别。

推销人员约见顾客的内容要根据推销人员与顾客关系的密切程度、推销面谈需要等具体情况来定。比如:对关系比较密切的顾客,约见的内容应尽量简短,无须面面俱到,提前打个招呼即可;对来往不多的一般顾客,约见的内容应详细些,准备应充分些,以期发展良好的合作关系;对从未谋面的新顾客,则应制定细致、周到的约见内容,以引起对方对推销活动的注意和兴趣,消除顾客的疑虑,赢得顾客的信任与配合。约见的基本内容包括确定约见对象、明确约见目的、安排约见时间和选择约见地点 4 个方面。

约见顾客的实质是方便顾客,实现有效推销。但约见又很自然地要占用顾客的时间,甚至影响顾客的工作与生活。因此,推销人员在约见顾客时,不仅要考虑约见对象、约见时间和地点,还必须讲究约见方式和技巧。在实践推销活动中,常见的约见方式或技巧有:电话约见、信函约见、当面约见、委托约见、广告约见和网上约见。

例 10-5　“推销之神”原一平的推销“手记”

根据打听来的消息，我前去拜访一家业务很活跃的贸易公司。但是，去了好几次，董事长不是不在就是在开会，总是无法见到面。好几次都是在接待小姐同情的目光之下，留下名片，怅然而返。不知道是在第几次的拜访中，我突然发觉接待小姐桌上的花瓶不见了。于是，下一次再去时，我便带了装着两朵菊花的小花瓶，送给接待小姐，以表示我心中的感激。又惊又喜的接待小姐告诉我，董事长常常推说不在因此一定得这么守下去。

此后，接待小姐就成了我的内援，每隔 3 天，我就带着两朵菊花前去拜访。可是，依然没有任何的进展。时间一久，全公司里的人都认得我，并且戏称我为“菊花推销员”。但是，我还是见不到董事长。

大约经过两月以后，有一天我照常前去拜访，接待小姐好像是自己的事情一样，兴高采烈地对我说：“董事长等着你呢！”并立刻将我带入董事长的办公室。“本公司的员工都非常称赞你哟！”他只说了这么一句话，也不容我多言，即签下最高金额的合约。我永远也无法忘记当时不禁喜极而泣的情景。

例 10-6　麦克·贝柯的客服拜访

麦克·贝柯具有丰富的产品知识，对客户的需要很了解。在拜访客户以前，麦克总是掌握了客户的一些基本资料。麦克常常以打电话的方式先和客户约定拜访的时间。

今天是星期四，下午 4 点刚过，麦克精神抖擞地走进办公室。他今年 35 岁，身高 6 英尺，深蓝色的西装上看不到一丝的皱褶，浑身上下充满朝气。

从上午 7 点开始，麦克便开始了一天的工作。麦克除了吃饭的时间，始终没有闲过。麦克五点半有一个约会。为了利用四点至五点半这段时间，麦克便打电话，向客户约定拜访的时间，以便为下星期的推销拜访而预做安排。

打完电话，麦克拿出数十张卡片，卡片上记载着客户的姓名、职业、地址、电话号码资料以及资料的来源。卡片上的客户都是居住在市内东北方的商业区内。

麦克选择客户的标准包括客户的年收入、职业、年龄、生活方式和嗜好。

麦克的客户来源有 3 种：一是现有的顾客提供的新客户的资料；二是麦克从报刊上的人物报道中收集的资料；一是从职业分类上寻找客户。

在拜访客户以前，麦克一定要先弄清楚客户的姓名。例如，想拜访某公司的执行副总裁，但不知道他的姓名，麦克会打电话到该公司，向总机人员或公关人员请教副总裁的姓名。知道了姓名以后，麦克才进行下一步的推销活动。

麦克拜访客户是有计划的。他把一天当中所要拜访的客户都选定在某一区域之内，这样可以减少来回奔波的时间。根据麦克的经验，利用 45 分钟的时间做拜访前的电话联系，即可在某一区域内选定足够的客户供一天拜访之用。

10.1.4　接近顾客前的准备

接近顾客是推销过程中的一个重要环节，它是推销人员为进行推销洽谈与目标顾客进行的初步接触。能否成功地接近顾客,直接关系到整个推销工作的成败,许多推销人员的成功与失败,往往都决定在最初的几秒。因此,推销人员在接近顾客前必须做好充分的准备工作。

1. 做好接近前的精神准备

在接近顾客前,我们最容易犯的毛病就是信心不足,总是担心这样担心那样:是否会搅乱被访者的正常生活?顾客是否会接受推销访问?顾客拒绝成交怎么办?这种无形的“恐惧”如果表现在推销过程的言行举止中,会使顾客丧失对你个人及你所推销的产品的信心。我们要时刻牢记一句话:“推销是信心的传递,要想使你的顾客相信的,你必须对你自己及你所推销的产品表现出十足的信心。”同时,必须克服畏难情绪和逃避心理,敢于正视顾客的拒绝,时刻保持一种高昂的精神状态,沉着冷静地去排除接近过程中遇到的种种障碍。

2. 充分了解目标顾客的信息

通过对待接近顾客购买欲望、支付能力、购买资格等的进一步审查,将使推销接近工作更加富有针对性和效率。推销人员应该明确:不同顾客有着完全不同的性格特点和行事方式,不可能用一种接近顾客的办法适合于所有人。有的人工作忙碌很难获准见面,有的人成天都在办公室或家里很容易见面;有的人喜欢开门见山式的交谈,有的人则喜欢迂回方式;有些人注重推销员的仪表、风度;有些人则有较强的时间观念,非常守时;有些潜在顾客非常讨厌锋芒毕露的人,对于试图征服他们使其接受推销商品的人有天生的反感;有些潜在顾客是禁烟主义者,非常讨厌交谈中肆无忌惮地吸烟。针对这些不同的特点,我们应随时调整自己的行为方式,以便更好地适应推销情境。

3. 做好必要的物质准备

为避免与顾客见面时手忙脚乱,接近前必须做好必要的物质准备。具体包括仪容、服饰与相关礼仪等的仪表准备工作;还有“三证”、资料、样品、价目表、合同书、名片、介绍性、赠送给顾客的小礼品等的物品准备工作。

4. 拟订访问计划

推销人员必须设定拜访目标顾客的计划。首先,确定访问对象;其次,拟定访谈内容要点;再次,从已有的资料中,研究该访问对象有无推销员去访问过,如果被拒绝过的话,是什么理由?必须仔细加以调查,然后拟出最佳的应付办法。

10.1.5 接近顾客的方法

推销人员在正式接近顾客时,能否争取主动,使顾客有继续谈下去的热情和信心,还得掌握一定的接近方法和技巧。最常见的接近方法和技巧有三大类,即陈述式接近、演示式接近和提问式接近。每一大类又包括若干种具体的方法。

1. 陈述式接近

陈述式接近,是指推销人员直接说明产品给顾客带来的好处,以引起其注意和兴趣,进而转入洽谈的接近方法。推销人员陈述的内容可以是推销商品的利益,也可以是推销商品使用之后所带来的感觉,或直接是某位顾客的评价意见,陈述完后常常提出一个问题以试探买主的反应。陈述式接近又包括介绍接近法、赞美接近法、馈赠接近法、利益接近法。

1)介绍接近法

介绍接近法是指推销人员通过自我介绍或经由第三者介绍而接近推销对象的办法。介绍接近法按介绍主体不同,可分为自我介绍法和他人介绍法。

(1)自我介绍法是指推销人员自我口头表述,然后用名片、身份证、工作证等来辅佐达到与顾客相识的目的。口头介绍可以详细解说一些书面文字或材料无法了解清楚的问题,利用语言的优势取得顾客的好感,打开对方的心扉;利用工作证、身份证,可以使顾客更加相信自己,消除心中的疑虑;名片交换非常普遍,给对方递上自己的一张名片也同样可以弥补口头介绍的不足,并且便于日后联系。自我介绍法是最常见的一种接近顾客的方法,大多数推销人员都采用这种接近技巧。但是,这种方法很难在一开始就引起顾客的注意和兴趣。因此,通常还要与其他方法配合使用,以便顺利地进入正式面谈。

(2)他人介绍法是推销人员利用与顾客熟悉的第三者,通过打电话、写信函字条,或当面介绍的方式接近顾客。在推销人员与所拜访顾客不熟悉的情况下,托人介绍是一种行之有效的接近方法,因为受托者与顾客有一定社会交往的人,如亲戚、朋友、战友、同乡、同学、老部下、老同事等,这种方式往往使顾客碍于人情面子而不得不接见推销人员。如果你真的能够找到一个顾客认识的人,他曾告诉你顾客的名字,或者会告诉你该顾客对于你产品的需要,那么你自然可这样说:“王先生,你的同事李先生要我前来拜访,跟你谈一个你可能感兴趣的问题。”这时,王先生可能会立即要知道你所提出的一切,这样你当然已引起了他的注意而达到了你的目的。同时,他对你也会感到比较亲切。可是,一定切记不要虚构朋友的介绍。

2)赞美接近法

赞美接近法是指推销员利用顾客的自尊心理来引起顾客的注意和兴趣,进而转入正式洽谈的接近方法。著名人际关系专家卡耐基在《人性的弱点》一书中指出:“每个人的天性都是喜欢别人赞美的。”赞美接近法就是推销人员利用人们希望赞美自己的愿望来达到接近顾客的目的。以此方法接近自己的顾客,有时会收到意想不到的效果。因为,喜欢听好话是人们的共性。人们在心情愉快的时候,很容易接受他人的建议,这时,推销人员要抓住时机,正确地引导推销活动。使用赞美接近法应注意以下几点:

(1)选择适当的赞美目标。推销人员必须选择适当的目标加以赞美。就个人购买者来说,个人的长相、衣着、举止谈吐、风度气质、才华成就、家庭环境、亲戚朋友等,都可以给予赞美;就组织购买者来说,除了上述赞美目标之外,企业名称、规模、产品质量、服务态度、经营业绩等,也可以作为赞美对象。如果推销员信口开河,胡吹乱捧,则必将弄巧成拙。

(2)选择适当的赞美方式。推销人员赞美顾客,一定要诚心诚意,要把握分寸。事实上,不合实际的赞美,虚情假意的赞美,只会使顾客感到难堪,甚至导致顾客对推销人员产生不好的印象。对于不同类型的顾客,赞美的方式也应不同。对于严肃型的顾客,赞语应自然朴实,点到为止;对于虚荣型顾客,则可以尽量发挥赞美的作用。对于年老的顾客,应该多用间接、委婉的赞美语言;对于年轻的顾客,则可以使用比较直接、热情的赞美语言。

3)馈赠接近法

馈赠接近法是指推销人员以一些小巧精致的礼品,赠送给顾客,进而和顾客认识并接近,借以达到接近顾客目的的一种方法。推销人员接近顾客的时间十分短暂,利用赠送礼品的方法来接近对方,以引起顾客的注意和兴趣,效果也非常明显。

使用馈赠接近法应注意慎重选择馈赠物品,在进行准备时,推销人员应该设法了解顾客的喜好,了解顾客对赠送礼品行为的看法,了解顾客的需要。

4）利益接近法

利益接近法是指推销人员以顾客所追求的利益为中心，简明扼要地向顾客介绍产品能为顾客带来的利益，满足顾客的需要，达到正式接近顾客目的的一种方法。利益接近着重渲染推销产品能给顾客带来的好处，符合顾客追求利益和满足需要的心理，因而能引起顾客的注意和兴趣，这是利益接近法的最大特点。如果推销人员能够用精练的语言把产品优点与顾客最关心的问题和利益联系起来，往往能取得比较理想的效果。如一位文具推销人员向顾客说："本厂出品的各类账册、簿记比其他厂家生产的同类产品便宜三成，量大还可优惠。"

2. 演示式接近

演示式接近最显著的特点是通过向顾客展示具体产品使用过程和效果或直接让顾客参与产品的试用，以引起顾客注意，并激发其购买欲望的方法。演示式接近按顾客参与的方式不同可分为产品接近法和表演接近法。

1）产品接近法

产品接近法又称实物接近法，是指推销人员直接把产品、样本、模型摆在顾客面前，以引起顾客对其推销产品的足够注意与兴趣，进而导入面谈的接近方法。产品接近法也是推销人员与顾客第一次见面时经常采用的方式。

产品接近法的关键之处在于，要凭借产品的用途、性能、色彩、造型、味道、手感等特征来取代推销人员的口头宣传。让真实的产品本身去作介绍，这种做法更符合顾客的认识与购买心理，因而接近顾客的效果比较好。

2）表演接近法

表演接近法是指推销人员利用各种戏剧性的表演活动引起顾客注意和兴趣，进而转入面谈的顾客接近方法。这是一种比较传统的推销接近方法，如街头杂耍、卖艺等都采用现场演示的方法招徕顾客。在现代推销活动中，有些场合仍然可以用表演的方法接近顾客。

3. 提问式接近

通过提问来接近顾客是最常用的技术，因为提问方式能使推销人员更好地确定顾客的需求，促成顾客的参与。在提问式接近中，问题的确定是至关重要的，应该提出那些业已证明能够收到顾客积极响应的问题。通过提问题去接近顾客的具体方法很多，这里主要介绍问题接近法、好奇接近法、求教接近法和震惊接近法 4 种。

1）问题接近法

问题接近法主要是通过推销人员直接面对顾客提出有关问题，通过提问的形式激发顾客的注意力和兴趣点，进而顺利过渡到正式洽谈的一种方法。推销人员在不了解顾客真实想法的情况下，直接向顾客提出问题，促使顾客思考有关问题，继而引发讨论来吸引顾客，从而转入推销面谈。

问题接近法是推销人员公认的一种有效方法。提问不仅容易引起顾客的注意，还可引发双方的讨论，而在讨论的过程中，顾客的真实需求、意见、观点等就比较容易得到表露。推销人员在提问与讨论的过程中，就可能发现顾客的需求，并在一定程度上引导顾客去分析和思考，然后根据顾客对问题的反应，循循善诱地解答问题，从而把顾客的需求与所推销的产品有机地联系起来。

问题接近法虽然是比较有效的方法，但其要求也较高。推销人员在提问与讨论中应注意以下两点：

(1)提出的问题应表述明确，避免使用含糊不清或模棱两可的问句，以免顾客听来费解或误解。例如："你愿意节省一点成本吗？"这个问题就不够明确，只是说明"节省成本"，究竟节省什么成本？节省多少？多长时间？都没有加以说明，很难引起顾客的注意和兴趣。而"您希望明年内节省7万元材料成本吗？"这个问题就比较明白确切，容易达到接近顾客的目的。一般说来，问题越明确，接近效果越好。

(2)提出的问题应突出重点，扣人心弦，而不可隔靴搔痒，拾人牙慧。在实际生活中，每一个人都有许许多多的问题，其中有主要问题，也有次要问题。推销人员只有抓住最重要的问题，才能真正打动人心。推销人员提出的问题，重点应放在顾客感兴趣的主要利益上。如果顾客的主要动机在于节省金钱，提问应着眼于经济性；如果顾客的主要动机在于求名，提问则宜着眼于品牌价值。因此，推销人员必须设计适当的问题，把顾客的注意力集中于他所希望解决的问题上面，缩短成交距离。

2)好奇接近法

好奇心理是人们的一种原始驱动力，在此动力的驱使下，促使人类去探索未知的事物。好奇接近法正是利用顾客的好奇心理，引起顾客对推销人员或推销商品的注意和兴趣，从而点明推销商品利益，以顺利进入洽谈的接近方法。推销人员接近顾客时有的也不只是紧张和不安，有时推销也可能是愉悦的，特别是对于喜欢创造的推销人员。好奇接近法需要的就是推销人员发挥创造性的灵感，制造好奇的问题与事情。

采用好奇接近法，应该注意下列问题：

(1)引起顾客好奇的方式必须与推销活动有关；

(2)在认真研究顾客心理特征的基础上，真正做到出奇制胜；

(3)引起顾客好奇的手段必须合情合理，奇妙而不荒诞。

例10-7　　与众不同的名片

英国的十大推销高手之一约翰·凡顿的名片与众不同，每一张上面都印着一个大大的25%，下面写的是约翰·凡顿，英国××公司。当他把名片递给客户的时候，几乎所有人的第一个反映都是相同的："25%，什么意思？"约翰·凡顿就告诉他们："如果使用我们的机器设备，您的成本将会降低25%。"这一下子就引起了客户的兴趣，约翰·凡顿还在名片的背面写上这么一句话："如果您有兴趣，请拨打电话××××××。"然后将这个名片装在信封里，寄给全国各地的客户。结果把许多人的好奇心都激发出来了，客户纷纷打电话过来咨询。

3)求教接近法

求教接近法是指推销人员利用向顾客请教问题的机会，以达到接近顾客目的的一种方法。在实际推销工作中，推销员可能要接近某些个性高傲的顾客，这类顾客自高自大，目空一切，唯我独尊，很难接近。但是，一般说来，顾客不会拒绝虚心求教的推销员。这类顾客喜好奉承，推销人员若能登门求教，自然会受欢迎。如："赵工程师，您是电子方面的专家，您看看我厂研制投产的这类电子设备在哪些方面优于同类老产品？"求教接近法对那些刚涉足推销生涯不久的年轻人来说，是一个比较好的方法。但在具体运用这种方法接近顾客时,应注意以下几个问题:第一、美言在先、求教在后;第二、求教在前、推销在后;第三、虚心诚恳,洗耳恭听。

例 10-8　“好为人师”的杂货店老板

格林先生是一家杂货店的老板,他非常顽固保守,非常讨厌别人向他推销。这次,香皂推销员彼得来到店铺前,还未开口,他就大声喝道:“你来干什么?”但这位推销人员并未被吓倒,而是满脸笑容地说:“先生,您猜我今天是来干什么的?”

杂货店老板毫不客气地回敬他:“你不说我也知道,还不是向我推销你们那些破玩意儿的!”

彼得听后不仅没有生气,反而哈哈大笑起来,他微笑地说道:“您老人家聪明一世,糊涂一时,我今天可不是向您推销的,而是求您老向我推销的啊。”

杂货店老板愣住了,“你要我向你推销什么?”

彼得颇为认真地回答:“我听说您是这一地区最会做生意的,香皂的销量最大,我今天是来讨教一下您老的推销方法?”

杂货店老板活了一辈子,其中大半生的时间都是在这间小杂货店中度过的,还从来没有人登门向他求教过,今天看到眼前这位年轻的推销人员对他是如此的崇敬有加,心中不免得意万分。

于是,杂货店老板便兴致勃勃地向彼得大谈其生意经,谈他的杂货店,从他小的时候跟随父亲做生意,谈到后来自己接过这间小店,最后一直说到现在:“人都已经老了,但我仍然每天守着这个杂货店,舍不得离开它。在这里我可以每天都见到那些老朋友、老顾客,为他们提供服务,同他们一起聊聊天,我过的非常愉快。”

老人家与推销人员聊了整整一个下午,而且聊得非常开心,直到推销人员起身告辞,刚到门口,老头子突然想起什么来了,大声说:“喂,请等一等,听说你们公司的香皂很受欢迎,给我订30 箱。”

4)震惊接近法

所谓震惊接近法,是指推销人员利用某种令人吃惊或震撼人心的事物来引起顾客的兴趣,进而转入面谈的接近方法。如果推销人员利用顾客震惊后的恐慌心理,适时提出方案,往往会收到良好的效果。

推销人员在使用这种方法时应该特别注意以下几个问题:

(1)推销人员利用有关客观事实、统计分析资料或其他手段来震撼顾客,应该与该项推销活动有关;

(2)推销人员震惊顾客,必须结合顾客的特征,仔细研究具体方案;

(3)推销人员震惊顾客,应该适可而止,令人震惊而不引起恐惧;

(4)必须讲究科学,尊重客观事实,切不可为震惊顾客而过分夸大事实真相,更不应信口开河。

以上介绍了十种接近顾客的技巧方法。在实际工作中,推销人员应灵活运用,既可以单独使用一种方法接近顾客,也可以多种方法配合使用,还可以自创独特方法接近顾客。

例 10-9　　接近顾客范例

范例 1：

推销员甲：喂，有人在吗？我是××公司的业务代表林海。在百忙中打扰您，想要向您请教有关贵商店目前使用收银机的事情。

店经理：店里的收银机有什么毛病呀？

推销员甲：并不是有什么毛病，我是想了解是否已经到了需要换新的时候。

店经理：没有这回事，不想考虑换台新的。

推销员甲：并不是这样的，对面那间店已经更换了新的收银机，我想你们也应该考虑换。

店经理：不好意思，目前还不想更换，将来再说吧！

范例 2：

推销员乙：郑经理在吗？在百忙之中打扰您，谢谢您。我是××公司在本地区的业务代表李放，经常经过贵店，看到贵店生意一直兴隆，实在不简单。

店经理：您过奖了，生意并不是那么好。

推销员乙：贵店对客户的态度非常亲切，郑经理对贵店员工的培训一定非常用心，我也常常到别的店，但像贵店服务态度这么好的，实在少数；对街的张经理，对您的经营管理也相当钦佩。

店经理：张经理是这样说的吗？张经理经营的店也是非常好，事实上他也是我一直为目标的学习对象。

推销员乙：郑经理果然不同凡响，张经理也是以您为模仿的对象，不瞒您说，张经理昨天刚换了一台新功能的收银机，非常高兴，才提及郑经理的事情，因此，今天我才来打扰您。

店经理：喔！他换了一台新的收银机！

推销员乙：郑经理是否也考虑更换新的收银机呢？目前您店里的收银机虽然也不错，使用情况也还正常，但新的收银机有更多的功能，速度更快，既能让您的顾客减少等候时间，还可以为贵店的经营管理提供许多有用信息。请郑经理一定要考虑这台新的收银机。

阅读与思考 10-1　　潜在顾客的价值

潜在顾客对于现代企业具有十分重要的作用，所以实现由潜在顾客转化为顾客就显得尤为必要。要实现这一转化，就要分析大量潜在顾客产生、存在的原因，并采取相应的转化策略。

1. 导致潜在顾客产生、存在的原因

(1)潜在顾客自身因素：潜在需求是潜在顾客存在的根本原因。离开了潜在需求，潜在顾客就无法产生。有了潜在需求，就有可能产生购买动机或购买欲望，如果购买能力具备，购买时机成熟，且市场上具有所需的产品或服务，那么潜在顾客就极有可能转化为现实顾客。因此，潜在需求是导致潜在顾客产生、存在的首要因素。此外，购买动机如何，购买欲望如何，购买能力如何，购买时机如何，这些都是重要的影响因素。缺少了上述任何一个因素，潜在顾客只能是潜在顾客。

(2)企业或组织自身因素：如产品质量低劣或不稳定，品牌包装平淡无奇，产品价格明降暗升，服务手续烦琐，服务效率低下，服务人员素质差，企业分销渠道不畅，信息传递失灵，广告促销乏力，产品宣传失实，企业形象不佳等。只要有一个方面出了问题，都将影响潜在顾客的购买心理，制约着潜在顾客的购买行为。今年来，因企业自身的产品或服务问题而造成顾客大量流失事件与日俱增。这无疑又降低了潜在顾客的购买意向值，更增强了其持币待购的心态。

(3)其他因素：诸如竞争者的一举一动、一言一行，媒体宣传，公众态度，专家意见，政府倾向及国家宏观政策等，都将对潜在顾客与现实顾客产生重要而深远的影响

2. 转化策略

鉴于潜在顾客有多种层面、多种情况，因此，要将潜在顾客变为现实顾客，必须针对不同的情况采用不同的方法。在通常情况下，需要同时采用多种方法，形成合力，否则往往难以奏效。

(1)留住现实顾客：这是争夺潜在顾客最基本的方法，企业必须对此高度重视。要留住现实顾客，必须使顾客满意并培养顾客忠诚。顾客忠诚不仅可抵制其他品牌的促销诱惑，再次或大量地购买本企业的产品或服务，而且还包括了主动地向亲朋好友和周围的人推荐本企业的产品或服务。培养顾客忠诚是企业或组织顾客满意质量战略的最高追求。

(2)开辟新市场：开辟新的市场，实质上就是将区域性的潜在顾客变为现实顾客。要开辟新的市场，必须具备两个条件：一是本企业的实力；二是该市场有接受本企业产品或服务的条件。一般而言，开辟新市场，需要更多的谋划与费用，不可粗放草率行事。一旦进入新市场，更要慎重，万万不可为一些小问题而影响自己的声誉。小小“神童”为海尔开辟了新的市场，赢得了新的顾客；而巨人大厦不仅没有开辟出新的市场，反而使这条“东方巨龙”就此夭折。当然，开辟新的市场也包括开辟层次性的新市场，例如将高收入阶层或低收入阶层的潜在顾客变为现实顾客，将产品或服务打入高档消费人群或推向农村等。

(3)争夺一般潜在顾客：一般来说，忠诚的顾客对生产消费品及一般服务型组织来说，总是少数。这种一般潜在顾客是潜在顾客中数量最大的，因而也是组织之间争夺最激烈的。谁的“道法”高，谁就可能更多地赢得这些潜在顾客的青睐，从而扩大自己的顾客群，提高市场占有率。所谓“道法”，最主要的还是质量，包括以质量为基础的品牌效应以及促销手段等

(4)争夺竞争对手的顾客。在相当多的情况下，特别是在中间顾客(如批发商、零售商)这一层次中，顾客往往已被“争夺完毕”。这里所说的“完毕”包括两种情况：一是例如某地若有10个零售商，这10个零售商已经有了自己固定的进货渠道，不愿再增加进货渠道。二是某一种产品已经占据了市场，新的品牌要打进去，很可能遭到“封锁”和“抵制”。在这两种情况下，你要“挤”进去，要将竞争者的顾客争夺过来，变为自己的顾客，都必须费相当大的力气，没有一定的“道法”，显然是不可能的。在竞争对手出现重大失误、经营出现困难等情况下，当然更要主动去争夺，但这种必须采取合法手段，不能违反《反不当竞争法》。其中最重要的手段，显然还是质量，其次是价格。只有质量高、价格低、服务好，便能更多地获得质量效益，顾客才会自觉自愿地“转向”，投入你的怀抱。

每日一练 **自己试着和同学一起交流，总结推销的准备工作。**

完成子任务 10.1 后进行自我测试：你是否已明确如何寻找并接近顾客？

10.2 推销洽谈

推销人员接近顾客之后，就应迅速地转入推销洽谈。推销洽谈即为推销面谈，又称业务谈判。它是指推销人员运用各种方式、方法和手段，向顾客传递推销信息，协调双方利益，说服顾客购买推销商品的过程。推销洽谈是推销过程中的关键环节，其目的在于向顾客传递有关商品信息及有关企业经营服务方面的信息，诱发顾客的购买动机，激发顾客的购买欲望，说服顾客采取购买行动。

10.2.1 推销洽谈的原则

推销洽谈的原则是指导推销人员具体洽谈协调的准则。在推销洽谈过程中，推销人员为了达到推销目的，可以利用各种洽谈的技巧、方法去说服顾客。但推销人员无论采用何种手段、何种技巧，都得把握一个度，都必须遵循以下原则。

1. 针对性原则

针对性原则是指推销人员必须服从推销目的，使洽谈本身具有明确的针对性。它要求推销洽谈活动必须针对推销品的用途、性能特点，针对顾客的需求特点及推销洽谈的环境特点等来进行。

2. 鼓动性原则

鼓动性原则是指推销人员在推销洽谈中用自己的信心、热情和知识去感染顾客，鼓动顾客，说服顾客，促使顾客采取购买行动。鼓动性原则要求推销人员始终抱有成功的信念，克服身份、角色的自卑心理，热爱自己的推销工作，热爱自己的顾客，同时要有丰富的产品知识及企业知识，只有这样，才能说服顾客，鼓动顾客。

3. 参与性原则

参与性原则是指推销人员应设法引导顾客积极参加推销洽谈，接触推销商品，促进推销信息的双向沟通，增强推销洽谈的说服力。参与性原则要求推销人员必须与顾客打成一片，认真听取顾客的意见，鼓动顾客操作商品，调动顾客的积极性和主动性。

4. 诚实性原则

诚实性原则是指推销人员在推销洽谈过程中讲真话、凭实据，切实对顾客负责，不玩弄骗术。这一原则要求推销人员必须实事求是地介绍商品，出示真实的推销证明，树立良好的推销信誉，做到文明推销，合法推销。

5. 平等互利原则

平等互利原则是指推销人员与顾客要在平等自愿的基础上互惠互利达成交易。贯彻平等互利原则，要求推销人员在推销活动中尊重顾客，不以势压人，不以强凌弱，不把自己的意志强加给顾客。同时，推销人员应向顾客推销对顾客有用的商品，通过满足顾客的需要来谋求己方的最大利益，最终实现双方的共同利益。

例 10-10　　一个房地产经纪商的成功推销

一位房地产经纪商正在和顾客讨论有关一所大房子的交易问题。他们一起去看房子，房地产经纪商觉察到顾客对房子颇感兴趣。经纪商对顾客说："现在，当着你的面，我告诉你，这所房子有下列几个问题:①取暖设备要彻底检修;②车库需要粉刷;③房子后面的花园要整理。”顾客很感激经纪商把问题指出来,而且他们又继续讨论房子交易的其他一些问题。最后的交易结果是可想而知的。

这位房地产经纪商的推销成功,不在于其个人推销能力和技巧,而在于其诚信。

6. 守法原则

守法原则是指在推销洽谈及合同签订过程中,要遵守有关的政策、法律、法规和惯例。遵循守法原则表现在守法和用法两方面。在推销洽谈过程中,推销人员不能有意或无意违反法律法规。在自己的权益受到侵犯时,要利用法律武器保护自己,依法追究对方责任。

10.2.2 推销洽谈的准备工作

推销洽谈是推销过程中极为重要的一个环节,它是推销人员与目标顾客的正式接触,推销洽谈的成败直接关系到推销目标能否实现。因此,推销人员在推销洽谈之前必须做好充分的准备,绝不打无准备之仗,准备越充分,距离自己的洽谈目标就越近。推销人员应从以下几方面进行准备。

1. 制订推销洽谈计划

首先确定推销洽谈的目标。在推销洽谈之前,推销人员必须对自己的目标有一个清楚的认识,并科学地确定推销洽谈的目标。推销洽谈目标分为最低目标、中间目标和最高目标。如果推销人员的洽谈没有目标,洽谈的效果也就无从谈起,更无法评价。其次,确定推销洽谈的时间和地点。推销洽谈的时间和地点的确定,既要方便自己,又要方便顾客;既要考虑自身的利益,更要考虑顾客的利益。再次,核实顾客的基本情况,并对目标顾客进行预期评估。顾客的基本情况包括:顾客的姓名、年龄、职务、性格特点、偏爱及工作风格等;顾客是否有权购买,是否有支付能力;顾客的购买动机、购买态度、购买阻力;顾客的需要及变化情况,等等。最后,选择推销洽谈的策略和方法。推销洽谈是一门技术,更是一门艺术。它需要推销人员在推销洽谈中针对不同的推销商品、不同的顾客,灵活地采用不同的策略和方法。因此,在推销洽谈之前,推销人员必须准备好推销洽谈的策略与方法。

2. 做好推销洽谈的心理和仪表准备

首先,推销人员要做好推销洽谈的心理准备。推销人员要有自信心,要相信自己的推销能力,相信自己的推销产品,相信自己的企业。当然,作为一名推销员还必须具有锲而不舍、吃苦耐劳的精神,顽强的意志力,否则,推销成功也只是幻想而已。其次,推销人员的仪表准备。在推销活动中,推销人员给顾客留下的第一印象非常重要,在很大程度上影响着推销结果。推销人员应该记住这样一句话“形象就是名片”。如果推销人员穿着得体,举止优雅,言语礼貌,顾客就会心生好感,有利于推销活动的开展,并取得理想的推销结果。因此,推销人员必须对自己的着装、仪表用心准备。

3. 准备推销洽谈的工具

在推销过程中,推销人员除了利用语言进行沟通洽谈之外,还要充分利用各种推销工具。如推销品样品、推销品模型、文字资料(产品种类介绍及说明书、产品价目表、企业简介等)、图片资料(图表、图形、照片)、推销证明资料及一些其他物品(推销人员的名片、介绍信、订购单、合同书、笔记本等)。

这些推销工具能够直观、形象、生动地把产品的特点,特别是产品的模型、图片资料等展示给客户,它们对客户具有较强的说服力和感染力,能够使客户对产品印象深刻,促使客户产生购买的欲望。有些概念产品在销售时,由于没有实物的展示,即使说的再好也只能让人们去想象、去猜测,却不会由此产生购买的心理。而这种推销手段由于借助了实物模型、图片等工具,因此可以看作无声的推销。此外,软件产品等高科技产品在推销时,应该事先把幻灯片文件制作好,为现场播放和演示做准备。

10.2.3 推销洽谈的方法

推销洽谈是一项专业性和艺术性都很高的工作。在作好洽谈的各项专业准备工作的前提下,推销洽谈人员还必须针对不同的谈判对象和情境,恰当地掌握和运用洽谈的各种方法。推销洽谈的方法可以分为诱导法、提示法和演示法三种。

1. 诱导法

所谓诱导法,是指推销人员在推销洽谈时,为了引起顾客的兴趣,激发顾客的购买欲望,从谈论顾客的需要与欲望出发,并巧妙地把顾客的需要与欲望同推销品紧密地结合起来,诱导顾客明确自己对推销品的需求,最终说服其购买的方法。这种方法在推销谈判中最能引起顾客的兴趣,有利于营造一种融洽的气氛,有利于最终说服顾客。

例 10-11　　保险推销人员的诱导法

某推销人员在自己的名片上印有“81030”这一组数字。客户大都不了解其含义,纷纷向他请教,而他解释道,人类的平均寿命为74岁,而这个数字表明人生活的74个年头中,若按一天三餐计算,总共有81030次用餐记录。而他本人原来是个人寿保险的推销员!他就是以这个方式引起客户的注意,然后以此作为话题,展开推销活动的。事实证明,这个奇特的方式使他成了保险业中的推销冠军。

2. 提示法

提示法是指推销人员通过言语和行动,提示顾客产生购买动机,促使其作出购买决策,作出购买行为的推销洽谈方法。提示法可分为直接提示法、间接提示法、明星提示法、动意提示法、积极提示法、消极提示法和逻辑提示法等。

1)直接提示法

所谓直接提示法是推销人员开门见山,直接劝说顾客购买其所推销的产品。这是一种被广泛运用的推销洽谈提示方法。这种方法的特征是推销人员接近顾客后立即向顾客介绍产品,陈述产品的优点与特征,然后建议顾客购买。因而这种方法能节省时间,加快洽谈速度,符合现代人的生活节奏,所以很具优越性。

在运用直接提示法时应注意以下几点:第一,提示要抓住重点;第二,提示的内容要易于被顾客理解;第三,提示的内容应符合顾客的个性心理。

2)间接提示法

间接提示法是指推销人员运用间接的方法劝说顾客购买产品,而不是直接向顾客进行提示。

例如,可以虚构一个顾客,可以一般化的泛指。使用间接提示法的好处在于可以避免一些不太好直接提出的动机与原因,因而可以使顾客感到轻松、合理,从而容易接受推销人员的购买建议。在运用间接提示法时,推销人员应根据不同类型的顾客,不同的购买动机,有针对性、区别的使用。

3)动意提示法

动意提示法是推销人员建议顾客立即采取购买行动的洽谈方法。当一种观念、一种想法与动机在顾客头脑中产生并存在时,顾客往往会产生一种行为的冲动。这时,推销人员如果能够及时地提示顾客实施购买行动,效果往往不错。例如,当一个顾客觉得某个产品不错时,推销人员觉察到并及时提示顾客:"这种款式很好卖,这是剩下的最后一件了。"只要提示的及时合理,效果一般不错。

在运用动意提示法时应注意以下几点:

(1)动意提示的内容应直接诉述顾客的主要购买动机。

(2)为了使顾客产生紧迫感也即增强顾客的购买动机,语言必须简练明确。

(3)应区别不同的顾客,对于那些具有内向、自尊心强、个性强等特征的顾客最好不用动意提示法。

4)明星提示法

明星提示法是推销人员借助一些有名望的人来说服、动员顾客购买产品的方法。明星提示法迎合了人们求名的情感购买动机。另外,由于明星提示法充分利用了一些名人、名家、名厂等的声望,可以消除顾客的疑虑,使推销人员和推销产品在顾客的心目中产生明星效应,有力地影响了顾客的态度,因此,推销效果比较理想。

在应用明星提示时应当注意以下几点:

(1)提示所指的明星(名人、名家等)都必须有较高的知名度,为顾客所了解;对于生产资料市场的推销,所提示的名厂,亦应该是该行业真正的市场领导者。

(2)所提示的明星必须是顾客公认的,而且是顾客所崇拜尊敬的。因为,不同的名人有不同的崇拜者,不同的目标市场消费者群亦有不同的崇拜明星,推销人员在使用明星提示法时,应注意向不同的顾客提示不同的明星,不被顾客接受的明星反而使推销效果大打折扣,甚至事与愿违。

(3)所提示的明星与其所使用及消费的产品都应该是真实的。为此,应事先做好向明星的推销工作。

(4)所提示的明星与所推销的产品应有必然的内在联系,从而给推销洽谈气氛增加感染力与说服力。

5)逻辑提示法

逻辑提示法是指推销人员利用逻辑推理劝说顾客购买的方法。它通过逻辑的力量,促使顾客进行理智思考,从而明确购买的利益与好处,并最终作出理智的购买抉择。逻辑提示法符合购买者的理智购买动机。

在运用逻辑提示法时应注意以下几点:

(1)逻辑提示法的适用顾客必须具有较强的理智购买动机。市场营销学研究证明,顾客的购买动机因各种原因而大致分为三大类:即理智型、情感型、惠顾型。只有那些文化层次较高、收入一般或财力较薄弱、倾向于条理化思维、意志力强的顾客才可能具有理智性动机,因而可以对他们运用逻辑推理提示法。而倾向情感型购买动机与惠顾型购买动机的顾客,则不适用这种方法。

(2)要针对顾客的生活与购买原则进行推理演示。在同属于理智型购买动机的顾客群内,不同身份、不同职业的人有不同的动机内容,有不同的逻辑思维方式,不同的购买推理逻辑与准则。因此,推销人员应尽最大可能分析了解顾客的个性倾向、人生哲学;了解顾客思考问题的方法、模式与标准;了解顾客具体的购买动机与购买逻辑,从而说服顾客购买。

(3)做到以理服人。不符合科学伦理的强词夺理是不能服人的。逻辑推理之所以有力量,也就是因为它是科学的,符合与强调科学伦理。

(4)掌握适当的推销说理方式,发挥逻辑的巨大作用。

(5)洽谈过程中应做到情理并重。人总是有情有义有欲望的,因此,推销人员应该把科学的却显得有点干巴巴的逻辑推理与说服艺术结合起来,对顾客既晓之以理,又动之以情,促使顾客的购买行为合理化,从而使顾客较快地采取购买行为。

6)积极提示法

积极提示法是推销人员用积极的语言或其他积极方式劝说顾客购买所推销产品的方法。所谓积极的语言与积极的方式可以理解为肯定的正面的提示、热情的语言、赞美的语言等会产生正向效应的语言。例如:"欢迎参加我们社的旅游团,又安全又实惠,所看景点又多又好","你看,这是摩托车手参加比赛的照片,小伙子们多神气!他们戴的是我们公司生产的头盔。"

在运用积极提示法时应注意以下几点:

(1)可以用提示的方式引起顾客注意,先与顾客一起讨论,再给予正面的、肯定的答复,从而克服正面语言过于平坦的缺陷。

(2)坚持正面提示,绝对不用反面的、消极的语言,只用肯定的判断语句。

(3)所用的语言与词句都应是实事求是的,是可以证实的。

7)消极提示法

消极提示法是指推销人员不是用正面的、积极的提示说服顾客,而是用消极的、不愉快的,甚至是反面的语言及方法劝说顾客购买产品的方法。例如:"听说了没有,过了60岁,保险公司就不受理健康长寿医疗保险,到那时要看病可怎么办?"用的就是消极提示法。

消极提示法包括遗憾提示法、反面提示法等,它运用了心理学的褒将不如贬将、请将不如激将的道理,因为顾客往往对"不是""不对""没必要""太傻了"等词句的反应更为敏感。因此,运用从消极到不愉快,乃至反面语言的提示方法,可以有效地刺激顾客,从而更好地促使顾客立即采取购买行为。但消极提示法比较难以驾驭和把握,实施时应注意以下几点:

(1)明确适用对象。反面提示法只适用于自尊心强、自高自大、有缺陷但不愿让人揭短、反应敏感、爱唱反调的顾客,而对于反应迟钝的顾客不起作用。但是对于特别敏感的顾客又会引起争执与反感。因此,分析顾客类型选准提示对象成为成功运用这个方法的关键。

(2)刺激要适度。语言的运用要特别小心,做到揭短而不冒犯顾客,刺激而不得罪顾客,打破顾客心理平衡但又不令顾客恼怒。

(3)提示要针对顾客的主要购买动机。推销人员应在反面提示后,立即提供一个令顾客满意的解决方案,使推销人员的坦率、善意与服务精神打动顾客,形成良好的洽谈氛围,将洽谈引向交易。

8)联想提示法

联想提示法是指推销人员通过向顾客提示或描述与推销有关的情景,使顾客产生某种联想,进而刺激顾客购买欲望的洽谈方法。

联想提示法要求推销人员善于运用语言的艺术去表达、描绘，避免刻板、教条的语言，也不能采用过分夸张、华丽的词藻。这样，提示的语言方能打动顾客，感染顾客，让顾客觉得贴切可信。

3. 演示法

日本丰田汽车公司一个不可动摇的原则是：“一个优秀的推销员不只靠产品说话，而且要善于利用各种推销工具。”通常，顾客是听凭推销人员对产品的介绍来购买产品的，如果推销人员备有促进推销的小工具，则更能吸引顾客，激发他们的兴趣和好奇心，引发他们的购买欲。并且，人们有“耳听为虚、眼见为实”的心理，演示法正是很好地抓住了人们的这种心理。

演示法就是推销人员通过操作示范或者演示的途径介绍产品的一种方法，根据演示对象即推销工具的类别主要可分为产品演示法、行动演示法、文字或图片演示法等。

1）产品演示法

产品演示法是指推销人员通过直接向顾客展示产品本身说服顾客购买的洽谈方法。推销人员通过对产品的现场展示、操作表演等方式，把产品的性能、特色、优点表现出来，使顾客对产品有直观的了解。从现代推销学原理上讲，推销商品本身就是一个沉默的推销员，是一个最准确、最可靠的产品信息来源，再生动的描述与说明，都不能比产品自身留给消费者的印象更深刻，可谓百闻不如一见。

产品演示法的作用有两个方面：一是形象地介绍产品，有助于弥补言语对某些产品，特别是技术复杂的产品不能完全讲解清楚的缺陷，产品演示法通过产品本身生动形象地刺激顾客的感觉器官，使顾客从视觉、嗅觉、味觉、听觉、触觉等感觉途径形象地接受产品，起口头语言介绍所起不到的作用；二是起证实作用。产品演示法可以制造一个真实可信的推销情景，直观了解，胜于雄辩。运用产品演示法时应注意：

（1）应根据产品的特点选择演示的内容和方式。

（2）应根据顾客的特点特别是顾客的购买动机与利益需求，选择演示重点内容、方法、时间、地点等。

（3）应根据推销洽谈进展的需要，选择适当的时机进行演示。

（4）应注意演示的步骤与艺术，最好是边演示边讲解，并注意演示的气氛与情景效应。

（5）积极鼓励顾客参与演示，使顾客亲身体验产品的优点，从而产生认同感与占有欲望。

（6）在运用产品演示法时，推销人员要坚持产品实体的展示，并且要求演示的产品具有优良的质量，演示时要重点突出推销品的特殊功能与主要的差别优势，以取得良好的演示效果。

但是，产品演示法的运用也有一定的局限性，对于过重、过大、过长、过厚的产品以及服务性产品等，不适合采用实际产品现场演示法，但可以采用产品模型或样本演示的方式。

2）行动演示法

行动演示法是指推销人员运用非语言化的形式向顾客展示推销品的优点，以提示顾客采取购买行为的一种方法。这一方法的运用，不仅能吸引顾客的注意和兴趣，而且通过现场展示与使用推销品，给顾客一种真实可信的感觉，很直观地暗示与激励顾客采取购买行为。行动演示法只适合那些简单的、便于携带、便于表演的产品。

3）文字与图片演示法

文字与图片演示法是推销人员展示用以赞美与介绍产品的图片或文字等劝说顾客进行购买的方式。在不能或不便直接展示产品的情况下，推销人员通过向顾客展示推销商品的文字、图片、图表、音像等资料，能更加生动、形象、真实可靠地向顾客介绍产品。在借助音像影视设备来展示产品时，会做到动静结合，图文并茂，收到良好的推销效果。

10.2.4 推销洽谈的技巧

推销洽谈是推销人员与顾客双方在洽谈中不断磋商、互相妥协、解决分歧，以求最终达成双方均可接受，彼此获益的协议的过程。为了保证洽谈的顺利进行，推销人员不仅要具备倾听和语言表达的本领，而且还要能够恰当地运用洽谈技巧。

1. 开谈入题的技巧

当推销人员与顾客之间初步建立起和谐的洽谈气氛后，双方就应进入正式洽谈。在开谈阶段，推销人员应巧妙地把话题转入正题。

开谈入题要做到自然、轻松、适时。推销人员在与顾客讲开场白时，应顺理成章，自然地将闲谈转入正题。入题的话应使顾客感到轻松愉快，而无成交压迫感。入题的时机要把握好，一般在对方对你产生好感，乐意与你交谈时入题最好。若入题太早，顾客尚未对你产生好感，那么不可能对你的推销品产生好感，入题太晚，说开场白的时间太长，会使顾客不耐烦，从而对推销失去兴趣。

开谈时可以从以下方面入题：第一，以关心人的方式入题；第二，以赞誉的方式入题；第三，以请教的方式入题；第四，以炫耀的方式入题；第五，以消极的方式入题。指出顾客存在的问题，有效地刺激顾客，迅速引起顾客反应。

例 10-12　　投其所好的推销

一个专门推销建筑材料的推销人员，听说一位建筑商需要一大批建筑材料，便前去谈生意，可很快被告知有人已捷足先登了。他还不死心，便三番五次请求与建筑商见面。那位建筑商经不住纠缠，终于答应与他见一次面，但时间只有5分钟。这位推销人员在会见前就决定使用“趣味相投”的谋略，尽管此时尚不知建筑商有哪些兴趣和爱好。当他一走进办公室，立即被挂在墙上的一幅巨大的油画所吸引。他想建筑商一定喜欢绘画艺术，便试探着与建筑商谈起了当地的一次画展。果然一拍即合，建筑商兴致勃勃地与他谈论起来，竟谈了1小时之久。临分手时，允诺他承办的下一个工程的所有建筑材料都由对方供应，并将那位推销人员亲自送出门外。

2. 推销洽谈中听、述、问、答的技巧

推销洽谈的过程，通常就是听、述、问、答的过程，恰到好处的倾听、阐述、提问、回答，能使洽谈顺利进行。

1）倾听的技巧

在推销谈判中，倾听能发掘事实真象，探索顾客的真实意图，所以，听往往比说还重要。推销人员在倾听顾客谈话时要做到以下几点：①听时要专注。一般来说，思维的速度比说话要快4倍。因此，人们往往容易在听的时候思考别的问题，造成听而不闻。推销人员应使自己的注意力始终集中在顾客的谈话内容上。②要善于听出顾客言语中所蕴涵的观念和用意，若顾客故意含糊其辞，则可以要求对方解释清楚。③要容忍听进一些可能触犯你的讲话，让对方讲完，不要中途打断或驳斥。

2）阐述的技巧

在洽谈中，阐述是说明自己一方的观点。阐述要使顾客了解本方的观点、方案、立场，又不能

将自己的底细和意图过早地暴露,使自己处于不利地位。推销人员在阐述时要注意:①先听后述。让顾客先阐述,待了解了对方的意图之后,再决定自己阐述些什么。②阐述要清楚明了。阐述时要避免使用“大概”“可能”“也许”“差不多”之类的词,对不清楚的资料或问题切勿随口而述。③坦诚客观。阐述的目的是沟通信息,在阐述中应做到态度谦和,直截了当地阐明自己的观点。当然,坦诚应以不危害自己的利益为限度,当说的详细说清,不当说的应滴水不漏。

3)提问的技巧

推销人员在洽谈中,为了摸清对方的意图,表达己方的意愿,往往需要向顾客提出问题。在提问时,要针对顾客关心和感兴趣的问题。提问时要做到:一是提出的问题最好是范围界限比较清楚的,使顾客的回答能有具体内容;二是提问要促进洽谈成功,不是那些似是而非,可答可不答的问题,以及与洽谈无关的问题;三是要尊重顾客,不提那些令人难堪和不快,甚至有敌意的问题,以免伤害顾客感情,使洽谈陷入僵局;四是提问态度要谦和友好,用词要恰当、婉转;五是要注意提问的时间性,不要随便打断顾客的讲话,要耐心听完对方的讲话再提问。

4)回答的技巧

在推销洽谈中,对于顾客的提问,推销人员首先要坚持诚实的原则,给予客观真实的回答,既不言过其实,又不弄虚作假,赢得顾客的好感和信任。但是,有些顾客为了自己的利益,提出一些难题、怪题,甚至是别有用心的问题,或者是涉及企业秘密的问题,推销人员就应该使用一些技巧来回答。回答顾客提问时要注意以下几点:①回答之前要明确对方提问的用意;②回答时要有条有理,言简意赅,通俗易懂;③对于一些不便回答的问题,应采取灵活的方法给自己留下进退的余地。例如,使用模糊语言,向对方透露一些不太确切的信息;或者回避问话中的关键问题,先谈次要内容;或者采取反攻法,要求对方先回答自己的问题;或者找借口,找些客观理由表示无法或暂时无法回答对方的问题;对于应否定的问题,为避免直接的冲突,要用幽默的语言,委婉含蓄地表达。

5)处理僵局的技巧

在推销洽谈中,由于推销人员与顾客双方的利益与认识不同,会出现各抒己见,互不相让的僵持局面,使洽谈无法进行下去,甚至导致洽谈不欢而散,无法取得交易的成功。

形成僵局的原因很多,在洽谈中,僵局随时都可能发生。只要我们掌握一些处理僵局的技巧,问题就会迎刃而解。

(1)要尽量避免僵局出现。推销人员要将形成僵局的因素消灭在萌芽状况。推销人员在洽谈中,首先要对顾客的批评意见持冷静态度,不为顾客的批评意见而争吵。其次,要积极探寻顾客意见和建议的价值。在应对意见时,先对意见的可取之处进行肯定,再根据客观信息和理由给予否定。再次,要善于直接或间接利用顾客的意见说服顾客。第四,在直接答复顾客的反对意见时,要大量引入事实和数据资料,用充分的理由说服顾客。

(2)要设法绕过僵局。在洽谈中,若僵局已形成,一时无法解决,可采用下列方法绕过僵局:一是撇开争执不下的问题,去谈容易达成一致意见的问题;二是在发生分歧,出现僵局时,回顾以前的友好交往,削弱对立情绪;三是暂时休会调整情绪和策略;四是推心置腹交换意见,化解冲突;五是邀请有影响力的第三者调停。

(3)打破僵局。在僵局形成之后,绕过僵局只是权宜之策,最终要想办法打破僵局。打破僵局的方法有如下几种:一是扩展洽谈领域。单一的交易条件不能达成协议,把洽谈的领域扩展,如价格上出现僵局时,可将交货期、付款方式结合起来谈。二是改变洽谈环境。洽谈出现僵局容易使人产生压抑感,推销人员可以建议去旅游观光或参加一些娱乐活动,在轻松活泼、融洽愉快的气氛中,解决洽谈中的棘手问题。三是更换洽谈人员。在洽谈陷入僵局时,人们为了顾全自己的面子和尊严,谁也不愿先让步,这时可以换一个推销人员参与洽谈。四是改期。当僵局暂时无法打破,可暂时中止谈判,使双方冷静下来,进行理智的思考。五是让步。在不过分损害己方利益时,可以考虑以高姿态首先做一些小的让步。

阅读与思考 10-2　　推销洽谈的工作内容

从顾客的角度讲,推销人员也许是不受欢迎的人物。许多没有经验或刚工作的推销人员遭到冷遇后,都患上了不同程度的“洽谈恐惧症”。其原因一方面是害怕“无法预料”,譬如对顾客想讲些什么话,对顾客所说的话应如何回答,对顾客招待自己的方式等均无法预料等;另一方面是担心遭到顾客拒绝后会伤害自己的自尊心,有失体面。这就使得某些推销人员害怕与顾客洽谈。要克服这种恐惧症,必须充分做好准备工作,才能在洽谈中灵活应变。

推销洽谈准备工作的主要内容如下:

1. 收集情报,充分了解顾客

推销洽谈的实质是说服顾客,并与顾客达成一致的协议过程。这个过程需要与顾客主动地进行双向沟通,并协调双方的利益。所以推销人员必须在洽谈开始之前准确、全面地把握洽谈顾客的状况。

1)了解顾客的基本情况

包括顾客的姓名、年龄、职务、性格、特点、偏见、爱好、工作作风、顾客本人及其所在部门和公司的状况、愿望和要求等。推销人员掌握了这些基本情况,就可以大致判断出顾客是怎样一个人,是心胸开阔、慷慨大方,还是小心谨慎;是墨守成规,还是不守信用、胆大妄为;他在公司起什么作用,是否有决定权,等等,从而制定相应的对策。

2)明确顾客的需要

顾客的需要是购买的前提和基础,满足顾客需要是推销的目的。为此,推销人员必须认真研究了解顾客的真实需要,设身处地地为顾客着想,这样顾客才会接受推销建议并积极配合。当顾客有了反对意见时,要充分理解其意图,从而能在洽谈中争取主动,按照顾客的意思措词,在最合适的时间把顾客的疑虑首先提出来,并给予适当解释,避免争执。这会使顾客认识到推销人员的坦诚,从而在洽谈的开始就为赢得顾客的信任奠定了基础。

3)熟悉产品和服务

产品的性质、类别、功效如何,以及所推销产品的最新特色,它能为顾客带来什么好处等都要明确。这样才能把顾客的需要与所推销的产品联系起来,促使顾客接受。随着市场经济的发展,各种产品彼此间的差异越来越小,众多的产品和服务相互竞争,当今的市场和顾客比以往更加依赖推销人员。那些在人们由于选择太多而感到困惑时,能够帮助他们解决问题,协助他们得到其想要的产品和服务的推销人员,才能赢得顾客的信赖,才能有更好的销售业绩。

2. 制订洽谈计划

为了使推销洽谈的整个过程按事先预想的要求顺利进行,并最终实现推销目的。推销人员在洽谈前要制订详细而具体的洽谈计划。洽谈计划一般包括:

1）洽谈目的

洽谈目的在于向顾客传递信息，诱发顾客的购买动机，说服顾客作出购买决定。洽谈的具体目标是，必须寻找共同点，将顾客的需要和推销人员的需要结合在一起，形成共同的需要，以减少不同利益之间的冲突。

2）洽谈要点

洽谈要点包括如何吸引顾客的注意力，引起顾客的购买兴趣，刺激顾客的购买欲望，促使顾客达成交易。这是洽谈的关键所在。而顾客的个性心理是有差异的，有的注重产品的功能和质量；有的注重产品的形象和外观；有的注重产品的使用与服务。因此，推销人员应根据已掌握的顾客资料，事先设计好洽谈的要点。

3）洽谈的预期评价

对洽谈取得的成绩，作一个预期的评价，对洽谈要出现的结果，作一个预先安排。

3. 做好洽谈的心理和物质准备

1）自信

推销人员必须具备两方面的自信：一方面是对自己所推销的产品有信心。确信该产品质量优良，对顾客用处很大，推销这种产品是为顾客提供服务，使顾客得到真正的利益。另一方面是对自己有信心。坚信自己从事的是正当而有益的工作，对自己的工作充满热忱。

2）诚恳

与人交往，诚信为本。推销人员与顾客初次见面时，顾客心里往往都会筑起某种“壁垒”。要消除顾客的防范心理，达到有效的沟通，必须要有诚恳的态度。因此，作为推销人员，若能与顾客坦诚相见，有帮助其解决问题和困难的一片诚意，顾客总是会了解和接受的，同时也会积极协助解决推销人员的问题。所以，推销人员与顾客打交道，必须讲信用，并善于发现顾客的长处，以笑脸缩短双方的距离。

3）谈吐自然、风趣

推销人员介绍产品要简明扼要，重点突出，要让顾客在短时间内抓住要点，力戒口头禅。说话讲究语调语速，既不能太快，也不能太慢，做到抑扬顿挫。同时尽量举出具体的事例或采用演示的方法，帮助顾客了解所推销产品的性能和用途。

4）仪表整洁、大方

推销人员要注意自己的仪表，衣服要朴素整洁，举止要自然大方，时刻注意举止行为。在推销产品之前，先推销自己，用自己良好的仪表仪态，给顾客留下美好的印象。

5）仔细检点推销用品

在推销洽谈之前，先要检点价格表、合同书、订货单、公司或自己的名片、货品的说明书、样品等。只有各种推销用品齐全，才能有备无患。

每日一练　**自己试着总结推销洽谈中应注意的各种问题。**

完成子任务 10.2 后进行自我测试：你是否能够熟练地应用推销洽谈的技巧进行相关的推销工作？

10.3 顾客异议的处理

顾客异议是推销过程中的一种必然现象,对企业和推销员来说,应鼓励和欢迎顾客提出真实的异议,并认真分析顾客抱怨的根源所在,从而采取适当的方法与策略妥善处理顾客异议,以提高顾客的满意度与忠诚度,树立企业的良好形象。

10.3.1 顾客异议的概念及类型

1. 顾客异议

顾客异议是指顾客针对推销人员及其在推销中的各种活动所做出的一种反应,是顾客对推销品、推销人员、推销方式和交易条件发出的怀疑、抱怨,提出的否定或反对意见。在实际推销过程中,推销人员会经常遇到:"对不起,我很忙""对不起,我没时间""对不起,我没兴趣""价格太贵了""质量能保证吗?"等被顾客用来作为拒绝购买推销品的问题,这就是顾客异议。

2. 顾客异议的类型

顾客异议的表现形式多种多样,根据划分的标准不同,可以划分为不同的类型。

(1)根据顾客异议的性质,可以划分为真实异议和虚假异议。真实异议是指推销活动的真实意见和不同的看法,因此又称有效异议。对于顾客的真实异议,推销人员要认真对待,正确理解,详细分析,并区分不同异议的原因,从根本上消除异议,有效地促进顾客的购买行为。虚假异议是指顾客用来拒绝购买而故意编造的各种反对意见和看法,是顾客对推销活动的一种虚假反应。虚假异议的产生多是顾客拒绝推销的意识表示,并不是顾客的真实想法,可能是顾客为了争得更多的交易利益而假借的理由。推销人员可以采取不理睬或一带而过的方法进行处理。

(2)根据顾客自身的条件,可以划分为需求异议即顾客主观上认为自己不需要推销商品的一种异议;财力异议即顾客以支付能力不足或没有支付能力为由而提出的一种购买异议。权力异议即顾客以自己无权决定购买产品而提出的一种异议。

(3)根据顾客异议的内容,可以将顾客异议划分为产品异议即顾客对推销商品的内在素质、外观形态等方面提出不同看法和意见而形成的一种异议;价格异议即顾客认为推销商品的价格与自己估计的价格不一致而提出的异议;购买时间异议即顾客自认为购买推销商品的最好时机还未成熟而提出的异议;政策异议即顾客对自己的购买行为是否符合有关政策的规定而有所担忧进而提出的一种异议,又称责任异议。

(4)根据推销企业的条件,可以划分为货源异议即顾客自认为不应该购买推销人员所代表的企业产品而提出的异议;服务异议即顾客对推销商品交易附带承诺的售货服务的异议,如对服务方式方法、服务延续时间、服务延伸度、服务实现的保证程度等多方面的意见;企业异议即顾客针对推销商品的生产或经销企业提出的一种异议。顾客的这种异议往往和产品异议有一定的联系,有时由于对产品的偏见影响到对企业的看法。

10.3.2 顾客异议的成因

在推销过程中,顾客异议的成因是多种多样的。既有必然因素,又有偶然因素;既有可控因素，又有不可控因素；既有主观因素，又有客观因素。

1. **顾客方面的原因**

在推销过程中，顾客并非专家，不可能了解所有的推销商品，由于多方面的原因，不可避免地对推销商品产生异议，其主要体现在以下几个方面：顾客对产品的认知程度；顾客的购买经验和习惯；顾客的收入水平低或经济状况较差而导致的支付能力问题；顾客存在的成见；顾客有比较稳定的采购渠道；顾客有限的决策权等。

2. **推销商品方面的原因**

推销商品自身的问题致使顾客对推销商品产生异议的原因也有很多。主要表现为，推销商品的质量；推销商品的品牌及包装；推销商品的市场寿命周期；推销商品的价格；推销商品的销售服务等。

3. **推销人员方面的原因**

推销人员在推销过程中，由于自己工作的一些失误或者语言表达欠妥等原因而导致的异议。主要表现在：推销人员自身形象的原因；推销人员夸大事实或不正确描述；推销人员使用过多专业术语；没有发掘客户的真实需求，为客户推销不适的推销商品等。

例 10-13　**购车引发的异议**

一天，王先生带着儿子逛庙会，在浏览摊位时，儿子吵着要买一辆 35 元的玩具小汽车，王先生当时就不怎么在意地买了一个。可是到了第二天，不知道是儿子的玩法太粗野还是玩具车的齿轮没有接合好，车子一动也不动了。王先生非常无奈，只好笑着对一直耿耿于怀的儿子安慰说："没办法，这是地摊货，过几天再买一个好的给你。"

过了两天，王先生在公司附近的一家玩具商店看到了同一款式的小汽车，就花了 40 元如约再买了一辆给儿子。儿子很高兴地玩了起来，可是到了第二天，车子又转不动了。王先生得知儿子的使用方法无误后，判断所买的玩具车是有瑕疵的，于是便利用下班的时间前往玩具商店理论。结果，营业员小肖漫不经心地说："是你的小孩使用不当造成的，别找其他理由。"并以"当场验货，货出店门概不负责"为由不予调换。王先生很是生气，便与他当场争论起来。当时围观的人不少，这时柜组经理梅佳过来，问清缘由后，便给王先生换了一辆玩具汽车，并双手把小汽车交给王先生，并代表整个柜组向王先生表示道歉。事态总算得到了平息，围观的群众大都赞叹：看人家负责人，真有水平，给人一种讲道理、重信誉的印象。

4. **其他方面的原因**

除了上述原因外，还有企业方面的原因，如企业的销售渠道、销售方式、定价策略以及售后服务等。另外，社会上或自然界发生的一些意外事件也影响企业产品的销售，导致顾客异议的产生。

10.3.3　处理顾客异议的方法

顾客异议形式多样，错综复杂，推销人员要积极深入地分析根源，探寻有效解决异议的方法，为排除推销障碍，促成交易打下良好的基础。

常见的处理顾客异议的方法有：

1. 直接否定法

直接否定法又称反驳处理法。这种方法是推销人员根据较明显的事实与充分的理由直接否定顾客异议的方法。推销人员采用这种方法给顾客直接、明确、不容置疑的否定回答，迅速、有效地输出与顾客异议相悖的信息，以加大推销说服的力度和反馈速度，从而达到缩短推销时间、提高推销效率的目的。

直接否定法适用于处理由于顾客的误解、成见、信息不足等而导致的有明显错误、漏洞、自相矛盾的异议，正确地运用直接否定法，以合理而科学的根据反驳顾客，可以增强推销论证的说服力，增强顾客的购买信心。但这种方法在使用方面也存在一些缺点，比如：容易使顾客产生心理压力和抵触情绪，甚至可能伤害顾客的自尊，引起顾客的反感或激怒顾客，造成推销洽谈的紧张气氛，不仅没有化解顾客异议，反而使异议成为成交障碍。

2. 间接否定法

是指推销人员根据有关事实和理由来间接否定顾客异议的一种方法。在使用这种方法处理顾客异议时，首先要表示对顾客异议的同情、理解，或者仅仅是简单地重复，使顾客心理暂时得到平衡，然后再用转折词，如“但是”“不过”等，把话锋一转，再用有关事实和理由否定顾客异议。在推销实践中，间接否定法较之直接否定法使用得更为广泛。这种方法不是直截了当地否定顾客的异议，而是先退后进，语气比较委婉，一般不会冒犯顾客，容易被顾客接受，能够缩短推销人员与顾客的心理距离，使顾客感到被尊重、被承认、被理解，委婉而富有人情味，有利于保持良好的推销气氛和人际关系。

这种方法在实际运用中也有一定的局限性。推销人员首先做出的“退让”，可能会削减顾客购买的信心，降低推销人员及其推销说服的力量，也会促使顾客因为受到鼓励而提出更多的异议。特别是这种方法要求推销人员不要直接反驳顾客异议，而是回避顾客异议内容，转换推销话题的角度，可能会使顾客觉得推销人员圆滑、玩弄技巧而产生反感情绪。

3. 补偿法

补偿法又称抵消处理法、平衡处理法，是指推销人员利用顾客异议以外的、能补偿顾客其他利益，对顾客异议实行补偿而处理异议的一种方法。在推销实践中，推销人员应该承认这样一个事实，那就是：本企业及其推销品并不是尽善尽美的，推销活动也有疏忽与不妥当之处，与市场上竞争对手的产品相比，也有优劣长短。对此，推销人员应当辩证地看待，尊重事实，不必要回避与躲闪，并客观地看待顾客的异议。如果推销人员能够充分地说理和实证来证明推销品虽然存在缺点，但优点更多，使顾客相信推销品的优点大于缺点，顾客会接受推销人员的购买建议的。这一方法在推销工作中普遍运用，特别是顾客理智地提出有效真实的购买异议时。

补偿法的优点在于：推销人员能实事求是地承认推销商品的不足之处，并能客观地向顾客介绍推销商品的优点，给顾客的感觉是真诚、客观，可以信赖，从而有利于促成交易；另外，推销员并不是反驳或否定顾客异议，相反确实予以肯定和补偿，有利于建立和维护购销双方的友好关系。但这一方法也有其缺点：推销人员事先肯定了顾客的异议，可能会引发顾客对推销商品的误会，助长顾客对异议的坚持，对购买失去了信心；甚至会使顾客异议增多，增加推销劝说的难度：还可能会拖延推销时间，降低推销效率。

例 10-14　　成功的补偿法

在一次冰箱展销会上,一位打算购买冰箱的顾客指着不远处一台冰箱对身旁的推销人员说:"那种 AE 牌的冰箱和你们的这种冰箱同一类型,同一规格,同一星级,可是它的制冷速度要比你们的快,噪声也要小一些,而且冷冻室比你们的大 12 升。看来你们的冰箱不如 AE 牌的呀!"推销人员回答:"是的,你说的不错。我们冰箱噪声是大点,但仍然在国家标准允许的范围以内,不会影响你家人的生活与健康。我们的冰箱制冷速度慢,可耗电量却比 AE 牌冰箱少得多。我们冰箱的冷冻室小但冷藏室很大,能储藏更多的食物。你一家三口人,每天能有多少东西需要冰冻呢? 再说吧,我们的冰箱在价格上要比 AE 牌冰箱便宜 300 元,保修期也要长 6 年,我们还可以上门维修。"顾客听后,脸上露出欣然之色。

4. 太极处理法

取自于太极拳中的借力使力,就是你一出招我就顺势接招再放招的办法。太极法的基本做法是,当顾客提出一些不购买的异议时,这正是推销人员认为您要购买的理由,也就是推销人员能立刻把顾客的反对意见直接转换成他必须购买的理由。太极法处理的多半是顾客不十分坚定的异议,特别是顾客的一些借口,太极法最大的目的就是让推销人员能够借处理异议之机,迅速地陈述它能带给顾客的利益,以引起顾客购买的意愿。

5. 询问法

询问法又称问题引导法或追问法,是指推销人员利用顾客提出的异议,直接以询问的方式向顾客提出问题,引导顾客在回答问题过程中不知不觉地回答了自己提出的异议,甚至否定自己,同意推销人员观点的处理方法。

运用询问法来处理顾客异议,使推销人员掌握更多的顾客信息,为进一步推销创造了条件;带有请教意义的询问会让顾客感受到尊重或重视,从而愿意配合推销人员的工作,使推销保持良好的气氛与人际关系;另外,询问法还使推销人员从被动听顾客申诉异议变为主动地提出问题与顾客共同探讨。

但这种方法如果运用不当,可能会引发顾客的反感与抵触情绪,或在推销人同的多次询问抑或追问下,产生更多的异议,破坏推销气氛,阻碍推销工作的顺利进行。

6. 转化法

转化法又称利用处理法、反戈处理法,是指推销人员利用顾客异议中有利于推销成功的因素,并对此进行加工处理,转化为自己观点的一部分去消除顾客异议,说服其接受推销。

转化法是一种有效的处理顾客异议的方法。这种方法是"以子之矛,攻子之盾",推销人员改变了顾客异议的性质和作用,把顾客拒绝购买的理由转化为说服顾客购买推销品的理由,把顾客异议转化为推销提示,把成交的障碍转化为成交的动力,不仅有针对性地转变了顾客在最关键问题上的看法,而且使之不再提出新的异议。并且,在这一方法中,推销人员直接承认、肯定了顾客意见,在此基础上转化顾客异议,这样可以保持良好的人际关系和洽谈气氛。

但是,如果这种方法使用得不当,反而会给推销工作带来麻烦。因为,推销人员是直接利用顾客的异议进行转化处理的,会使顾客感到有损自尊,产生一种被人利用、愚弄的感觉,可能会引起顾客的反感甚至恼怒,也可能会使顾客失望而提出更难解决的异议。

7. 不理不睬法

不理不睬法亦称装聋作哑处理法、沉默处理法、糊涂处理法,是指推销人员有意不理睬顾客提出的异议,以分散顾客的注意力,回避矛盾的处理方法。

通常情况下,推销人员应该热情地解答顾客提出的各种各样的问题,以帮助顾客了解、认识推销商品。但是,在推销活动中,对于那些无效的、无关的、虚假的异议,推销人员就可以采取不理不睬法,故意忽视、回避或转移话题,以保持良好的洽谈气氛,避免与顾客发生冲突。

不理不睬法不可滥用,在运用时应注意:即使顾客述说的是无效的、虚假的异议,推销人员也要尊重顾客,耐心地聆听,态度要温和谦恭;在不理睬顾客的某一异议时,注意马上找到应该理睬顾客的内容避免顾客受到冷落。

8. 预防处理法

预防处理法是指推销人员在推销拜访中,确信顾客会提出某种异议,就在顾客尚未提出异议时,自己先把问题说出来,继而适当地解释说明,予以回答。由此可见,预防处理法的最大好处就是先发制人,有效地阻止顾客的异议。但采用这种方法,推销人员必须在接近顾客之前,将顾客有可能提出的各种异议列出来,并详细准备好处理方法,在推销中灵活运用。

9. 定制处理法

定制处理法是指推销人员按照顾客异议的具体要求重新为顾客制造与推销符合顾客要求的产品,从而进行顾客异议处理。这一方法很好地体现了现代市场营销观念中"按需生产""以销定产"的观点,企业按照顾客异议的具体内容进行推销商品的生产与销售,是满足顾客需求的最好方法,也是目前能够满足顾客需要的最高标准。另外,可以通过产品与推销的改进而带动企业生产与经营活动的进步,引发企业对新产品的开发与市场开拓,更好地体现企业及推销人员的服务精神,在当今竞争激烈的市场经济中,无疑也是一种比较有效的竞争方式。

处理顾客异议的方法还有多种,如:拖延法、举证说明法、有效类比法、旁敲侧击法等。在推销实践中,推销人员应根据不同的推销情况加以灵活运用,并善于创新,以提高推销效率,提升推销业绩。

阅读与思考 10-3　　处理顾客异议的原则

一个销售人员要想获得成功,必须正确对待和处理顾客的异议,在处理异议时至少要遵循以下四个原则。

1. 要听顾客讲完。当顾客不断地提出异议,其实就为你提供了说服顾客的资料。如果顾客说了几句,销售员就还以一大堆反驳的话,不仅打断了顾客的讲话而使他感到生气,而且还会向对方透露出许多情报,当对方掌握了这些信息后,销售人员就处在不利的地位,顾客便会想出许多拒绝购买的理由。结果当然就不可能达成交易。

2. 不要跟顾客争论。顾客提出异议,意味着他表示需要更多的信息。一旦与顾客发生争论,拿出各种各样的理由来压服顾客时,销售人员即使在争论中取胜,然而却彻底失去了成交的机会。

3. 突破异议时不要攻击顾客。销售人员在遇到异议时,必须把顾客和他们的异议分开。这样,你在突破异议时才不会伤害到顾客本身。要理解顾客提出异议时的心理,要注意保护顾客的自尊心。如果你说他们的异议不明智、没道理,那么你就是在打击对方的情绪,伤害他们的自尊心,尽管你在逻辑的战斗中取胜,但你在感情的战斗中却失败了,你不可能获得成功。

4. 要引导顾客回答他们自己的异议。成功的销售员总是诱使顾客回答他们自己的异议。有一句销售格言:"如果你说出来,他们会怀疑;如果他们说出来,那就是真的。"

每日一练 自己试着找出顾客异议的原因。

完成子任务 10.3 后进行自我测试：你是否能够及时地处理顾客的异议？

10.4 促成交易

10.4.1 促成交易的概念

促成交易是推销中极为重要的一个步骤。某些推销人员，尤其是缺乏经验的推销人员，把推销说明做得很突出，处理顾客异议的技巧也相当高明，但是却没有认识到可进行试探促成交易的所有重要信号，以致失去了成交的良机。所谓促成交易，是指推销人员通过推销说明等工作激发起顾客就购买推新品，做出积极肯定的购买决策。

例 10-15 捕捉成交信号

王强是一名大型体育用品商店的销售员，这家商店最近在报纸上做了大量的广告，并在公司内举办了一个产品展览会。

星期三下午，一个客户进了展厅，开始仔细查看展出的帐篷，王强认为他是一名该产品的潜在客户。

王强："正如您所见，我们有许多种帐篷，能满足任何购买者的需求。"

客户："是的，可选的不少，我都看见了。"

王强："这几乎是一个万国展了，请问您喜欢哪种产品？"

客户："我家有 5 口人，3 个孩子，都 10 岁以下，我们想去南方度假，因此打算买个帐篷。但不能太贵，度假花销已经够多了。"

王强："这儿的许多产品都能满足您的需求。例如这种，里面很大，可容纳下像您家那么大规模的家庭；质地很轻，而且不用担心，它是防水的；右边的窗子可以很容易地打开，接受阳光；地面是用强力帆布特制的，耐拉、防水；能很容易地安装和拆卸，您在使用中不会有任何问题。"

客户："看上去不错，多少钱？"

王强："价格合理，985 元。"

客户："旁边那个多少钱？"

王强："这个圆顶帐篷是名牌，比前一个小一点，但够用，特性与前面一个相差无几，价钱是 915 元。"

客户："好的，现在我已经了解了许多，星期六我带妻子来，那时再决定。"

王强："这是我的名片，如果有问题可以随时找我，我从早上开业到下午 6 点都在这儿，星期六我很高兴能与您和您妻子谈谈。"

10.4.2 促成交易的障碍

由于存在种种原因使得推销人员在推销实践中无法最终促成交易，这些障碍比较复杂，主要来自于顾客和推销人员两方面。

1. 来自顾客方面的成交障碍

来自顾客方面的成交障碍主要是顾客对购买决策的修正、推迟和避免行为。在成交阶段，顾客常常受其风险意识的影响，修正、推迟已做出的购买决策，或者避免做出购买决策，从而使推销人员的努力付诸东流。要降低顾客的风险意识，要求推销人员有极大的耐心，要求推销人员谙熟顾客的心理和促成交易的方法。

2. 来自于推销员方面的成交障碍

来自于推销员方面的成交障碍主要是推销人员对成交的心理与态度不正确，洽谈不充分，技巧不熟练。主要表现在：推销人员的畏难心理，推销人员对成交的困难估计过高，总是担心无法成交；急于成交，推销人员过早地要求顾客采取购买行动也是导致成交失败的原因之一；不恰当的态度，有的推销人员看到顾客准备采取购买行动时，表现出过于兴奋和激动的表情，引起顾客无端的怀疑和抵触，使即将达到终点的推销过程不得不重新又回到起点；面淡不定期，过程没有充分展开；成交方法不恰当，只有根据具体的推销环境，有针对性地运用恰当的成交策略与技巧，才能顺利达成交易。而不合适的成交方法，往往会断送即将达成的交易。

10.4.3 促成交易的方法

所谓成交方法是指在促成交易的过程中，推销人员在适当的时机用以促成顾客做出购买决定，采取购买行动的方法和技巧。主要有以下几种常用的成交方法。

1. 请求成交法

请求成交法又称直接成交法，是指推销人员向顾客主动提出成交的要求，直接要求顾客购买销售商品的方法，这是一种最基本、最常用的成交方法。使用请求成交法较适合于以下一些场合：一是老客户。对于老顾客，因为买卖双方已建立了较好的人际关系，运用此方法，顾客一般不会拒绝。二是顾客已发出购买信号。顾客对推销商品产生购买欲望，但还未拿定主意或不愿主动提出成交时，推销人员宜采用请求成交法。三是在解除顾客存在的重大障碍后。当推销人员尽力解决了顾客的问题和要求后，使顾客感到较为满意的时刻，推销人员可趁机采用请求成交法，促成交易。

运用请求成交法应注意的问题有：首先，要求推销人员具备较强的观察和决策能力；其次，把握好成交的时机、密切注意顾客的成交信号；第三，尽量避免向顾客施加过大的压力。

2. 假定成交法

是指推销人员在假定顾客已经接受推销建议，只需对某些具体的成交问题做出答复，直接要求顾客购买推销品的一种方法。这种方法，人为地提高推销人员与顾客谈判的起点。推销人员表现了对成交的自信心，积极进攻，主动引导顾客，回避是否购买的问题。顾客对推销商品感兴趣，但不会主动提出，成交与否取决于推销人员的态度。

假定成交法的优点是节省推销时间，提高效率。它可以将推销提示转化为购买提示，适当减轻顾客的成交压力，促成交易。假定成交法也有一定的局限性，它是以推销人员的主观假定为基础,某些类型的顾客会认为推销人员自以为是;顾客已接受推销商品的心理暗示,不利于顾客做出自由选择,甚至会令其产生反感情绪,破坏成交气氛,不利于成交。所以,在使用这种方法时,要注意:推销人员要善于分析顾客,有针对性使用;推销人员应善于把握时机,适时使用;推销人员应善于制造推销气氛,自然地使用。

3. 选择成交法

选择成交法是指推销人员直接为顾客提供一个有效的选择方案,并促使顾客立即做出选择的一种成交方法。它是假定成交法的应用和发展,仍然以假定成交理论作为理论依据,即推销人员在假定成交的基础上向顾客提出成交决策的比较方案,先假定成交,后选择成交。顾客不是在买与不买之间选择,而是在推销商品不同的数量、规格、颜色、包装、样式、交货日期等方面做出选择,顾客无论做出何种选择的结局都是成交。这种方法在实际推销工作中经常使用,并且具有明显的效果。

选择成交法的优点就在于既调动了顾客决策的积极性,又控制了顾客决策的范围。选择成交法的要点是使顾客避开"要还是不要"的问题,让顾客回答"要 A 还是要 B"的问题。

这种方法能否成功的关键在于,推销人员能否正确地分析和确定顾客的真正需要,提出适当的选择方案。提出了与顾客需要相符的选择方案,有助于顾客购买,有利于顺利成交。选择方案不宜过多,否则反而会使顾客拿不定主意。在实际工作中,推销人员应灵活运用选择成交法。

4. 小点成交法

小点成交法是推销人员通过次要问题的解决来促成交易的一种成交法。小点是指次要的、较小的成交问题。小点成交法是利用了顾客的成交心理活动规律。从顾客购买心理的角度来看,购买者对重大的购买决策往往产生较大的心理压力,较为慎重,担心有风险而造成重大损失,导致难以决断,特别是成交金额较大的交易。而顾客对较小的购买决策时,心理压力较小,会较为轻松地接受推销人员的引荐。小点成交法正是利用了顾客这一心理活动规律,避免直接提出重大的、顾客比较敏感的成交问题。

小点成交法的优点:可以创造良好的成交气氛,减轻顾客的心理压力;为推销人员提供了与顾客周旋的余地,一个小点不能成交,可以换其他的小点,直至达成交易;有利于推销人员合理利用各种成交信号,有效地促成交易。

5. 从众成交法

从众成交法是指推销人员利用顾客的从众心理,促使顾客立即购买推销商品的一种成交方法。

日常生活中,人们或多或少都有从众心理,从众心理必然导致社会趋同的从众行为,作为人们的购买行为,当然会受到自身性格,价值观念,兴趣爱好等因素的影响,同时又会受到家庭,亲戚好友,社会相关群体等因素的影响。因而顾客在购买商品时,不仅会按照自身需求来选购推销商品,而且也要考虑社会上对此种推销品的行为规范和审美观念,甚至在某些时候不得不屈从于社会的压力而放弃自身的爱好,以符合大多数人的消费行为。

从众成交法正是抓住人们的这一心理特点,力求创造一种时尚或流行来鼓动人们随大流,进而来促成交易的成功。从众成交法主要适合于推销比较时尚的商品,并且要求推销对象具有从众心理。如果商品的流行性差,号召力不强,又遇到自我意识较强的顾客,就不宜采用此种成交方法来达成交易。

6. 最后机会成交法

是指推销人员直接向顾客提示最后成交机会而促使顾客立即购买的一种成交方法。例如，“这款衣服的出厂价已上涨30%，恰好在涨价前进了一批，售价不高，下一批货就不是这种价位了，现在买最实惠。”这一成交方法要求推销人员运用购买机会原理，向顾客提示“机不可失，时不再来”的机会，给顾客施加一定的成交压力，使顾客感到应该珍惜时机，尽快采取购买行为。强调最后机会，必然引起顾客的注意和浓厚的兴趣，从而产生一种立刻购买的心理倾向。

7. 优惠成交法

是指推销人员通过提供优惠条件，而促使顾客购买推销商品的一种成交方法。它利用顾客的求利购买动机。优惠成交法正是利用了这一点，直接向顾客提示成交优惠条件，诱使顾客立即购买推销商品。

优惠成交法与最后机会成交法结合起来运用，更能增强对顾客的刺激强度，诱导性更强。优惠的机会“千载难逢”，尤其是预测未来对顾客不利时，谁都希望搭上这一“最后的班车”，这对达成交易将更为有利。

例10-16　　欲擒故纵

夏季秋末，美国西雅图的一家百货商店积压了一批衬衫。这一天老板在散步时，看见一家水果摊前写着“每人限购一公斤”，过路的人争先购买。商店老板由此受到启发，回到店里，让店员在门前的广告牌上写上“本店售时尚衬衫，每人限购一件”，并交代店员，凡购两件以上的，必须经理批准。第二天，过路人纷纷进店抢购，上办公室找经理特批超购的大有人在，于是店里积压的衬衫销售一空。

8. 总结利益成交法

是指推销人员将顾客关注的产品的主要特色、优点和利益，在成交中以一种积极的方式加以概括总结，以得到顾客的认同并最终获取订单的成交方法。

总结利益成交法的基本步骤为：首先，推销洽谈中确定顾客关注的核心利益；其次，总结这些利益；最后，向顾客提出购买建议。

总结利益成交法的优点：使顾客全面了解商品，激发顾客的购买兴趣，最大限度地吸引顾客的注意力，使顾客在明确自己既得利益的基础上迅速作出决策。但是采用此方法，推销人员必须把握住顾客真正的需求，有针对性地汇总阐述产品的优点，切不可将顾客提出异议的方面作为优点加以阐述，以免遭到顾客的再次反对，使总结利益的劝说达不到效果。

9. 保证成交法

是推销人员通过向顾客提供售后保证，从而促成交易的成交方法。保证成交法即是推销人员针对顾客的主要购买动机，向顾客提供一定的成交保证，消除顾客的成交心理障碍，降低顾客的购物风险，从而增强顾客的成交信心，促使尽快成交，保证成交法是一种大点成交法，直接提供成交保证，直至促成交易。

保证成交法的保证内容一般包括商品质量、价格、承诺、交货时间、售后服务等。这种保证基于对顾客的成交心理障碍的正确认识，通过售后保证降低顾客的购物风险。但是，保证成交法也不可滥用，以免失去推销信用，引起顾客的反感，从而不利于成交。

例 10-17　　及时促成交易

某办公用品推销人员到某办公室去推销碎纸机。办公室主任在听完产品介绍后摆弄起样机，自言自语道："东西倒是挺合适，只是办公室这些小年轻毛手毛脚，只怕没用两天就坏了。"推销人员一听，马上接着说："这样好了，明天我把货运来的时候，顺便把碎纸机的使用方法和注意事项给大家讲讲，这是我的名片，如果使用中出现故障，请随时与我联系，我们负责维修。主任，如果没有其他问题，我们就这么定了！"

阅读与思考 10-4　　促成交易的技巧

1. 二选其一法：当准顾客一再出现购买信号，却又犹豫不决拿不定主意时，可采用"二选其一"的技巧。譬如，推销人员可对准顾客说："请问您要那部浅灰色的车还是银白色的呢？"只要准顾客选中一个，其实就是你帮他拿主意，下决心购买了。

2. 帮助挑选：许多准顾客即使有意购买，也不喜欢迅速签下订单，他总要东挑西拣，在产品颜色、规格、式样、交货日期上不停地打转。这时，推销人员就要改变策略，暂时不谈订单的问题，转而热情地帮对方挑选颜色、规格、式样、交货日期等，一旦上述问题解决，你的订单也就落实了。

3. 利用"怕买不到"的心理，人们常对越是得不到、买不到的东西，越想得到它、买到它。推销人员可利用这种"怕买不到"的心理，来促成订单。譬如说，推销人员可对准顾客说："这种产品只剩最后一个了，短期内不再进货，你不买就没有了。"

4. 试用法：准顾客想要买你的产品，可又对产品没有信心时，可建议对方先买一点试用看看。

5. 欲擒故纵：有些准顾客天生优柔寡断，他虽然对你的产品有兴趣，可是拖拖拉拉，迟迟不作决定。这时，你不妨故意收拾东西，做出要离开的样子。

6. 反问式的回答：就是当准顾客问到某种产品，不巧正好没有时，就得运用反问来促成订单。如准顾客问："你们有银白色电冰箱吗？"这时，推销员不可回答没有，而应该反问道："抱歉！我们没有生产，不过我们有白色、棕色、粉红色的，在这几种颜色里，您比较喜欢哪一种呢？"

7. 快刀斩乱麻：在尝试上述几种技巧后，都不能打动对方时，直接要求准顾客签订单。

8. 拜师学艺，态度谦虚：在你费尽口舌，使出浑身解数都无效，不妨试试这个方法。譬如说："×经理，虽然我知道我们的产品绝对适合您，可我的能力太差了，无法说服您，我认输了。不过，在告辞之前，请您指出我的不足，让我有一个改进的机会好吗？"像这种谦卑的话语，不但很容易满足对方的虚荣心，而且会消除彼此之间的对抗情绪。他会一边指点你，一边鼓励你，为了给你打气，有时会给你一张意料之外的订单。

每日一练　**自己试着和同学一起讨论交流，促成交易可采用的方法。**

完成子任务 10.4 后，请进行自我测试：你是否能够针对不同情况，采取不同促成交易的方法？

小　结

本任务就是让读者了解推销过程中的不同环节、明确寻找和接见顾客、推销洽谈、顾客异议及顾客异议处理等方法，懂得这些环节在推销过程中所起的作用和价值，是实现推销目标不可或缺的重要环节。

本任务围绕推销过程中的原理设计了各环节的基本知识，并插入了一些典型的案例，且对相关知识以阅读与思考的形式呈现。每一任务都以子任务小结结束，希望读者在完成子任务之后，能够及时进行自我的过程性评价。

完成本任务后，读者应该能够把握推销过程，树立推销的观念，并能结合实际的推销案例进行运用。

完成本任务将为完成推销目标奠定良好的基础。

核心技能与概念

寻找顾客　普遍寻找法　连锁介绍法　接近顾客　积极提示法　顾客异议

课堂讨论

1. 你认为推销前应做哪些方面的准备工作？
2. 你认为在推销洽谈过程中应注意哪些问题？
3. 你认为促成交易的关键是什么？

业务技能自测

一、单项选择题

1. (　　)往往是一个业务员销售活动的开端。

A. 接近顾客　　B. 约见顾客　　C. 寻找顾客　　D. 面见顾客

2. (　　)是推销人员雇佣他人寻找顾客的一种方法。

A. 连锁介绍法　　B. 网络搜索法　　C. 普遍寻找法　　D. 猎犬法

3. 由于存在种种原因使得推销员在推销实践中无法最终促成交易，这些障碍尽管比较复杂主要来自于(　　)和推销员两方面。

A. 企业　　B. 推销品　　C. 推销媒介　　D. 顾客

4. 从众成交法是指推销人员利用顾客的(　　)，促使顾客立即购买推销品的一种成交方法。

A. 成交心理　　B. 求利心理　　C. 从众心理　　D. 需求心理

5. (　　)是推销过程中的关键环节。

A. 推销洽谈　　B. 推销准备　　C. 处理顾客异议　　D. 促成交易

二、简答题

1. 连锁介绍法被称为是最有效的寻找顾客的方法之一,其原因是什么?
2. 什么是竞争分析法?应从哪些方面进行?
3. 接近顾客有哪些方法?
4. 推销洽谈应遵循哪些原则?
5. 顾客异议有哪些类型?为什么会形成顾客的异议?
6. 常用的促成交易的方法有哪些?

案例分析

案例1:接近法的应用

(1)门铃响了,一个衣冠整齐的人站在大门的台阶上。当主人把门打开时,这个人问道:"家里有高级的食品搅拌器吗?"男人怔住了,这突然的一问使主人不知怎样回答才好。他转过脸来和夫人商量,夫人有点窘迫但又好奇地回答说:"我们家有一个食品搅拌器,不过不是特别高级的。"推销人员回答说:"我这里有一个高级的。"说着,他从提包里掏出一个高级食品搅拌器。如果顾客承认他缺少某种产品,推销是可以借题发挥的。假如这个推销人员改变一下说话方式,一开口就说:"我来是想问一下你们是否愿意购买一个新型食品搅拌器?"或者"您需要高级食品搅拌器吗?"你想一想,这种说法的推销效果又将会是如何呢?相比之下,两种不同方式的问话,效果是大有区别的。

(2)一个过去从事推销各种家庭日用品的推销人员现在改为推销真空吸尘器。自他参加推销工作以来,他总是成功地用一句话就可以引起顾客的注意。这一句话是:"我能向您介绍一下怎样才能减轻家务劳动吗?"

(3)加德纳正准备把他的汽车开进库房。由于近来天气很冷,斜坡道上结了厚厚的一层冰,给行车驾驶带来了一定困难。这时候,一位懂文明讲礼貌的过路行人顺势走过来帮助,他又是打手势又是指方向,在他的帮助下,汽车顺利地绕过了门柱。他凑过来问加德纳:"你有拖绳吗?"加德纳回答说:"没有。"然后加德纳又补充道:"可能没有。不过,我一直想买一条,但总是没有时间。怎么啦?是否你的汽车坏了?"过路人回答说:"不是的,我的车没有坏,但我可以给你提供一条尼龙拖绳。经试验,它的拉力是5吨。"这个过路人的问话即刻引起了加德纳的注意,并且使他意识到他确实需要一条拖绳。这个过路人采用这种方法销售了很多拖绳。

(4)一个推销各种进口食品罐头的推销人员说:"罗兰先生,我一直很欣赏你们的橱窗。你们购置了很多高质量的产品。在城市里,你们一定有一流的超级市场。"听了这些话,罗兰先生洋洋得意地点头表示同意。用这样的方式开始销售谈话,推销人员就很有可能使顾客对他推销的罐头食品感兴趣并且向他订货。

(5)一个推销人员把一块透明塑料布的样品递给一个汽车经销商,然后对他说:"请你摸一摸这块塑料布,试试能否把它撕烂?"这个经销商有50辆新车存放在露天停车场。推销人员是建议他用塑料布把汽车分别盖起来,防风沙、防雨淋以保护汽车。塑料布不容易撕烂当然是盖车的好材料,但让顾客亲自检验一下质量,就会引起顾客的注意,坚定他购买的决心。

(6)推销人员马休正想以老套话"我们又生产出一些新产品"来开始他的销售谈话,但他马上意识到这样是错误的。于是,他改口说:"班尼斯特先生,如果一笔生意能为你节省125英镑,你会有兴趣吗?”“我当然感兴趣了,你说吧!”“今年秋天,香料和食品罐头的价格最起码要上涨20%。我已经算好了,今年你能出售多少香料和食品罐头,我告诉你……”然后他就把一些数据写了下来。多少年来,他对顾客的生意情况非常了解,这一次,他又得到了顾客很大一笔订货。

试分析上面有关产品推销的6个实例各采用了什么接近顾客的方法?

案例2:推销洽谈的技巧

一位销售汽车的业务代表正在为顾客推荐一辆豪华轿车,通过分析观察,他发现这位顾客自己不开车,备有专任的私人司机,他对车子也不是很了解,他需求的重点只是“气派”两个字。于是,这位业务代表引导顾客从不同的角度观看车的款式,让准顾客用眼睛证明所看到的是多么气派的外形;请顾客坐在车上,让他感受到车子的宽敞、舒适及豪华;他拿出几位商场知名人士签下的订购合约给这位准顾客过目,就这样,他们开始谈到车子的价格及交车的手续,不一会,准顾客签下了购买一辆120万元车子的合约。

读了这则案例,回答下面问题:

1. 请问这位业务代表的成功是偶然的吗?

2. 他成功的原因是什么?

案例3:顾客异议的处理

一位财政金融计算器的推销人员向一家公司的经理推销自己的产品。

顾客:“你们的商品价格太高了。”

推销人员:“太高?”

顾客:“你们产品的价格几乎比你们的竞争对手的价格高出25美元。”

推销人员:“这正是您应该买我们产品的原因啊。我们的产品有许多好的品质,每个人都认为其物有所值。没有一种其他的产品能有我们产品独特的时间特征。您只要按一下这个按钮,就会看到时间和日期。”

顾客:“这很好,但我感兴趣的是我的秘书能用于计算薪水总额、税收以及其他商业申请表的计算器。”

推销人员:“您所说的仅仅是这种计算器最基本的一些功能。”

顾客:“是这样的,你们有没有比这种便宜的计算器?”

推销人员:“我明白您的意思了。但我认为质量也是一个重要的考虑因素,我们的计算器保证可以使用5年而不需要维修,这比竞争对手产品的有效使用期要多出2年,这就相当于每月的花费仅2美元。”

顾客:“也许你是正确的,但我还需要考虑一下。”

推销人员:“经理,您付给您的秘书多少工资?”

顾客:“每小时10美元。”

推销人员:“哦,先前我计算过,用我们的计算器可使你每天节省2小时的工作时间,相当于每天节省20美元,一周就是100美元。这些都代表您腰包中的金钱。如果您还下不了决心,这可是一个损失。”

顾客:“这么说的话,那我就买吧。”

阅读这则案例,你认为推销人员是采用哪些方法来处理顾客异议并说服顾客购买推销商品的?

案例4:一种新颖盒子销路的打开

日本大阪有一家公司,经过苦心设计,研制了一种可放置茶具、餐具等物品的盒子,这种盒子可以像百叶窗那样上下移动,颇有新意,且外形美观。可投放市场以后,却销售不佳,盒子在仓库里堆积如山。

有一位来自东京的推销人员,在了解了这些情况之后,对该公司的经理说:"给我1 000只盒子,让我来试试看。"仅仅过了一个月,需要盒子的订单就开始源源不断了。原来这位推销人员拿着盒子到一家家旅馆去推销。"请把这种盒子放在客房的冰箱上面,我们过去是先用白布铺在冰箱上,白布上再放置杯子、开瓶启子等东西,上面再盖上白布,每天每间客房要换洗两块白布。如果把这些用品放在盒子里,就用不着天天换洗白布了,我把盒子留几个在你们旅馆里,过两个星期再来看看。"

就这样,盒子留在了旅馆,试用下来,旅馆的服务人员及旅客都觉得它很不错,于是各旅馆纷纷提出要货的要求,订单开始源源不断地出现在公司经理的办公桌上。

阅读这则案例,根据所学的知识,指出推销人员是怎样激发起顾客的购买欲望的?这位推销人员使用的是哪一种推销方法?

实训操作

注意在推销过程中推销洽谈方法的运用。

[**实训目标**] 通过深入实地认知与体验商务礼仪,加深对本任务内容的理解。

[**实训组织**] 学生每6人分为一组,推销商品,注意运用推销过程中的不同方法。

[**实训提示**] 教师提出活动前准备及注意事项,同时随队指导。

[**实训成果**] 各组汇报,教师讲评。

任务11 推销管理

任务导入

随着市场经济的不断发展，企业的市场营销意识也在不断加强，企业也将面临着更加激烈的竞争。企业经营管理者既要考虑企业的短期效率，又要兼顾企业的长远发展，做好销售管理工作，建立一支精简高效的销售组织是企业各项经营工作的龙头。企业的推销组织是企业经济效益最直接的创造者，在企业整体营销管理过程中具有举足轻重的地位，起着不可低估的作用。

为了更好地把握这些基本理论，为今后的产品推销工作奠定坚实的管理基础，请尝试完成本任务。

为了方便读者掌握推销管理的有关概念和更好地做好推销管理工作，又将本任务分为如下四个子任务：

子任务1：了解推销组织的建立与类型；

子任务2：了解推销队伍的组建与规模；

子任务3：掌握推销的客户管理；

子任务4：掌握推销绩效的评估。

读者可以反复演练，有的放矢地依次完成各子任务，直至完成本任务，从而为更好地做好推销管理创造前提条件。

11.1 推销组织的建立与类型

11.1.1 推销组织的作用

1. 推销组织是企业在市场竞争中取胜的重要法宝

推销组织所进行的产品销售是企业运营的最后一个环节，如果对推销组织没有科学的管理工作，产品就很难销售出去，企业的所有努力就会前功尽弃，因此，在日趋激烈的市场竞争环境中，推销组织是决定企业运营成败的关键。尤其是当竞争者提供的产品没有明显的差别时，推销组织及其成员就成了决定竞争成败的关键因素。优秀的推销组织能适时地、有效地组织推销人员拜访潜在顾客，为顾客提供满意的服务，创造优良的销售业绩，从而使企业战胜竞争对手。

2. 推销组织是实现企业盈利目标的根本途径

企业在经营过程中会发生许多支出，如机械设备、原材料的购买、企业员工的工资支出、各项管理费用以及投资支出等，这些支出的回收都有赖于收益的支撑。推销组织通过推销人员将产品送达到顾客手中,从而获取足够的收益,实现企业的利润目标。

例 11-1　　安利(中国)推销模式之变革

20 世纪 80 年代末期,在中国内地刮起了一股“直销”的旋风。1990 年,在看到祖国内地巨大的市场潜力后,当时处在香港安利总经理位置上的郑李锦芬开始积极游说美国总部投资中国大陆,安利开始构思进入内地市场。

1993 年,安利公司正式开始建设厂房,首期工程于 1995 年 1 月竣工。1995 年 4 月 10 日,安利(中国)终于在广东、福建两省同时开业。至 1998 年上半年,安利(中国)已在全国 30 多个城市建立了分公司,正式员工有 1 000 多人,直销商多达 8 万人。

然而,在辉煌的背后,一个让安利(中国)手足无措的巨大冲击正在悄悄地逼近。1998 年 4 月 21 日,国务院下达传销禁令,对于中国境内所有以传销方式进行销售的公司全部进行停业整顿,禁止传销。原因是不法分子以直销为幌子搞“老鼠会”传销,以高额回报为诱饵拉人入会,再靠新人的“入会费”作为暴利的来源。非法传销事件已在几个省份闹出了刑事事件,CCTV《焦点访谈》也对非法传销做了报道。

为了继续在内地市场营业,安利按照政策要求,改为以“店铺加雇佣推销人员”的模式进行运作。经中央三部局的联合批准,安利(中国)于 1998 年 7 月采用“店铺销售加雇佣推销员”的方式转型经营,即“自设店铺 + 雇佣营业代表”的经营方式。该经营模式结合了传统店铺营销和人员推销的特点,它省去了传统企业与顾客层层的代理商及批发商的多个环节,直接由专卖店一个环节来代替。因此,它既方便了消费者直接前往安利专卖店购货,也为营业代表提供了良好的事业发展空间,使安利(中国)公司的业务得以长足发展。通过这次整顿和转型,安利(中国)2002 年业绩强劲增长至 57 亿元。

3. 推销组织是企业与客户建立良好关系的直接代表

推销组织往往是代表着企业与客户洽谈业务、销售产品,如果推销组织及其成员能够很好地执行企业的基本营销策略,为客户提供满意的产品和服务,那么企业就会在客户心目中留下一个良好的形象,客户也就会对企业及其产品更加充满信心,从而使得企业与客户之间建立起良好的关系。同时,推销组织也是企业与客户面对面接触的直接联系者,因此,推销组织是企业与客户建立良好关系的直接代表。

4. 推销组织是企业产品研制与开发的促进者

企业要想在激烈的市场竞争中取得不断的成功,保持产品的创新是重要的源动力。推销组织处在产品销售的一线,对消费者在产品使用前后的情况最为了解和熟悉,掌握了消费者大量的使用信息,也最清楚企业的客户需要什么样的产品和服务。因此,优秀的推销组织往往能为企业带来一系列有创新的产品营销方案,并把所掌握的有用的市场信息反馈给研发部门,有力地促进了企业新产品的研制与开发,也有助于企业选择正确的目标市场和进行市场定位,节省资源,从而提高企业的市场竞争力。

11. 1. 2　推销组织的职能

企业中任何组织都执行着一系列相应的职能,推销组织也不例外。推销组织在企业中的职能主要可以归纳为计划职能、执行职能和控制职能三种。

1. 计划职能

推销组织的计划职能是指推销组织通过寻找和评价市场机会，来确定市场营销战略及实施市场营销战略决策的行动计划。

寻找和评价市场机会是指推销人员在企业总体战略的指导下，寻找市场上对企业有利的发展机会并对这些市场机会进行评价，以确定其是否符合企业的长远发展。

市场营销战略的制定是在寻找和评价市场机会的基础上进行的，即市场细分、目标市场的选择和市场定位（简称STP战略）是经过推销组织在充分寻找和评价市场机会的前提下做出的，不是盲目的决策，更不是企业的一时冲动所为。值得一提的是，不是所有的市场机会都可以转化为企业的市场营销战略。推销组织必须在企业总体战略（总体目标）指导和企业资源的限制下，对市场机会进行评价后，制定出符合企业总体发展的市场营销战略。

市场营销战略最终要具体为一系列的行动计划，也即行动计划是市场营销战略的具体体现。针对企业的具体情况和面对的市场变化趋势，推销组织根据制定的市场营销战略以书面的形式编制出具体的行动计划，即“市场营销战略计划”。

2. 执行职能

市场营销战略计划需要靠推销组织来负责执行。推销组织主要是做好以下几项工作来执行市场营销战略计划。

（1）组织工作。产品销售是个复杂的系统工作，它涉及各方面的人员，诸如销售经理、推销人员、广告人员以及售后服务人员等。他们对市场营销战略计划的完成有着非常重要的影响，尤其是一线的推销人员，因此，把他们有机地组织好是一个事关大局的重要工作。

（2）协调工作。推销组织在执行计划工作中，除了本部门的工作人员之外，将与企业的其他部门和其他有关企业打交道，进行业务往来，这就需要与他们协调好相互关系。因此，推销组织的协调工作主要包括协调推销人员的活动，协调与本企业内部如生产、财务和人力资源等部门人员的活动，以及协调本企业同其他有关企业如广告公司、经销商和物流商等多方面的活动。

（3）激励工作。有些销售人员不需要管理层的指导就会尽其所能努力地工作。对他们来说，推销是世界上最迷人的工作。他们雄心壮志，又有自发精神。然而，大多数销售人员是需要鼓励和特殊的刺激才会努力工作的。激励就是从物质和精神两个方面来调动销售人员的工作积极性以取得优秀的销售业绩，完成组织目标。

（4）沟通工作。沟通就是在人与人之间或者组织与组织之间进行的信息传递，它是一种感情的交流，没有良好的沟通，在执行中就不可能达到很好地协调和有效地激励的目的。推销组织要同时做好与上级部门、企业的其他职能部门以及本部门有关人员的沟通，才能使销售活动与企业的目标相一致，才能使其他部门积极支持销售工作，也才能使推销人员万众一心积极努力地配合，从而达到预期的销售效果。

3. 控制职能

控制就是指检查计划的实际执行情况，把实际执行的情况与制订的计划进行比较，找出两者之间的差距及造成这种差距的根本原因，以纠正执行的过程或根据实际执行情况对原计划进行重新修订的过程。计划的制订并得到执行，并不代表整个销售工作就像预期的那样进展了，在执行的过程中还要受到许多人为的障碍或非人为因素的影响和制约。为了保证原计划能得到有效地执行,推销组织对执行过程进行控制是非常有必要的。

推销组织实施的控制方法主要有年度计划控制法、盈利能力控制法、效率控制法和战略控制法四种。鉴于该部分内容在市场营销学课程中已有论述,就不再一一加以赘述(请参考相关营销学书籍)。

11.1.3　推销组织的工作目标

任何一个组织的存在都有其自身的目标,推销组织也不例外。从现代市场营销观念的角度出发,现代企业推销组织的工作目标主要包括以下三个方面:

1. 代表并维护消费者利益

现代市场营销观念就是要以消费者的需求为核心,把消费者的利益放在第一位,而要想做到这一点,就需要与消费者有着最直接联系的推销组织和推销人员能承担起这个职责,以实际行动维护消费者的利益。只有消费者的利益得到了保证,才会顺利实现推销组织的目标,企业的利益也才会得到实现,从而才能实现企业的经营目标。

2. 对市场需求做出灵敏的反应

推销组织要使企业的营销组织能不断地适应外部的市场环境,就应对其细微的变化做出积极、灵敏的反应,从而制定相应的策略来为推销组织创造一个更好的环境,更好地把握市场的需求,以实现企业的整体目标。对市场的变化做出快速反应,需要通过更多的途径来掌握市场信息,如企业营销研究部门、推销人员以及其他商业机构都能为推销组织提供各种市场信息。

3. 使市场营销工作效率达到最高

推销组织一个重要的任务是以最少的代价把产品销售出去,也即努力使营销工作取得最大的效果。同时,推销组织内部存在着多个专业性部门,因此,推销组织要充分发挥协调和控制功能,尽可能地避免内部矛盾和冲突导致的资源消耗,提高营销工作效率。

11.1.4　推销组织的类型

为了实现企业的经营目标,必须根据企业的具体情况选择合适的推销组织形式。一般来说,推销组织的形式可以划分为以下几种类型:区域型推销组织、产品型推销组织、顾客型推销组织和复合型推销组织。

1. 区域型推销组织

区域型推销组织是一种最简单的推销组织形式,它是指将企业的目标市场分为若干地区,每个推销人员或销售经理被分派到一个地区(地区可以根据不同的标准划分),作为唯一代表负责企业产品在该地区的销售,如图 11-1 所示。

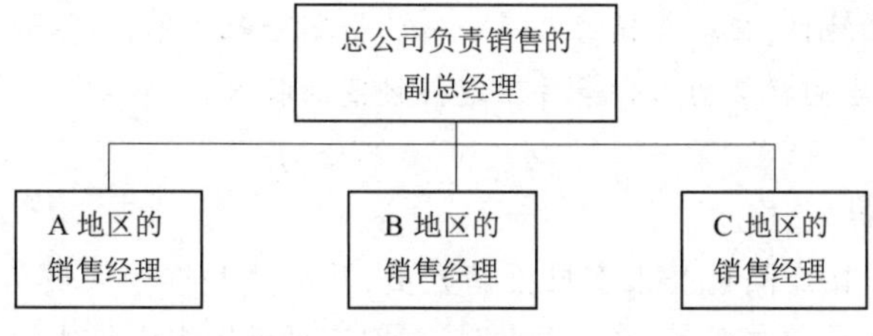

图 11-1　区域型推销组织模式

例 11-2　　三泰公司推销组织模式

三泰食品有限公司是一家以生产饮料为主的合资企业，主要产品有三泰绿茶、三泰橙汁、三泰纯净水和三泰运动型饮料 4 个品牌。该公司的销售部架构如图 11-2 所示。

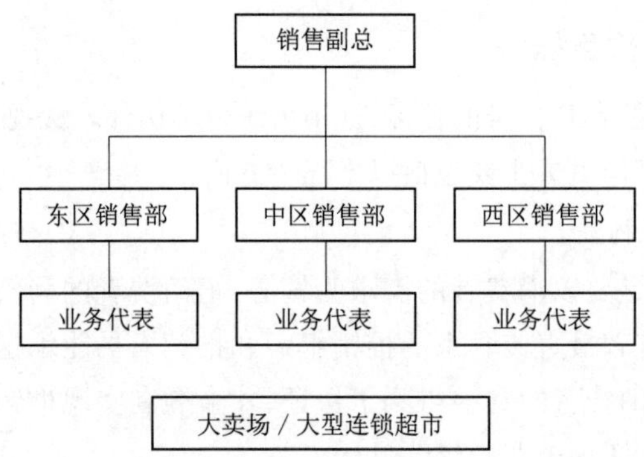

图 11-2　三泰公司销售部架构

该销售部架构有以下几方面的优点：

(1) 推销人员的责任明确。因为一个地区（地方）只有一个销售经理（推销人员），则该地区销售人员必须承担全部责任并努力工作，且其工作的努力程度将直接决定着销售业绩的大小，这也就有利于调动推销人员的积极性。

(2) 地区责任制能够促使推销人员加强与客户的联系，积极发展长远的客户关系，这将有助于提高销售业绩。

(3) 每个推销人员只限在一个地区集中开展销售活动，大大减少了相关费用的支出，有助于降低销售成本，提高销售利润。

该销售部架构的缺点主要表现在以下两个方面：

(1) 当企业的产品线宽度较大时，销售人员就很难对所有产品做到详尽掌握，这将会影响推销人员的工作质量。

(2) 当客户之间存在较大的需求差异时，销售人员由于知识、能力和经验等方面的不足，这将难以为客户提供有针对性的、满意的服务，从而不利于产品的销售。

因此，企业在采取这种推销组织模式时，必须考虑以下几个方面：①各个地区是否便于管理；②各个地区的销售潜力是否易于估计；③每个推销人员的全部推销时间是否能够缩短；④各个地区每个推销人员的工作量和市场销售潜力是否均衡。通过以上方面的进一步考虑，使得各个地区的推销人员能在一个相对比较公平的条件下进行销售工作。例如，在一个销售范围比较小、而销售潜力很高的地区，应给与销售人员较低的报酬分配方案，以降低相比其他推销人员不具备这种地区优势但在同样努力工作条件下获得较高的收入。

2. 产品型推销组织

产品型推销组织是按产品种类来安排推销人员，并由这些推销人员负责该类产品销售的组织。当企业所生产的产品种类很多，差异很大时，采取这种推销组织是比较合适的，这样各产品经理及推销人员能尽其所能，更好地为消费者服务。该推销组织具体的做法就是由一个产品经理负责，带领一定数量的推销人员销售某类产品，如服装企业各安排一名销售经理分别专门负责销售西服正装、休闲装、衬衫等。产品型推销组织模式如图 11-3 所示。

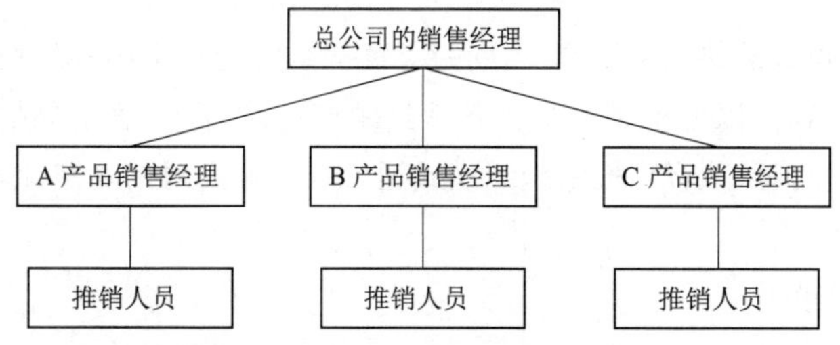

图 11-3 产品型推销组织模式

产品型推销组织结构模式的优点主要表现在以下两个方面：

（1）销售人员大多数是某类产品的销售专家，能够更好地满足消费者日益专门化和复杂化的需求。

（2）产品销售经理能有效地对某一产品的销售状况进行监督和控制，并对市场变化做出积极反应。

产品型推销组织的缺点主要表现在：

（1）整体观念缺乏。在产品型推销组织中，各个产品销售经理为了各自的利益，而不考虑公司整体的利益和目标，可能产生狭隘的本位主义思想，难以协调和管理。

（2）销售成本增加。在同一个地区，可能有多个销售人员重复推销公司的产品，而实际上面对同一客户只需要一个推销人员即可，这就带来了人员的增加和劳动的重复浪费，导致销售成本增加。

（3）部门冲突加剧。产品销售经理未必就能取得足够的权力，来保证他们有效地履行职责。因此，这就需要他们努力获得生产、广告、公关等其他部门的大力配合和支持，但这往往由于部门间的利益问题而难以实现，不可避免地导致部门间的冲突加剧。

3. 顾客型推销组织

顾客型推销组织是指企业按照不同类型的顾客来安排推销人员进行产品销售的组织。企业可以对不同的行业安排不同的销售队伍，可以按大客户或一般客户安排推销人员，也可以按现有业务或新业务发展安排不同的销售队伍。例如，美国国际商用机器公司就在纽约为金融界和经纪人客户分别设立了单独的销售处，在底特律为通用汽车公司设计了一个销售处。顾客型推销组织模式如图 11-4 所示。

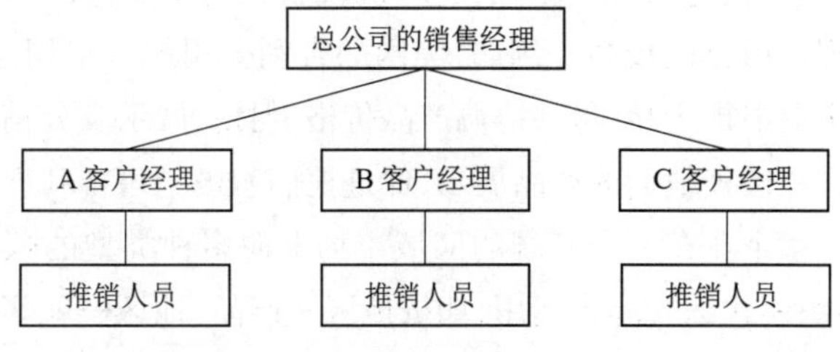

图 11-4 顾客型推销组织模式

客户专门化是该推销组织结构模式的最大特点，它的优点主要表现为每个推销人员对客户的需求特点非常了解，能更好地服务顾客和满足顾客的需求，有助于与顾客建立长期密切的关系。

顾客型推销组织模式的缺点主要是，当同一类型的顾客遍布全国各地而比较分散时，则企业就要花费很多的财力、物力以便推销人员去各地推销产品，这将会增加企业的销售费用，降低利润，并影响推销业绩。可见，顾客型推销组织模式通常在企业面对的客户比较集中或相对集中的情形下比较适用。

4. 职能型推销组织

当企业只有一种或很少几种产品或者企业产品的销售方式大致相同时，按照区域、产品、顾客来设置推销组织结构是比较有效的。但是，随着企业产品品种的增多和市场覆盖面的扩大，单纯的采取某一种推销组织来销售产品就显得力不从心，就会出现没有部门能对产品的整个销售活动负全部责任的现象，并且由于各部门强调自己的重要性，以获得更多的费用和权力，致使销售管理上难以协调，效率降低，同时，由于推销人员也不可能擅长所有的工作，因此，有的企业采用职能型推销组织来进行产品的销售。

职能型推销组织就是按照职能部门的组织结构模式安排负责产品销售的主要部门，其他职能销售部门全力配合、支持销售部门做好产品销售的组织。职能型推销组织模式如图 11-5 所示。

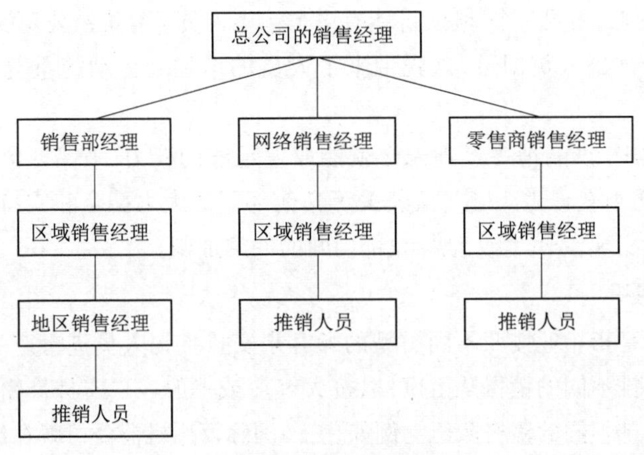

图 11-5　职能型推销组织模式

职能型推销组织模式一般适用于产品线较多、规模较大的企业，其产品的市场销售覆盖面比较广泛，因此所需的管理费用也比较高。例如，美国的吉利公司就是采用这种销售组织模式进行产品销售的，一个部门负责销售产品，包括协调产品价格、促销、展示及分销等有关事情，另一个部门负责辅助零售商，指导并检查他们的产品展示，促进他们积极销售吉利产品。

值得提出的是，当一家企业在一个广阔的区域市场上向多种类型的顾客销售多种产品时，它常常把以上几种推销组织模式综合起来运用，如按地区—产品、地区—顾客、产品—顾客等方式来对推销人员进行分工。这就形成一个复合型的推销组织模式，如图 11-6 所示。

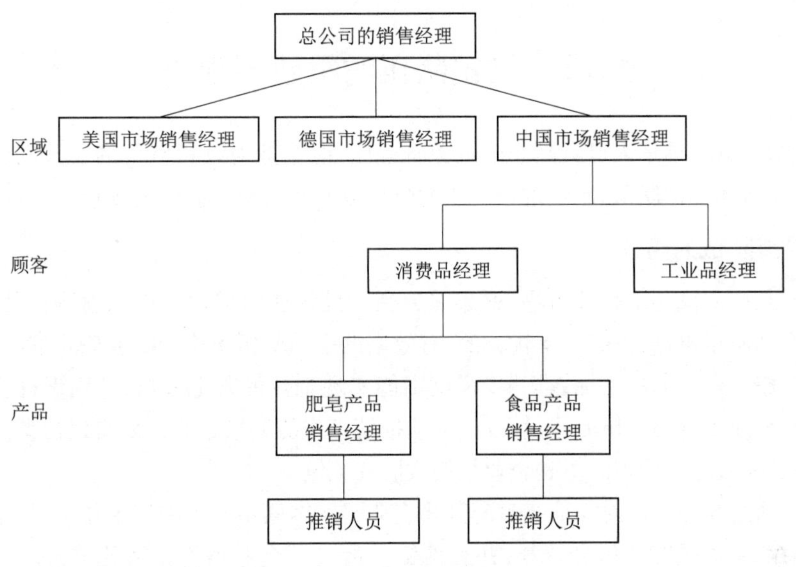

图 11-6　复合型推销组织模式

这种复合型推销组织有利于节约费用、提高工作效率，可以更有效地利用和管理客户资源。

阅读与思考 11-1　　KN 公司的区域推销组织结构模式

在中国农药企业已有 7 000 多家且外国竞争对手已占领中国农药市场 20% 的情况下，KN 公司确立了闯新路的营销方法，即打破农药企业只针对经销商进行推销，只抓住主要代理商和主要批发商的做法，确定了建立较大的一个营销队伍，以及各级经销商会议推动经销商进货和直接对农民消费者宣传促销，从终端培育市场的“推拉结合”的低重心营销策略，以及在全国全面推开和抓重点、以点带面的营销模式。

贯彻上述营销思想的营销组织结构由 4 个层次组成：公司总部营销中心—战区指挥部—省级办事处—区域市场部。其中，区域市场部是由市场经理主持工作，区域市场部所辖市场负责人为业务主办。在销售旺季，公司在市场第一线的销售人员达到 1 600 人。由于农药销售具有季节性强的特点，在销售旺季的 6、7、8、9 月等，公司在全国大范围开展低重心营销，需要大量人员，为此公司储备了一支预备军队伍。这支预备军队伍是指具有一定农药、植保及相关知识和经验的季节性市场人员，他们通常来源于两个途径：一是就地取材，即主要是利用当地农药、植保或相关专业的在校大学生；或在当地招聘兼职人员特别是农药、植保及相关专业系统的兼职人员。二是总部输送，即总部借助有利条件联系周围大专院校的在校学生到公司实习；或抽调总部相关部门的员工、淡季生产线员工作为预备军扩充到各个战区，而预备军的招聘由区域市场或者办事处或战区或总部来操作。

每日一练　**自己试着和同学一起交流，总结推销组织的作用和职能。**

完成子任务 11.1 后进行自我测试：你是否已明白推销组织的工作目标，并了解推销组织的主要类型及其优缺点？

11.2 推销队伍的组建与规模

对许多顾客来说，推销人员就是企业的象征。因此，企业对推销队伍的设计问题需要给予周密考虑，应认真组建推销队伍，制定推销队伍的目标以及确定推销队伍的规模。

11.2.1 推销队伍的组建

企业要使其产品成功地打开市场，就必须选择一批优秀的推销人员来组建自己的推销队伍。即使企业的产品质量再好，没有一支优秀的、有效率的推销队伍来执行企业确定的各项措施，那就很难出色地完成企业预期的目标，进一步说就不能实现企业的既定战略，从而保证企业的稳步发展。企业也必须注重推销队伍的建设，以求各项推销工作能够按企业计划得以协调进行并完成各项任务。实践证明，好的推销队伍是企业推销致胜的关键。

推销人员通过与顾客面对面的接触起到将企业与顾客联系起来的纽带作用，推销人员为企业带回许多急需的有关顾客的信息资料，并且推销人员又是企业销售业绩的关键缔造者。一项对500家企业的调查表明，27%的推销人员完成了52%以上的销售量，这说明优秀的推销人员与普通的推销人员在业务水平上有很大的差别。

同时，推销人员的流动造成的财务损失也是企业总成本的一个不可忽视的部分。如在上述500家企业所雇用的16 000名推销人员中，只有68%的人能在某企业中工作一年，只有50%的人是企业希望在下一年度继续聘用的。而企业新招聘的推销人员需要进行一系列培训，经过一段时间对业务的熟悉才能为企业创造直接利润。因此，组建并保持一个优秀的、稳定的推销队伍对企业目标利润的实现和可持续发展是极其重要的。

11.2.2 推销队伍的目标

不同的企业都为自己的推销队伍确立不同的推销目标，也即推销人员要为企业完成一项或多项任务。例如，美国国际商用机器公司的推销人员既要负责推销公司的产品，又要为客户进行安装，还要根据用户的需要为其改进计算机设备；美国电话与电报公司的推销人员则负责市场开发、产品推销和客户维护的工作。

现在，各企业对其推销队伍的目标确定的越来越明确和具体。例如，有的企业规定推销人员应将80%的时间花在现有客户身上，而将20%的时间花在潜在客户或准客户身上；有的企业规定推销人员应将85%的时间用于推销企业现有产品上，而将15%的时间用于企业开发推出的新产品上。通过这样的规定，企业的推销人员在将其大部分时间花在现有客户和现有产品上的同时，就不会忽视新产品的推广和潜在客户的开发。

例11-3　明确销售目标的重要性

两家同行业的公司分别招聘了一批刚刚毕业的大学生担任销售人员。A公司在对新人进行培训时一直强调以结果为导向，即一切为销售目标而服务；B公司对新人进行培训时更注重客户沟通技巧。在AB两家公司对新员工培训完毕后的三个月，A公司的销售人员在与客户沟通的过程中时时都围绕着最终目标进行，而B公司的销售人员则表现得更倾向于侃侃而谈。三个月后，A公司的销售人员完成的销售量是B公司的三倍。

最后,AB 两家公司在对客户进行调查时发现,大多数客户都认为 B 公司的销售人员素质较高,很讲究沟通技巧,和他们在一起谈话很愉快,可是他们实现目标的主动性和积极性却很差,他们错过了很多次可以促成交易的机会。对 A 公司的销售人员进行评价时,客户们虽然认为他们不如 B 公司的销售人员善谈,但是他们却能够抓住一切机会促成交易,客户是被他们实现目标的坚决性和主动性说服的。

推销人员具体的推销目标主要有以下几种形式:

(1)推销产品。推销人员通过推销洽谈,应用一系列的推销策略,采取相应的推销手段和技巧,向消费者或客户成功推销企业的产品。例如,与顾客接洽、向顾客介绍产品知识、回答顾客的疑问和达成交易等。

(2)传递企业或产品的信息。推销人员要熟练地将本企业产品和服务的有关信息准确地传递给顾客,以便顾客对企业本身或企业的产品有一个清楚的认识,从而进一步加强对本企业或产品的信心,为市场的快速推广做好准备。

(3)开发新客户。企业为了开拓市场,提高市场份额,需要推销人员去积极开发潜在的客户。寻找和招徕新客户是推销人员一项重要而艰巨的任务。

(4)收集市场信息。推销人员对企业的目标市场进行市场调研和情报收集工作,并填写访问记录。企业通过推销人员收集市场上的第一手资料,为制定相应的营销策略提供可靠的依据。推销人员收集的与本企业市场销售有关各方面信息是企业决策依据的重要来源之一。

(5)向顾客提供服务。推销人员向顾客提供各种服务,例如,给顾客提供安装、给予技术咨询、对顾客的问题提供咨询意见,以及加快交货等。值得一提的是,推销人员向顾客所提供服务的好坏,将直接关系到企业形象的树立,影响到企业的信誉度和顾客对企业的忠诚度。从市场营销学的角度来看,推销人员向顾客提供的服务本身就是一种顾客向企业购买的无形产品,这也是对企业管理水平高低的一个有力佐证。

随着现代市场营销观念的引入,企业也在不断地转变思想,越来越重视以市场为导向来确定推销人员的具体目标,即企业更加注重以市场为中心和以顾客为导向来安排推销人员的推销任务。推销人员应该懂得如何使顾客满足并为公司带来利润,他们应懂得如何收集市场信息、分析销售数据、测定市场的潜在能力和制订市场营销策略和计划。

例 11-4　　为自己的销售业绩负责

作为一名销售人员,自然必须为自己的销售业绩负责。如果没有令人瞩目的销售业绩,无论你认为自己多么富有才干都无济于事。除非你不愿意在销售行业中有所建树,否则你就必须为自己的销售业绩负起全部责任。

销售业绩也可以说是一段时期之内销售人员的销售目标。许多成功人士的经历都表明,当他们作为一名销售人员时,他们的销售业绩都是令人瞩目的,骄人的销售业绩就是他们向成功进一步迈进的有力后盾。

例如,汽车零售推销员乔·吉拉德曾经以 12 年之内销售出 13 000 多部车子的销售速度被载入世界纪录,他被称为“全球最伟大的推销员”。现在他已经是全美各界竞相邀请的演说家之一,他将自己的销售业绩作为最说服人的证据,他写作的几本关于销售技巧的书早已经在全球畅销。又如,理查·路西在一个拥有15 000名销售代表的公司中脱颖而出,因为他为该公司累积了超过35 000名客户。他在该公司保有两项纪录:一年内完成1 104笔交易,年收入超过25万美元。现在他已经是该公司的一名副总裁了。

为此,销售人员必须弄清楚一个事实:你是为了实现销售目标而与客户展开沟通,并不是为了沟通而沟通。这是一个十分简单的道理,可是有些销售人员却经常颠倒销售与沟通之间的关系,他们自以为能言善辩就可以成为一个优秀的销售人员,甚至有些销售人员还经常忽略销售的最终目标,而与客户大玩语言游戏。

与客户展开沟通是销售人员的基本工作,但它并不是销售人员的工作目标,而是实现销售目标的一种重要手段。为此,那些只关心良好沟通氛围而忽视销售目标的人必须及早注意,一定要集中精力搞好销售。

因此,销售人员要想在销售领域有所建树,就要时刻专注于销售目标,所有的客户沟通都要围绕销售目标而展开。正如牛顿所说:"因为我除了物理之外的其他事情一概不去考虑。"

11.2.3 推销队伍的规模

1. 确定推销队伍规模的原则

推销队伍的规模是企业在组建推销队伍时必须认真思考和衡量的事情,因为推销人员是企业极具生产性的资源之一,也是最昂贵的资源之一。理想的情况是企业所组建的推销队伍的规模人数刚刚符合企业实际销售的需要,既不太庞大,也不太缺少。如果太大,就会造成人力资源不必要的浪费,导致成本的增加;如果太小,就不能有效地满足企业销售运作的需要,就会出现市场覆盖面的空缺,就会导致销售损失。企业应尽量在这两者之间寻找一个平衡点,即保持一个适当的、能实现最佳效益的推销队伍规模。

因此,从生产率理论的角度出发,要确定这样的推销队伍规模应遵循一个最重要的原则,即推销人员的增加对企业利润增加的贡献为正值。例如,一个大型机械企业的推销员1年可以销售的产品销售总额为100 000元,1年的销售费用是40 000元,销售的毛利率是40%,那么,这位推销员1年销售所得到的毛利刚好与其1年的销售费用持平,那么增加这样的一个推销人员对企业而言就没有任何的价值贡献。如果再把所有的间接费用如差旅费和其他相关费用加上去,从利润的角度来衡量,那么,这个人对企业的价值贡献将会是负值。

换句话说,假设现有的推销队伍是有效的,并且能够满足市场运作的需要,同时,市场营销组合的其他部分都在合理地发挥着作用,如果每增加一个推销人员,本身所发生的总费用刚好与其推销产品所产生的净利润(毛利减去产品的全部直接成本)相等时,就不应该再扩大销售队伍的规模。

2. 确定推销队伍规模的方法

每个企业的推销队伍规模都是不一样的,一家大企业可能拥有数千名推销人员,如海尔、联想、TCL等;而一家小企业可能只有几名甚至是一名推销人员。正如前文所述,推销队伍过大会增加企业的成本,过小又不利于企业开拓市场,因此,确定适当的推销队伍规模对于企业而言是一个重要的管理决策。企业确定推销队伍的规模主要有以下几种方法。

1)工作量法

大多数企业用工作量法来确定推销人员的规模。工作量法是企业根据不同顾客的需要,确定出总的工作量,从而确定推销人员数量的一种方法。工作量法的具体操作步骤如下:

(1)根据企业对客户的年度总销售量,将各客户按销售量的大小分成若干级别。

(2)根据过去的销售经验和销售量,确定各级别客户的数量和所需的访问频率(每年对各级别客户进行销售访问的次数)。

(3)各个级别客户的数量分别乘以相应的访问频率再相加,得出推销的总工作量,即企业每年进行推销访问的总次数。

(4)确定一个推销人员平均每年可以进行的访问次数。

(5)将所需的年度访问总数除以每个推销人员的平均年访问次数即可得到所需的推销人员数。

其计算公式如下:

$$S=(A\times a+B\times b)/T$$

式中:

S——需要配备的推销人员数量;

A——A 级别的客户数量;

a——A 级别的客户 1 年需要访问的次数;

B——B 级别的客户数量;

b——B 级别的客户 1 年需要访问的次数;

T——每个推销员平均每年可访问的次数。

例如:假设某公司估计全国有 1 000 个 A 级别客户和 3 000 个 B 级别客户。A 级别客户一年需要访问 24 次,B 级别客户一年需要访问 12 次,这就表示该公司需要每年能够进行 60 000 次访问的推销队伍。假设每个推销人员平均每年可作 1 200 次访问,那么该公司便需要 50 个专职推销人员。如果公司现有 30 个推销员,那么公司还需要新增加 20 个推销人员。

2)销售额法

销售额法是根据公司预测的销售额和推销人员应完成的销售额来确定推销人员数量的一种方法。该方法的步骤如下:

(1)预测公司下一个全年的销售额;

(2)根据公司历年的统计数据(一般是前 3 年以上的数据)来估算每一位推销人员每年平均可达到的销售额;

(3)用公司下一个全年预测的销售额除以全体推销人员平均年销售额,便可得到公司下一年度需要的推销员数量。

这种方法比较简单,但是需要比较准确可靠的历史统计数据,关键是对全体推销人员平均年销售额的估算。

推销员数量 = 企业全年预测的销售额 ÷ 全体推销员平均年销售额

例如:假设某公司预测今年的全年销售额为 900 000 元,该公司有甲、乙、丙 3 个推销员,每个推销员前三年的平均年销售额分别是 100 000 元、150 000 元和 200 000 元,那么,全体推销员的平均年销售额为 150 000 元,则该公司在 2008 年便需要 6 个专职推销员。考虑到公司现有 3 个推销员，还需要新增3个推销员。这里基于一个重要的假设，那就是新增的推销员能够达到现有推销员的全体平均年销售额。

3）销售百分比法

销售百分比法是根据公司历史销售数据计算出销售队伍的各种耗费总额占销售总额的百分比，再根据公司对未来年度销售总额进行的预测，从而确定所需要的推销人员数量。例如：假设某公司去年销售额为2 000万元，50名销售人员的总耗费成本为200万，今年预测销售额将达到3 000万元，根据去年10%的销售百分比，估计销售人员的总耗费成本为300万元，那么，销售人员的数量应为75人。

这种方法比较简便易行，但存在一定的局限性。因为随着市场条件的变化，这个10%的销售百分比也不可能每个年度都一样，也会发生变化，这样就会产生偏差。

4）增量法

增量法是根据销售任务的增加逐步增加推销人员，即先将推销人员集中在企业销售的主要产品和主要市场上，然后根据企业经营规模的扩大和销售量的增加，逐步增加推销人员。这是一种很模糊的确定推销人员规模的方法，它主要是靠企业管理层的经验来进行的。在企业不能取得比较准确的历史数据进行预测时，或者说，在上述几种方法都不能有效使用时，这种方法在推销人员的规模确定上可发挥着重要的替代作用。

阅读与思考11-2　　楼盘销售队伍的组建

如何组建一支良好的楼盘销售队伍？

1. 建立销售队伍组织架构

具体安排如下：

（1）营销总监1名。其工作职责主要是：①负责营销部门全面工作，制订营销部门工作计划、工作制度并组织实施；②组织制定营销部门营销管理方面的规章制度，经批准后贯彻实行；③制订市场开发及推广实施计划；④掌握市场动态，策划和实施广告宣传活动；⑤制定营销策略，保证销售计划的完成；⑥建立营销渠道，管理渠道中的战略伙伴。

（2）营销部经理1名。其工作职责主要是：①按照公司总体发展战略，制定公司公关策略和实施方案；②制定销售和销售流程，拟定销售计划，执行并反馈；③监督、汇报部门销售任务的完成情况，控制并管理销售部门的整体业务发展，并对现场售楼处进行管理；④建立和保持与政府部门及新闻媒体的良好合作关系，提升公司品牌形象，扩大公司的影响力，提高品牌价值；⑤配合策划公司做好重大宣传活动，确保达到预期效果；⑥参与公司重大对外交流，为公司业务发展提供支持；⑦调整指定房产项目或品牌的促销手段、广告策略，以保证公司品牌在市场变化中占据有利地位；⑧开展销售部的培训工作，以有效完成公司销售经营目标；⑨维护并开拓客户建立经常性联系渠道；负责公司项目配套的洽谈、签约工作；⑩通过媒体和政府关系，根据公司的战略，建立和维护公司的名誉和形象；⑪负责公司重大事件的宣传或解释，确保公司的名誉和形象不受损害。

（3）营销部主管1名。其工作职责主要是：①根据不同时期经营情况制定全年和阶段目标、计划并实施；②负责与策划公司的信息反馈、沟通、协调；③负责协助营销部经理做好营销策划工作；④收集影响本公司形象、声誉、关系的因素和事件信息，分析其后果，及时提出对策建议；

⑤收集各类公关良策和典型案例，对公司公关策略提出建议和策划方案；⑥项目宣传、推广、策划的具体工作；⑦负责销售现场突发事件处理及合同谈判、释疑工作；⑧负责营销部的员工考核工作。

(4)销控主管1名。其工作职责主要是：①具体销售工作，包括与客户谈判、拟定合同草案、看房、释疑、签约、催收销售款项等工作；②负责营销合同、档案的立卷、归档工作；③执行部门销售计划，指导销售代表工作；④负责销售控制的执行；⑤配合销售人员做好现场工作以促进成交。

(5)文秘人员1名。其工作职责主要是：①负责营销部客户档案、资料的建立、归档；②负责营销部会议的会议记录及客户投诉的落实；③负责协助营销部经理及主管打印、复印各种销售部文件；④负责配合营销部主管做好销售合同的审核工作；⑤负责营销部办公用品的管理；⑥负责营销部员工的考核数据及资料的整理汇总。

(6)报备人员1名。其工作职责主要是：①负责买卖合同的交易签证、更名、退房等手续的办理；②负责银行按揭贷款手续的办理；③负责客户资料及买卖合同的审核。

(7)销售代表8~10名。其工作职责主要是：①从事楼盘销售、客户跟踪服务；②与客户良好沟通，负责销售项目工程进度的跟踪工作；③负责对客户反馈信息及市场信息的汇总、收集工作。

2. 设计好销售队伍的激励制度

有关研究结果表明，销售队伍战斗力的决定性因素是销售人员有没有感觉正在从事着有价值的工作。有价值的工作对销售人员来说意味着合理丰厚的报酬、学习与提升自我能力素质的机会、足够的个人发展空间、心情愉快。

(1)有竞争力的薪酬制度。薪酬制度从内部而言需要合理。在挑战性极强的售楼工作中，如果一个优秀的员工感觉公司给予自己的报酬和自己的能力及自己对公司的贡献不成正比、不公平、不合理，那短期对其工作会有消极的影响，长期的结果是跳槽。不合理的薪酬制度留住的是平庸的员工。一般地，合理有竞争力的薪酬制度需要考虑到5个方面：①适当的透明度、具备公平性与合理性；②刺激售楼人员的工作积极性；③鼓励售楼人员形成团队协作的工作模式；④留住业绩较佳的员工，保持售楼队伍的稳定性；⑤薪酬水平在市场上具备竞争力，吸引优秀的售楼人员和应届名牌大学毕业生加盟。

(2)良好的个人发展空间。一般而言，个人发展空间简单的理解就是不断有晋升的机会。人们通常将有晋升机会的工作视为有前途的工作。管理者要适时评估售楼人员的工作情况，根据员工的工作业绩和工作表现做出相应的职位调整，提拔员工是一种有效的激励和管理手段。一个优秀售楼人员如果看不到自己的职位和工作责任有任何提高和发展的机会，那么他会觉得继续留在企业工作的意义不大，即使没有跳槽也只是在等待时机而已。具备雄厚实力、有远大行业发展目标的新型房地产企业，要吸纳和培养建立起一个人员众多的房地产营销精英团队，应该制定一套完善的售楼员工人事管理制度。为售楼员工设计规划好一个完善的个人事业发展计划，让售楼人员明白，只有通过持续不断的努力才能更好地发挥个人才能和潜能的工作机会，在公司售楼团队工作，有明确的奋斗方向，将会比到其他公司得到更好的成长机会。

(3)系统培训的机会。房地产行业虽然已经从卖方市场步入买方市场,竞争的激烈程度今非昔比,但远未进入最激烈的阶段,还没有进入最残酷的洗牌竞争时代,房地产营销水平提升空间还很大,还没有经受真正的考验,从业人员须有充分的准备。①培训不仅能够提升售楼团队的素质与业务水平,还能够保证销售团队的稳定性,提升销售战斗力。②培训应该是分层次的、长期的、系统的,方式也应该是多种多样的,并且有一定的趣味性。

每日一练 **自己试着总结推销人员具体的推销目标。**

完成子任务 11.2 后进行自我测试:你是否已了解确定适当的推销队伍规模的主要方法?

11.3 推销的客户管理

客户是产品推销活动的对象,也是企业利润的源泉,因此,对客户有关情况的分析研究将直接决定着推销人员的销售业绩。同时,在现代激烈的市场竞争环境下,培养一个良好的客户关系,是企业竞争取胜的一个重要法宝。

例 11-5 **构建良性的客户关系管理系统**

2012 年初,安徽某信息网络有限责任公司接到一个客户的投诉电话,问:"你们公司怎么一直没有人和我们联系?去年做的项目还有一笔尾款你们要不要?"原来,该公司 2011 年负责这个客户的销售服务人员,在 2012 年年初跳槽后,没有交接清楚这个客户和相关项目的具体情况,纸质资料又没有持续记录完整,导致这个客户成了无人搭理的"漏网之鱼",而 2011 年所做的项目尾款和此后每年的项目维护费竟也无人收取。

2014 年 6 月,该公司的客户关系管理系统(CRM)正式在销售部门运行。现在,公司的决策人和销售总监、销售经理、销售人员等,只要打开计算机进入 CRM 系统,就可以对公司的所有客户资料一目了然,而且客户随着业务人员的跳槽而流失的现象也再未发生。

11.3.1 客户关系管理的重要性

随着市场竞争的日趋激烈,推销人员与客户建立良好的关系变得越来越重要。各个企业为了争夺有限的市场,除了向顾客提供优质的产品、良好的服务、适当的价格以及增加销售投入之外,还必须努力建立并保持一个良好的客户关系,即与客户建立一个长期、信任、互惠的关系,以留住老顾客和吸引新顾客。因此,进行客户关系管理是非常重要的,主要表现在以下几个方面:

1. 有助于赢得顾客重复购买

许多产品是易消耗性的,顾客必须不断购买才能满足其生产或生活的需要;即使是耐用性产品,最终的购买者也有重复购买的可能性。因此,企业维持并不断巩固与已购买本企业产品的顾客之间的关系，常常能获得第二次、第三次甚至更多次的销售机会。虽然，老顾客在做出第二次、第三次或多次购买时要受到其他多重因素的影响，但是，与顾客建立稳定的、深层次的关系，将有助于降低老顾客更换购买目标的可能性，使企业在竞争中获得比较有利的地位。

2. 有助于吸引新顾客

当推销员与老顾客保持良好的客户关系时，通过这种关系，可以发现处在老顾客群体中的潜在顾客，并在老顾客的帮助下迅速与潜在顾客发生业务关系。事实上，许多推销员正是通过老顾客的渠道获得新顾客的。据有关调查显示，78%的顾客在选择品牌时，受到已经购买的人的影响。值得一提的是，由于事先已经从老顾客那里得到了关于企业、产品以及推销员的正面形象，所以，那些潜在顾客最终采取购买行动的比率是相当高的。在现实的市场环境条件下，几乎没有任何一种广告宣传能够比产品使用者的口头宣传所形成的“口碑效应”更有效。

3. 有助于获得交叉销售的机会

交叉销售是指推销员向同一顾客销售不同产品的行为。如某家电企业的推销员在向顾客销售了冰箱后，又说服顾客购买公司的洗衣机产品，甚至顾客再次从公司购买空调产品。一般来说，企业在发展过程中会不断推出一些全新产品或升级换代的新产品，而这些新产品的销售对象往往没有多大的改变，例如，计算机、汽车、家电等产品更新之后，其潜在购买者的范围与原来相同或基本相同。因此，与顾客建立良好的关系，可以使企业始终拥有一群忠实的客户，不因产品的改变而失去顾客；可以使新产品快速被市场所接受，缩短市场试销期，避免不必要的损失。

4. 有助于说服潜在顾客采取购买行动

建立良好的客户关系，不仅是指与已经购买产品的老顾客维持与发展一个长期、信任、互惠的关系，还应与某些尚未购买产品的潜在顾客保持联系，为其提供服务与信息。发展良好的关系需要投入相当多的时间、精力和财力，所以，推销人员也不可能，也不应该与所有未购买产品的顾客发展良好的关系，只能与较为重要的潜在顾客建立和发展高水平的联系，并通过这种联系，持续不断地接触、影响、说服顾客购买产品。尤其是顾客在购买那些价值较高、技术性能十分复杂的产品时，所需投资较大、购买风险较大，相应地做出决策的时间也可能较长，这就更需要推销人员坚持不懈地努力，与顾客建立良好的关系。即使是暂时不能说服潜在顾客购买产品，也为以后推销访问做好准备，并且可以达到改变顾客对企业、产品和推销员的态度。

11.3.2 培养良好客户关系的方法

培养良好客户关系是一项非常重要又十分复杂的工作。推销人员必须将建立、发展和维护良好客户关系的努力，贯穿于整个推销过程的各个阶段和各个活动之中，也即无论是在推销前，在访问中，还是在成交后，都应努力培养顾客对企业、对产品及对推销人员自身的良好态度和感受。一般来说，可以采取以下基本方法来培养良好的客户关系。

1. 把客户的利益放在首位

企业必须把顾客的利益放在首位，树立顾客导向的推销观念。为了维护顾客的利益，推销人员要以真诚的态度对待顾客，认真了解顾客的需求或存在的生产经营问题，向顾客提供真正能满足其需求的产品。因为，只有从根上满足顾客的需求，让顾客从产品和服务中真正得到利益，才能与顾客建立长期稳定的良好关系。

良好的客户关系需要推销人员时时、处处维护顾客的利益，也即不可能仅凭一次、两次使顾客满意就能建立起来的,而是要通过长期不懈的努力来逐渐培养。一旦推销人员损害了顾客的利益,就意味着可能失去了再次销售的机会。因此,树立顾客导向的推销观念可以确保推销人员始终把顾客的利益放在首位,只有这样,推销人员才能获得顾客的信任,产品才能获得顾客的偏爱,企业才能获得顾客的好感,双方的关系也才能稳定、持久。

2. 与顾客保持日常联系

能否建立并巩固良好的客户关系,不仅取决于企业及推销人员对待顾客的基本态度,而且还取决于推销人员实施客户关系管理的能力。因此,不能仅仅在顾客购买了产品或想要顾客购买产品时,才去拜访顾客,更重要的是在推销访问之外与顾客保持经常性的联系。只有这样,才能使顾客对推销人员及企业产生好感,才有利于产品的销售。

在与顾客保持日常联系时,除了与购买方的主要当事人或决策人保持联系之外,推销人员也不能忽视与购买方其他人员发展关系,建立友谊,如当事人或决策人的秘书、助手及有关人员。因为这些人不仅可以帮助推销人员接近购买决策人,还能提供许多有价值的信息,如新的购买计划、决策程序、变更购买的意向等。

3. 让顾客尽可能的满意

在顾客购买完成时,他们的满意程度是各不相同的。如果顾客感到满意,那么在将来有新的需求时,他们会再次光临;如果不满意,那么结果就可想而知了,他们大都会选择其他买家。可见顾客的满意对企业产品的销售将产生极为重要的影响。

如果推销人员坚持"最好的潜在顾客就是目前的顾客"的想法,时刻把顾客满意放在心中,那么就会与顾客建立起长期的关系。虽然所有推销员最感兴趣的是发展顾客,但绝不能忽视现有的顾客,更不能想当然地认为老顾客就是自己的永久顾客。并且,与开发新顾客相比,维持老顾客付出的时间、精力和成本要小得多。所以,推销人员要提供比竞争对手更好的服务以留住老顾客。

如何使顾客满意呢?最好的方法就是在顾客完成购买行为之后立即提供相应的售后服务,使顾客尽可能地获得满意。因为即使已结束购买,但顾客仍会对自己购买决策的正确与否存在疑虑。通过完善的售后服务,加强了顾客购买决策正确的心理,从而提高顾客的满意度。

例 11-6　　"水能载舟,亦能覆舟"

顾客好比水,交易好比舟。顾客是企业生存之本,营运之基,力量之源。没有顾客的水,企业便没有市场,便失去利润的源泉,从而失去其存在的意义。因此如何建立和维护顾客关系,是每一个企业的核心和根本。培养顾客的忠诚,做到使顾客真正满意,除了要重视诸多影响顾客满意的因素外,还要处理好顾客抱怨。

根据调查研究,一位不满意的顾客会把她的抱怨转述给 8 ~ 10 个人听,而企业如果能当场为顾客解决问题,95% 的顾客会成为回头客;如果推迟解决,处理得好,将有 70% 的回头客,顾客流失率为 30%;若顾客问题没有得到正确处理,将有 91% 的顾客流失率;当顾客的问题得到满意的解决时,他们一般会继续作企业的忠诚顾客,并将向朋友和同事讲述自己的抱怨怎样得到解决,但是那些被忽视的或者没得到重视的甚至得不到公正对待的顾客,可能在他们相关群体中或通过大众传媒传播自己的经验,这样企业推动的不只是顾客一人的流失,而是相关群体甚至更大范围市场的葬送。

过去，在经营者的观念中，对于顾客的抱怨，经营者总是认为他们在找麻烦，而且只认识到了抱怨给经营者带来的负面影响，但实际上这种观念是偏颇的。从某种角度来看，顾客的抱怨实际上是企业改进工作、提高顾客满意度的机会。

建立顾客的忠诚是现代企业维持顾客关系的重要手段，对于顾客的不满与抱怨，应采取积极的态度来处理消费者的抱怨，对于服务、产品或者沟通等原因所带来的失误进行及时补救，能够帮助企业重新建立信誉，提高顾客满意度，维持顾客的忠诚度。

4. 使用恰当的推销方式

运用恰当的推销方式有助于推销人员与顾客建立良好的关系。近年来，从市场竞争的角度考虑，企业为了满足顾客的需要并与顾客建立起长期良好关系，发展了许多新型的推销方式，如咨询型推销、谈判型推销等。

咨询型推销要求推销人员成为顾客的咨询顾问，是顾客业务领域的专家，顾客就是有问题要解决的委托人。推销人员不再是进行简单的商品推销，而是在为顾客提供包含推销商品在内的综合性服务。推销人员要仔细倾听顾客提出的相关问题，并做好解答。因为只有在完全了解了顾客的需要后，才能以相应的服务满足顾客。

谈判型推销要求推销人员努力营造一种谈判的环境氛围，与顾客共同解决销售中的问题，使谈判双方都受益。在推销中，推销人员必须提出多种方案，以供顾客选择，最后采取对双方都有利的方案。例如顾客说："我已经决定在你这儿购买了，但你必须给我 8% 的折扣。"顾客的这种要求已超出了公司规定的折扣，推销人员此时不要直接向顾客说明这不符合公司的规定，最好是说："我不能给你 8% 的折扣，但可以延长付款时间，或提前交货。"然后顾客接着回答："我对延期付款不感兴趣，但希望所有的产品运输包装采用防水布做。"如此这样的谈判继续下去，直到达成双方都满意的结果。

5. 发展良好的人际关系

"与每个顾客都成为朋友"是许多成功的推销人员最有价值的一条推销经验。良好的人际关系往往成为推销交易中决定性因素。当竞争者在产品、价格和服务等方面与你的企业不相上下时，顾客如何选择将是一个比较复杂的问题，实际上顾客总是最后选择让其感受最好的推销人员进行交易。而让顾客感受最好的办法就是成为他的朋友。

推销人员要与顾客发展良好的人际关系，就必须在顾客中建立起个人的声誉，从而获得顾客的好感和信任。因此，推销人员可以通过加强个人修养、展现良好的职业形象、为顾客提供职责之外的服务、称赞顾客、发展与顾客的共同爱好等途径增进个人间的感情，建立起相互信任，从而培养良好的客户关系。

11.3.3　客户管理的内容

例 11-7　　**中国移动的客户流失管理**

近年来，我国电信业务快速增长，成为国民经济支柱产业中增长速度最快的行业之一。电信业的快增长在很大程度上是由电信服务业中移动通信市场的急速发展所推动的。但是，随着市场的拓展和竞争，移动通信业也遇到了一些问题，如代理费用的升高和宣传费用的升高，这使发展新客户的难度增加、收益率下降。

价值客户不仅是电信企业的宝贵资源,也是其竞争对手不断争取的对象。电信企业的客户流失非常严重。据某运营商的统计,该运营商的移动客户平均每月离网400万户,月平均流失率达4.7%。其他运营商的客户流失率也居高不下。

根据美国市场营销学会顾客满意手册的统计数据表明,吸引一个新顾客所耗费的成本大概相当于保持一个现有客户的5倍。这使得移动运营商不得不关注客户流失管理,以采取有力措施防止客户流失。

例如,中国移动通信主要经营移动话音、数据、IP电话和多媒体业务,其网络规模和客户规模列全球第一。但是,中国移动也存在着客户流失的问题,为此,中国移动通信建立了客户流失管理的支撑系统。中国移动已经形成了完整的业务支撑体系,由BOSS系统、经营分析系统(数据仓库)和支撑网网管系统三部分组成。经营分析系统已经成为市场经营过程(包括客户流失管理)的重要支撑环节。

针对当前的市场竞争状况,中国移动应对市场短期竞争及实现其长期发展的主要策略是:营销重心后移,巩固中高端用户,通过对现有个人用户消费行为的分析设计有针对性的个性化套餐,以达到保留现有客户的目的。具体可以概括为以下几个方面:

(1)关注现有客户的稳定性,通过对现有客户利益诉求的满足,以及对移动品牌宣传的推动,来巩固现有的在网客户;

(2)通过对客户消费行为及偏好差异的分析,针对不同细分人群设计相应的套餐;

(3)通过对客户价值量的差异分析以提供不同的客户服务及忠诚度计划;

(4)积极的客户挽留工作,对客户流失进行监控,及时进行用户挽留;

(5)通过各种合作伙伴的捆绑扩大服务的广度,促进客户发展及客户维系(如移动机场贵宾休息室服务等)。

对客户有关情况的分析研究将直接决定着推销人员的销售业绩,因此,必须依据一定的标准对客户进行分类管理,采取不同的洽谈方式和策略,最终实现产品的销售。客户管理主要集中在确定客户类型、掌握客户的数量、评估客户的潜力、确定重点客户以及处理客户投诉等方面。

1. 确定客户类型

由于每位顾客的购买时间、购买数量、交易条件等不尽相同,因此,只有对顾客进行分类管理,根据顾客的不同特点采取不同的销售策略以满足他们的需求,才能取得理想的销售业绩。大多数情况下,企业一般采取以下两种标准进行分类:

1)根据客户购买时间进行分类

根据客户购买公司产品时间的不同,可以将顾客分为现有顾客和潜在顾客。现有顾客是指已经购买了本公司产品的客户。由于这些客户已经购买并使用过或正在使用本公司的产品,对本公司的情况比较熟悉,并获得满意,因而以后对其进行产品销售时相对潜在顾客要容易些。潜在顾客是指那些有购买能力并且在未来一段时间内对推销产品有需求的购买者。潜在顾客数量越多,公司产品销售的前景也就越好。

2)根据顾客购买量进行分类

根据客户购买公司产品的数量,即顾客对公司产品销售额和销售利润的贡献大小,可以将顾

客分为 A、B、C 三种类型,即 ABC 分类法。具体情况为:

A 类:对公司销售额和销售利润具有重大贡献的购买者;

B 类:一般的购买者;

C 类:那些对公司销售额和销售利润目标贡献很小的购买者。

A、B、C 三类客户对公司的重要程度如表 11-1 所示。

表 11-1　A、B、C 三类客户对公司的重要程度比较

具体项目	客户数量比重/%	销售额比重/%
A 类	15	65
B 类	20	20
C 类	65	15
合计	100	100

从表 11-1 可以看出,A 类客户占企业总客户数量的 15%,但其销售额却占公司总销售额的 65%,因而是推销工作的重点对象。而 C 类客户虽然占企业总客户数量的 65%,但其销售额却占公司总销售额的 15%,对公司的利润贡献相对来说就小得多,企业对此就不会投入过多的精力,但不能对其忽视,也要做好相应的销售工作,使他们获得满意。

2. 掌握客户数量

客户数量是指公司全部顾客的总数量。顾客数量是决定产品销售总量的关键因素之一,它包括现有顾客数量和潜在顾客数量两部分内容。现有顾客数量可以通过汇总推销人员的销售记录来确定,潜在顾客数量则可以通过汇总顾客资料卡中的准顾客来确定。

推销人员可以根据顾客登记表来搞清楚顾客的数量。顾客登记表是由推销人员根据自己需要来设计,它一般是按照顾客所在销售区域的不同地区来设立,填写顺序可按顾客所在行业排列,也可按顾客购买产品的数量或预计购买量来排列,如表 11-2 所示。

表 11-2　顾客登记表

产品销售区域:				
项　目	姓名或名称	地　址	联系电话	邮　编
现有顾客				
潜在顾客				

3. 评估客户购买潜力

客户购买潜力是指一定时期内顾客对某种商品的潜在需求量,它也是决定市场顾客需求总量的一个重要因素。顾客购买潜力是一个估计值。现有顾客的购买潜力可以通过一段时间内顾客使用产品的频率以及每次使用产品的数量来具体计算,其公式如下:

现有顾客购买潜力 = 顾客使用某产品的频率 × 顾客每次使用该产品的数量

潜在顾客的购买潜力可以通过与购买过推销产品并且购买规模相近的顾客比较才能估算出来。推销人员在对销售区域内的每一位顾客需求预测的基础上,可以得到顾客需求总潜力,如表 11-3 所示。

表 11-3 顾客潜力估算表

顾客姓名或名称	行业	产品	顾客人数	使用率	顾客潜力
(1)	(2)	(3)	(4)	(5)	(6) = (4) × (5)

4. **确定重点客户**

确定重点客户是客户管理主要工作之一。如前所述,按照顾客对公司销售业绩贡献的大小可以将其分为 A、B、C 三种类型。A 类客户虽然数量少,但其购买量却占到了公司产品总销售额的65%,因此,A 类客户就是公司的重点客户。

确定重点客户主要考虑两个因素:一是该顾客在推销人员全部销售量和销售利润中所做的贡献;二是分析推销人员在顾客身上所花费的时间和精力的多少。从理论上讲,根据二者的差额就可以得出该顾客的重要程度。一般来说,差额越大,说明该顾客对推销人员越重要。

5. **处理客户投诉**

客户投诉的处理是客户管理的一项重要内容。客户投诉并不可怕,关键是如何正确看待和处理客户的投诉。

在销售中出现的客户投诉主要有以下几种形式:一是对产品质量方面的投诉,主要包括产品在质量上有缺陷,产品规格不符、产品技术规格超过误差标准、产品故障、产品品牌、产品式样、花色品种以及产品包装等方面内容;二是买卖合同投诉,主要包括产品数量、等级、产品规格、交货时间、交货地点、交易条件、结算方式与原买卖合同的有关条款不符等;三是货物运输投诉,主要包括产品在运输过程中发生超规定的损坏、丢失和变质或因包装、装卸不当而造成的损失等;四是销售服务投诉,主要包括对安装、调试及检修等现场服务的投诉,对产品供应服务的投诉,对技术培训服务的投诉以及对满足心理需要服务的投诉等。

当发生客户投诉时,推销人员应从顾客的角度考虑问题,及时采取有效措施以化解纠纷和抱怨,而不是推诿搪塞,更不能责怪顾客,以免使问题变得更糟。

首先,认真倾听顾客的抱怨。当顾客产生抱怨或投诉时,推销人员或接待人员要冷静,认真地倾听顾客的不满,不要做任何解释,要让顾客将抱怨全部发泄出来,待顾客心情平静下来,然后再询问一些具体细节问题,以确认问题的所在。在倾听时,要适当地运用一些肢体语言如目光平视对方、表情严肃地点头,以表示自己对顾客的关注和同情。

其次,同情顾客的遭遇。在倾听了顾客的抱怨后,要站在顾客的立场来看待、处理问题,即支持顾客的观点,使顾客意识到推销人员或企业非常重视自己的问题,同时要真诚地向顾客道歉,并感谢他们为企业指出经营中存在的问题,必要时还可以聘请他们做企业的顾问。

再次,提出解决方案。对顾客的投诉与抱怨,不能仅仅停留在表层的敷衍,还应该积极与顾客协商解决方案,以妥善处理顾客提出的问题,给顾客一个满意的答复,避免给企业带来不必要的损失,为企业创造一个继续销售的良好环境。

最后,执行处理结果和反思。处理方案一经协商同意,就要尽快执行,进一步树立企业良好的形象。同时,对顾客的投诉要指派专人登记备案,进行定期分析和反思,认真检讨问题产生的原因,以杜绝此类事件的再度发生;对于例外事件,应制定出处理的基本原则,以便以后有章可循。

阅读与思考 11-3　　Presto 洗衣公司该如何选择?

为了提供快速准确的服务、减少顾客在门店的等候时间,Presto 洗衣公司安装并起用了一套新的计算机系统。但是时隔不久,公司总裁赛维克立先生就收到了一封由老客户乔治·谢尔顿先生寄来的投诉信。该客户一直对 Presto 洗衣公司的服务十分满意,尤其是对该公司门店便捷的交通位置、比较长的营业时间和还算说得过去的客户服务感到满意,但 Presto 洗衣公司新运行的计算机系统却给他带来了非常不愉快的经历。

谢尔顿先生投诉说,因为 Presto 洗衣公司弄丢了他送去洗的多件衣物,所以他找不得不购买四件新的衬衣以用来替换被丢失的衣服。可是,六个多星期后,丢失的衣物又被找到了,但是他还必须再付一次钱!之后,谢尔顿先生曾多次致电客户服务部门以登记投诉,并希望获得衬衣和清理费用的赔偿,但过了很久,他才收到公司总部的答复——总算是收到了。在信件结尾处,该客户要求公司全部赔偿丢失订单清理费,以及四件新衬衣的费用,并做出令人满意的道歉,否则将转向别的洗衣公司,并将他在 Presto 洗衣公司的经历告诉自己的亲朋好友,而且永远不再和 Presto 洗衣公司打交道!

为了进一步了解该事件,赛维克立先生找到了客户投诉经理保罗·霍夫纳。霍夫纳先生表示说,公司的确出了差错,这是因为员工还没有完全掌握新信息系统的操作,这在所难免。但他们已经竭尽所能让该客户满意,其中包括在工厂内开展了两次搜寻工作。霍夫纳先生声称,该客户不停地打电话,以至于他还没来得及回复上一个电话,下一个电话又到了。而且,他认为该客户的要求太过分。为什么 Presto 洗衣公司要因为客户的指责,向其提供过高的赔偿?最后,他提出,Presto 洗衣公司是否有必要维持所有客户。

每日一练　**自己试着总结客户关系管理的重要性。**

完成子任务 11.3 后进行自我测试:你是否已了解培养良好客户关系的基本方法和把握客户管理的主要内容?

11.4　推销绩效的评估

推销人员的工作业绩是决定企业推销工作效果的关键,而推销业绩在相当大的程度上又取决于推销员的绩效。运用科学的方法和手段对推销计划的执行情况和推销绩效进行分析和评估,找出推销工作成功和失败的原因,可以较快地提高推销人员的工作能力,从而提高推销工作的效率。要正确地进行绩效评估,全面衡量推销人员的工作业绩,就必须广泛、全面地收集有关信息,以此作为评价推销人员的依据,同时也为推销管理部门制定适当的评判标准提供有益的参考资料。最重要的信息来源是推销报告,主要包括推销活动计划报告和推销活动成绩报告。另外,还可从其他途径获得评估信息,如推销管理部门的观察、顾客的信件和投诉、顾客调查以及与其他推销人员的交谈等。

11.4.1 推销绩效评估的概念与作用

所谓推销绩效，是指完成推销工作的效率、效能和效果。推销绩效评估就是指企业或推销人员对一定时期内推销工作状况包括效率、效能和效果进行检查、衡量和评价。其目的在于总结经验和教训，进一步制订新的推销计划，改进推销工作，以取得更好的推销业绩。

进行推销绩效的评估对促进推销人员提高工作效率具有非常重要的作用，主要表现在以下 4 个方面。

(1)绩效评估是对推销人员进行人事决策的重要依据。推销业绩是每个推销人员工作能力和工作效果的最后结果和综合反映。因而绩效考评往往作为对推销员人事决策时重要的参考指标。企业在决定推销人员的升迁、任免、调遣、加薪等问题时，都要以推销人员的绩效考评作为重要依据。因而，对推销人员的绩效考评，具有人事管理的作用，有助于人才适才适用，业绩与利益挂钩。

(2)绩效评估是激发推销人员工作激情的动力。绩效考评的一个目的是使推销人员了解自己工作的效果与企业期望值之间的关系。通过制定科学、合理的业绩标准，使推销人员有明确的奋斗目标；通过对推销人员绩效的考评，可以让推销人员清楚地看到自己对企业的贡献；通过绩效评价和奖惩，可以使推销人员得到相应的激励和惩罚。这些激励和惩罚，可以不断地激发推销人员工作的热情，进一步完善推销工作。

例 11-8　　绩效评估的价值

在广州一家电子公司营销部供职的李洋，突然接到被解雇的通知。由于事出突然，李洋毫无思想准备，无法接受被解雇的事实。他与公司进行了数次交涉，未果。无奈之下，李洋一纸诉状把公司告到了劳动仲裁部门，请求仲裁部门给“讨个说法”。于是，仲裁部门到该公司进行调查取证工作，而取证结果大出仲裁人员预料。每年的考核评价表上，“李洋”一栏都清楚地标明“优秀”字样，而且以前各部门都给了李洋相当高的评价。仲裁人员经过进一步了解才知道，李洋原来是一个工作绩效极低、各部门都不愿用的人，只不过为了将他推到其他部门，才采取了欺骗手段。

对销售人员进行考核，一方面是决定销售人员报酬、奖惩、淘汰与升迁的重要依据，从而调动业务员的积极性；另一方面对销售人员的业绩进行检讨和分析，可以帮助他们进步。销售管理的一个重要内容就是培养销售人员的销售能力，如果销售人员不求进步，就不会提高销售业绩。

(3)绩效评估是企业制定营销政策和战略的思考。推销人员的业绩在一定程度上反映了企业市场营销的业绩。当企业推销人员的业绩普遍下降时，企业领导就应检查企业的营销战略和政策是否适应新的市场形势，是否存在某些方面的不足，然后采取措施加以完善。当企业推销业绩无显著上升时，说明企业已采取的各种推销措施尚无成效，企业就可通过分析，采取相关措施。当企业推销人员的业绩普遍上升时，说明企业制定的推销措施是正确的，已开始取得成效，企业可制订下一步计划了。

(4)绩效评估是甄选、培训推销人员的依据。甄选优秀推销人员通常是根据其推销绩效来确定。通过对推销人员的绩效考评，不仅能甄选出优秀的推销人员，将其委派到重要的工作岗位，而且有助于发现每个推销人员的工作特长，为更好地发挥其长处提供依据。

11.4.2　推销绩效评估的指标

推销人员的绩效评估，是一种以价值量（如金额）、实物量（如数量）和劳动量（如工作时间）为计算单位，结合定性分析（如工作态度），进行记录、计算，反应企业推销人员推销业务动态和效果的活动。要考好推销人员的绩效评估，必须建立科学的考评指标体系。在实际工作中，经常采用的推销绩效评估指标主要是顾客访问完成率、订单平均订货量、销售量、销售收入、销售费用、销售利润和货款回笼率等。

1. 顾客访问完成率

顾客访问完成率是指在一定时期（如 1 年、1 个季度或 1 个月）内，推销人员实际访问顾客的次数或顾客数与计划规定的访问标准的比例。其计算公式为：

$$\text{顾客访问完成率}=\frac{\text{实际访问顾客的次数(人数)}}{\text{计划访问顾客的次数(人数)}}\times 100\% \tag{1}$$

访问顾客是推销人员的主要职责之一，也是推销工作的基本内容。顾客访问完成率的高低，可以反映推销人员工作态度的好坏，即顾客访问率高，说明推销人员工作积极性高，工作态度好，反之，亦然。

2. 订单平均订货量

订单平均订货量是指推销人员在一定时期内获得订单或合同的订货总量（额）与订单或合同总数的比值。其计算公式为：

$$\text{订单平均订货量}=\frac{\text{订单或合同订货总量(额)}}{\text{订单或合同总份数}}\times 100\% \tag{2}$$

订单平均订货量，既反映了推销人员争取的订单数目，又体现了订单的容量。它适用于评估那些推销价格低、品种规格多、用户分散、订单订货少的产品的推销人员的工作业绩。

3. 销售量

销售量是反映企业推销效果的重要指标之一。正确进行销售量的核算，是正确评估推销业绩的重要方法。

一般来说，销售量是指企业在一定时期内实际推销出去的产品总数量，包括按合同供货方式或其他供货方式售出的产品数量，以及尚未到合同交货期提前交货的预交数量，但不包括外购产品（指由外单位购入、不需要本企业任何加工包装，又不与本企业产品一起作价配套出售的商品）的数量。

销售量的统计方法主要有：

（1）采用送货制（包括到港交货与出港交货）的产品，在与运输部门办好托运手续后就算销售量，统计时以承运单位的日戳为准。

（2）采用提货制的产品，在与需方办妥货款结算手续并开出提货单后即算销售量，统计时以提货单上的日期为准。

（3）采用买主分类法的产品，按其不同的分类统计已售出的产品数量。如：按顾客年龄统计儿童、青年、中年、老年购买某一产品的数量，或者按顾客所在区域统计销售量等。

无论采取上述哪种方法统计销售量，若遇到下面两种情况，则必须冲减销售量：

①交货后退回的本年度合格产品并再次入库的，应冲减销售量。如：顾客发现对产品的品种、

规格或性能购买有误时要求退货的产品。

②交货后退回修理的产品，如果修复后不交原用户而另待销售的，应冲减销售量。

通过销售量核算，可以分析企业产品推销计划完成、超额完成或未完成的原因，销售量的升降趋势，市场占有率变化趋势，以及从销售量的构成上分析销售品种的变化、新用户的变化、销售地区的变化、销售对象的变化等，从而为制定新的推销策略提供依据。

4. 销售收入

销售收入是销售量的货币表现，是以价值形式反映推销成果的一个指标。当推销人员推销的不是单一品种的产品，而是不同规格、型号、品种的产品时，为了比较各个推销员的推销成果，就必须进行销售收入的核算。

在评估销售额时，首先要了解有关产品的销售价格，然后再结合销售量统计数据，换算成销售收入。因此，推销人员应根据自己推销产品的实际情况，先分别计算出所推销的各种产品的销售额，然后再进行汇总，得出自己完成的全部销售收入。

实际销售收入的计算公式为：

$$\text{实际销售收入} = \text{实际售出产品数量} \times \text{单位产品销售价格} \tag{3}$$

通过销售收入的核算，可以检查和落实推销人员完成推销计划情况，判断和确认推销人员的实际推销能力以及对比和分析推销费用状况，从而帮助推销人员树立信心，改进工作方法，获得更好的推销效果。

5. 推销费用

推销费用是指在推销产品过程中发生的各种开支，是企业销售总费用中的一个组成部分。它是考评推销人员绩效的一个重要指标。推销费用不仅包括推销人员的工资、差旅费、邮电费、接待费、仓库管理费、推销调研费，还包括推销人员参加有关部门召开的订货会、展销会以及企业举办的各种类型的推销会议的费用等。常用的推销费用分析指标有：

1）推销费用率

$$\text{订单平均订货量} = \frac{\text{推销费用}}{\text{推销额}} \times 100\% \tag{4}$$

2）每次拜访的平均费用

$$\text{每次拜访的平均费用} = \frac{\text{总推销费用}}{\text{拜访次数}} \times 100\% \tag{5}$$

另外，还可以计算出每种产品花费的推销费用比率或者每类顾客花费的推销费用比率等指标。通过对推销费用相关指标的核算，可以对每一项开支的用途、时间和作用等内容进行审查和控制。

因此，为了做好推销费用核算的工作，要做好以下几项基础工作：

（1）加强原始记录管理，即对于发生的每一笔推销费用，都要确保原始记录的完整、准确。

（2）建立和健全必要的监督考察制度，即要用文字、条例和流程图等方式，将推销费用核算的内容和程序固定化、规范化，使考核工作有健全的制度和明确的标准。

（3）做好报表的审查工作。

6. 销售利润

销售利润指标反映了推销人员为企业创造的利润大小。将销售收入减去销售成本和费用，就得出了销售利润。在分析销售利润时，不仅要分析销售利润的计划完成情况，还要进一步分析其变化的原因,分析不同因素如销售量、产品价格、销售成本等对销售利润的影响,以便于及时发现导致销售利润发生变化的根本原因,提出改进的措施。其计算公式为:

$$产品销售利润 = 产品销售收入 - 产品销售成本 - 产品销售税金 \tag{6}$$

其中:

$$产品销售收入 = \sum (每种产品销售数量 \times 单位产品销售价格)$$

$$产品销售数量 = 期初产品结存量 + 本期产品产量 - 期末产品结存量$$

$$产品销售成本 = (期初产品结存量 \times 上期末单位产品生产成本) + 本期销售费用 + [(本期产品产量 - 期末产品结存量) \times 本期产品生产成本]$$

$$产品销售税金 = 产品销售收入 \times 税率$$

7. 货款回笼率

对企业而言,只有完全回笼货款之后,企业才能真正实现利润,而货款回笼率是反映企业效益状况的一个指标;对推销人员而言,只有在其完成货款的回笼后,销售行为才能宣告结束,也才能对他的销售业绩进行有效评价。

货款回笼率是指在一定时期内(1 年、1 个季度或 1 个月),企业所销售产品的已收货款与应收货款之比。其计算公式为:

$$货款回笼率 = \frac{已收货款}{应收货款} \times 100\% \tag{7}$$

货款回款率越高,说明资金周转越快,企业经济效益就越好;反之,则说明资金周转缓慢,企业的经济效益不理想。

除了上述几种常用的评价指标之外,还有一些对推销人员进行绩效评估的指标,如推销配额完成率、推销人员人均推销额、订货合同完成率、每天访问次数、平均每天成交额、开发新客户的数目等。

11.4.3　推销绩效评估的程序与方法

推销人员的绩效评估作为推销管理工作的重要环节,要有组织、有秩序地进行,即应遵循一定的程序和采取相应的方法。

1. 推销绩效评估的程序

推销人员的绩效评估应遵循以下程序:

(1)制订评估计划。为了提高考评的准确性,推销人员的业绩考评应有计划地进行,这就需要制订一个评估计划。评估计划制订的主要内容是评估的目的和要求、评估的内容和范围、评估工作的组织和分工、评估的资料来源以及评估的方法等。特别值得注意的是,在评估计划的执行过程中,如果出现新问题、新情况,应及时加以补充和修改,以确保评估工作的正常运转,提高评估效果。

(2)收集评估资料。评估资料是进行绩效评估的重要依据,评估人员应全面、系统、完整地收集有关资料。一般来说,评估资料主要包括:各项销售计划、预算、定额、责任指标等计划资料,各项业务核算资料,各种内外部报表资料,同行业有关资料,有关合同、协议、决议等文件报告资料,以及各种环境状况、市场状况、顾客意见等销售调查资料。

(3)研究评估资料。对收集的评估资料要进行整理、分析和研究,尤其是对符合实际的、有用的资料进行归纳、分类、整理,运用不同的分析方法进行比较分析,找出实际与计划的差距,确定研究的重点,并分析形成差异的主要原因,以找到问题的关键,为解决问题提供思路。

(4)做出评估结论。在客观地评估了推销人员的工作绩效之后,应实事求是地对其做出评估结论,即评估结论是对推销人员在一定时期内所有工作业绩的客观描述和评价。通过肯定成绩、总结经验、发现问题、吸取教训,以挖掘推销人员的潜力,并提出相应的改进措施、建议和实施方案,为进一步提高推销人员的工作绩效提供参考。

(5)撰写评估报告。绩效评估报告是向销售主管部门、推销人员和有关领导汇报分析情况的书面资料。绩效评估报告的撰写要实事求是、客观而全面;要重点突出,防止面面俱到;对情况的说明要真实、准确,做出的结论要有根据,避免主观臆断,提出的改进措施、意见、方案要具体、可行;文字力求简明扼要,图表力求清晰易懂。另外,绩效评估报告要及时送达有关部门和人员,提高其时效性。

2. 推销绩效评估的方法

对推销绩效的正确评估,有利于促使推销管理部门判断推销业绩的好坏,以制定出明确的标准;有利于推销管理部门有效地收集和掌握推销人员全面的信息。推销绩效评估的方法很多,常用的有以下几种:

1)横向对比分析法

推销人员绩效的横向对比分析,就是把所有推销人员的工作业绩进行相互比较。这种方法只有在各地区市场潜量、工作量、竞争激烈程度、企业推销努力等没有差别或差别不大的情况下才有意义。具体方法见表11-4。

表11-4 推销人员绩效的横向比较表

评价因素	推销人员甲	推销人员乙	推销人员丙
1. 销售收入			
(1)目标	200 000元	400 000元	600 000元
(2)完成	140 000元	320 000元	540 000元
(3)效率	0.70	0.80	0.90
(4)权重	0.50	0.50	0.50
(5)绩效水平	0.35	0.40	0.40
2. 每周平均访问次数			
(1)目标	25	40	30
(2)完成	20	20	27
(3)效率	0.80	0.50	0.90
(4)权重	0.50	0.50	0.50
(5)绩效水平	0.40	0.25	0.45
绩效水平合计	0.75	0.65	0.85
综合绩效	75%	65%	85%

从表11-4中可以看出,推销人员甲、乙、丙的综合评估绩效分别是75%、65%和85%,说明在销售收入和每周平均访问次数同等重要的情况下,他们各自的绩效水平存在差别。

2)纵向对比分析法

推销人员绩效的纵向对比分析,就是把推销人员现在的销售业绩与其过去的业绩进行比较。

具体方法见表 11–5。

表 11–5　推销人员绩效的纵向评价表

推销地区：北京

推销人员：小张

项目＼年份	1996 年	1997 年	1998 年	1999 年
1. 产品 A 的净销售额/元	251 300	253 200	270 000	263 100
2. 产品 B 的净销售额/元	423 200	439 200	553 900	561 900
3. 净销售总额/元	674 500	692 400	823 900	825 000
4. 产品 A 的毛利/元	50 260	50 640	54 000	52 620
5. 产品 B 的毛利/元	42 320	43 920	55 390	56 190
6. 毛利总额/元	92 580	94 560	109 390	108 810
7. 销售费用/元	10 200	11 100	11 600	13 200
8. 销售费用与总销售额之比/%	1. 5	1. 6	1. 4	1. 6
9. 销售访问次数	1 657	1 700	1 680	1 660
10. 每次访问成本/元	6. 90	6. 53	6. 90	7. 95
11. 平均客户数	320	324	328	334
12. 新客户数	13	14	15	20
13. 丧失客户数	8	10	11	14
14. 每个客户平均购买额/元	2 108	2 137	2 512	2 470
15. 每个客户平均销售毛利/元	289	292	334	326

销售管理部门可以从表 11–5 中了解到推销员小张的推销情况，如：小张的销售总额每年都在增长（第三行），但这并不一定意味着小张的工作非常出色，因为还要看其他指标变化情况，如每年销售费用也在不断增加（第六行）。

总之，从表 11–5 可以明白，对于一个推销人员的推销业绩进行纵向比较，能够全面、系统地评估推销人员工作进展的程度，获得的业绩是在增长还是在退步，这也将更加有利于客观、公正地对推销人员的工作绩效进行评估。

3）指标对比分析法

指标对比分析法是指将推销指标数值进行对比的方法。根据分析的不同要求，主要有 3 种比较分析方式：①将实际推销指标与计划推销指标进行对比，以说明计划完成情况如何；②将实际推销指标与前期推销指标进行对比，以发现推销活动的发展变化情况（类同于纵向对比分析法）；③将实际推销指标与先进推销指标进行对比，以找出差距的原因。

例 11–9　**销售人员绩效考核指标的设定**

销售人员的绩效考核可以采取目标考核的方式，按照公司的年度销售目标，把目标分解到具体产品和（或）区域，然后分解到具体的业务人员；在分配目标的同时，必须进行资源分配，否则可能导致成本上升、业务下降。设定具体目标时，必须和公司总目标、价值观一致。例如，一些公司以销售额为主,一些公司以毛利额为主,还有一些公司以利润考核。目标可以是绝对指标,也可以是相对增长指标,关键是看公司的发展阶段和竞争及发展的需要,一般来说,成熟公司比较多地采用绝对指标,成长迅速的公司建议采用增长指标。例如,KL公司对分公司经理的考核指标包括主要指标和辅助指标。其中,主要指标有:①回笼(销售回笼完成率),在考核中占40%的比重;②开单完成率,占30%。辅助指标包括:①网点达标率,占10%的比重;②网络开发,占10%;③应收账款管理,占10%。同时,设"雷区激励",对完成不好的工作扣分,库存管理扣5分,投诉累计扣5分,暴光累计扣5分,日常管理累计扣5分。对于分公司的销售人员还有分销、业务往来、价格管理等指标。

4)考评尺度法

考评尺度法是指将推销人员的业绩考评项目都给予具体衡量的尺度,管理人员依据平时对推销人员工作状况的观察,对各考评项目一一打分,然后再逐项汇总起来,所得总分就是该推销人员业绩考评的结果。

用来评估推销人员业绩的方法很多,如推销人员品质评价法、对照表法(又称普洛波斯特法)、多项目综合考评法等,关键是要根据不同的需要选择不同的评估方法,对推销人员进行有效地评估。

阅读与思考11-4　　如何科学而有效地对销售人员考评及奖励

为了准确地考核和评估销售人员的业绩,就必须有一套行之有效、科学实用的考核评估体系,而对销售人员的考评,最终目的是起到奖罚分明,鼓励先进,鞭策后进,提升公司销售业绩。下面从两方面加以阐述:

1. 销售部门考核评估体系

销售部门考核评估体系

(适用于对区域经理、销售人员的考核)

考核项目		实际完成情况	考核得分	方法说明
A	净销售额 (扣除销售折扣、销售折让及退货)			部门主管汇同财务部门,根据个人完成指标给予考核,考评分按5分制,(1~5分)由差到优,每项满分5分,共计12项考核指标,其中第J项指标为扣减项,即失去客户要扣减,未失去客户不得分。 所有指标总计满分55分
B	实际销售比率 (实际销售额/承诺销售额×100%)			
C	毛利率 (净销售额/总销售收入)			
D	月销售额增长率			
E	销售费用率 (个人销售费用/个人销售额×100%)			
F	货款回收比率 (实际回收款/本月合同金额×100%)			

续上表

销售部门考核评估体系（适用于对区域经理、销售人员的考核）				
考核项目		实际完成情况	考核得分	方法说明
G	货款回收期（应收账款净销售额/365）			
H	客户保有率（现有客户数/新开发数＋流失数）			失去 1 个客户扣 5 分，失去 2～5 个客户扣 10 分，失去 6 个以上客户扣 15 分
I	新客户数			
J	失去客户数			
K	月访问客户数			
L	平均每个客户的成本			
总得分				

注：各项得分标准（由财务部和市场部完成）。

考评水平		5 分	4 分	3 分	2 分	1 分
对应得分	A	X1～Y1				
	B					
	C					
	D					
	E					
	F					
	G					
	H					
	I	10 个以上	9～7	6～4		3～1
	J					
	K					
	L					
总评分						
绩效率		A（优）	B（良）	C（合格）	D（不合格）	
		55～50 分	51～44	43～35	≤34	
		3x%	2x%	x%		

说明：首先，财务部要根据公司销售政策和市场状况，确定每个指标所对应的得分，表中“X1～Y1”表示的含义：A 项指标评为 5 分时对应的区间，依此类推。如 B 指标 100%～95% 对应得分为 5 分；94%～80% 对应得分为 4 分；79%～60% 对应得分为 3 分；59%～40% 对应得分为 2 分；39% 以下对应得分为 1 分。实际工作中，每个指标不同区间对应得分，视企业所属行业、规模、区域及产品特性不同而不同。

每月对区域经理和销售人员进行考核评估,最终评定出A、B、C、D(优、良、合格、不合格)四个等级。D级区域经理或销售人员将返回到预备级销售人员的待遇,连续三个月评定为D级的区域经理或销售人员,将自动解聘。连续三个月在销售人员总评分中得分最低者,实施"末位淘汰制",将自动解聘。

2. 销售人员奖励分配体系

级别	基本工资	浮动工资	提成及奖励	说明
预备期	P	–	[(个人销售额 – 公司定额)/费用率×30%×提成率/回款系数]×价格系数	"x%"代表"绩效率" 费用率=个人销售费用/个人销售额 提成率由公司确定 回款系数=个人每笔账款月平均回收期/公司计划账款回收期 价格系数=实际销售额/计划价格销售额 价格系数基准=1,若实际销售价在公司规定比例浮动内,价格系数仍为1,若实际价超出浮动比例范围内,大于1或小于1,则价格系数为0.5%
D级	P	–	[(个人销售额 – 公司定额)/费用率×30%×提成率/回款系数]×价格系数	
C级	P	x%×P	[(个人销售额 – 公司定额)/费用率×30%×提成率/回款系数]×价格系数	
B级	P	2x%×P	[(个人销售额 – 公司定额)/费用率×30%×提成率/回款系数]×价格系数	
A级	P	3x%×P	[(个人销售额 – 公司定额)/费用率×30%×提成率/回款系数]×价格系数	
销售人员收入=基本工资+浮动工资+提成及奖励				

以上奖励分配体系的特点为:

(1)保障销售人员基本工资,将销售人员个人收入分成三大块:基本工资、浮动工资、提成及奖励。即能刺激销售人员的工作积极性,防止消极怠工,又避免销售人员因生活得不到保障而流失。

(2)利用销售业绩提成,将个人业绩与个人获得的经济利益直接挂钩。刺激并促进销售。

(3)引进销售费用率,体现个人销售费用与其销售额之间的关系,由此让销售人员在每笔销售活动中,不仅要追求绩效,同时还应注重控制成本。

(4)引进回款系数指标,使销售人员的每笔销售所得与回款期直接关联,强化了销售人员对应收账款的重视和管理。

(5)价格系数指标与个人薪酬的关联性,可以克服产品销售价格弹性大,避免销售人员为了追求销售量而随意降价的现象,使销售人员的收入与其所售产品的实际价格挂钩。

每日一练 自己试着和同学一起交流,总结绩效考评的作用。

完成子任务11.4后进行自我测试:你是否已熟悉推销绩效考评的有关主要指标,并掌握推销绩效评估的程序与方法?

小 结

本任务就是让你了解推销组织的作用和职能，掌握推销组织的工作目标和类型；了解推销队伍的组建和推销目标的制定要求及表现形式，掌握确定推销队伍规模的原则和方法；了解客户关系管理的重要性，掌握客户关系管理的主要内容；了解推销绩效评估的概念和作用，掌握推销绩效评估的指标、程序和方法。做好推销管理是顺利进行推销活动非常重要的一项保障性工作，并激励着推销人员去进一步努力实现企业更大的经营目标。

本任务围绕搞好推销管理工作设计了各环节的基本知识，并插入了一些典型的案例，并对相关知识以阅读与思考的形式呈现。每一任务都是以子任务小结结束，希望读者在完成子任务之后，能够及时进行自我的过程性评价。

完成本任务后，读者应该能够掌握确定推销队伍规模的原则和方法，掌握客户关系管理的主要内容，以及掌握推销绩效评估的指标、程序和方法，并能结合实际为顺利进行推销管理工作做好充分准备。

完成本任务将为推销管理工作的顺利开展提供了制度性的保障，是进一步激发推销人员推销激情的动力和源泉。

核心技能与概念

推销管理　推销组织　推销队伍　客户管理　推销绩效　绩效评估

课堂讨论

1. 为什么要做好推销管理工作？
2. 如何理解推销队伍的目标？
3. 你认为培养良好的客户关系对推销有什么重要意义？
4. 你认为绩效评估对于推销人员有何重要影响？

业务技能自测

一、多项选择题

1. 推销组织在企业中的职能主要有(　　)。

   A. 计划职能　　B. 沟通职能　　C. 执行职能　　D. 控制职能

2. 现代企业推销组织的工作目标主要有(　　)。

   A. 代表并维护消费者利益　　B. 对市场需求做出灵敏的反应

   C. 使市场营销工作效率达到最高　　D. 尽可能多地创造销售利润

3. 推销组织的形式一般可分为(　　)等几种类型。

   A. 区域型　　B. 产品型　　C. 职能型　　D. 顾客型

4. 确定推销队伍规模的方法主要有(　　)。

A. 工作量法　　B. 增量法　　C. 销售额法　　D. 销售百分比法

5. 一般来说,培养良好客户关系的基本方法有(　　)。

A. 把客户的利益放在首位　　B. 与顾客保持日常关系

C. 让顾客尽可能满意　　D. 发展良好的人际关系

6. 根据客户购买公司产品数量来划分,可以将顾客分为(　　)等几种类型。

A. A类　　B. B类　　C. C类　　D. D类

7. 经常采用的推销绩效评估指标主要有(　　)等。

A. 销售费用　　B. 顾客访问完成率　　C. 销售量　　D. 货款回笼率

二、简答题

1. 推销组织有什么作用?
2. 简述产品型推销组织模式的优缺点?
3. 推销人员具体的推销目标主要有哪些?
4. 简述客户关系管理的重要性?
5. 客户管理的内容主要有哪些?
6. 推销绩效评估的重要作用主要表现在哪些方面?
7. 简述推销绩效评估的程序。

案例分析

案例1:CMP出版公司的结构变革

制订了良好的计划,常常因为管理人员没有适当的组织结构予以支持而落空。而在某一时期是合适的组织结构,可能过了一二年后就不再合适。格里(Gerry)和利兹(Leeds)是经营CMP出版公司的一对夫妇,对此有着清楚的认识。

利兹夫妇在1971年建立了CMP出版公司。到1987年,他们出版的10种商业报纸和杂志都在各自的市场上占据了领先地位。更令人兴奋的是,它们所服务的市场(计算机、通信技术、商务旅行和健康保健)提供了公司成长的充足机会。但是,假如利兹夫妇继续使用他们所采用的组织结构,这种成长的潜力就不会得到充分利用。

他们最初为CMP设立的组织,将所有重大决策都集中在他们手中,这样的安排在早些年头运作得相当好,但到1987年它已经不再有效。利兹夫妇越来越难照看好公司。比如,想要见格里的人得早上8点就在他的办公室外排队等候。员工们越来越难得到对日常问题的答复,而要求快速反应的重要决策经常被耽误。对于当初设计的组织结构来说,CMP已经成长得太大了。

利兹夫妇认识到了这个问题,着手重组组织。首先,他们将公司分解为可管理的单位(实质上是在公司内建立半自主的公司),并分别配备一名独立的经理掌管各个单位。这些经理都被授予足够的权力去经营和扩展他们各自的分部。其次,利兹夫妇设立了一个出版委员会负责监管这些分部。利兹夫妇和每个分部的经理都是该委员会的成员。分部经理向出版委员会汇报工作,出版委员会则负责确保所有的分部都能按CMP的总战略运作。

这些结构上的变革带来了明显的效果。CMP现在总共出版14种刊物,年销售额达到近2亿美元。公司的收益持续地按管理当局设定的 30% 的年增长率目标不断增加。

试结合案例分析,CMP 为什么能获得持续的收益?

案例 2:推销队伍规模的确定

安徽某涂料公司估计在安徽市场有 500 个 A 级别客户、1 000 个 B 级别客户和 1 200 个 C 级别客户。A 级别客户一年需要访问 20 次,B 级别客户一年需要访问 15 次,C 级别客户一年需要访问 10 次。假设每个推销人员平均每年可作 1 000 次访问。

试根据所学知识分析一下,该公司需要多少个专职推销人员。

案例 3:吉米的成功

吉米,一名非常出色的推销人员。有一家成衣公司的老总非常讨厌保险推销人员,然而却出人意料地把吉米他们公司的一位推销人员给挖走了。于是,吉米决定去会会那位老总,并向他推销保险。

事先,吉米做了周密的准备工作。首先,他调查清楚了这位老总的履历,资料显示:这位老总是大阪人,热心同乡会会务,兄弟中还有一个当大学教授。这位老总最初在三越百货公司服务,后来到东京从事成衣批发生意,因此发了财。如今,在北海道还有一个上规模的牧场。

吉米想:“一分耕耘,一分收获。”收获的多,付出的自然也就多,一个人身体的承受能力是有限的,这样不停地劳累下去,一定会有垮的那一天,因此需要买保险。

掌握了这些情况之后,吉米来到该公司的传达室,进一步打听消息。

传达室里有一位年轻漂亮的女性,吉米向她问道:“请问总经理什么时候来上班?”

这位小姐很客气地回答:“大约 10 点左右。”

随后吉米与这位小姐拉起了家常,不经意间,从那位小姐的口中,吉米知道了那位老总的车子颜色、车型、车牌号码。第二天上午 10 点,吉米带着隐形照相机来到该公司的大门前,在那辆车开进公司停下后,吉米立即偷偷拍下那位老总的照片。

照片冲洗出来之后,吉米拿着照片到秘书跟前,请秘书小姐确认一下。之所以要拿照片来确认,是怕万一认错了人,而自己又不知道,那后果就可想而知了。

当确认无误后,吉米问秘书小姐:“总经理目前是否在里间办公呢?”

秘书小姐回答道:“不,他好像在外面的大办公室里。”

其实,通过调查吉米早已经知道,这位总经理有个习惯,即他很少甚至不在自己的办公室办公,而是喜欢与许多员工一起,在大办公室里办公。看来,这位秘书并没有欺骗吉米。

趁里面有很多员工的时候,吉米走进那间大的办公室。里面的人真是太多了,大家忙忙碌碌,各自干着自己的事情。假如吉米不是事先做了充分准备,一时之间根本不知道哪一位是总经理。

根据照片,吉米看到那个只穿着衬衫,与职员们一样忙碌着的中年男人就是总经理。

吉米轻松而且自然地从他的斜后方走过去,拍了一下他的肩膀,说道:“总经理,好久不见啦!”

看得出来,总经理可能是太投入到自己的工作中了,吉米这突如其来的一拍,使他稍感诧异,他转过头,问吉米:“咦!我们好像在哪里见过面?”

吉米显出一副久别重逢的样子,对他说:“贵人多健忘哦,就在同乡会呀!我记得您是大阪人,对不对啊?”

总经理高兴地说道:“不错,我的老家在大阪。”

总经理有一种他乡遇故知的兴奋。见到他如此高兴,吉米才敢将自己的名片递给他。

一看古米是推销保险的，他沉起了脸，很礼貌地推辞掉了吉米的名片。做了如此精心的准备，吉米并不想中途放弃。

于是，他放开喉咙说："总经理，我相信贵公司的员工原先并非立志终身奉献成衣业而到贵公司服务的，他们都因仰慕您的为人，才到这儿来的。"

这时，全办公室的人都能听到他们的谈话。这位经理是很注意他在员工心目中的印象的。这既是他的优点，也是他的缺点。自己只要稳稳地抓住了，应该能够赢得这场博弈。

说到这里，吉米用目光扫视了一下在场的所有员工，然后继续说："全体员工既然都怀抱着对您的仰慕之情，那么您打算如何回报他们呢？我认为重要的是：您只有永葆健康，才能领导员工冲锋陷阵。如果您的身体已经到了无法投保的程度，您怎么对得起爱戴您的员工呢？您是喜欢还是讨厌保险，这都不重要，重要的是，您的健康是否毫无问题，您曾经去做过身体检查吗？"

然后，吉米突然打住了。此时，整个办公室鸦雀无声，都在静静地等待着总经理的回答。面对此种情景，总经理显得有点手足无措。有一个问题只等待着他一个人的回答，这个问题就像一个绣球，要是你接了，在与推销人员的博弈中，你就处于被动的局面，等着别人的摆布；要是不接，面对所有员工，你就显得懦弱无能，树立不起做领导的威信。从前，你苦心经营的一切都会隐隐地有了残缺……

总经理思索良久之后，慢慢地吐出了几个字："我没有去检查过。"

吉米总算抓住了机会，于是热情地说："那么您应该抓住机会去检查啊！机会必须自己去创造并好好把握，才是真正的机会。让我为您服务吧！我将带着仪器专程来贵公司给您做身体检查。"总经理只好顺水推舟地说道："好吧！那就麻烦你了！"

就这样，一位不喜欢接待保险推销员的总经理被吉米给攻下了。阅读案例，请根据所学知识进行分析，吉米为什么能攻下一位非常讨厌保险推销员的成衣公司总经理？

案例4：绩效考评及其反馈

小白大学毕业后，被一家中日合资企业聘为销售员。工作的头两年，他的销售业绩确实不敢让人恭维。但是，随着对企业业务逐渐熟练，加上和那些零售客户的熟悉度，他的销售额就开始逐渐上升。到了第三年年底，他根据与同事们的接触，估计自己当属全公司销售人员的冠军。不过，公司的政策是不公布每人的销售额，也不鼓励互相比较，所以小白还不能肯定。

去年，小白干得特别出色，到9月底就完成了全年的销售额，但是经理对此却是没有任何反应，尽管工作上非常顺利，但是小白总是觉得自己的心情不舒畅。最令他烦恼的是，公司从来不告诉员工干得好坏，也从来没有人关注销售员的销售额。

他听说本市另外两家中美合资的化妆品制造企业都在搞销售竞赛和奖励活动，公司内部还有通讯之类的小报，对销售员的业绩做出评价，让人人都知道每个销售员的销售情况，并且要表扬每季度和年度的最佳销售员，想到自己所在公司的做法，小白就十分恼火。

上星期，小白主动找到日方经理，谈了他的想法。不料，日方经理说这是既定政策，而且也正是本公司的文化特色，从而拒绝了他的建议。领导吃惊的是，小白辞职而去，听说是给挖到另外一家竞争对手那边去了。而他辞职的理由也很简单，自己的贡献没有被给与充分的重视，也没有得到相应的回报。

阅读案例，试分析销售人员小白为什么辞职？你认为日方公司的做法如何？

实训操作

客户投诉处理的模拟训练。

[实训目标] 通过模拟,加深对本任务内容尤其是客户关系的理解,提高对推销管理工作的认识。

[实训组织] 学生每 3 ~4 人分为一组进行模拟,各组自由选择客户投诉主题,注意投诉处理的实际可操作性。

[实训提示] 各小组事先演练好,做好分工合作的准备,教师说明相关注意事项,同时做好课外指导。

[实训成果] 各组现场表演,其他小组无记名评分,最后教师点评。

参考文献

[1] 蔡炜．商务谈判[M]．上海:立信会计出版社,2012.

[2] 金正昆．商务礼仪[M]．西安:陕西师范大学出版社,2012.

[3] 匡玉梅．商务礼仪[M]．厦门:厦门大学出版社,2012.

[4] 胡晓滑．商务礼仪[M].2 版．北京:中国人民大学出版社,2012.

[5] 杨丽．商务礼仪[M]．北京:清华大学出版社,2012.

[6] 张晋．商务礼仪[M].2 版．北京:化学工业出版社,2012.

[7] 徐艟．商务礼仪[M]．芜湖:安徽师范大学出版社,2012.

[8] 曹艺．商务礼仪[M]．北京:清华大学出版社,2009.

[9] 文腊梅．商务谈判实务:项目教程[M].2 版．北京:电子工业出版社,2017.

[10] 孙立秋．商务谈判[M]．北京:对外经济贸易大学出版社,2015.

[11] 龚荒．商务谈判与沟通:理论、技巧、实务[M]．北京:人民邮电出版社,2014.

[12] 李维．谈判中的心理学[M]．北京:清华大学出版社,2011.

[13] 德雷克．哈佛经典谈判课[M]．张亮,译．北京: 北京联合出版有限公司,2018.

[14] 韦宏,陈福明．商务谈判与沟通技巧[M]．北京:高等教育出版社,2015.

[15] 王军华．商务谈判与推销实务[M]．北京:中国人民大学出版社,2016.

[16] 李霞,徐美萍．商务谈判与操作[M]．北京:北京交通大学出版社,2010.

[17] 丁建忠．商务谈判操作[M].3 版．北京:中国财政经济出版社,2011.

[18] 徐斌．商务谈判实务[M]．北京:中国人民大学出版社,2016.

[19] 陈文汉．商务谈判实务[M].2 版．北京:清华大学出版社,2018.

[20] 彭庆武．商务谈判:理论与实务[M]．北京:北京交通大学出版社,2014.

[21] 冯光明,冯靖雯．商务谈判:理论、实务与技巧[M]．北京:清华大学出版社,2015.

[22] 尚慧丽．商务谈判实务[M]．北京:科学出版社,2018.

[23] 林晓华,王俊超．商务谈判理论与实务[M]．北京:人民邮电出版社,2016.

[24] 李品媛．商务谈判:理论、实务、案例、实训[M].2 版．北京:高等教育出版社,2015.

[25] 潘马琳．商务谈判实务[M]．北京:北京交通大学出版社,2012.

[26] 孙玲,江美丽．商务礼仪实务与操作[M]．北京:对外经济贸易大学出版社,2017.

[27] 姚凤云.商务谈判与管理沟通[M]．北京:清华大学出版社,2011.

[28] 王刚,刘鹤．采购谈判与采购方式[M]．北京:电子工业出版社,2016.

[29] 李政．采购与供应中的谈判与合同[M]．北京:化学工业出版社,2015.

[30] 李春红,李立,李婧．商务谈判与推销技巧[M]．南京:南京大学出版社,2014.

[31] 王露．最新推销员培训与管理[M]．北京:中共党史出版社,2010.

[32] 张爱平,陈曦．推销大师[M]．北京:企业管理出版社,2012.

[33] 郑锐洪．推销学[M]．北京:中国人民大学出版社,2011.

[34] 刘振溪,于忠章．推销理论与实务[M]．北京:中国人民大学出版社,2011.

[35] 余远坤．现代推销技术[M]．北京:清华大学出版社,2012.
[36] 董原,宋小强．商务谈判与推销实务教程[M]．广州:中山大学出版社,2015.
[37] 周琼,吴再芳．商务谈判与推销技术[M]．北京:机械工业出版社,2017.
[38] 龚荒．商务谈判与推销技术[M].3 版．北京:北京交通大学出版社,2015.
[39] 崔评．推销技巧与商务谈判[M].3 版．北京:中国人民大学出版社, 2019.
[40] 蒋小龙．商务谈判与推销技术[M]．北京:化学工业出版社,2015.
[41] 刘蓉．商务谈判与推销技术[M]．北京:机械工业出版社,2016.
[42] 郑志慧,陈宏．商务谈判与推销[M]．北京:中国建筑工业出版社,2019.
[43] 王军华．商务谈判与推销实务[M]．北京:中国人民大学出版社, 2016.
[44] 张然．谈判的艺术[M]．北京:中国商业出版社,2013.
[45] 杨群祥．商务谈判[M]．大连:东北财经大学出版社,2017.